Inhaltsverzeichnis

5. Machtpolitik und Konflikte in Europa 132–171

Liebe Schülerin, lieber Schüler!

Vor dir liegt der zweite Band von **Forum Geschichte**, mit dem du in diesem Jahr im Fach Geschichte arbeiten wirst. Die Verfasserinnen und Verfasser des Buches haben für dich Texte, Bilder, Karten, Schaubilder und Tabellen zusammengestellt. Sie geben Auskunft darüber, was Menschen vor langer Zeit bewegt hat und womit sie sich heute noch beschäftigen.

Auftaktseiten

Jedes Kapitel beginnt mit einer Doppelseite, die in das Thema einführt. Bilder und ein kurzer Text geben dir eine erste Vorstellung von den Themen und Fragen, um die es in den nächsten Geschichtsstunden gehen wird.

Themenseiten

Die Themenseiten bilden den Kern des Kapitels. Meistens sind zwei bis sechs Seiten jeweils zu einer Themeneinheit zusammengefasst. In den Themeneinheiten kannst du – mit der ganzen Klasse oder in Gruppen – ein wichtiges Problem aus der Geschichte erarbeiten. Dazu findest du **Materialien** wie schriftliche Quellen und Darstellungen, Bilder, Karten, Schaubilder und Tabellen, die du – fast wie ein richtiger Geschichtswissenschaftler oder eine richtige Geschichtswissenschaftlerin – mithilfe von Arbeitsaufträgen befragst und auswertest. Die Materialien erkennst du an einem Punkt.

Alle **Textquellen** sind in blauer Schrift abgedruckt, ihre Materialpunkte haben unterschiedliche Farben: Gelb für Quellen aus vergangener Zeit und für Äußerungen von heutigen Zeitzeugen, rot für Darstellungen von heutigen Wissenschaftlern und grün für Texte, die auf der Grundlage von historischen Quellen erfunden wurden. Alle übrigen Materialien haben einen blauen Punkt.

1 Die **Arbeitsaufträge** erkennst du an einer blauen Zahl. Wie die Materialien sind sie
2 innerhalb einer Themeneinheit durchnummeriert. Die **Darstellungstexte** vermitteln dir den Überblick über das Thema. Sie geben dir außerdem einen roten Faden in die Hand, der dich durch die Arbeit mit den Materialien leitet.

Die **Kästen**, die mit einem aufgeschlagenen Buch gekennzeichnet sind, informieren dich über wichtige Personen, Begriffe oder Ereignisse.

Auf vielen Themenseiten findest du **Aktivitätskästen.** Hier schlagen dir die Verfasserinnen und Verfasser vor, wie du dich einmal auf ganz andere, abwechslungsreiche Weise mit einem geschichtlichen Thema beschäftigen kannst. Einen Aktivitätskasten erkennst du an dem roten Punkt mit der kleinen Figur.

Zu einigen Themen findest du einen **Lese-**, **Internet-**, **oder Spieltipp**. Achte auf den blauen Punkt mit dem Bücherstapel!

Workshopseiten

In jedem Kapitel findest du Werkstattseiten und Methodenseiten.

Auf den **Methodenseiten** kannst du lernen, mit welchem „Handwerkszeug" du aus den Materialien Erkenntnisse und Urteile gewinnst. Du findest hier Arbeitsschritte, mit deren Hilfe du zum Beispiel ein Bild, eine Karte oder eine schriftliche Quelle auswertest.

Auf den **Werkstattseiten** kannst du immer etwas selber machen. Du kannst z.B. eine Urkunde herstellen, ein Geschichtsspiel entwickeln und testen oder ein mittelalterliches Burgfest organisieren.

Zusammenfassung

Zusammenfassungen

Jedes Kapitel hat am Schluss eine Zusammenfassung. Ein kurzer **Text** fasst noch einmal das Wichtigste aus dem Kapitel zusammen. Auf **Karteikarten** stehen die Begriffe und Methoden, die du dir unbedingt merken solltest. Immer findest du ein **Spiel** oder ein **Rätsel**, mit dem du testen kannst, wie viel dir aus dem Kapitel in Erinnerung geblieben ist.

Anhang

Auf den Themenseiten sind manche Wörter mit einem * gekennzeichnet. Diese Begriffe werden im **Lexikon** dieses Buches erklärt.
Alle **Arbeitsschritte**, die du auf den Methodenseiten kennen lernst, sind noch einmal im Anhang zusammengestellt. Du findest hier auch die Arbeitsschritte für Methoden, die bereits im ersten Band von Forum Geschichte eingeführt worden sind.
Das alphabetische **Register** am Ende des Buches hilft dir, Informationen über Personen, Ereignisse und wichtige Begriffe im Buch schnell zu finden. Damit du beim Lesen und Untersuchen Zusammenhänge schneller finden kannst, gibt es auf den Themenseiten und im Lexikon manchmal Querverweise (siehe S.).
In einem Kapitel kannst du dich mithilfe von **Zeitbögen** über den zeitlichen Ablauf der wichtigsten Entwicklungen und Ereignisse orientieren. Du findest Zeitbögen auf den Auftakt- oder Zusammenfassungsseiten.

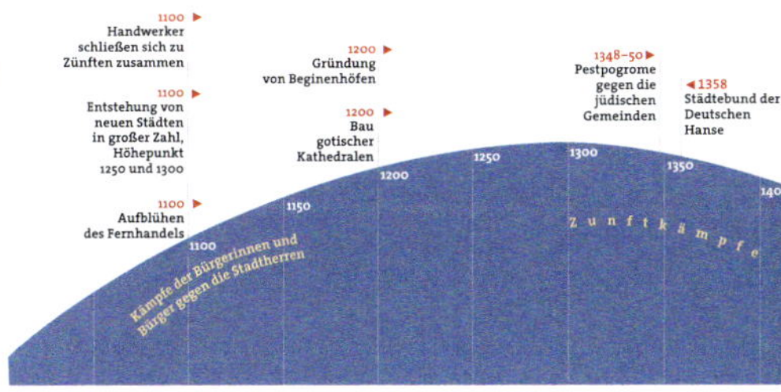

Deine Geschichtskartei

Wie im ersten Band von Forum Geschichte findest du in diesem Buch am Ende jeden Kapitels Karteikarten. Darauf sind die wichtigsten „Merk-Begriffe" und Methoden verzeichnet, die du kennen gelernt hast. Vielleicht hast du bereits im ersten Band die zentralen Begriffe und Methoden auf Karteikarten übertragen und dir eine **Geschichtskartei** angelegt. Deine Kartei kannst du nun fortführen. Damit du nicht den Überblick verlierst und die Begriffe und Methoden-Arbeitsschritte schnell findest, solltest du nun beginnnen, die Karteikarten nach bestimmten Begriffen in einen Karteikasten einzuordnen. Für die **Methoden** haben wir im Anhang (siehe S. 264 ff.) mit den blauen Überschriften eine Untergliederung gefunden, die du übernehmen kannst. Entscheide, ob sie dir gefällt, oder ob du eine eigene Einteilung findest, die deiner Arbeitsweise besser entspricht.

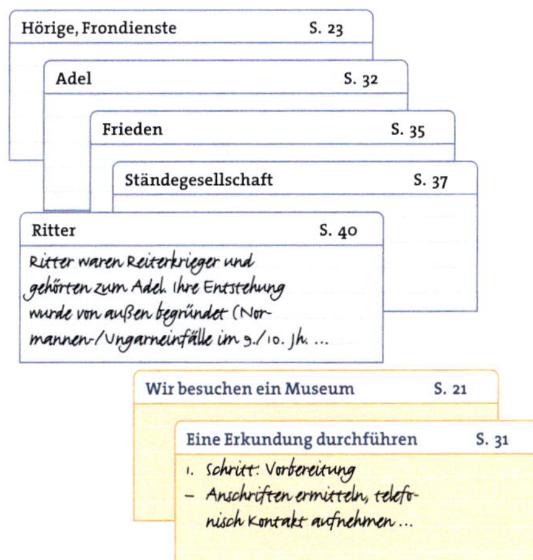

1 Überlegt in Partnerarbeit, nach welcher Ordnung ihr die Begriffskarten in eure Geschichtskartei einordnen wollt. Besprecht eure Ergebnisse in der Klasse.

2 Entscheide dich, nach welchen Begriffen du deine Karteikarten einordnen möchtest, und stelle die entsprechenden Trennungskärtchen her.

Das Mittelalter – fern und doch nah?

Wettbewerb „Mittelalter“

Dass die Aufgabe so schwierig werden würde, ahnte die Klasse 7A nicht, als sie sich entschied, am Wettbewerb „Das Mittelalter – eine Internetseite entsteht“ teilzunehmen. Zwei Bedingungen müssen erfüllt werden: Erstens, als Beitrag wird eine Internetseite mit mindestens sechs Links verlangt. Die Besucher sollen von einer Startseite zu sechs unterschiedlichen „Seiten“ des Lebens im Mittelalter gelangen. Schwieriger erscheint den Schülerinnen und Schülern die zweite Bedingung: Auf den einzelnen Seiten muss nämlich deutlich werden, worin sich jeweils die „Nähe“ und die „Ferne“ des Mittelalters zu unserer Gegenwart zeigen. Wie und wo soll man anfangen? Ein Weg wäre, Spuren vor Ort zu suchen. Gibt es da nicht Reste der alten Stadtmauer, eine kleine Kapelle auf dem Weg zum Nachbarort und das alte Gasthaus „Burgschänke“? Aber weisen diese Spuren ins Mittelalter? Vielleicht lassen sich genauere Informationen in der Bücherei finden, im Archiv oder auch im Museum. Auf jeden Fall arbeiten dort Experten, die bei der Suche helfen können. Eine Schülerin erinnert sich, dass vor kurzem in einem der umliegenden Dörfer eine mittelalterliche Chronik gefunden wurde. Darin berichtet jemand über Personen, die in dem Dorf gelebt haben, und über Ereignisse, die dort passiert sind. Ob darin auch etwas über den Alltag der Menschen steht, wie sie dachten und fühlten? Und ob sich darin Hinweise finden lassen für „Nähe“ und „Ferne“ zu uns heute?

M1 **Ritterspielzeug**, Foto, 2000

Mittelalter – Fantasieprodukt der Medien?

Das Mittelalter scheint heute sehr nahe zu sein: An vielen Orten finden mittelalterliche Marktfeste statt, es gibt Kinofilme, die im Mittelalter spielen, oder Science-fiction-Filme, in denen „Ritter“ auftreten. Sie alle, auch Romane und Computerspiele, vermitteln den Eindruck: Das Mittelalter war spannend und aufregend, geheimnisvoll und rätselhaft. Aber war es das wirklich? Zeigen denn etwa Spielfilme oder Romane mit einem „modernen“ Thema auch die Wirklichlichkeit, die wir heute erleben?

M2 **Ritterturnier**, Foto, 1999

M3 Mittelalter – nein danke?

Der Historiker Ferdinand Seibt schreibt 1999:

Ich möchte nicht im Mittelalter gelebt haben. Ich bin froh, dass ich nicht mit dem ersten Tageslicht zu harter Arbeit aufstehen muss; ich freue mich des warmen Wassers aus der Wand oder auch schon des kalten, meiner Schuhe und meiner Kleider, eines Stückchen Papiers, des behaglichen Zimmers und der Gewissheit, von einem Weg durch den Wald auch wieder lebendig zurückzukommen. Ich freue mich, dass mich am Stadtrand kein Galgen erschreckt und dass die Menschenmassen am Wochenende nur zu einem Fußballspiel drängen.

Ferdinand Seibt, Glanz und Elend des Mittelalters, Berlin (Siedler) 1999, S. 13.

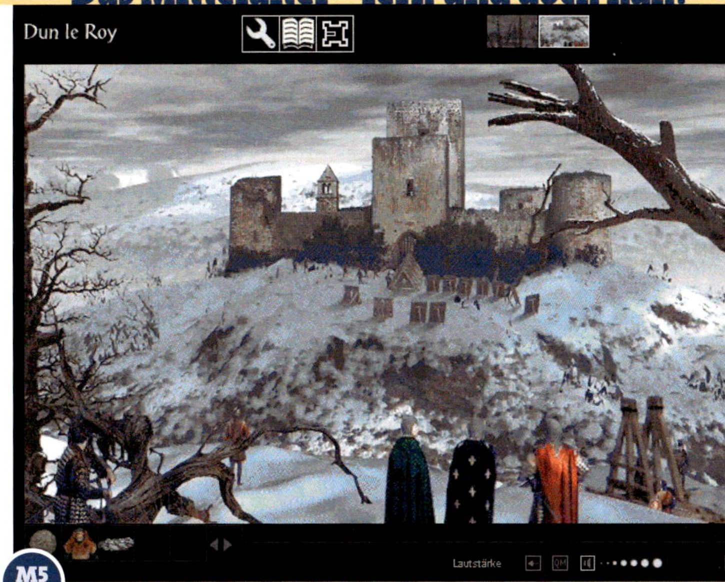

M5 **Szene aus einem Computerspiel**, Screenshot, 2000

M4 Was fasziniert uns am „Mittelalter“?

Der Chefredakteur der Zeitschrift „stern“, Andreas Petzold, schreibt 2000:

Das Mittelalter: Ob in Hollywood, bei Bestseller-Autoren oder Produzenten von Computerspielen – dieser Abschnitt der Geschichte sorgt derzeit für Absatzrekorde. Es scheint: Je verwirrender und unüberschaubarer die Gegenwart der Hochtechnologie, desto mehr fasziniert die karge Welt vor 1000 Jahren.
Mit wohligem Schaudern fällt unser Blick zurück auf die barbarische Zeit, die Fantasie betreibt Rollenspiele: Wie hätte ich mich als Ritter geschlagen? ... Wo hätte ich gelebt? Wie hätte ich geliebt? Das Tagwerk war hart, meistens ungerecht, aber einfach. Die niederen Stände sorgten sich um Brot und Unterkunft. Was hinter dem Horizont passierte, war unwichtig. Einfache Größen beschrieben den Sinn des Lebens: Gut gegen Böse ... Sehr schnell ging es dabei auf Leben und Tod. Denn Recht bedeutete fast immer Faustrecht. Man suchte es mit der Waffe in der Hand.

Andreas Petzold, Mord als gottgefälliges Werk; in: stern, Nr. 17, 19.04.2000, S. 3. Vereinf. d. Verf.

1 Beschreibe anhand der Abildungen M1, M2 und M5, wie das „Mittelalter“ dargestellt wird. Welche weiteren Produkte oder Veranstaltungen kennst du, in denen das Mittelalter vorkommt?

2 Untersuche, wie in M3 und M4 jeweils das Mittelalter beurteilt wird, und vergleiche.

Vorschlag für eine Gruppenarbeit

Auf den Seiten 10 bis 13 findest du Abbildungen und Texte, die nach Themen geordnet sind. Es geht um „Regierung und Macht“ (S. 10), „Strafe“ (S. 11), „Wissen, Glaube, Aberglaube“ (S. 12) und „Zeitmaß“ (S. 13).
Untersucht die Seiten in vier Gruppen unter der Frage: Mittelalter – was ist uns fern?, Was ist uns nah? Legt eine Tabelle an, in der ihr eure Ergebnisse notiert.
Natürlich könnt ihr im Laufe dieses Schuljahres auch selbst eine Internetseite in der Klasse oder in der Internet-AG eurer Schule entwerfen. Ideen kommen euch sicher während der Arbeit mit diesem Buch.

Das Mittelalter – fern und doch nah?

M1 **Kaiser Otto II. (973–983)**, Buchmalerei, kurz nach 983. Die vier Frauen, die ihn ehren, stellen Germania, Francia, Italia und Alemannia dar.

M2 **Der Bundestag**, das Parlament der Bundesrepublik Deutschland, Foto, 1999. Im Grundgesetz heißt es: „Alle Staatsgewalt geht vom Volke aus", d. h., die Bürgerinnen und Bürger wählen in freien, geheimen, direkten und gleichen Wahlen Abgeordnete (= Volksvertreter). Die Bundestagsabgeordneten wählen den Bundeskanzler, beschließen die Gesetze, kontrollieren die Regierung und vertreten die Bürgerinnen und Bürger.

Regierung und Macht

König, Kaiser, Fürsten

Regiert ein König ein Land? Oder haben viele die Macht? In der Demokratie ist das klar: Die Volksvertreter entscheiden über die Gesetze und bestimmen die Regierung. Im Mittelalter war das anders: Macht und Regierung lagen beim König oder Kaiser. Der italienische Dichter Dante Alighieri (1265–1321) schrieb um 1317, was die meisten Menschen des Mittelalters dachten: „Es ist besser, dass das Menschengeschlecht von einem als von mehreren regiert werde, nämlich von einem Monarchen, d. h. von einem einzelnen Herrscher. Und wenn es besser ist, ist es auch Gott wohlgefälliger, weil Gott immer das Bessere will."

1. Erarbeite aus M1 und dem Darstellungstext, wie sich mittelalterliche Herrschaft zeigte und wie sie begründet wurde.
2. Beschreibe, wie in der Demokratie Herrschaft ausgeübt wird (M2). Vergleiche mit M1.
3. Regierte im Mittelalter nur der König? Beantworte diese Frage mithilfe von M3.

M3 Der Herrscher und seine Berater

Der Erzbischof und Historiker Hinkmar von Reims (845–882) schrieb über Entscheidungen des Königs:

[Bevor der König entschied, beriet er sich mit den Großen des Reichs, die zuerst schriftlich die Fragen des Königs vorgelegt bekamen.] … Nach deren Erhalt war ihnen bald ein Tag, bald zwei Tage, bald auch mehr …, wie es jeweils das Gewicht der Sache erforderte, zugestanden, während derer sie durch Boten im Kreis der Hofbedienstete anfragten, was ihnen recht erschiene … Dabei trat so lange kein Außenstehender hinzu, bis die einzelnen Antworten auf die Fragen dem ruhmreichen Herrscher zu Gehör gebracht waren und, was seine von Gott verliehene Weisheit auswählte, von allen übernommen wurde.

Zit. nach Gerd Althoff u. a., Menschen im Schatten der Kathedrale, Darmstadt (Wissenschaftliche Buchgesellschaft) 1998, S. 41 f. Bearb. d. Verf.

M1 **Prangerstrafe**, Altargemälde (Ausschnitt), 1505. Jesus Christus wird öffentlich zur Schau gestellt. Darunter befinden sich drei Missetäter. Die Szene ist in das späte Mittelalter verlegt, als es üblich war, Straftäter durch Anprangern in Halseisen zu bestrafen.

M2 **Hinrichtung**, Illustration aus dem „Nequam-Buch" (= Buch vom Nichtsnutz) der Stadt Soest, 14. Jh.

Strafe

Unrecht wird bestraft ...

„Mit Bösem muss man Böses vertreiben." So lautete ein Sprichwort im späten Mittelalter. Verurteilte Straftäter wurden mit Körperstrafen belegt, seltener mit Geldbußen. Bei Verbrechen, wie Mord und Totschlag oder schwerem Diebstahl, war die „gerechte" Strafe die Hinrichtung. Die Straftäter waren in den Augen der mittelalterlichen Menschen zu bedauern, da sie als „arme Sünder" vom rechten Weg abgekommen waren. Die Bestrafung, auch die Hinrichtung, galt deshalb als von Gott gewollt.

M3 **Zelle einer Justizvollzugsanstalt für Jugendliche**, Foto, 1999. In Deutschland soll das Jugendstrafrecht vor allem Mängel in der Erziehung ausgleichen und Versäumtes nachholen. Vor einem Freiheitsentzug werden Erziehungsmaßregeln (z. B. an einer Verkehrsschulung teilnehmen), Zuchtmittel und Auflagen (z. B. gemeinnützige Arbeit leisten, Schaden ersetzen) oder Arrest (z. B. 4 Wochenenden) verhängt. Häufig werden Jugendstrafen auf Bewährung ausgesetzt.

1. Beschreibe M1 und M2 und überlege, welche Auffassung von Strafe im Mittelalter deutlich wird.
2. Stelle mithilfe von M3 fest, welches Ziel das Jugendstrafrecht in unserer Gesellschaft hat.
3. Vergleiche das Ziel von Strafe in heutiger Zeit mit der mittelalterlichen Auffassung und nimm Stellung.

Wissen, Glaube, Aberglaube

M1 **Bauern beim Pflügen**, Illustration aus einem Lehrbuch für Nonnen, 12. Jh.

„Was sagt Gott dazu?“

… das war wohl eine der häufigsten und tiefsten Fragen der Menschen im Mittelalter. Im Glauben suchten sie Erklärung und Hilfe für Ereignisse in ihrem Alltag. Neben dem Glauben gab es aber auch den Aberglauben, den – aus christlicher Sicht – „falschen“, „schlechten“ Glauben. Lange Zeit bestanden christliche Vorstellungen und abergläubische Bräuche nebeneinander und beeinflussten sich gegenseitig.

Neben dem Glauben der Menschen war im Mittelalter auch das Streben nach Wissen bedeutend. Forschen ist keine Erfindung der modernen Zeit. Es zeigte sich im Mittelalter vor allem in der Weiterentwicklung der Technik, der Heilkunde und der Baukunst.

Lesender Apostel mit Brille, Ausschnitt aus einem Altarbild, 1404. Die ersten Brillen, so genannte Nietbrillen, wurden im 13. Jahrhundert gefertigt. Flache Bergkristalle („Lesesteine“) wurden zwischen zwei dünnen Rahmen aus Holz, Knochen, Horn oder Silber verleimt. **M4**

1 Erarbeite aus M3, was Aberglaube bedeutet.
2 Beschreibe M1, M2 und M4. Untersuche, worin sich Wissen, Glaube und Aberglaube zeigen.
3 Finde Beispiele für Aberglaube in heutiger Zeit.

M2 Über die heidnischen Bräuche

Im Jahr 939 erließ die Äbtissin von Schildesche in Westfalen die folgende Prozessionsordnung:

Wir verordnen, dass ihr jährlich am zweiten Pfingsttag unter dem Beistand des Heiligen Geistes den Patron[1] in euren Pfarrdistrikten in langer Prozession herumtragt, eure Häuser reinigt, statt des heidnischen Flurumgangs unter Tränen … trauert und zur Labung der Armen Almosen einsammelt. Auf dem Klosterhof sollt ihr übernachten und über den Reliquien feierlich Nachtwache halten und singen, sodass ihr am besagten Tage frühmorgens den von euch beschlossenen Umgang durch fromme Fahrt beendet und in schuldiger Ehrfurcht den Patron und die Reliquien zum Kloster zurückbringt.

Zit. nach Hans-Werner Goetz, Leben im Mittelalter, 4. Aufl., München (Beck) 1991, S. 140.

1 Schutzheiliger der Kirche

M3 Aberglaube heute?

Aus einer Zuschrift an eine Handelsfirma (um 1985):

Vor einigen Wochen bestellte ich bei Ihnen den „Stein des Feuers“ für meinen Mann, der einen Herzinfarkt erlitten hatte. Die Ärzte hatten ihn aufgegeben. Er überlebte! Die Ärzte stehen vor einem Rätsel – nicht aber ich. Bitte senden Sie auch mir einen Glücksstein. Ich brauche viel Kraft, denn alles lastet auf meinen Schultern.

Zit. nach Journal für Geschichte, Heft 1, 1985, S. 35.

Zeit

M1 Die Stunden unterscheiden

Um 1300 wurden in Europa die ersten Uhrwerke erfunden. Ein italienischer Chronist schrieb 1336 über die neue Turmuhr der Kirche San Gottardo in Mailand:

In der Turmspitze befindet sich eine wunderbare Uhr mit einem großen Klöppel, der 24-mal, zu jeder Stunde des Tages und der Nacht, eine Glocke anschlägt, und zwar so, dass er die erste Stunde der Nacht mit einem Schlag, die zweite mit zwei Schlägen anzeigt. So kann man eine Stunde von der anderen unterscheiden, was für Menschen jeden Standes von großem Nutzen ist.

Zit. nach Geo Epoche. Das Mittelalter, Nr. 2 (1999), S. 168.

M2 Das Jahr 2000: Ende der Welt?

Der burgundische Mönch Rodulfus Glaber schrieb 1035:

Blutrote Kometen drohten am Himmel, Hungersnöte quälten die Armen und der Regen fiel wie bei der Sündflut … Weil sich zu dieser Zeit die Geburt Christi und der Tod unseres Herrn Jesus Christus am Kreuz zum tausendsten Male gejährt hatte, wurden alle diese Erscheinungen für den nahen Untergang der Welt genommen. Überall füllten verstörte Christen die Kirchen, verkauften ihr Hab und Gut, bereuten ihre Sünden. Aber der Tag mit der magischen Zahl ging vorüber, ohne dass die finsteren Prophezeiungen wahr wurden. Was ist also geschehen? Uns Wissende, die wir lesen und schreiben können, hat das nicht überrascht: Denn wer die Texte der Gelehrten genau studiert hat, der weiß, dass alle diese Unheilsbotschaften nicht auf das Ende der Welt hindeuten. … Erst dann, wenn das Jahr 2000 zu seinem Ende gekommen ist, hat die Menschheit Grund zu zittern. Denn dann, so sagen die Kirchenlehrer, wird der Antichrist auftreten, dieses schreckliche Tier mit sieben Köpfen und zehn Hörnern, dieser Sohn des Teufels.

Rodulfus Glaber, Chronik (1035). Zit. nach Stern-Millenium 1000–1999, hg. v. Thomas Osterkorn/Andreas Petzold, München (Bertelsmann)1999, S. 6.

Mittelalter

Welchen genauen Abschnitt der Geschichte man mit dem Begriff „Mittelalter" bezeichnen soll, darüber sind sich die Geschichtsforscher nicht einig. Meist fasst man als „Mittelalter" die Jahrhunderte von etwa 500 n. Chr. (Ende der Völkerwanderung) bis etwa 1500 (Zeitalter der Entdeckungen und der Reformation) zusammen. Gebräuchlich wurde der Begriff erst im 17. Jahrhundert. Zu jener Zeit wollten viele Gelehrte wieder an die kulturelle Blüte der Antike anknüpfen. Die Jahrhunderte zwischen „Antike" und „Neuzeit", die sie nicht besonders schätzten, bezeichneten sie folglich als das „Mittel-Alter". Man wendet den Begriff nur auf die europäischen Kulturen an, nicht aber auf China, Japan oder Mittelamerika. Dort sind andere Zeiteinteilungen in Gebrauch.

M3 Klösterliche Wasseruhr mit akustischer Signalgebung (11. Jh.), Nachbau, 1999. Wasseruhren mit Läutwerk wurden in Klöstern vor allem als Nachtwecker benutzt.

1 Die meisten mittelalterlichen Menschen lebten im Rhythmus der Jahreszeiten und teilten den Tag nach dem Sonnenstand ein. Auch die kirchlichen Festtage gaben Orientierung. Schreibe einen Dialog zwischen zwei mittelalterlichen Menschen, die sich über den Nutzen der Uhr unterhalten.

2 Erarbeite, wie der Autor von M2 die Wende um das Jahr 1000 n. Chr. beschreibt. Welcher Umgang mit „Zeit" wird in dieser Quelle deutlich?

3 Erläutere anhand des Kastens und der Zeitleiste die Entstehung des Begriffs „Mittelalter".

1. Bauern und Adlige im Mittelalter

Sie machten etwa 90 Prozent der Bevölkerung aus, arbeiteten und wohnten auf dem Lande. Sie mussten gut wirtschaften und Überschüsse erzielen, wenn sie sich selbst und ihre Herren ernähren wollten. Ihre Arbeit bildete die Grundlage der mittelalterlichen Gesellschaft: die Bauern und Bäuerinnen. Auch ihre Herren, die Adligen, wohnten auf dem Land. Ihnen gehörte der Grund und Boden, den die Bauern bewirtschafteten. Die beiden Abbildungen geben einen Einblick in das Leben der ländlichen Bevölkerung im späten Mittelalter: Das große Bild ist Teil eines Wandgemäldes aus einem Palast in der italienischen Stadt Trient und heißt „Feldarbeit im April". Die kleine Abbildung ist eine französische Buchillustration. Dargestellt sind Bauern, die sich bei ihrem adligen Grundherrn zum Dienst einfinden. Beide Gemälde sind im 15. Jahrhundert entstanden. Viele andere Quellen belegen, dass sich ähnliche Szenen schon wesentlich früher, bereits im 9. Jahrhundert, abgespielt haben. Zu fragen bleibt:
– Wie lebten die Bauern und wie die Adligen?
– Wie organisierten diese beiden Gruppen ihr Zusammenleben?
– Und wie entwickelte sich das Verhältnis zwischen Bauern und Adligen im Laufe des Mittelalters?

1 Beschreibe die Abbildungen. Was erfährst du über das Leben von Bauern und Adligen im Mittelalter?

2 Bauern und Adlige heute – sammelt eure Kenntnisse.

Das Leben der Bauern

Leben auf einem Bauernhof

Über die Bedeutung der Landwirtschaft

Menschen, die einen Bauernhof bewirtschaften, finden wir heute nur noch selten. Das war im Mittelalter ganz anders! Fast alle Menschen lebten auf dem Lande und von der Landwirtschaft, auch diejenigen, die nicht auf dem Feld arbeiteten: „Viele Könige werden gekrönt durch Abgaben aus dem Ackerbau", schrieb ein Dichter des Mittelalters. Welche Quellen können wir heute nutzen, um etwas über die bäuerlichen Familien zu erfahren? Die Bauern selbst haben uns nur wenige Berichte über ihre täglichen Sorgen und Nöte hinterlassen, denn bis ins 19. Jahrhundert konnten nur ganz wenige Bauern schreiben.

In dieser und den folgenden Themeneinheiten kannst du erarbeiten, wie die Bauern im Mittelalter ihren Alltag und ihr dörfliches Zusammenleben organisierten, welche landwirtschaftlichen Geräte sie einsetzten, welche Verpflichtungen sie gegenüber denjenigen hatten, die über sie herrschten, und wie sich das Verhältnis der Bauern zu ihrer Umwelt bis in die heutige Zeit weiterentwickelt hat.

M1 **Arbeiten auf einem Bauernhof**, Buchmalerei, um 1515

M2 **Bauernhochzeit**, Ölgemälde von Pieter Breughel dem Älteren, um 1560

M3 Bäuerin und Magd

In einem ländlichen Lied Oswalds von Wolkenstein (um 1377–1445) ruft die Bäuerin ihrer Magd zu:

Steh auf, Margretlein, liebe Gretel! Zieh die Rüben heraus!
Mach Feuer, setz Fleisch und Kraut zu! Schnell, sei gescheit!
Nur zu, du faule Tasche, spül die Schüssel! …
Gret, lauf zum Schuppen, such die Nadel, nimm den Rechen mit!
Gabel, Dreschflegel, Kornsieb und Sichel findest du dort.

Zit. nach Otto Borst, Alltagsleben im Mittelalter, Frankfurt/M. (Insel) 1983, S. 123.

1 Vorschlag für eine Partnerarbeit: Beschreibt die Materialien M1 bis M4 und stellt gemeinsam zusammen, was ihr über die Arbeit und die Aufgabenverteilung in mittelalterlichen Bauernfamilien erfahrt.

2 Untersuche, welche Art von Quellen dir in M1 bis M5 begegnen: Überlege, welche Erkenntnisse sie jeweils bieten.

3 Bauernleben – ein hartes Leben? Nimm Stellung.

M4 Alltag einer Bauernfamilie – eine Erzählung

Der Schriftsteller und Historiker Rolf Schneider hat 1999 auf der Grundlage historischer Quellen folgende Erzählung verfasst:

Wir stellen uns vor, es ist ein Wochentag Mitte März, um das Jahr 1100. Es ist kurz vor Sonnenaufgang. Wigbert, unser Bauer, gähnt, reibt sich die Augen und erhebt sich von seiner Pritsche, einem flachen Gestell aus Fichtenbrettern mit einem Strohsack als Unterlage und einem Schaffell als Decke. Seine Frau Hiltrud neben ihm schläft noch. Seine drei Kinder schlafen in aufgeschüttetem Stroh gleich neben der Feuerstelle, einem aus Lehm gefügten Kochofen, der nach oben hin offen ist, damit der Rauch aufsteigen kann bis unter das Dach, wo er durch eine Luke entweicht. Wigbert trägt ein leinenes Hemd. Er bückt sich nach seinen übrigen Kleidern, die auf dem Boden liegen: einer wollenen Hose und einem Rock, den er über den Kopf zieht und der ihm bis über die Hüften reicht. Wigbert schlüpft in seine Schuhe, die geschnitzt sind aus Lindenholz. Er hat noch ein anderes Paar Schuhe, aus Leder gefertigt.

Wigbert ist nicht sehr groß. Sein Rücken ist gekrümmt von der Arbeit. Viele Katastrophen hat er erlebt: Schwere Unwetter, die das Getreide auf den Feldern vernichtet haben, Überfälle von bewaffneten Haufen, die das Vieh rauben und die Häuser anzünden, Seuchen, die Menschen und Tiere vernichten.

Wigbert schlurft durch den Raum, dessen Fußboden gestampfter Lehm ist. Seine Notdurft verrichtet er auf dem Misthaufen. Dann holt Wigbert den Ochsen aus dem Stall und greift sich den Pflug, ein einfaches Ding aus Eichenholz. Während er mit dem Pflug am nahe gelegenen Acker die trockene Erde aufbricht, tritt Hiltrud aus dem Haus. Sie ist hochschwanger. In ein paar Wochen wird sie ihr siebentes Kind gebären; wenn alles gut geht, wird es am Leben bleiben und nicht tot zur Welt kommen oder bereits in den ersten Wochen sterben wie drei ihrer Kinder zuvor. Hiltrud macht sich im Garten zu schaffen. Sie lockert die Erde mit einer Hacke. Sie steckt Samen für Kohl und Rüben und tritt sie anschließend fest. Wigbert hat seine Furchen gezogen, er hat Steine aufgelesen und an den Feldrand geworfen. Bald wird er mit der Aussaat beginnen.

Daheim hat Hiltrud die erste Mahlzeit bereitet. Die Familie setzt sich um den Tisch, eine große Platte aus rohem Holz. Jeder hat vor sich einen Holznapf, in den Hiltrud aus dem Kochkessel Brot füllt. Das Brot ist Brei. Er besteht aus Mehl, mit Milch aufgekocht und mit Honig gesüßt, die übliche Mahlzeit. Sie trinken aus hölzernen Bechern Molke, das ist jene Flüssigkeit, die verbleibt, wenn von gesäuerter Milch der Quark abgeschöpft wurde. Während er kaut, sieht er, wie Hiltrud sich krümmt. Er hofft, dass sie jetzt keine Fehlgeburt hat, es wäre eine Katastrophe, es wäre ein böser Ausfall an Arbeitskraft, gerade jetzt, da auf dem Hof jede Hand gebraucht wird.

Wigberts Dorf hier besteht aus fünf Gehöften. Sie wurden alle vor etwa vier mal fünf Sommern errichtet, nach einer Rodung, bei der die Bäume umgelegt und zu Balken behauen wurden, während man das Gezweig und Unterholz verbrannte, um Platz zu schaffen für den Häuserbau und die Felder.

Rolf Schneider, Vor 1000 Jahren, Augsburg (Weltbild) 1999, S. 19–23. Bearb. d. Verf.

4 Lies die Erzählung M4 und schildere deine Eindrücke. Vergleiche mit deinem Leben heute. Hinweis: Wenn wir aus Literatur, z. B. einem Jugendbuch, Kenntnisse über die Vergangenheit gewinnen wollen, müssen wir bestimmte Fragen beachten. Du kannst sie auf S. 98 nachlesen.

M5 **Arbeit auf dem Land,** Darstellungen aus einer Handschrift, um 1480

Landwirtschaft im Wandel

Hakenpflug, Buchmalerei, 809 M1

Die Technik verändert sich

Für die Menschen des Mittelalters war die Landwirtschaft die bestimmende Wirtschaftsweise. Das bedeutet jedoch nicht, dass das Mittelalter eine Welt des Stillstands war. Vom 8. Jahrhundert an wurde z. B. der hölzerne Hakenpflug, der den Boden nur aufkrümelte, durch den Räderpflug ersetzt. Der Räderpflug mit seinem breiten, schweren Pflugmesser griff tief in den Boden und wendete ihn. So wurde das Unkraut unter die Erde gebracht und dem Boden Luft zugeführt. Immer mehr Bauern düngten ihren Boden nun auch mit Mist und Kalk. Um 900 kam beim Anspannen der Zugtiere eine weitere Verbesserung hinzu: An die Stelle des alten Geschirrs, das vor allem Pferden die Luft abdrückte, trat das so genannte Kummet: Das war ein runder Bügel, der über den Kopf des Tieres gelegt wurde und die Zugkraft auf die Schultern übertrug. Hatte man zunächst nur Rinder als Zugtiere benutzt, konnte man jetzt auch Pferde einspannen, die kräftiger und ausdauernder als Rinder waren. Das bedeutete aber nicht, dass fortan kein Rind mehr vor einem Pflug zu sehen war. Ein Rind benötigte nämlich weniger Futter als ein Pferd und konnte als Schlachtvieh dienen. Andere Neuerungen im hohen Mittelalter waren der Dreschflegel, die Sense, Hufeisen für die Pferde, Wasser- und Windmühlen und vierrädrige Wagen.

Von der Feldgras- zur Dreifelderwirtschaft

Bis zum 13. Jahrhundert veränderte sich die Art und Weise, wie die Bauern ihre Felder bestellten. Bei der uralten Feldgraswirtschaft wurde der Boden so lange genutzt, wie er Früchte trug. Dann ließ man ihn liegen, bis er sich wieder erholt hatte. Bei der späteren Zweifelderwirtschaft wurde eine Hälfte des Ackers bebaut, die andere blieb liegen. Schließlich entwickelte sich die Dreifelderwirtschaft*: Das erste Drittel des Feldes bestellte der Bauer im Herbst mit Wintergetreide (Roggen, Weizen), das zweite Drittel im Frühjahr mit Sommergetreide (Hafer, Gerste) und Hülsenfrüchten (z. B. Bohnen), und nur der dritte Teil lag brach.

1 Beschreibe M2 und vergleiche mit M1. Inwiefern stellt M2 einen Fortschritt dar?

2 Erarbeite aus den Darstellungstexten, welche Veränderungen in der mittelalterlichen Landwirtschaft stattfanden. Erstelle eine Tabelle, in der du Methoden und Techniken unterscheidest.

M2 **Beim Pflügen**, Buchmalerei, um 1525

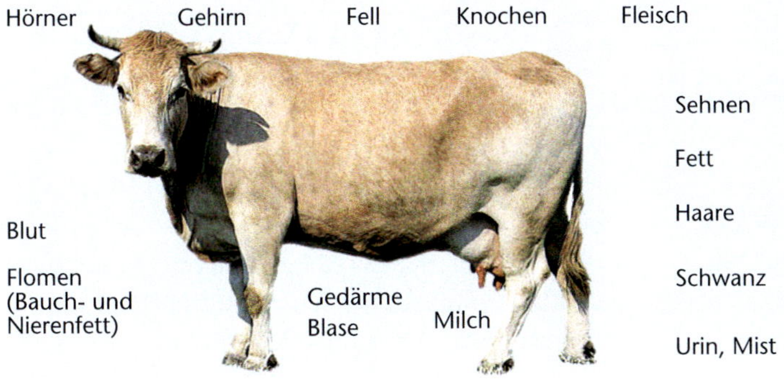

Verwendung:

Nahrung, Gerbmittel, Talg für Kerzen, Schmiermittel, Schwimmhilfe, Dung, Peitschenwedel, Bogensehnen, Mörtel, Messergriffe, Farbe, Kleidung, Riemen, Trichter, Leim, Dreschflegel, ...

M3 Verwertung eines Rindes

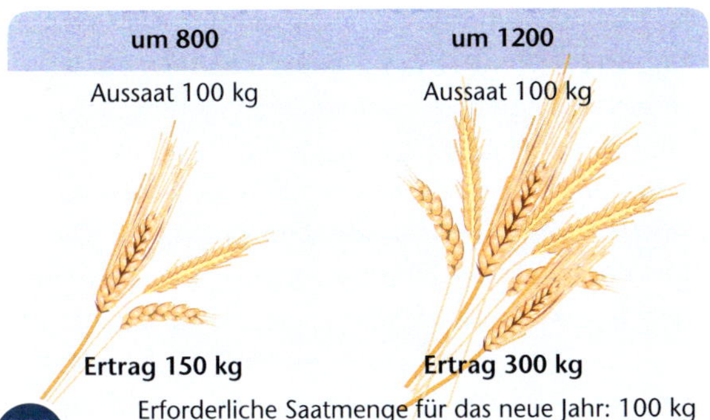

M4 **Wandel der Ernteerträge (Durchschnittswerte für Roggen)**

3 Beschreibe an M5 den Einsatz landwirtschaftlicher Technik in Europa. Erkennst du einen Zusammenhang zwischen dem Einsatz von Geräten zur Bodenbearbeitung und den Regionen, in denen sie verwendet wurden?

4 Ordne in M 3 die in der Bildlegende genannten Verwendungsmöglichkeiten den einzelnen Teilen des Rindes zu. Überlege weitere Verwendungsmöglichkeiten.

5 Erläutere, wie sich das Verhältnis zwischen Aussaat und Ernteertrag von 800 bis 1200 veränderte (M4). Was bedeutete das für die Menschen?

6 Finde heraus, wie viele Menschen heute in Europa leben, und vergleiche mit 1340 (Lexikon).

Wachsende Bevölkerung – knappe Böden

Neuerungen in der Landwirtschaft verbesserten bis zum 12./13. Jahrhundert die Erträge: Mehr Menschen konnten ernährt werden und als Folge stieg vom 11. bis zum beginnenden 14. Jahrhundert die Bevölkerung in vielen Regionen Europas an. In West-, Mittel- und Osteuropa lebten um das Jahr 650 schätzungsweise 9 Millionen Menschen, um 1340 betrug diese Zahl fast 50 Millionen. Das starke Bevölkerungswachstum führte dazu, dass Wälder gerodet und der Ackerbau auch auf weniger fruchtbare Flächen ausgedehnt wurde. Auf diese Phase des Wachstums folgte eine Krise. Die Pest, die Europa 1348/50 überzog, tötete etwa ein Drittel der Gesamtbevölkerung, vielleicht sogar 20 Millionen Menschen. In schlechten Erntejahren kam es zu großen Hungersnöten. Der allgemeine Bevölkerungsrückgang hatte zur Folge, dass die Getreidepreise fielen. Viele bäuerlichen Familien verarmten und zogen in die Städte.

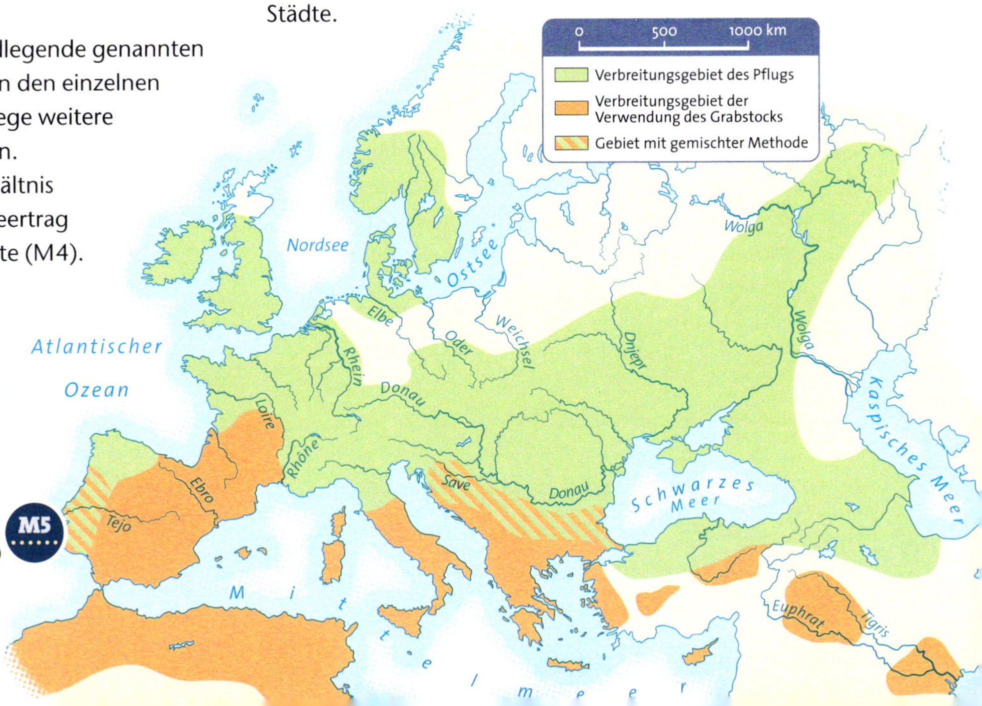

Techniken der Bodenbearbeitung in Europa um 1000 **M5**

Das Leben der Bauern

Naturverbrauch durch Rodung und Siedlung

Bereits im Mittelalter veränderten die Menschen ihre Umwelt: In ganz Europa wurden angesichts des Bevölkerungswachstums große Wald- und Moorflächen in Ackerland umgewandelt. Solche Eingriffe, wie sie heutzutage z. B. im Amazonasgebiet stattfinden, wirken sich langfristig auf die Landschaft aus. Wie die Menschen auf sie reagierten, kannst du an den Materialien dieser Seite erarbeiten.

M6 **Schweinefütterung im Eichenwald,** Malerei aus dem Stundenbuch des Herzogs von Berry, 15. Jh.

M7 Umwelt und Ernährung im Mittelalter

Der Historiker Werner Rösener schreibt 1985 über den Zusammenhang von Landwirtschaft und Umwelt um 1300:

Witterungsschwankungen, Klimaeinflüsse und Bodenverhältnisse besaßen zur damaligen Zeit jedenfalls einen hohen Stellenwert im bäuerlichen Arbeitsleben und Umweltschäden wie Entwaldung und Bodenerschöpfung wirkten sich unmittelbar auf die Lage der Bauern aus … Der dringende Bedarf an Brotgetreide … führte zu einer beträchtlichen Ausweitung des Ackerlandes auf Kosten der Weide- und Waldflächen. Der Allmendewald[1], der den Bauernfamilien zusammen mit der gemeinen Weide als Hauptgrundlage für die Viehwirtschaft diente, wurde … immer stärker beeinträchtigt; dadurch wurde die … bäuerliche Tierhaltung empfindlich getroffen. Mit der Verringerung der Weide- und Waldflächen wurde die Futterbasis der Rindviehhaltung und die Waldmast der Schweine vermindert, was wiederum eine Reduzierung der Fleischproduktion zur Folge hatte. Die Verschlechterung der allgemeinen Ernährungslage wurde … auch dadurch verursacht, dass bei verringerter Viehhaltung weniger Dünger für die Felder bereitstand, die Getreideerträge stagnierten[2] bzw. zurückgingen und sich so der Teufelskreis der Ernährungskrise schloss.

Werner Rösener, Bauern im Mittelalter, München (Beck) 1985, S. 41, 52f.

1 von den Dorfbewohnern gemeinsam genutzte Fläche
2 unverändert bleiben

M8 Schluss mit dem Waldroden?

Notiz des Abtes von Prüm im Jahre 1222 in einer Abschrift des Güterverzeichnisses seines Klosters von 893:

8A Es sei darauf verwiesen, dass 329 Jahre seit der Niederschrift des alten Verzeichnisses verflossen sind … und in dieser langen Zeit wurden viele Wälder gerodet, zahlreiche Dörfer errichtet, die Zehnten[1] vermehrt, viele Mühlen erbaut, Weinberge angelegt und unendlich viele Ländereien kultiviert.

Zit. nach Uwe Horst: „…viele Wälder gerodet, zahlreiche Dörfer errichtet …"; in: Geschichte lernen, H. 66, 1998, S. 25.

1 Abgabe an den Grundherrn (siehe S. 23)

Der Landgraf Ludwig von Thüringen (1140–1172) an den Führer der Waldroder:

8B Wir wollen dich ermahnen, möglichst schnell die bewaldeten Gegenden aufzugeben und sie mit deinen dir untergebenen Waldrodern zu verlassen. Wenn ihr das auch nur kurze Zeit noch hinausschiebt, werde ich selbst zu euch kommen und alles, was euch gehört, mit Feuer und Plünderung und unter Lebensgefahr für euch verwüsten lassen.

Zit. nach Hans Ulrich Rudolf, Grundherrschaft und Freiheit im Mittelalter, Düsseldorf (Schwann) 1976, S. 61.

7 Vergleiche in M8 die beiden zeitgenössischen Ansichten zur mittelalterlichen Praxis des Waldrodens. Überlege, welche Gründe der Verfasser von M8B wohl für seine Ermahnung hatte.

8 Erkläre anhand von M7, wieso sich um 1300 die Ernährungslage der Bevölkerung veränderte.

Wir besuchen ein Museum

Museen sind spannend – zum Beispiel ein Freilichtmuseum

Museen sind lebendig und spannend. Dies trifft ganz besonders auf Freilichtmuseen zu, die das bäuerliche Leben des Mittelalters darstellen. Sie befinden sich dort, wo einige Dorfgebäude und Arbeitsgeräte original erhalten sind. Häufig sind sie auch nach alten Plänen und Vorbildern nachgebaut worden.
Besonders spannend wird's, wenn Angestellte des Museums nach mittelalterlichen Vorbildern Korn mahlen, Häuser zimmern und Stoffe weben oder euch in den Räumen des Museums etwas selbst ausprobieren lassen.

M1 **Niederrheinisches Freilichtmuseum in Grefrath**, Foto, 1996

Arbeitsschritte Ein Museum besuchen

1. Schritt: Museumsbesuch vorbereiten

Klärt zunächst die organisatorischen Fragen:

- Wann wollt ihr fahren, wie lange soll der Ausflug dauern (halber Tag, ganzer Tag, im Rahmen einer mehrtägigen Klassenfahrt)?
- Lasst euch vom Museum Informationsmaterial schicken und informiert euch über Verkehrsverbindungen, Öffnungszeiten, Eintrittspreise, Arbeitsräume, Verpflegungsmöglichkeiten, Übersichtspläne oder Arbeitsblätter des Museums. Gibt es Tage mit besonderen Vorführungen?

2. Schritt: Vorerfahrungen und Erwartungen aufschreiben

Schreibe deine Erwartungen an das Museum auf:
Welche Museen hast du schon einmal besucht? Was hat dir dabei (nicht) gefallen? Was müsste ein Museum bieten, damit es dir gefällt?

3. Schritt: Themen festlegen und „Expertengruppen" einteilen

Sucht euch Themen, über die ihr euch im Museum informieren wollt (Vorschläge siehe unten). Teilt euch in Gruppen ein und bereitet euer Thema vor (Schulbuch, Lexika). Formuliert Fragen.

4. Schritt: Museumsbesuch durchführen

Verschafft euch einen Überblick über die Ausstellungsstücke (einzeln oder mit einer Führung). Bildet anschließend Gruppen und untersucht die Ausstellungsstücke nach Arbeitsschwerpunkten.

5. Schritt: Ergebnisse präsentieren

Eure Ergebnisse könnt ihr entweder mündlich im Museum (z. B. im Arbeitsraum) präsentieren oder anschließend in der Schule (kleine Ausstellung, Beitrag für die Schülerzeitung).

6. Schritt: Museumsbesuch in der Kritik

Diskutiert darüber, was euch der Museumsbesuch gebracht hat.
War er geeignet, um neue Informationen zu sammeln, oder vielleicht eher, um Bekanntes zu veranschaulichen?

Tipps für Themen

- das Verhältnis Mensch–Natur
- Kindheit und Jugend
- Landwirtschaftliche Geräte und Techniken
- Tiere und Pflanzen: Was nutzten die mittelalterlichen Menschen wozu?
- Frauen im Mittelalter
- Herrschaftsverhältnisse: Wer hatte Macht über wen? Wer war von wem abhängig?
- Religiöse Vorstellungen
- Krankheit und Alter

Das Leben der Bauern

Bauern bei der Fronarbeit, M1
Buchmalerei, 15. Jh.

Die Grundherrschaft – nur eine Herrschaft über Grund und Boden?

M2 Die Geschichte von Bauer Jonas, Meier Sigibert und Graf Bodo – eine Erzählung

Die Namen der Personen sind frei erfunden. Aber alles, was sie taten und erlebten, könnte sich so abgespielt haben:

Meier Sigibert war wieder einmal im Auftrag des Grundherrn Graf Bodo unterwegs, um die Bauern des Grafen zu überwachen. Nachdem er eine Stunde des Wegs geritten war, bog er plötzlich ab und galoppierte mit seinen Knechten über das Weizenfeld, das Bauer Jonas auf seiner Hufe bestellte. Als Jonas das sah, stürzte er aus seiner Hütte. Zornig griff er seine Forke und ging auf das Pferd des Meiers los. Das Pferd bäumte auf und Meier Sigibert wurde am Oberschenkel verletzt. Sofort fielen die Knechte über Jonas her und entrissen ihm die Forke.

Mit gefesselten Händen wurde Bauer Jonas vor den Grundherrn geführt. Der Meier berichtete, was vorgefallen war. Die Knechte bezeugten es. Mit kaum unterdrückter Wut, aber voller Ehrfurcht sagte Jonas: „Der Meier mag mich nicht. Immer wenn eine schwere Arbeit ansteht, holt er mich. Und als meine Frau letzte Woche am Zinstag dem Meier einen Korb Eier brachte – sie waren ganz frisch –, da hat er die Hälfte auf den Boden geworfen und gesagt: ‚Die sind ja gar nicht frisch.' " – „Waren sie auch nicht", rief Sigibert.

Der Grundherr befahl dem Meier, ruhig zu sein. Dann wandte er sich mit ernster Miene an Jonas: „Ich bin dein Herr und daher auch dein Richter. Du hast meinen Meier tätlich angegriffen. Darauf steht der Galgen. Weil ich dich aber als ordentlichen Mann kenne und weil der Meier durch dein Getreidefeld geritten ist, bist du vom Galgen frei." Den Knechten befahl er, Jonas bei Brot und Wasser in den Turm zu werfen. Dann sagte er zu Sigibert: „Du hast dein Amt missbraucht und dem Bauern Unrecht getan. Du bist von jetzt an kein Meier mehr. Geh als Bauer zurück in dein Dorf!"

In veränderter Form übernommen aus Hans Heumann (Hg.), Problemorientierter Geschichtsunterricht, Bd. 1, Frankfurt/M. (Hirschgraben – Cornelsen) 1989, S. 263 f.

M3
Abgaben an den Grundherrn, Buchmalerei, 14. Jh.

1 Lies die Erzählung M2. Was empfindest du als gerecht und was als ungerecht?

2 Mithilfe des Darstellungstextes S. 23 kannst du den historischen Hintergrund der Erzählung prüfen: Zu welcher Gruppe der Abhängigen gehört offensichtlich Jonas?

3 Erläutere mithilfe von M1 und des Begriffskastens, was unter Frondiensten zu verstehen ist.

4 Der Abt Ekkehard von St. Gallen tadelte im 11. Jahrhundert, dass die „Meier zunehmend ein herrengemäßes Leben" führten. Erläutere dies.

5 Überlege, warum ein Meier für den Grundherrn wichtig war.

Von der Grundherrschaft

Im Mittelalter waren fast alle Menschen, die auf dem Lande lebten, von einem Grundherrn abhängig. Grundherr konnte ein Adliger sein, z. B. ein Graf oder ein Geistlicher, etwa der Vorsteher eines Klosters. In der Grundherrschaft* fanden sich unterschiedliche Formen der Abhängigkeit:
Da gab es die Knechte und Mägde, die auf dem Hof des Grundherrn, d. h. dem Herrenhof, lebten und dort arbeiteten. Sie gehörten zum persönlichen Besitz des Grundherrn (= Leibeigene*). Andere Bauern lebten und wirtschafteten auf Hufen*: Das waren kleine Hofstellen, die dem Grundherrn gehörten und abseits von Herrenhof und Herrenland in Dörfern lagen. Diese Bauern mussten dem Grundherrn Abgaben und Dienste, so genannte Frondienste, leisten. Ihre Abgaben wurden auf Fronhöfen eingesammelt. Hier wohnte auch der Meier (= Verwalter), dem mehrere Hufen und die darauf lebenden Bauern unterstellt waren. Wenn der Grundherr sein Land verkaufte, gehörten die Bauern dem neuen Eigentümer. Man nannte sie deshalb Hörige. Die Hörigen durften ihr Land nicht verlassen. Der Grundherr musste Gegenleistungen erbringen und die Abhängigen schützen. Zudem überließ er den Hufenbauern eines Dorfes ein Stück Land mit Wald, Wiesen und Gewässern, das alle gemeinsam nutzten: die Allmende. Die Hörigen mussten sich auch nicht bewaffnen und nicht für den Grundherrn in den Krieg ziehen. Für seine Leibeigenen und Hörigen war der Grundherr meist auch Richter. Allerdings überließ er kleinere Streitigkeiten zwischen den Dorfbewohnern dem Dorfgericht, das am Sonntag unter der Leitung des Dorfvorstehers (= Dorfschulze) tagte.

Der „Zehnte“ war immer der Erste ...

Dem Grundherrn Frondienste erbringen und Abgaben leisten – das gehörte zum Alltagsleben aller hörigen Bauern und belastete sie schwer. Hinzu kamen Zinszahlungen, wenn man etwa den Wald des Grundherrn für die Schweinemast oder das Holzfällen beanspruchte. Auch für die Benutzung der Mühle und den Einsatz des herrschaftlichen Ebers bei der Schweinezucht mussten die Bauern zahlen. Und es gab die Abgabe für die Kirche: den Kirchenzehnt*. Oft genug betrug er mehr als nur den zehnten Teil, weil nicht jedes zehnte Huhn, sondern immer das erste von zehn Hühnern an den Bischof oder das Kloster abzugeben war – Pech für einen Bauern, der nur acht Hühner hatte!

Hörige, Frondienste

Als Hörige bezeichnet man die unfreien Bauern, die zu einer Grundherrschaft gehörten. Den Hörigen wurde vom Grundherrn ein Stück Land zur Bearbeitung überlassen, an das sie gebunden waren („schollenpflichtig“). Die Bauern mussten Frondienste (fron = Herr) und Naturalabgaben („Zehnt“) leisten. Zu den Frondiensten gehörten vor allem die landwirtschaftlichen Arbeiten auf dem Hof des Grundherrn, aber auch Bier brauen, Transporte erledigen, Anspannen der Pferde usw. Die Frondienste der Frauen waren z. B. Schafe scheren, Wäsche waschen, Stoffe weben. Im Hochmittelalter wurden die Frondienste zunehmend durch Geldzahlungen ersetzt.

M4 **Bäuerlicher Abgabenkalender**, Buchmalerei, 14. Jh. Dargestellt sind **Fleischzehnt** (am Johannistag fällig), **Gänsezehnt** (Mariä Himmelfahrt), **Geldzins für Eier/Getreide** (Bartholomäustag – der hl. Bartholomäus wurde gehäutet), **Getreidezehnt** (Margaretentag), **Obst- und Weinzehnt** (Urbanstag) und die Abgabe des **Lämmerzehnten** (Walpurgistag).

6 Ordne in M4 die Abgabentermine den Abbildungen zu.

7 Welches Detail in M3 sagt dir, dass das Bild nicht aus dem Frühmittelalter stammen kann? Hinweise findest du im Begriffskasten.

M5 Freiwillig in die Grundherrschaft?

Der Historiker Georges Duby gibt den Fall eines Bauern wieder, der sich einem Grundherrn unterstellt (undatiert):

Da ich, wie jedermann bekannt ist, nicht mehr weiß, wovon ich mich ernähren oder kleiden soll, habe ich Euer Mitgefühl angerufen und Euer Wille hat mir gestattet, mich Eurem Schutz auszuliefern oder anzuvertrauen. Dies geschehe unter folgenden Bedingungen: Entsprechend meinen Diensten und Verdiensten um Euch seid Ihr verpflichtet, mir zu helfen und mich mit Nahrung und Kleidung zu versorgen. Ich schulde Euch bis an mein Lebensende Dienstbarkeit und Gehorsam, sofern sie mit der Freiheit vereinbar sind; bis an mein Lebensende werde ich mich Eurer Macht und Eurem Schutz nicht entziehen können.

Zit. nach Georges Duby, Krieger und Bauern, dt. Übers. von Grete Osterwald, 2. Aufl. Frankfurt/M. (Syndikat) 1981, S. 49.

Waren alle Bauern unfrei?

Historiker und Historikerinnen können nicht endgültig sagen, wie viele Bauern tatsächlich unfrei und wie viele frei waren. Fest steht nur, dass zwischen Früh- und Hochmittelalter die Zahl der freien Bauern immer mehr zurückging. Von dem Verlust der Freiheit war stets die ganze Familie betroffen. Historiker vermuten vielfältige Gründe für diese Entwicklung: Neben gewaltsamer Unterdrückung durch einen mächtigen Grundherrn, gegen den sich die Bauern nicht wehren konnten, sind auch Fälle bezeugt, dass sich Bauern freiwillig in die Unfreiheit begaben. Erst mit der Entwicklung der Städte im 12./13. Jahrhundert änderte sich die Situation: Viele Grundherren, die häufig ihr gesamtes Herrenland an die Bauern verliehen hatten und auf deren Abgaben angewiesen waren, lockerten die Belastungen ihrer Abhängigen. Sie mussten nämlich fürchten, dass die Bauern sich durch Flucht in die Städte aus der Grundherrschaft befreien würden.

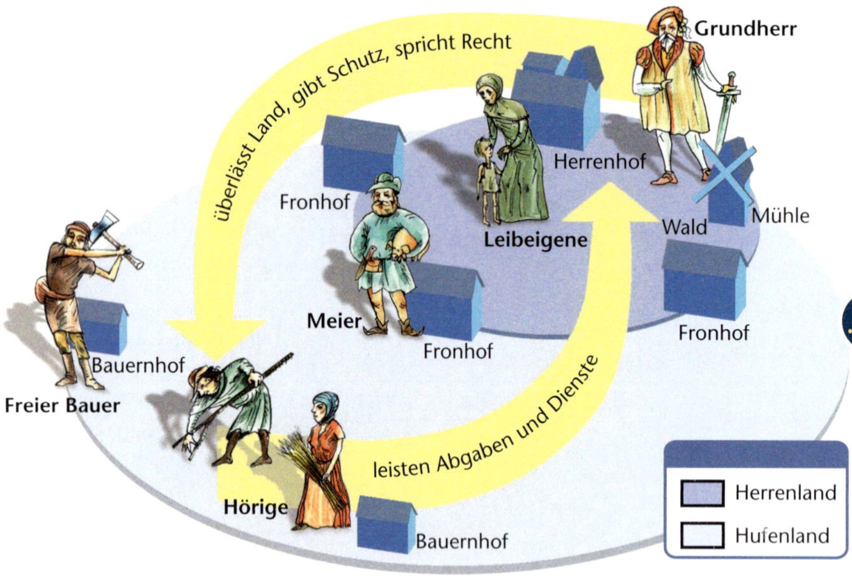

M6 Vereinfachtes Schaubild der mittelalterlichen Grundherrschaft

8 Erläutere den Inhalt von M5: Was hat sich der Bauer von der „Unfreiheit" versprochen? Welche Gegenleistungen erhielt er vom Grundherrn?

9 Historiker haben die Grundherrschaft als ein „Schutz-und-Treue-Verhältnis" bezeichnet. Findest du die Bezeichnung richtig? Begründe deine Meinung.

10 Beschreibe das Verhältnis zwischen Bauern und Grundherrn mit den Begriffen „Nähe", „Ferne", „Schutz", „Freiheit" (M6).

11 Die in M6 dargestellte Grundherrschaft wird als „zweigeteilte" Grundherrschaft bezeichnet. Erläutere dies.

Friemersheim – Beispiel einer Grundherrschaft

Besonders gut von Historikern erforscht ist die Entwicklung der Fronhofwirtschaft Friemersheim am Niederrhein, die von dem Abt des Klosters Friemersheim geleitet wurde. Das Herrenland* (Salland) verteilte sich auf fünf, das Hufenland* auf etwa 20 Orte. Historiker haben errechnet, dass die Hörigen im Jahr ca. zehn Wochen für den Grundherrn tätig waren.

M8 Grundherrschaft Friemersheim um 900

M7 Grundherrschaft im Wandel

Der Historiker Hans-Werner Goetz beschreibt 1991 die Entwicklung der Grundherrschaft Friemersheim vom frühen bis zum späten Mittelalter:

Nach Schätzungen ... [für das 9. Jahrhundert] erzielte der Bauer 22 1/2 Malter[1] Getreide, von denen 7 1/2 für die Saat, 4 an den Herrn und 2 1/2 für den Zehnt weggingen. Es blieben 8 1/2 Malter, die für ungefähr 300 siebenpfündige Brote reichten (das wären, falls der gesamte Ertrag für den Eigenbedarf verwendet wurde, bei einer fünfköpfigen Familie rund 420 Pfund Brot pro Kopf und Jahr, ergänzt durch Schweinefleisch, Hühner und Gartenerzeugnisse). ... Um 1050 waren die Belastungen der Bauern in Friemersheim erheblich niedriger geworden; ... zumal die technischen Neuerungen auch die Erträge vielfach steigerten. Das ... mag mit den klimatischen Verbesserungen zusammenhängen und vor allem durch die Ablösung der Arbeiten durch Geldrenten[2] bedingt sein. Andererseits wurde das Land infolge des Bevölkerungswachstums knapper, sodass man zu Rodung und Kolonisation gezwungen war. Erst das Spätmittelalter erlebte infolge sinkender Getreidepreise einen landwirtschaftlichen Niedergang, der sich in Bauernaufständen entlud.

Zit. nach Hans-Werner Goetz, Leben im Mittelalter, 4. Aufl. München (Beck), 1991, S. 163.

1 altes Getreidemaß
2 Abgabe für die Landnutzung

M9 Arbeiten auf dem Friemersheimer Salland

In einer Urkunde aus dem 9. Jahrhundert hieß es über die Frondienste, die in Friemersheim zu leisten waren:

Im Herbst soll der Hörige ein Joch, also zwei Tagwerke Ackerland, umbrechen, danach pflügen, das Saatgut vom Hof in Empfang nehmen und abebnen, d.h. eggen. Jedes Joch ist so zu bestellen, dass es von Gesträuch und Unkraut gereinigt wird, und in allem so zu bebauen, dass die Ernte unversehrt in die Scheune gelangt.

Zit. nach Hans-Werner Goetz, Leben im Mittelalter, München (Beck), 4. Aufl. 1991, S. 147.

12 Ermittle mithilfe von M8 die Entfernungen zwischen Dörfern und Fronhof. Überlege, ob die Entfernung Einfluss auf Dienste und Abgaben der Hörigen hatte.

13 Erläutere anhand von M7, wie sich die Grundherrschaft Friemersheim vom frühen bis zum späten Mittelalter veränderte.

Herbst in Friemersheim – ein Rollenspiel

Stellt euch folgende Situation vor: Es ist Herbst. Der Grundherr von Friemersheim bestellt seine Hörigen ein, um die Frondienste zu verteilen (siehe M9). Gestaltet in Partnerarbeit eine kurze Szene und tragt sie in der Klasse vor (siehe Werkstatt, S. 44/45). Legt vorher fest, ob sich die Szene im frühen, hohen oder späten Mittelalter abgespielt haben soll.

– Vorschläge für Rollen: z.B. Hörige, Bauersfrauen, Meier, Grundherr.

– Die Beobachter versuchen zu erkennen, aus welchem Zeitraum die Szene gewählt ist.

Das Leben der Bauern

M1 **Dorfanlage um 1000,** Rekonstruktionszeichnung nach archäologischen Erkenntnissen, 1996

Das mittelalterliche Dorf – Nachbarschaft und Genossenschaft

M2 **Der Ort Monheim**, Foto, 2000

Funde und Rekonstruktionen

Dörfer entstanden in Mitteleuropa zwischen dem 11. und dem 14. Jahrhundert. Manchmal hat sich die Anlage der Dörfer über Jahrhunderte hinweg bis heute erhalten. So befinden sich z. B. die Kirche oder der Dorfplatz häufig noch an derselben Stelle wie im Mittelalter. Auch das Straßennetz ist teilweise auf der Grundlage der alten Wege errichtet worden. Das darf jedoch nicht zu der Annahme verleiten, dass wir vom Aussehen heutiger Dörfer auf das Mittelalter schließen können. Da bis ins 20. Jahrhundert aus Holz und Lehm gebaut wurde, sind viele Gebäude restlos verschwunden. Archäologen versuchen zu rekonstruieren, wie die Dorfbewohner des Mittelalters zusammenlebten (siehe S. 246/47). Welche weiteren Quellen über das Dorfleben können wir heranziehen? Wie können wir daraus Kenntnisse über das Leben in den Dörfern und den Wandel gewinnen? Zu diesen Fragen findest du auf den Seiten 26 bis 29 Materialien.

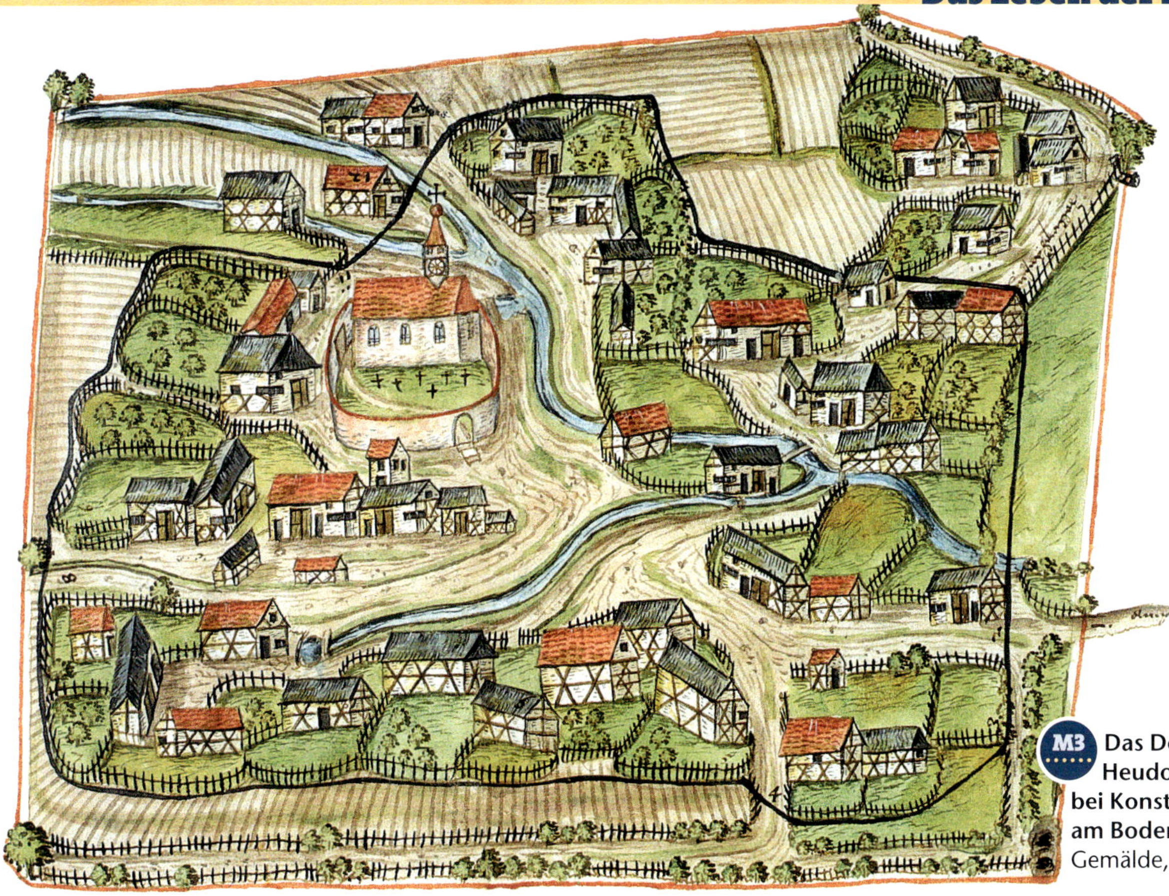

M3 Das Dorf Heudorf bei Konstanz am Bodensee, Gemälde, 1576

M4 Die Stärkung der Dorfgemeinschaft

Der Historiker Werner Rösener über die Bindung der mittelalterlichen Bauern an ihre Dorfgemeinschaft (1993):

Der Übergang zu Grundherrschaftsformen mit vorwiegender Abgabeleistung im hohen Mittelalter brachte es mit sich, dass die Bedeutung der Fronhöfe im ländlichen Wirtschaftsraum ständig zurückging. Der wirtschaftliche Schwerpunkt hatte sich vom Fronhof zum Dorf verlagert, wo die Bauern jetzt kooperativ[1] die Felder der Ackerflur bewirtschafteten. Der Fronhof stand nun nicht mehr wie im frühen Mittelalter im Zentrum der bäuerlichen Alltagswelt; stattdessen war das bäuerliche Leben jetzt stärker auf das Dorf, die dörfliche Wirtschaft mit der Feldgemeinschaft und die sozialen Beziehungen innerhalb der Dorfgenossenschaft bezogen.

Werner Rösener, Die Bauern in der europäischen Geschichte, München (Beck) 1993, S. 83 f. Bearb. d. Verf.

1 gemeinsam

1 Beschreibe die Abbildungen M1 und M3 und vergleiche. Notiere deine Beobachtungen zu Anlage und Größe der Einzelhöfe/-häuser, Wege, Dorfzentrum, gemeinsam genutzte Einrichtungen/Flächen. Lies auch im Darstellungstext auf S. 23 nach.

2 Prüfe, ob die Aussagen des Verfassers von M4 an den abgebildeten Dorfanlagen (M1, M3) zu belegen sind.

3 Vergleiche die heutige Dorfanlage M2 mit M3. Nenne Gemeinsamkeiten und Unterschiede.

4 Zeichne die Skizze eines Dorfes in deiner Umgebung und stelle sie der Klasse vor. Ergänze deinen Vortrag mit weiteren Informationen (z. B. Berufe der Einwohner, Arbeitsplätze im Dorf, Verkehrsanbindung, gemeinsam genutzte Einrichtungen).

Nachbarschaft und Recht

Die Angelegenheiten, die z. B. die Nutzung und Pflege der Allmende betrafen, und die Schlichtung kleinerer Auseinandersetzungen überließ der Grundherr meist der Dorfgemeinschaft. Je wichtiger aber im hohen Mittelalter die genossenschaftliche* Bewirtschaftung des grundherrlichen Hufenlandes wurde, desto mehr rechtliche Vereinbarungen mussten die Dorfbewohner untereinander treffen. Die Verteilung der Rechte und Pflichten kam einerseits einer Vereinbarung unter Nachbarn gleich. Andererseits waren sie für alle Dorfbewohner rechtsverbindlich. So berichtete ein Chronist aus dem Jahr 1520: „In der Kirche kommen die Dorfbewohner an Festtagen gewöhnlich zusammen und hören von ihren Priestern Gottes Wort und die Messe, nachmittags verhandeln sie unter der Linde ihre Angelegenheiten. Die einzelnen Dörfer wählen aus sich zwei oder vier Männer, die sie Bauernmeister nennen, das sind Vermittler bei Streitigkeiten und Verträgen und Rechnungsführer der Gemeinde." Die Rechtsvereinbarungen, die die Dorfbewohner festlegten, wurden häufig als so genanntes Weistum* vom Grundherrn aufgezeichnet.

M6 **Dorfgericht unter der Linde**, Luzerner Bilderchronik des Diepold Schilling, 1513

M5 Über die Ordnung im Dorf

Folgende Vereinbarungen sind aus verschiedenen Weistümern des hohen Mittelalters zusammengestellt:

(1) Wenn einer sein Vieh über das Saatfeld eines anderen treiben muss, so soll er das Vieh an Stricken führen. Er darf der Saat nicht schaden.

(2) Will einer Frucht und Heu heimfahren und muss dabei über das Gebiet eines anderen innerhalb der Grenzzäune, so darf er nur mit Erlaubnis des Besitzers über das Gebiet fahren. Will der Besitzer die Erlaubnis nicht geben, so mag er zum Bürgermeister gehen und sich von diesem die Erlaubnis holen.

(3) Wenn jemand bei Tag oder Nacht ruft: Es brennt, so soll jedermann zulaufen, Weib und Mann, alle, die retten können. Sie sollen alles mitbringen, was man zum Feuerlöschen braucht. Wer die Glocken oder das Geschrei des Volkes hört, aber trotzdem nicht mithilft, wird bestraft.

Zit. nach Dieter Starke, Herrschaft und Genossenschaft im Mittelalter, Stuttgart (Klett) o. J., S. 75 f. Bearb. d. Verf.

Der Bauer – ein „tumper gebûr"?

Obwohl viele Bauern innerhalb ihrer Dorfgemeinschaft über großes Ansehen verfügten, fielen die Urteile über die Dorfbevölkerung im christlichen Mittelalter nicht besonders gut aus. In der Bibel stand im Buch Mose, dass das bäuerliche Volk „ein falsches und verderbtes Geschlecht" sei. Was aus Liedern, Predigten, Erzählungen, Märchen und Gemälden überliefert wurde, ist aber zweideutig. So steckte in der „tumpheit", der Rohheit und Unbedarftheit des Bauern, auch eine Portion „Bauernschläue". Mit ihr rächte sich der Abhängige an seinen adligen und geistlichen Herren.

5 Erläutere mithilfe des Darstellungstextes, wie in der Dorfgemeinschaft Recht gefunden und gesprochen wurde. Wer war beteiligt?

6 Beschreibe M6 und M8. Überlege, welche Rolle die Nachbarschaft für die Dorfbewohner spielte. Vergleiche mit heute.

7 Finde heraus, was in den Weistümern M5 geregelt wurde. Warum beteiligte der Grundherr die Bauern an der Aufstellung dieser Regeln?

8 Prüfe, was M5 bis M8 über die Beteiligung der Frauen an der Dorfgemeinschaft aussagen.

M7 Bauer Unibos – ein Schwank aus einem lothringischen Dorf

Die folgende Geschichte ist im 11. Jahrhundert in Lothringen entstanden. Sie erzählt von dem Bauern Unibos (der Name kommt aus dem Lateinischen und bedeutet „Einochs"):

Der Bauer Unibos besaß nur noch einen einzigen Ochsen. Als er auch noch diesen verlor, verkaufte er sein Fell auf dem Markt und bekam dafür nur ein paar Groschen. Auf dem Rückweg musste er dringend sein Geschäft verrichten. Als er nach Gras zum Säubern suchte, griff er in einen Silberschatz. Gemeinsam mit seinem Sohn brachte er den Schatz nach Hause. Der Vogt[1] warf ihm Diebstahl vor. Einochs gab vor, das Geld sei nur der Erlös aus dem Verkauf des Fells.

Vogt, Meier und Pfarrer wollten nun auch reich werden. Sie schlachteten alle Rinder und zogen ihnen das Fell ab. Auf dem Markt wurden sie ihre Felle aber wegen ihrer hohen Forderung nicht los. Im Gegenteil: Sie wurden wegen Wucher sogar bestraft.

Aus Rache wollten sie nun Einochs töten. Doch dieser wusste sich zu helfen. Er steckte einiges Silbergeld in den hinteren Körperteil einer Stute. Die drei aufgebrachten Herren wurden Zeuge, wie das Pferd Münzen statt Pferdemist fallen ließ, wenn man es streichelte.

Für teures Geld kauften sie ihm nun das Pferd ab. Doch außer Pferdeäpfeln, die sie eifrig durchsuchten, gab es nichts zu finden. Und schon wieder wollten sie Einochs töten. Dieser bat darum, dass er sich die Todesart selbst aussuchen dürfe: Er wolle in ein Fass gesteckt werden, das man dann ins Meer werfen solle. Sein restliches Geld gab er den drei Herren, damit sie sich betrinken könnten, was diese auch gleich taten.

Einochs blieb im Fass allein zurück. Einem vorbeiziehenden Schweinehirten erklärte er, dass er nur deshalb im Fass sei, weil man ihn zum Vogt machen wolle, was er aber ablehne. Der Schweinehirt tauschte daraufhin gern seine Rolle mit der des Bauern. Als die Betrunkenen zurückkamen und das Fass im Meer versenken wollten, beteuerte der Schweinehirt, er wolle nun Vogt werden. Doch keiner hörte auf ihn, das Fass wurde ins Meer geworfen.

Bald darauf kehrte Einochs mit der Schweineherde in das Dorf zurück. Er erklärte auf die Frage, wie er denn zu dem Reichtum gekommen sei: Direkt aus dem Paradies auf dem Meeresgrund käme er, wo es massenhaft Schweine gäbe. Pfarrer, Vogt und Meier stürzten sich daraufhin ins Meer und kamen nicht mehr zurück.

Zit. nach Hans-Werner Goetz, Leben im Mittelalter, 4. Aufl., München (Beck) 1991, S. 141 f.

1 Vertreter eines geistlichen Grundherrn

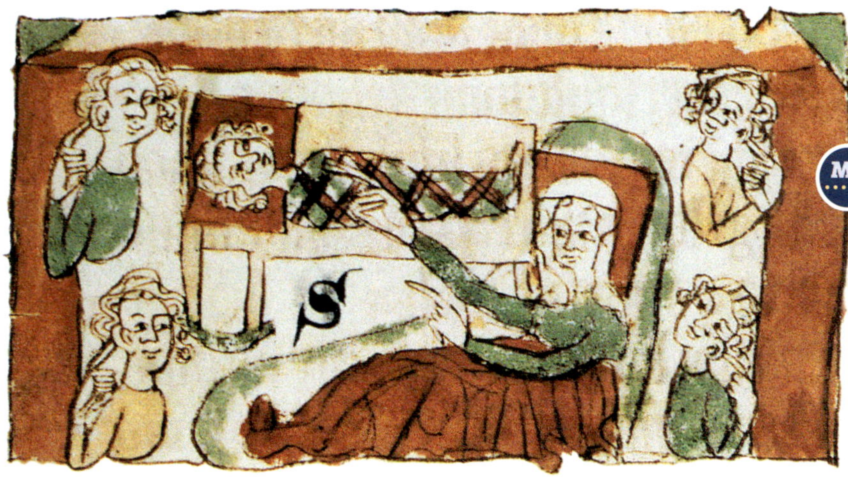

M8 **Geburt eines Kindes**, Illustration aus dem Sachsenspiegel, 14. Jh. Als lebendig geboren galt ein Kind, wenn seine Schreie an den vier Wänden des Hauses zu vernehmen waren. Ein Junge wurde damit zum Erben von Haus und Hof. Auf dieser Abbildung trägt die Mutter einen Witwenschleier.

9 Zeige an M7, was man „Bauernschläue" nennt. Wie oft musste der Bauer zu einer List greifen?

10 Die Geschichte M7 lebte noch in den Grimmschen Märchen fort. Überlege, warum sie in der bäuerlichen Gesellschaft so beliebt gewesen ist.

11 Das englische Wort „clown" stammt vom lateinischen „colonus" (= Landwirt) ab. Erkläre dies.

Bauern in der Industriegesellschaft

Hofnachfolge, M1
Karikatur, 1999

Landwirt – ein Beruf ohne Zukunft?

Bis ungefähr 1900 lebte der größte Teil der europäischen Bevölkerung von der Landwirtschaft. Das ist heute, gut 100 Jahre später, ganz anders: In den heutigen Industrieländern ist die Zahl der Bauern gering. In Deutschland verdienen z. B. nur noch etwa drei Prozent der Bevölkerung ihren Lebensunterhalt in der Land- und Forstwirtschaft und der Fischerei.
Auch die Wirtschaftsweise der Landwirte hat sich geändert: Immer modernere Geräte und Anbaumethoden werden eingesetzt. Dennoch sind die Bauern heute – wie die Bauernfamilien des Mittelalters – von vielen äußeren Bedingungen abhängig: Trockenheit kann z. B. immer noch eine ganze Ernte vernichten. Billigimporte von landwirtschaftlichen Produkten aus Ländern, die nicht der Europäischen Union angehören, führen zu Preisverfall und bedrohen besonders die Existenz kleiner bäuerlicher Betriebe. Die hoch technisierten Methoden in der Landwirtschaft haben in den letzten Jahrzehnten häufig zu starken Umweltbelastungen und teilweise zu Überproduktion geführt. Seit den 1980er-Jahren versuchen deshalb viele Bauern, sich auf eine naturnahe Landwirtschaft einzustellen.

M2 Arbeitskraft eines Landwirts im 20. Jahrhundert

M3 Landwirtschaft und Umweltschutz?

In einer Informationsschrift der deutschen Bauernverbände heißt es (1999):

Während früher im Wesentlichen an die Felder und ihre Eignung zur maschinellen Bebaubarkeit gedacht wurde, spielen jetzt immer stärker Überlegungen zum Umweltschutz eine Rolle. Vor allem sind hier die Feldhecken, Feldgehölze und Feldraine zu nennen. Sie stellen einerseits für Kleinlebewesen einen wichtigen Lebensraum dar, sind aber gleichzeitig auch ein Schutz des Bodens vor Abtragung durch Wind und Wasser. Nachdem man vor Jahrzehnten nur die Nachteile von Hecken und Gehölzen sah, besinnt man sich heute wieder auf ihren Nutzen.

Landwirtschaft im Umbruch, hg. von Information Medien Agrar e. V., Bonn (IMA) 1999, S. 9.

1 Entwerft auf der Grundlage von M1 Dialoge zwischen Vater und Sohn. Spielt sie in der Klasse vor.
2 Erläutere mithilfe des Darstellungstextes und M2 die Situation der bäuerlichen Familien in der Industriegesellschaft.
3 Erkläre mithilfe von M3, wie Landwirte heute zum Umweltschutz beitragen können.

Eine Erkundung durchführen

Hiweise zur Erkundung

Eine Erkundung ist vergleichbar mit einer Exkursion. Sie zielt aber stärker darauf ab, genau vorbereitete Fragen zu stellen und die Antworten gezielt auszuwerten. Erkunden lässt sich zum Beispiel, wie Menschen in einer Fabrik, einem Handwerksbetrieb, in einer Verwaltung oder einem Kaufhaus arbeiten. Wenn ihr einen Bauernhof erkunden wollt, müsst ihr zunächst einen geeigneten Betrieb finden, möglichst in der näheren Umgebung. Die nächste Landwirtschaftskammer kann euch helfen. Die Anschrift erfahrt ihr bei der Gemeinde- oder Stadtverwaltung.

M1 **Ein Bauer berechnet mit dem Computer Melkleistung und Futtermenge seiner Kühe,** Foto, 1994

M2 **Getreideernte**, Foto, 1999

M3 **Bauernhof**, Foto, 1995

Arbeitsschritte Eine Erkundung durchführen

1. Schritt: Erkundung vorbereiten
- Anschriften ermitteln und telefonisch Kontakt aufnehmen.
- Terminabsprache mit dem Betrieb (Rücksicht z. B. auf Arbeitsbelastung, Wetter).
- Fragen zur Kleidung, zum Verhalten, zur Sicherheit klären.
- Arbeitsmittel zusammenstellen (Fotoapparat, Kassettenrekorder, Skizzenblock u. a.).
- Fragen sammeln, ordnen und einen Fragebogen zusammenstellen.
- Aufgaben verteilen.

2. Schritt: Erkundung durchführen
- Rundgang in der Gruppe durch den Betrieb.
- Alle notierten Fragen stellen.
- Antworten und weitere Beobachtungen notieren.
- Fotos machen; bei Bedarf Lageplan anfertigen.

3. Schritt: Antworten auswerten und Ergebnisse präsentieren
- Fragebogen in Gruppen auswerten.
- Ergebnisse dokumentieren, z. B. Antworten ordnen und, mit Fotos ergänzt, als Wandzeitung gestalten.
- Die Ergebnisse können mit weiteren Bildern, Grafiken und Texten ergänzt werden und zu einem Beitrag für die Schülerzeitung oder Lokalzeitung ausgearbeitet werden.

Tipp: Ein Exemplar an den besichtigten Betrieb schicken!

Tipps für einen Fragebogen

1. Betrieb (z. B. Name, Größe, Geschichte und Zukunft des Hofes)
...
...
...
2. Arbeit und Alltag
...
...
3. Produktion/Anbau und Maschinen
...
...
4. Verkauf der Produkte
...
...
5. Ausbildung und Weiterbildung der Angestellten
...
...

Das Leben der Adligen

Der Adel – Verwandtschaft und Herrschaft

Neujahrsempfang beim Herzog von Berry, M1
Kalenderminiatur, Anfang des 15. Jh.
Der Gastgeber trägt eine blaue Robe und Pelzmütze.
Der Bildteppich an den Wänden des Saales stellt Szenen aus dem Trojanischen Krieg dar.

Mittelalterliches Leben – Leben in Gruppen

In unserer heutigen Gesellschaft sind die Rechte jeder einzelnen Person durch den Staat* geschützt. Das bedeutet z. B., dass jeder Mensch, wenn er Opfer eines Diebstahls wird, auf die Hilfe der Polizei vertrauen und sein Recht vor einem Richter einklagen kann. Auch gewähren heute viele Staaten Unterstützung, wenn eine Person nicht für den eigenen Lebensunterhalt aufkommen kann. Was aber taten die Menschen im Mittelalter, als es eine staatliche Gewalt, so wie wir sie kennen, noch nicht gab? Um die Rechte und Bedürfnisse der eigenen Person durchsetzen zu können, zählten sie auf die Unterstützung der Gruppen, in denen sie lebten: ihre Verwandtschaft aber auch die Angehörigen einer Pfarrei, einer Handwerker- oder Kaufmannsvereinigung. Die Verwandtschaft, war eine Hilfsgemeinschaft, die aus mehreren Familien* bestand. Wenn einem Familienmitglied Unrecht zugefügt wurde, traten die Verwandten auf und übten Rache. Oft beschworen sie auch die Unschuld einer beklagten Person aus ihrer Gruppe. Verwandtengruppen waren in allen Teilen der Bevölkerung anzutreffen. Dem Großteil der bäuerlichen Familien standen wenige Verwandtengruppen der Adligen gegenüber. Trotz ihrer geringen Zahl verfügten die adligen Familien über große Macht, denn sie waren die Grundherren. Sie besaßen den Boden, forderten Abgaben von den Bauern und sprachen Recht.

Adel
(von ahd. edili = die Edelsten). Bezeichnung für eine gesellschaftliche Gruppe, die im Mittelalter durch ihre Abstammung und durch Grundbesitz besondere Rechte gegenüber der übrigen Bevölkerung beanspruchte. Adlige übernahmen neben ihren grundherrlichen Aufgaben auch Verwaltungsämter für den König und sprachen Recht. Seit dem 12. Jahrhundert unterschied man zwischen dem Hochadel (Grafen, Herzöge) und dem niederen Adel (Ritter und ehemals Unfreie, die als Dienstleute für ihre Herren Verwaltungsaufgaben erledigten). Adlige zahlten keine Steuern. Die Vorrechte des Adels wurden in Europa schrittweise mit der Entwicklung der Demokratie in England und mit der Französischen Revolution (1789) abgeschafft.

1 Beschreibe anhand des Darstellungstextes die Stellung des Einzelnen in der mittelalterlichen Gesellschaft.
2 Erläutere mithilfe von M1 und des Begriffskastens die besondere Stellung des Adels im Mittelalter. Vergleiche mit der Stellung der Bauern (siehe S. 23).

Adlige gründen Herrschaftsgebiete

Bereits aus dem 8. Jahrhundert sind uns Adelsfamilien aus Bayern, Schwaben oder Sachsen bekannt. Wir kennen sie, weil ihre Mitglieder enge Vertraute des Königs waren und sie uns deshalb in den Quellen begegnen, zumeist in den Aufzeichnungen, die in den Hausklöstern der Adelsfamilien entstanden. Dennoch ist es für Wissenschaftler schwierig, die Zusammenhänge und Verwandtschaftsbeziehungen des Adels eindeutig festzustellen: Die Adelsfamilien waren nämlich im frühen Mittelalter noch sehr mobil. Sie übernahmen in allen Teilen des Reiches Verwaltungsaufgaben. Etwa im 11. Jahrhundert war es einigen Adelsfamilien gelungen, eigene Herrschaftsgebiete wie z. B. Grafschaften und Herzogtümer* aufzubauen. Aus den adligen Verwandtengruppen wurden Herrschaftsgruppen, die ihre Macht nun von einem festen Wohnsitz aus ausübten und meist eine Stammburg erbauten.

Zu dieser Zeit setzte auch die Gewohnheit ein, einen Familiennamen und ein Wappen zu führen. Die Familien nannten sich nach dem Ort ihrer Herrschaftssitze, wie z. B. die Staufer nach ihrer Stammburg Hohenstaufen, oder nach einem adligen Vorfahren, wie z. B. die Welfen nach dem Grafen Welf im Argengau.

Ihre Herrschaft versuchten die Adelsfamilien durch eine geschickte Heiratspolitik und durch die Eroberung von Gebieten zu festigen. Dabei unterstützten sich die Familienmitglieder durch gegenseitige Begünstigungen, Fürsprache und Hilfe bei der Besetzung wichtiger Ämter. Es galt im Mittelalter als selbstverständlich, dass wichtige politische Ämter an eigene Verwandte vergeben wurden.

M2 **Eine adlige Verwandtengruppe: Der Welfe Heinrich der Löwe (1129/30–1195) im Kreise seiner Familie**, Krönungsbild aus dem Evangeliar* Heinrichs des Löwen, 1185–88. Die obere Hälfte zeigt Christus, zwei Engel und zwei Reihen von Heiligen. In der unteren Hälfte stehen links neben dem knienden Heinrich sein Vater, Herzog Heinrich „der Stolze", und seine Mutter Gertrud, die Tochter Kaiser Lothars III. (links mit seiner Gemahlin Richenza). Hinter Mathilde steht rechts ihr Vater, König Heinrich II. von England. Rechts neben ihm steht seine Mutter Mathilde. Unbekannt ist die Frauenfigur ganz rechts.

3 Beschreibe M2. Nimm die Bildunterschrift zu Hilfe. Überlege, warum die Verwandten des Herzogs und der Herzogin abgebildet wurden.

4 Erarbeite anhand des Darstellungstextes die Bedeutung von Verwandtschaft und Herrschaft für die Adligen im Mittelalter.

5 Schreibe ein Interview mit Heinrich dem Löwen auf: „Herr Heinrich der Löwe, warum ist Ihnen Ihre Verwandtschaft wichtig? …"

6 Bewerte den Einfluss verwandtschaftlicher Beziehungen in unserer Gesellschaft. Denke an Schule, Wohnungs- und Arbeitsplatzsuche, politische Ämter usw.

Das Leben der Adligen

Reiterschlacht, Buchmalerei, vor 1320 M1

Fehde – ein typischer Konflikt im Mittalter?

Rechtsstreit unter Adligen – „Privatsache“

Gebietsansprüche, ungeregelte Erbschaften, Beleidigungen – Anlässe für Streit gibt es viele. Im Mittelalter entwickelten sich solche Streitigkeiten schnell zu einem bewaffneten Konflikt. Denn – anders als heute – gab es keine staatliche Gewalt und Gesetze, mit deren Hilfe man seinen Rechtsstreit friedlich regeln konnte. Eine „private“ Auseinandersetzung zwischen zwei Parteien, bei der es um Rache ging, hieß im Mittelalter Fehde. Sie war ein allgemein anerkanntes Verfahren, mit Waffen den gebrochenen Frieden selbst wiederherzustellen. Seit dem 12. Jahrhundert beschränkte sich das Fehderecht auf die Adligen, denn nur sie durften Waffen tragen. Wie verliefen Fehden und warum wurden sie geführt? Welche Folgen hatten Fehden für die Bauern?

M2 König Heinrich gegen Herzog Otto – ein Beispiel für eine Fehde

Der Chronist Lampert von Hersfeld (vor 1028–nach 1081) berichtete über eine Fehde, die König Heinrich IV. (1053–1106) und Herzog Otto von Northeim 1070 gegeneinander führten:

2A Ottos Burg Hanstein, aus der gleich zu Anfang des schrecklichen Krieges die Besatzung abgezogen worden war, ließ er [Heinrich IV.] von Grund auf zerstören. Vor eine andere Burg, Desenberg mit Namen, hatte er schon Truppen gelegt. Obgleich sie ihrer Lage wegen uneinnehmbar und mit allen zur Kriegsführung notwendigen Mitteln hinlänglich versorgt war, zogen es ihre Insassen doch vor, sich freiwillig zu ergeben, als das zweifelhafte Kriegsglück zu versuchen. Der König ließ dort eine Besatzung zurück und führte sein Heer weiter, um auch die Besitzungen von Ottos Gemahlin zu verwüsten. Er äscherte viele mit Kostbarkeiten und Gebäuden herrlich ausgestattete Bauernhöfe ein und plünderte sie aus. An Frauen und Kindern – denn die Männer hatten sich in den Bergen versteckt – beging er viele abscheuliche Feindseligkeiten, und so harte und grausame Behandlung erlitten auf diesem Zuge unschuldige und nicht mit dem geringsten Verdacht irgendeines Vergehens belastete Menschen von ihrem eigenen König, dass sie nichts Härteres, nichts Grausameres von Barbaren hätten erleiden können.

Über die Reaktion Ottos von Northeim schrieb Lampert von Hersfeld:

2B Er machte daher mit 3000 auserlesenen und in allen Künsten der Kriegsführung geübten Männern einen Angriff auf Thüringen, steckte die mit allen Vorräten reich ausgestatteten Königshöfe in Brand, machte reiche Beute und köderte gleich zu Anfang seine Krieger, die in der Mehrzahl nur die Hoffnung auf Beute zu dem Kampf gelockt hatte, durch diesen Lohn und sicherte sich dadurch ihre unbedingte Treue. So zog er, alles verheerend, bis über Eschwege hinaus. Hier verteilte er unter die sich um ihn scharenden Bauern seiner Güter, denen die Krieger des Königs nichts gelassen hatten als das elende Leben, einen Teil der Beute, ermahnte sie, die Schläge der göttlichen Strafe tapferen Mutes zu ertragen, und forderte sie auf, da sie ja keine Waffen führen könnten, für ihn inbrünstig zu Gott zu beten.

Lampert von Hersfeld, Annalen. Beide Quellen zit. nach Gerd Althoff u. a., Menschen im Schatten der Kathedrale, Darmstadt (Wissenschaftliche Buchgesellschaft) 1998, S. 7 f.

M3 Das Mittelalter – eine gewalttätige Zeit?

Der Historiker Gerd Althoff beurteilt die Fehde (1998):

In der Tat war die mittelalterliche Fehdeführung in hohem Maße menschenverachtend. Fühlte man sich ungerecht behandelt, zurückgesetzt oder beleidigt, eröffnete man einen gewalttätigen Konflikt, indem man Land und Leute des Gegners schädigte … Sinn des barbarischen Tuns war es, den Gegner durch Demonstration der Stärke zum Einlenken und Nachgeben zu bewegen … Duelle und verschiedene Formen der Blutrache, die bis ins 20. Jahrhundert praktiziert wurden und teilweise noch im heutigen Europa anzutreffen sind, zeigen die Zählebigkeit der Überzeugung, erlittenes Unrecht selbst ausgleichen zu dürfen und zu müssen.

Gerd Althoff u.a., Menschen im Schatten der Kathedrale, Darmstadt (Wissenschaftliche Buchgesellschaft) 1998, S. 6.

Frieden

Der Begriff Frieden bezeichnete für die Menschen des Mittelalters einen Bereich, in dem ihnen Schutz und Rechtssicherheit garantiert wurden. Es gab z.B. Hausfrieden, Stadtfrieden, Burgfrieden und Gerichtsfrieden. Hier waren gewalttätige Auseinandersetzungen und Fehdehandlungen verboten. Da die Bevölkerung durch zahlreiche Fehden bedroht war, versuchten die Könige schon im frühen Mittelalter, durch Grafengerichte den Frieden wiederherzustellen. Auch die Kirche bemühte sich immer wieder, unter Androhung von Kirchenstrafen das Fehdewesen einzuschränken, und verkündete einen „Gottesfrieden". Damit sollten bestimmte gesellschaftliche Gruppen wie Geistliche, Kaufleute, Bauern und Frauen und Kinder geschützt werden. Im Jahr 1495 wurde die Fehde durch den „Ewigen Landfrieden" für das Gebiet des Deutschen Reiches verboten. An die Stelle der Fehde trat die öffentliche Gerichtsgewalt des Landesherrn in seinem Herrschaftsgebiet.

1 Untersuche den in M2 geschilderten Konflikt: Wer waren die Beteiligten? Wie gingen sie vor? Welche Schäden wurden angerichtet? Wer war davon vor allem betroffen? Wer hatte das „Waffenrecht", mit welchen Folgen?
2 Welche Merkmale der Fehde lassen sich an dem Konflikt erkennen? Notiere dein Ergebnis.
3 Erarbeite, wie in M3 die Fehde beurteilt wird. Inwieweit deckt sich die Beurteilung mit der in M2 beschriebenen Fehde?
4 Stelle anhand des Begriffskastens fest, wie Friede und Fehde zusammenhängen und welche Entwicklung die Konfliktform der Fehde nahm.
5 Erarbeite an M1 und M4, wie Krieg jeweils dargestellt wird. Beschreibe deinen Eindruck von den Bildern.

M4 **Darstellung des Krieges,** Holzschnitt, 1499. Vorne links steht der Kriegsgott Mars.

Die mittelalterliche Gesellschaft – eine „Ständegesellschaft“?

Der Aufbau der Gesellschaft

Bis heute finden Wissenschaftler immer neue Begriffe, um die Unterschiede und Gemeinsamkeiten zwischen einzelnen Gruppen unserer Gesellschaft zu beschreiben. Schon im frühen Mittelalter, als die meisten Menschen entweder Bauern oder Adlige waren, versuchte man den Aufbau der Gesellschaft zu erklären. Dabei herrschte zunächst die aus der Antike überlieferte Auffassung vor, dass die Gesellschaft in zwei Gruppen, die „Herren“ und die „Knechte“, geteilt sei. Aus dieser Vorstellung entwickelten die Gelehrten – meist Geistliche – seit dem 11. Jahrhundert ein neues Bild der Gesellschaft. Darin gab es drei so genannte Stände: Den Klerus* (= Geistliche), den Adel und die Bauern. Die Sichtweise einer Dreiteilung der Gesellschaft in Stände blieb bis zum Ende des Mittelalters bestimmend. Was aber genau heißt das Wort „Ständegesellschaft“? Welche Gruppen der Gesellschaft gehörten dazu und welche nicht? Wie wurde die Lehre von den drei Ständen begründet? Und wie veränderte sich das Bild der Ständegesellschaft im Laufe des Mittelalters?

M1 **Dreiständebild**, Holzschnitt, 1488. Die Kommentare lauten: Tu supplex ora (Du bete demütig!), Tu protege (Du schütze!) und Tuque labora (Und du arbeite!).

M2 Und die Rolle der Frauen?

Der Historiker Ferdinand Seibt urteilt 1999:

Wo bleiben eigentlich die Schwestern? So vollkommen uns diese dreigliedrige Gesellschaftsordnung erscheint,… [die] die einen unentbehrlich macht für die anderen, … so deutlich wird die mittelalterliche Welt als Männergesellschaft gedacht und angesprochen. Das heißt nicht, dass Frauen ausgeschlossen, auch nicht, dass sie unterdrückt wurden. Sie werden nicht angesprochen, weil sie sozusagen kein Thema sind … So hatte die Frau einfach keine Stimme in der Öffentlichkeit. Die Kirche war ein Männerbund, in der ihr zu schweigen befohlen war, wie in weltlichen Gemeinschaften auch.

Ferdinand Seibt, Glanz und Elend des Mittelalters, Sonderausgabe Berlin (Siedler) 1999, S. 131 f.

M3 Stände von Natur aus?

In einer französischen Chronik zum Jahr 1381 fand sich folgender Aufruf eines Priesters an die Bauern:

Ihr braven Leute, die Dinge können nicht gut gehen in England und werden nicht gut gehen, bis es so weit ist, dass aller Besitz gemeinsam wird und es weder Bauern noch Edelleute gibt und wir alle eins sind. Aus welchem Grund sind die, die wir Herren nennen, größere Meister als wir? … Warum halten sie uns in Knechtschaft? Und wenn wir alle von einem Vater und einer Mutter, Adam und Eva, abstammen, inwiefern können sie behaupten und beweisen, dass sie mit besserem Grund als wir Herren sind? Höchstens damit, dass sie uns erbringen und erpflügen lassen, was sie ausgeben.

Jean Froissart, Chroniques II, 212, hg. v. Gaston Raynaud, Paris 1897, S. 94 ff. Übers. v. W. Schwartzkopff.

1 Beschreibe M1. Achte auf die Bildelemente, ihr Größenverhältnis, ihre Bedeutung und auf Inschriften. Untersuche die Haltung des Künstlers .

2 Erläutere mithilfe des Darstellungstextes den Wandel in der Gesellschaftsauffassung des Mittelalters.

M4 Vom Knecht zum Bischof?

Um 837 kritisierte der Trierer Kleriker Thegan (gestorben nach 847) einige seiner geistlichen Amtsbrüder:

Alles tat er [der Kaiser Ludwig der Fromme] klug und umsichtig …, nur seinen Ratgebern vertraute er mehr, als es nötig gewesen wäre …, denn schon längst bestand die schlimme Gewohnheit, dass aus den niedrigsten Knechten die höchsten Bischöfe wurden; er verhinderte das nicht.

Zit. nach Arno Borst, Lebensformen im Mittelalter, Frankfurt/M. (Ullstein) 1980, S. 268.

M5 Das ist der Gmain Nutz (Titel auch: Der Gekreuzigte auf dem Reichsadler und die Stände), Holzschnitt, 1487. Dargestellt werden Kaiser, Fürst, König, Richter, Ratgeber, Bannerherr und Ritter. Im Zentrum stehen die Bauern, ihnen am nächsten die Handwerker.

Ständegesellschaft

Im Mittelalter und in der frühen Neuzeit bestimmte die Geburt, zu welchem gesellschaftlichen Stand ein Mensch gehörte. Während sich im frühen Mittelalter die Gesellschaft in Adlige sowie Freie und Unfreie teilte, setzte sich die Kirche seit dem 11. Jahrhundert mit ihrer „Dreiständelehre“ (Klerus, Adel und Bauern) durch. Im Laufe des Mittelalters kamen die Bürger in den entstehenden Städten zum dritten Stand hinzu. Zu keinem Stand gehörten z. B. Arme, Tagelöhner und die Minderheit der Juden. Die Zugehörigkeit zu einem Stand galt als gottgewollt. Sie bestimmte den Zugang zu Berufen, Rechten und Bildungsmöglichkeiten, aber auch die Möglichkeiten politischer Macht. Nur in seltenen Ausnahmefällen konnte man in einen anderen Stand wechseln. Ein wichtiges Merkmal einer ständischen Gesellschaft ist die große politische und soziale Ungleichheit zwischen den einzelnen Ständen.

3 Ordne den Ständen nach M1 folgende Begriffe zu: Schutz, Arbeit, Wirtschaft, Gebet, Politik, Religion.

4 Erarbeite an M2 die Stellung der Frauen in der mittelalterlichen Gesellschaft. Vergleiche mit M1.

5 Überlege anhand von M3, worin Kritik und Zweifel an der Ständegesellschaft deutlich werden. Welche Forderungen erhebt der Priester?

6 Beschreibe M5 und halte Unterschiede zu M1 fest.

7 a) Prüfe, welcher Vorstellung der Gesellschaft der Verfasser von M4 folgte.
b) Beurteile die folgende These: In der mittelalterlichen Gesellschaft gab es keine Aufstiegsmöglichkeiten.

Das Leben der Adligen

M1 **Die Wartburg,** Foto, 1991.
Die Wartburg im thüringischen Eisenach wurde 1999 zum Weltkulturerbe der Menschheit erklärt. Sie entstand im 11. Jahrhundert als hölzernes Befestigungswerk und wurde im 12. Jahrhundert als steinerne Anlage ausgebaut. Die Wartburg diente den Thüringer Landgrafen als Herrschaftssitz. Wolfram von Eschenbach und Walther von der Vogelweide hielten sich hier auf. Martin Luther übersetzte hier die Bibel ins Deutsche.

Die Burg – mehr als ein festes Haus

Ein festes Haus für Adlige

Während die Bauern in hölzernen Häusern wohnten, lebten die Adligen meistens in einem festen Haus aus Stein, einem „Sitz", der im Mittelalter die Lebensform des Adels kennzeichnete.

Nach innen bot das „feste Haus" mit Mauern und Türmen dem adligen Hausherrn, seiner Familie und seinen Bediensteten Schutz. Nach außen wirkte es als Zentrum der Grundherrschaft, also der Herrschaft über Land und Leute. Kirchen im Innern der Burg zeugen davon, dass der Adel seine Stellung als von Gott gegeben betrachtete. Im Mittelalter gab es in Deutschland schätzungsweise 15 000 bis 20 000, in Frankreich sogar 40 000 Burgen.

Lesetipp

Die Ritter. Erzählt von Georges Duby, München (dtv) 2001.

Spannendes Sachbuch, das aus der Sicht des Ritters Arnould erzählt wird.

„Die" Burg gab es nicht

Der Höhepunkt der Burgbauwelle war im 12. Jahrhundert. Aber die Anfänge liegen weiter zurück. Im frühen Mittelalter hatten die Adligen nur auf befestigten Herrenhöfen gelebt. Als dann im 9. und 10. Jahrhundert Normannen und Ungarn in Mitteleuropa einfielen, ließen die Adligen zum Schutz auf Anhöhen und in der Umgebung von Wasser so genannte Fluchtburgen errichten. Ein Holzzaun (Palisade), ein paar Holzhäuser – mehr war es anfangs nicht. Erst seit dem 11. Jahrhundert wurden aus Fluchtburgen steinerne Wohnburgen für die Adelsfamilien. Die Erbauer der Burgen nutzten die natürlichen Voraussetzungen. Wo es Berge gab, z. B. im Thüringer Wald oder am Rhein, finden wir Höhen- oder Felsenburgen. Eine Gipfelburg befindet sich auf dem höchsten Punkt eines Berges. Eine Spornburg liegt an einem Bergvorsprung, der von einer Seite aus gut zu erreichen ist. Wasserburgen stehen am Rande von Seen oder Flüssen, wie z. B. in der Rheinischen Bucht zwischen Köln, Aachen und Bonn.

Die Forschung hat das Bild der Burg in den letzten Jahren verändert. Der Bergfried, Hauptturm der Burg, galt lange Zeit als letzter Zufluchtsort. Neuere Untersuchungen zeigen nun, dass Bergfriede bewohnbar, aber kaum wehrhaft waren: Nur wenige verfügten über Schießscharten, Gusserker oder Kampfplattformen.

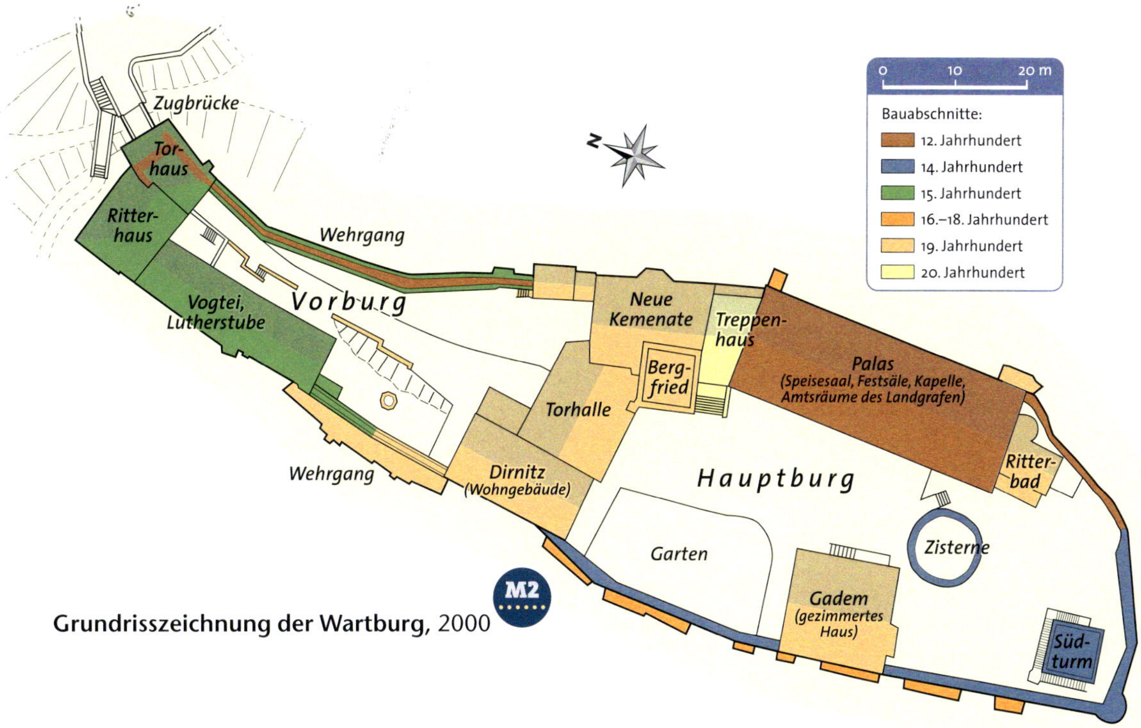

Grundrisszeichnung der Wartburg, 2000

M3 Sehen und gesehen werden

Der Burgenforscher Joachim Zeune schreibt 1997:

Mittlerweile begreifen wir die mittelalterliche Burg als einen Mehrzweckbau, dessen militärische Bedeutung wir … spürbar reduzieren müssen. Für den mittelalterlichen Menschen war die Burg das sichtbare Zentrum einer Herrschaft: Wer die Burg besaß, hatte auch die Herrschaft inne. Von einer Burg aus wurde das zugehörige Land verwaltet, regiert und befriedet. Zur Burg gehörte auch ein Rechtsbezirk … Die Burgendichte veranschaulichte, wie intensiv eine Herrschaft die Gegend durchdrungen und befriedet hatte … Die herausragende gesellschaftliche Stellung eines Landbesitzers und Landherrn ließ sich in der Tat nicht besser demonstrieren als durch eine Burg, die sich weithin sichtbar über das Tal und das Umland erhob. Sehen und vor allem Gesehenwerden spielten bei der Wahl des Burgstandorts eine ganz wesentliche Rolle.

Joachim Zeune, Steinerne Symbole der Macht, in: Damals, 8. Jg., 1997, S. 13f.

Burgenbesuch in Nordrhein-Westfalen

In der Rheinischen Bucht kann man zahlreiche Wasserburgen besichtigen. Auskünfte geben die Tourismuszentralen Aachen, Münstereifel und Bonn, ebenso der Reiseführer „Wasserburgen-Route" (Wienand Verlag, Köln). – Virtuelle Rundgänge und Historisches von den Burgen am Rhein sind leicht über www.google.de zu finden.

1 Stelle dir vor, du planst einen Burgenbesuch mit der Klasse. Schreibe deine Erwartungen auf.

2 Betrachte M1 und M2: Identifiziere mithilfe des Grundrisses M2 möglichst viele Teile der Burg.

3 Stelle Vermutungen an, wer sich zu welchem Zweck in den einzelnen Burgteilen der Wartburg aufgehalten hat.

4 Ordne die Wartburg einem Burgtyp (siehe Darstellungstext S. 38) zu. Begründe deine Antwort.

5 Sammle Informationen zur Entstehung und Geschichte der Wartburg. Suche im Internet z. B. unter den Suchbegriffen wartburg + eisenach.

6 „Die Burg ist ein Zeichen für Frieden!" Erläutere diese These mithilfe der Darstellungstexte S. 38 und M3. Prüfe, ob sie deiner Meinung nach richtig oder falsch ist. Belege deine Aussage.

Das Leben der Adligen

Rittersaal auf Burg Runkelstein im Sarntal, um 1400 erbaut, Foto, 1998 **M4**

Wer lebte auf einer Burg?

Wie viele Menschen im Mittelalter auf Burgen lebten, ist schwer zu sagen. Vermutlich waren es wohl etwa fünf Prozent der Bevölkerung, zu denen adlige Herren und Damen, Ritter und Edelfrauen, Knappen, Knechte und Mägde zählten.

Die Unterschiede im Wohnkomfort waren gewaltig. In der Wartburg finden wir einen großen Palas, in dem sich Küchen, Vorratsräume, ein prächtiger Rittersaal für Feste und sogar beheizte Schlafgemächer befanden. Andernorts gab es nur ein bescheidenes Steinhaus für den Ritter und seine Familie. Und in vielen Burgen hauste nur eine Hand voll bewaffneter Krieger mit Gefolge.

Die Adligen und Ritter, die auf einer Burg lebten, waren stets von einer Grundherrschaft abhängig, die zur Burg gehörte und sie versorgte. Oft war die Grundherrschaft aber so klein, dass die Abgaben der Bauern gerade für den Lebensunterhalt des Grundherrn reichten.

Manchmal wohnten mehrere verwandte adlige Familien auf einer Burg. Die Burg Eltz z. B. wurde 1268 unter drei Nachkommen aufgeteilt und fortan als Ganerbenburg, d. h. als Gemeinschaftserbe, weitergeführt. Weil aber jede Familie im Laufe der Zeit ihr eigenes Anwesen ausbaute, war bald fast alles mit Türmen und Erkern zugebaut – da wurde es ziemlich eng!

Ritter

Ritter waren Reiterkrieger und gehörten zum Adel. Ihre Entstehung in Europa wurde durch Bedrohungen von außen begründet (Normannen-/Ungarneinfälle im 9./10. Jahrhundert). Hinzu kamen technische Neuerungen: Mit dem Steigbügel konnte ein Reiter sein Gleichgewicht gut halten; der Sattel bot Halt beim Einsatz der Lanze; das Kettenhemd (später der Panzer) schützte vor Hieben und Stichen. Ritter mussten über Vermögen und eine Grundherrschaft verfügen, die sie versorgte.
Im 12. Jahrhundert bildeten sie einen Stand mit eigenen Idealen: Kriegsdienst und Treue gegenüber dem Herrn; Schutz der Kirche und der Armen; Frauendienst, der eine kultivierte Lebensart verlangte. Selbst Könige und Königssöhne ließen sich zum Ritter machen.

Burg heute: Eine Ruine als Attraktion?

Unter www.burg-rabenstein.de findest du im Internet Informationen zu einer Burg, die heute ein Touristenzentrum ist: a) Recherchiere, wie die Burg im Mittelalter aussah. b) Stelle die Veränderungen seit dem 16. Jahrhundert zusammen. c) Finde heraus, wie Burgen in deiner Region heute genutzt werden.

7 Lies M5A und M5B. Vergleiche die Erziehung der beiden Kinder. Lege dazu eine Tabelle an.

8 Schreibe auf, was du mithilfe von M5A, den Bildern auf dieser Doppelseite und dem Begriffskasten über Ritter erfährst. Auf welche Fragen geben dir die Materialien keine Antwort? Notiere sie.

9 Prüfe ausgehend von M6 folgende Behauptung: „Auf der Burg hatte immer der Ritter das Sagen."

M5 Wie wurden die Kinder adliger Familien erzogen?

Im 13. Jahrhundert dichtete Gottfried von Straßburg das Versepos „Tristan und Isolde". Am Beispiel des vorbildhaften Ritters Tristan schildert er die Erziehung zum Ritter:

5A Nachdem das Kind getauft, nach christlicher Sitte des Heils teilhaftig, nahm die tüchtige Marschallin ihren lieben Sohn wieder in liebevolle Pflege ... So hielt sie es mit ihm, bis er sein siebentes Jahr erreichte, wo er in Rede und Umgangsformen genügend verständig war. Da führte ihn sein Vater, der Marschall, zu einem gebildeten Mann. Mit diesem sandte er ihn der Sprachen wegen in fremde Länder ... Neben seinem Studium der Bücher und Sprachen beschäftigte er sich viel mit allen Arten des Saitenspiels ... Daneben lernte er auch nach ritterlicher Sitte mit Schild und Speer recht reiten ... Fechten, schweren Ringkampf, Weitsprung, Um-die-Wette-Laufen, Speerwerfen, all das konnte er mit seiner Kraft vorzüglich. Auch sagt uns die Geschichte, dass niemand so meisterlich wie er pirschen und jagen konnte. Die höfischen Gesellschaftsspiele kannte er gut und beherrschte sie ... Er kam in sein 14. Jahr, da ließ ihn der Marschall wieder heimkehren und ständig fahren und reiten, damit er Land und Leute und dessen Sitten kennen lernte.

Am Beispiel der Königstochter Isolde, die von Tristan geliebt und verehrt wurde, erfahren wir im selben Epos etwas über die Erziehung adliger Mädchen:

5B Das schöne Mädchen beherrschte ... Französisch und Latein und konnte auf welsche[1] Art ganz vorzüglich Fiedel spielen ..., auch sang das begabte Mächen mit einer süßen Stimme. In allem, was sie sonst noch konnte, half ihr der Lehrer und förderte sie nach Kräften. Daneben unterwies er sie in einem Gegenstand, den wir die Sittenlehre nennen, die Kunst, die feinen Anstand lehrt. Damit sollten sich alle Frauen in ihrer Jugend befassen ... Diese Lehre umfasst die Welt und Gott zugleich. Sie lehrt in ihren Geboten, Gott und der Welt zu gefallen; sie ist die Nährmutter aller edlen Herzen, damit sie Kraft und Leben in dieser Lehre finden. Denn weder Gut noch Ehre können sie besitzen, wenn es die Ethik sie nicht lehrt. Damit beschäftigte sich die junge Königin am meisten ... Sie wurde dadurch wohl gebildet, schönen und reinen Sinnes und ihr Benehmen war lieblich.

Gottfried von Straßburg, Tristan und Isolde, hg. von Gideon Kramer, Berlin (Reclam) 1974, S. 94ff. und 199ff.

1 französische

M6 Burgherrin Margarete

Margarete von Wolkenstein war Herrin einer kleinen Burg in Südtirol. 1445 schrieb sie ihrem Mann Oswald:

Lieber Herr, wollt mit dem Jost reden, dass er hierher käme, oder mit einem anderen treuen Gehilfen, damit er sich um Euere Angelegenheiten kümmere, das wäre nötig hier im Haus. Auch lasse ich Euch wissen, dass ich zwei Ochsen gekauft habe um mehr als 10 Dukaten und dass der Passeier 9 Dukaten davon ausgelegt hat. Der Propst will das Schmalz nicht haben und der Hans auch nicht. Wollt Ihr's dem Großkopf geben, der will's gern nehmen, das Pfund um 9 Vierer und nicht mehr. Doch meint der Frael, er würde es auf dem Markt in Tramin wohl loswerden, wenn Ihr es ihm geben wollt. Schreibt mir doch zurück, wie Ihr es am liebsten hättet, was sonst noch zu erledigen sei und wie es euch geht. Oder lasst es mir durch den Geyr ausrichten. Den aber schickt mir bald, den kann ich hier im Haus nicht entbehren. Mehr weiß ich nicht zu berichten, sonst ist zu Hauenstein alles in Ordnung.

Zit. nach Andrea van Dülmen (Hg.), Frauen. Ein historisches Lesebuch, 6. Aufl., München (Beck) 1995, S. 81 f.

M7

Ritterschlag, Buchmalerei, 1483. Mit 14 Jahren konnte ein junger Mann als Knappe „Auszubildender" bei einem Ritter werden und mit 21 selbst den Ritterschlag erhalten.

Das Leben der Adligen

M1 **Elfenbeinkästchen**, um 1470. Das Kästchen zeigt ein Ritterturnier. Es gab mehrere Turnierformen: Die „Buhurt" war ein Kampf zweier Rittergruppen mit Lanzen. Der „Tjost" war ein Zweikampf Ritter gegen Ritter.

Frauenverehrung: Traumbild oder Wirklichkeit?

Minnedienst als ritterliche Pflicht

Das Rittertum brachte für das Leben der Adligen zwei gegensätzliche Erscheinungen mit sich. Einerseits bedeutete Rittertum Krieg, Gewalt und Zerstörung. Andererseits entwickelte sich zugleich ein festes Regelwerk für „kultiviertes" Verhalten, das z. B. Benehmen bei Tisch, Höflichkeit und Anstand forderte. Wollte sich der Adel damit gegen die vermeintlich „dörflich-derbe" Bauernbevölkerung abgrenzen?
Besondere Aufmerksamkeit schenkte der Adel dem Verhältnis von Mann und Frau. In der mittelalterlichen Liebesdichtung, dem Minnesang, ging es stets um einen Ritter, der eine adlige Herrin verehrt, auf Turnieren für sie kämpft und sich erfolglos um ihre Gunst bemüht. Es ist nicht leicht zu sagen, inwieweit die Texte des Minnesangs der Realität entsprachen – ganz ähnlich, wie man bei heutigen Schlagern fragen kann, ob sie die Wirklichkeit oder eine Traumwelt besingen. Zentrale Wörter der Minne – frouwe, minne, guot, edel, liebe, herze, lîp – sind nicht einfach in das heutige Deutsch zu übersetzen. Auch ist ungeklärt, wer die Minnelieder in Auftrag gab. Wiederum unbestritten ist, dass auch Ritter und Minnesänger sich prügelten und mancher Frau ungebeten zu nahe kamen. Auf vielen Ritterturnieren gab es Tote und Verletzte, wogegen Vertreter der Kirche heftig protestierten.

Eleonore von Aquitanien

Eleonore von Aquitanien (um 1122–1204) war in erster Ehe mit König Ludwig VII. von Frankreich verbunden. Nach ihrer Scheidung heiratete sie König Heinrich II. von England. Eines ihrer zehn Kinder war Richard Löwenherz. Nachdem ihr Mann die Ehe gebrochen hatte, kehrte Eleonore in ihre Heimat zurück. In Poitiers wurde sie Mittelpunkt einer angesehenen Hofkultur, die sie mit Geld förderte. Zu diesem Kreis zählte auch ihre Tochter, Marie de Champagne, die selbst Gedichte schrieb. Troubadoure und Minnesänger verehrten Eleonore. In einem Minnevers hieß es: „Wäre die ganze Welt mein, von dem Meer bis an den Rhein, ich wollte gerne darauf verzichten, wenn nur die Königin von England in meinen Armen läge."

CD-Tipp

Beispiele für mittelalterlichen Minnesang findest du auf der CD **Troubadours und Minnesänger. „En Chantan m'aven a menbrar". Vorgetragen durch das Ensemble Lucidarium (EDI 13079).**

Hypothesen aufstellen – am Beispiel des Begriffs „Höflichkeit“

Wenn Historiker Fragen an die Geschichte stellen, können sie nie davon ausgehen, dass es einfache Antworten gibt, die in Archiven auf Pergamenten stehen und die sie nur finden und ablesen müssen. Wenn sie Erkenntnisse gewinnen wollen, müssen sie zunächst eine „Hypothese“ aufstellen. Hypothesen sind Aussagen, die auf den ersten Blick richtig erscheinen, für die es aber noch keine Beweise gibt. Historiker äußern zunächst eine Vermutung, die sie schrittweise mit Quellen zu belegen versuchen. Finden sie keine Belege, müssen sie neuen Spuren nachgehen. Wir wollen uns einmal mit dem Begriff „Höflichkeit“ beschäftigen und fragen, woher er kommt.

a) Überlege dir zunächst, was das Wort heute bedeutet. Beschreibe Situationen, die dir einfallen.
b) Sieh dir den Begriff an und finde heraus, welche Einzelworte er enthält. In „Höflichkeit“ steckt z. B. das Wort „Hof“. Liste Höfe auf, die du kennst (siehe auch S. 16 und 19). Überlege dir, an welchem Hof die „Höflichkeit“ entstanden sein könnte.
c) Suche nach sinnverwandten Wörtern für „Höflichkeit/höflich“. Denke dabei auch an „ritterlich“ und finde heraus, was damit früher gemeint war.
d) Stelle jetzt eine Hypothese über „Höflichkeit“ heute und früher auf. Gibt es Unterschiede?

M2 Minnesang – eine historische Quelle?

Der Literaturhistoriker Joachim Bumke schreibt 1994 über die historische Aussagekraft mittelalterlicher Literatur, zu der vom 12. bis 15. Jahrhundert auch der Minnesang gehörte:

Wie der Dienst am Hof im Einzelnen aussah, ist aus den Quellen nur undeutlich zu erkennen. Sicher ist, dass der Tischdienst an der herrschaftlichen Tafel dabei eine wichtige Rolle spielte; außerdem mussten die Knappen dem Herrn und der Herrin zu persönlichen Diensten zur Verfügung stehen. In den literarischen Texten wird betont, dass die jungen Männer besonders zum richtigen Benehmen gegenüber den Damen angehalten wurden... Es kann heute als gesichert gelten, dass wesentliche Aspekte der höfischen Erziehungslehre von gebildeten Geistlichen formuliert worden sind.

Joachim Bumke, Höfischer Körper – höfische Kultur, in: J. Heinzle (Hg.), Modernes Mittelalter, Frankfurt/M. (Insel), 1994, S. 69 f.

M3 **Die Dame gibt einen Korb,** Buchmalerei aus einer Liedersammlung, 14. Jh. Kristian von Hamle besingt die Situation, wie er mit einer Korbwinde zu seiner Geliebten wollte. Die adlige Dame ließ ihn bis zum Morgen hängen, damit der ganze Hof ihn sehen konnte.

1 Finde anhand des Darstellungstextes S. 42 heraus, was der Begriff „Minne“ meint.
2 Welche Form des Ritterturniers ist in M1 abgebildet? Das Kästchen wird auch als „Minnekästchen“ bezeichnet. Begründe dies.
3 Untersuche, wie Eleonore den Minnesang förderte. Was könnte sie dazu veranlasst haben?
4 Diskutiert in der Klasse, ob „Höflichkeit“ heute noch ein Erziehungsziel darstellt.
5 Die Lokalzeitung plant eine Serie über die Geschichte der Frau. Leider ging der Text über adlige Frauen im Mittelalter verloren. Schreibe einen Ersatztext. Ziehe dazu diese Themeneinheit sowie M6, S. 41, heran.
6 „Ritterliches Leben – Idee und Wirklichkeit“. Gestaltet eine Talkrunde. Eine Gruppe übernimmt die Anmoderation. Eine zweite Gruppe stellt die Diskussionsteilnehmer, eine dritte Gruppe macht die Abmoderation.

Ein mittelalterliches Burgfest feiern

Das Mittelalter ist „in“

Das Interesse für das Leben im Mittelalter ist groß. Werden mittelalterliche Märkte, Ausstellungen, Ritterturniere oder Burgfeste veranstaltet, strömen die Besucher in Scharen. Warum das so ist, darüber gehen die Meinungen auseinander. Ist das Mittelalter vielleicht ein „ferner Spiegel“ unserer heutigen Welt, in der wir, die modernen Menschen, uns fasziniert selbst betrachten können? „Zu Besuch im Mittelalter“, so könnte das Motto eines Klassen- oder Schulfestes lauten, dem ihr den Rahmen eines mittelalterlichen Burgfestes geben könntet. Im Folgenden findet ihr dazu einige Anregungen.

M1 **Mittelalter-Fest in Bernau (bei Berlin),** Foto, 1999

M2 Tischsitten im Mittelalter

Einflüsse aus Norditalien führten im Spätmittelalter in Deutschland zu veränderten Tischsitten. In Lehrgedichten, so genannten Tischzuchten, wurden sie festgehalten. Ihr könnt sie auf eine große Tafel malen und an einem Essstand aufhängen:

1. Greife nicht mit den Fingern in den Senf und in die Soße.
2. Lege Knochen und Brotreste nicht in die Schüssel zurück.
3. Starre nicht ständig auf die Speise.
4. Wenn Männer und Frauen an einer Tafel sitzen, sollen die Männer nicht zu nahe an die Frauen rücken.
5. Rülpse nicht während des Essens.
6. Erscheine mit frischer Kleidung zu Tisch, damit kein Ungeziefer auf die Tafel fällt.
7. Schnäuze nicht ins Tischtuch.

Zusammengestellt nach Norbert Elias, Über den Prozess der Zivilisation, 5. Aufl., Frankfurt/M. (Suhrkamp) 1978, S. 157–212, und Wolfgang F. Reddig, Raues Dasein in zugigen Mauern, in: Damals, 8. Jg., 1997, S. 27.

Zanzarelli-Suppe und andere mittelalterliche Gerichte

Das folgende Rezept für die sämige Zanzarelli-Suppe ist für acht Personen gedacht – vorausgesetzt, jeder isst nur einen Teller. Gewöhnlich benötigt man aber mehr, denn die Suppe schmeckt so gut, dass sich die meisten in der Regel mehrmals bedienen.

Im Zusammenhang mit der Geschichte des Kochens ist das Rezept auch deshalb interessant, weil hier die Eier nicht – wie so oft – als Bindemittel für Suppen oder Soßen benutzt werden, sondern weil man sie hier gerinnen lässt.

Zutaten: 2 l Hühnerbouillon, 8 Eier, 200 g frisch geriebener Parmesan, 80 g geriebenes trockenes Brot oder Semmelmehl, 6 Safranfäden, Gewürze (Zimt, Ingwer, Muskatnuss, Pfeffer).

Zubereitung: Den Käse, das Semmelmehl und die geschlagenen Eier vermengen. Die Bouillon zum Kochen bringen.

Dann ein halbes Dutzend Safranfäden zugeben und ziehen lassen, bis die Bouillon goldgelb ist.

Erneut zum Kochen bringen und die Teigmasse auf einmal zugeben. Mit dem Schneebesen vermischen. Ein- oder zweimal aufkochen lassen. Die Suppe nimmt durch das Garen der Eier einen leicht flockigen Charakter an.

Vom Feuer nehmen, abschmecken und großzügig mit Gewürzen bestreuen.

Aus: Odile Redon u. a., Die Kochkunst des Mittelalters, Frankfurt/M. (Eichborn) 1991. In diesem Buch findet ihr noch weitere leckere und leicht nachzukochende Gerichte.

M4 **Hochzeitsmahl wie im Mittelalter,** Buchmalerei, 12. Jh. Thema der Abbildung ist zwar ein Ereignis aus dem Alten Testament (Heirat Davids mit Michal), aber die Darstellung zeigt Formen und Sitten einer mittelalterlichen Tafel.

M3 Mittelhochdeutsche Liedverse

Aus einem Lied des Minnesängers Walther von der Vogelweide (um 1170–1230):

Under der linden
an der heide,
dâ unser zweier bette was,
dâ mugent ir vinden
schône beide
gebrochen bluomen unde gras.
vor dem walde in einem tal,
tandaradei,
schône sanc diu nahtegal.

Zit. nach Helmut Brackert (Hg.), Minnesang, Frankfurt/M. (Fischer TB) 1983, S. 150.

Ritterrüstungen und andere „Kleider"

Auf M4 und M5 könnt ihr sehen, wie die Menschen sich im Mittelalter kleideten.
Spannend kann auch der Nachbau einer Ritterrüstung aus Pappe sein. Achtet darauf, dass der Harnisch aus einem Brust- und einem Rückenpanzer besteht, die über den Schultern und an der Taille durch Schnüre verbunden sind. Unter dem Harnisch trägt der Ritter oft ein Kettenhemd, darunter gepolsterte Kleidung. Die Beinröhren für die Oberschenkel sind meist mit Schnüren am Kettenhemd verbunden, ebenso ist der Helm am Brustpanzer befestigt.
Ihr könnt eine kurze Szene gestalten: Ein Motorradfahrer, ein Skateboardfahrer und ein Ritter unterhalten sich über Sinn, Vor- und Nachteile ihrer Kleidung (im Mittelalter gab es weder Vollplastikvisiere noch Reiß- oder Klettverschlüsse).

M5 **Ritterrüstung,** 16. Jh.

M6 **Tricktrack,** Buchmalerei, 14. Jh. Das Spiel wurde nach denselben Regeln wie heute Backgammon gespielt.

Spiel und Unterhaltung

Spieltische: Im Mittelalter waren Mühle, Schach und Tricktrack sehr beliebt. Richtet Tische mit diesen Spielen ein – ein Burgfräulein oder ein Knappe erklärt die Regeln.
Jonglieren war im Mittelalter besonders beliebt, ebenso das Vorantreiben eines Kreisels mit einer Schnur.
Auf der Bühne: Tragt mittelalterliche Lieder und Gedichte vor.
Ringstechen: Bei diesem Spiel mussten Ritter mit ihren Lanzen kleine Ringe (Durchmesser ca. 15 cm) von ihren Befestigungen reißen und auf der Lanze sammeln. Hängt für dieses Spiel die Ringe an dünnen Schnüren im Abstand von 4 m auf (als Ständer eignen sich tragbare Basketballkörbe). Verwendet als Pferd ein Skateboard (kein Fahrrad, die Sturzgefahr ist zu groß), als Lanze einen Besenstiel. Damit der „Ritter" nicht zu langsam an die Ringe „heranreitet", sollte er den Parcours in einer vorgegebenen Zeit absolvieren.

Das Ritterleben – Lebensform ohne Zukunft?

Warum ein Stand Ansehen und Macht verlor

Die höfische Kultur und der Kampf für vermeintlich hohe Ziele hatten die Ritter aufgewertet und zu einem eigenen Stand gemacht, mit der Burg als Lebensort. Seit dem 14. Jahrhundert, das heißt im Spätmittelalter, begann sich dies zu wandeln: Die Burg als Lebensort verlor ihre Bedeutung. Der Adel zog bergabwärts in helle, bequeme Schlösser. Die neu entstehenden Städte wurden zum alternativen Lebensraum. Für die Ritter schien es in der Gesellschaft keine rechte Aufgabe mehr zu geben. Vor allem wirtschaftliche Veränderungen und neue Kampfesweisen machten ihnen stark zu schaffen. Um ihren Lebensunterhalt zu verdienen, zogen nun viele plündernd durch die Lande, nötigten Bauern und Handwerkern Schutzdienste auf oder erpressten Zölle von durchreisenden Kaufleuten. Eine neue Bezeichnung kam auf: „Raubrittertum". An die Stelle der Bewunderung traten Verachtung und Schrecken. – Und welches Bild von Rittern haben wir heute?

M1 Ulrich von Hutten über das Burgleben

Der Ritter Ulrich von Hutten schrieb 1518 in einem Brief an einen reichen Nürnberger Kaufmann über das Leben auf Burg Steckelberg, wo er geboren war und lebte. Die Burg war inzwischen zur Ganerbenburg (siehe S. 40) geworden:

Die uns ernähren, sind bettelarme Bauern, denen wir unsere Äcker, Weinberge, Wiesen und Wälder verpachten. Der einkommende Ertrag ist, gemessen an der aufgewandten Mühe, geringfügig …
Sodann müssen wir uns in den Dienst eines Fürsten stellen, von dem wir Schutz erhoffen. Wenn ich das nicht tue, glaubt jeder, er könne sich alles gegen mich erlauben …
Die Burg selbst … ist nicht als angenehmer Aufenthalt, sondern als Festung gebaut. Sie ist von Mauer und Gräben umgeben, innen ist sie eng und durch Stallungen für Vieh und Pferde zusammengedrängt. Daneben liegen dunkle Kammern, voll gestopft mit Geschützen, Pech, Schwefel … Überall stinkt es nach Schießpulver; und dann die Hunde und ihr Dreck … Reiter kommen und gehen, darunter Räuber, Diebe und Wegelagerer. Denn fast für alle stehen unsere Häuser offen, weil wir nicht wissen, was da für Leute sind, oder uns nicht groß danach erkundigen. Man hört das Blöken der Schafe, das Brüllen der Rinder …
Der ganze Tag bringt vom Morgen an Sorge und Plage … Äcker müssen bestellt, gepflügt und umgegraben werden …, man muss eggen, säen, düngen, mähen… Wenn aber einmal ein schlechtes Ertragsjahr kommt, wie in dieser mageren Gegend meistens, dann haben wir füchterliche Not und Armut.

Zit. nach Arno Borst, Lebensformen im Mittelalter, Frankfurt/M. u. a. (Ullstein) 1979, S. 173–175.

M2 Eppelein auf der Flucht, Buchmalerei, 14. Jh.
Eppelein von Gailingen machte als Raubritter die Umgebung von Nürnberg unsicher. Er konnte mehrfach dem Kerker entkommen, wurde aber 1381 erneut gefangen genommen und hingerichtet.

M3 **Ritter rauben und plündern in einem Dorf,** Ausschnitt einer Zeichnung aus dem Hausbuch des Fürsten Waldburg-Wolfegg, um 1470

M4 Neue Waffen gegen ritterlichen Kampf

Der Militärhistoriker John Keegan schreibt 1995 über die Folgen, die aus der Einführung der Armbrust resultierten:

Mit einer Armbrust ausgerüstet, konnte ein Soldat ohne das lang währende Erlernen des Waffenhandwerks … töten, ohne sich selbst in Gefahr zu begeben. Was für den Armbrustschützen galt, galt für den Gewehrschützen in noch höherem Grade. Seine Kampfesweise schien ebenso feige und darüber hinaus laut und schmutzig zu sein, ohne dass Muskelkräfte erforderlich waren. So konnte der Biograf von Louis de la Tremouille, einem Krieger des 16. Jahrhunderts, die Frage stellen: „Welchen Nutzen haben noch die Waffenkünste der Ritter, ihre Kraft, ihre Ausdauer, ihre Disziplin und ihr Streben nach Ehre, wenn derartige (Pulver-)Waffen im Krieg zum Einsatz kommen?"

John Keegan, Die Kultur des Krieges, übers. v. Karl A. Klewer, Berlin (Rowohlt) 1995, S. 472.

1 Ordne mithilfe des Darstellungstextes S. 46 den Brief M1 historisch ein: Finde heraus, ob er in die Blüte- oder in die Verfallszeit des Ritter- und Burgenlebens gehört. Belege deine Aussagen mit Zitaten.

2 Interpretiere die Grafik M5:
a) Zeige, wie die Grafik aufgebaut ist.
b) Bestimme, was dargestellt wird. Über welche Bevölkerungsgruppen gibt die Grafik Auskunft?

3 Erläutere mithilfe von M4, welche Auswirkungen die Entwicklung der Waffentechnik auf die Lage der Ritter hatte.

4 Die Ritter sind als „Dinosaurier des Mittelalters" bezeichnet worden. Erläutert diese Bezeichnung und diskutiert, ob ihr sie für zutreffend haltet.

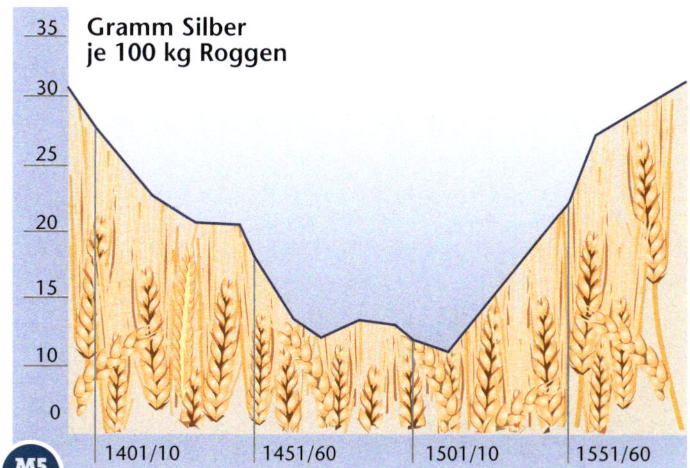

M5 **Roggenpreise in Göttingen 1401–1580 (Zehnjahresdurchschnitte)**

Hermann Aubin/Wolfgang Zorn (Hg.), Handbuch der deutschen Wirtschafts- und Sozialgeschichte, Bd. 1, Stuttgart (Union Verlag) 1971, S. 311.

Bauern und Adlige im Mittelalter – ein Überblick

Leben in der Grundherrschaft

Im Mittelalter lebten fast alle Menschen auf dem Lande und die Landwirtschaft war die bestimmende Wirtschaftsweise. Zwischen dem 8. und dem 13. Jahrhundert gab es zahlreiche technische Neuerungen: zum Beispiel Räderpflug und Dreifelderwirtschaft (ab dem 8. Jahrhundert), Kummet (ab dem 9. Jahrhundert). Die verbesserten Arbeitsgeräte und Anbaumethoden ließen die Bevölkerungszahl zwischen dem 8. und dem 13. Jahrhundert wachsen. Im 14. Jahrhundert ging die Zahl der Menschen durch Krankheiten und Seuchen rapide zurück. Um 800 gab es noch viele freie Bauern – schon zweihundert Jahre später waren fast alle Bauern von einem Grundherrn abhängig, d. h., sie waren Hörige. Die Bauern mussten in der Grundherrschaft dem Grundherrn Abgaben und Dienste leisten. Erst nach der Gründung der Städte konnten sich Bauern durch Flucht in eine Stadt der Grundherrschaft entziehen.

Adel: eine Herrschaftsgruppe

Gegenüber der bäuerlichen Bevölkerung war der Adel eine kleine Gesellschaftsgruppe. Er verfügte jedoch über den Grund und Boden und herrschte über die bäuerliche Bevölkerung. Im Laufe des Mittelalters wurden aus adligen Verwandtengruppen allmählich Herrschaftsgruppen: Ämter und Posten wurden vorrangig mit eigenen Verwandten besetzt.
Die Adligen trugen ihre Auseinandersetzungen häufig gewalttätig als Fehde aus. Da auch andere Bevölkerungsgruppen wie Geistliche, Kaufleute, Frauen und Bauern unter den Fehden litten, trat die Kirche für eine Einschränkung des Fehdewesens ein. 1495 wurde die Fehde durch den „Ewigen Landfrieden" verboten.
Seit dem 11. Jahrhundert vertrat die Kirche die Dreiständelehre. Danach teilte sich die Gesellschaft in drei Stände: die Betenden (Klerus), die Kämpfenden (Adel) und die Arbeitenden (Bauern).

Leben auf der Burg

Als Sitz ihrer Herrschaft ließen die Adligen Burgen bauen. Die Burg änderte im Verlauf der Jahrhunderte nicht nur ihr Aussehen, sondern auch ihre Funktion: Ursprünglich ein Verteidigungsbau, wurde sie seit dem hohen Mittelalter zunehmend Rechts- und Verwaltungssitz, aber auch Zentrum der höfischen Kultur. In literarischen Werken und Liedern der Ritter wurde oft eine erhöhte und verklärte Wirklichkeit gezeigt. Besonderen Ausdruck fand diese Ritterkultur im europäischen Minnesang. Die darin besungene Verehrung einer adligen Frau stand oft im Kontrast zum wirklichen Leben auf den Burgen.
Die Veränderungen in der Kriegstechnik und in Wirtschaft und Gesellschaft führten im 14. Jahrhundert zum Bedeutungsverlust des Rittertums. Große Teile des Adels verarmten.

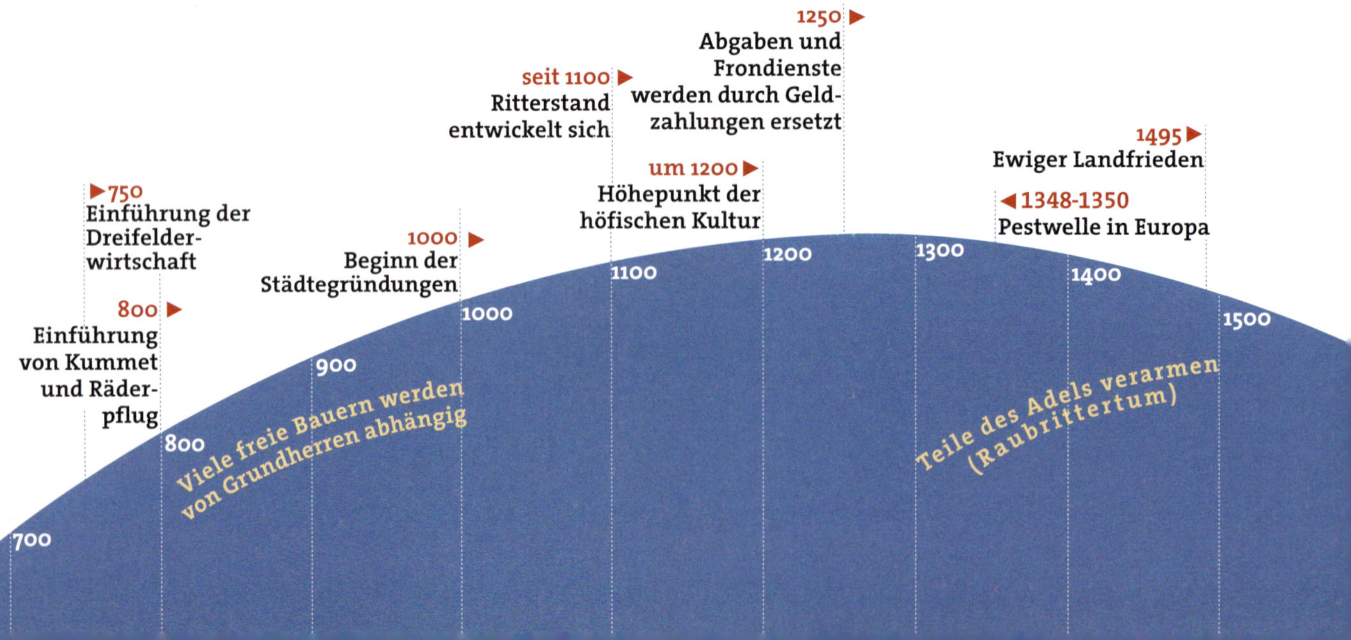

Wir wiederholen zentrale Begriffe und Methoden

Hörige, Frondienste S. 23

Adel S. 32

Frieden S. 35

Ständegesellschaft S. 37

Ritter S. 40

Ritter waren Reiterkrieger und gehörten zum Adel. Ihre Entstehung wurde von außen begründet (Normannen-/Ungarneinfälle im 9./10. Jh. ...

Wir besuchen ein Museum S. 21

Eine Erkundung durchführen S. 31

1. Schritt: Vorbereitung
– Anschriften ermitteln, telefonisch Kontakt aufnehmen ...

Das Grundherrschaftsspiel

Spielregeln:

1. Gespielt wird in Vierergruppen. Jeweils zwei Schüler bilden eine Partei (Grundherrschaften A und B)

2. In jeder Partei gibt es einen Grundherrn und einen Bauern.

3. Die Bauern müssen das Jahr durchlaufen und Abgaben leisten. Jeder Bauer hat ein Startguthaben von 10 Hölzchen.

4. Das Vorrücken wird erwürfelt – bei ungerader Zahl ein Feld, bei gerader Zahl zwei Felder. Auf jedem Feld sind die vorgeschriebenen Abgaben an den Grundherrn zu entrichten.

5. Kann der Bauer, bevor er das Ziel erreicht hat, keine Abgaben leisten, weil sein Vorrat aufgebraucht ist, dann hat die Partei verloren.

6. Jeder Grundherr streicht zu Beginn des Spiels zwei Felder, auf denen der Bauer, wenn er darauf zu stehen kommt, keine Abgaben entrichten muss.

7. Ein weiteres Feld darf der Grundherr zu einem beliebigen Zeitpunkt während des Spiels streichen (nach dem Wurf des Bauern).

8. Die Hölzchen, die der Bauer noch hat, wenn er das Ziel erreicht, verfallen.

9. Ziel des Spiels ist, dass der Bauer das Ziel erreicht. Gewonnen hat die Partei, die dann die meisten Hölzchen hat.

2. Wer herrscht in Europa?

Wie wird man König? Erbt man dieses Amt? Wird man gewählt? Welche Rolle spielt die Krönung? Diese Fragen scheinen uns heute unbedeutend, doch im Mittelalter waren sie sehr wichtig – denn mit ihnen hing zusammen, wer im Königreich mächtig war. Und eine weitere Frage drängt sich auf: Wie hingen Religion und Politik miteinander zusammen? Diese Frage beantworteten die Menschen des Mittelalters ganz anders, als wir das heute tun würden. Denn seitdem das Christentum, ausgehend vom Römischen Reich der Antike, in ganz Europa verbreitet wurde, erhob der christliche Klerus im Mittelalter einen Anspruch darauf, an der Herrschaft der Welt mitzuwirken. Vor allem der Bischof von Rom, den man schon damals „Papst" nannte und der bald als Oberhaupt der christlichen Kirche anerkannt wurde, sah seine Aufgabe nicht nur in der Verbreitung des Glaubens. Oft griff er machtbewusst in die Politik ein, verbündete sich mit Fürsten gegen die Könige und führte sogar Krieg.

– Wie aber wurde das Christentum in Europa verbreitet?

– Wie standen seither der Klerus und die Laien, die geistliche und die weltliche Macht, zueinander?

– Und wie konnte der König die Herrschaft in seinem Reich überhaupt durchsetzen?

1 Beschreibe die Abbildungen und notiere Fragen, die sich aus der Betrachtung ergeben.

2 Kann die Kirche heute noch Einfluss auf Entscheidungen des Staates nehmen? Finde Beispiele.

Die Abbildungen verraten dir einiges über die Verteilung politischer Macht im Mittelalter: Das große Bild zeigt den Thron des Frankenkönigs Karl des Großen (768–814) in der Pfalzkapelle zu Aachen. Von hier aus demonstrierten Karl und seine Nachfolger ihre Macht über das riesige Frankenreich. Karl wurde im Jahre 800 in Rom von dem Papst Leo III. zum Kaiser gekrönt. Ein Maler des 14. Jahrhunderts hat dieses Ereignis gemalt (rechts). Das Bild oben entstand um das Jahr 1000. Sein Titel lautet: „Gott krönt den König". Abgebildet ist Kaiser Otto III. (983–1002), umgeben von weltlichen und geistlichen Fürsten. Außerdem findest du ein Foto aus heutiger Zeit: Der deutsche Bundespräsident schwört bei seiner Amtseinsetzung auf das Grundgesetz. Den Zusatz „So wahr mir Gott helfe" kann er freiwillig sprechen.

Europa wird christlich

M1 Germanische Reichsgründungen nach dem Untergang des Weströmischen Reiches um 500 n. Chr.

Geistliche und weltliche Macht im Mittelalter

Die christliche Kirche und der römische Staat

Der Papst Gelasius I. (492–496 n. Chr.) schrieb 494 n. Chr. an den oströmischen Kaiser Anastasios: „Zwei sind es nämlich, erhabener Kaiser, durch die an oberster Stelle diese Welt regiert wird: die geheiligte Autorität der Bischöfe und die kaiserliche Gewalt." Wie kam es, dass das Oberhaupt der christlichen Kirche einen Brief mit solch gewichtigem Inhalt an einen römischen Kaiser schickte? Wir erinnern uns: Erst im Jahr 311 n. Chr. war das Christentum als eine der vielen Religionen im Römischen Reich anerkannt worden. Unter der Herrschaft Kaiser Konstantins (306–337) mussten Christen zum ersten Mal nicht mehr fürchten, wegen ihres Glaubens verfolgt zu werden, so wie es z. B. im 3. Jahrhundert geschehen war. Als sich 337 Kaiser Konstantin taufen ließ, wurde der römische Staat christlich. Kaiser Theodosius ernannte 391 das Christentum zur Staatsreligion. Zur gleichen Zeit war aus den verstreuten christlichen Gemeinden des 1. und 2. Jahrhunderts eine Kirche mit einer festen Organisation entstanden und das Christentum breitete sich durch Mission immer erfolgreicher in Europa aus. Dagegen befand sich der römische Staat in einer tiefen Krise: Seit 395 n. Chr. war das Römische Reich endgültig in zwei Hälften zerfallen: das Weströmische Reich und das Oströmische Reich (Byzanz). Während sich Byzanz zu einem eigenen Staat mit einem Kaiser entwickelte und die Hauptstadt nach Konstantinopel verlegt wurde, verlor das Weströmische Reich im Zuge der Völkerwanderung* immer mehr an Bedeutung. Im Jahre 476 n. Chr. wurde der letzte weströmische Kaiser Romulus Augustulus von dem germanischen Truppenführer Odoaker abgesetzt. In dieser Situation erhoben die Vorsteher der christlichen Gemeinden, die Bischöfe*, und der Papst den Anspruch, an der Regierung der christlichen Welt mitzuwirken. War hier der Grundstein für einen dauerhaften Konflikt zwischen der geistlichen Macht, der Kirche, und der weltlichen Macht, dem Kaiser, gelegt worden?

Papsttum

Amtsbezeichnung für das Oberhaupt der katholischen Kirche (von lat. papa = Vater). Das Papsttum entstand vermutlich im 3. Jahrhundert n. Chr., als die Bischöfe von Rom die Führungsrolle in der römischen Christenheit beanspruchten. Sie sahen sich als direkte Nachfolger des Apostels Petrus. Als Vertreter der geistlichen Herrschaft fühlten sich die Päpste im Mittelalter berechtigt, auch in den weltlichen Herrschaftsbereich einzugreifen (z. B. Kaiserkrönung). Heute erstreckt sich die Entscheidungsgewalt des Papstes auf Fragen des katholischen Glaubens und auf die kirchliche Gesetzgebung.

M2 Europa um 1200

M3 Das christliche Herrscherbild

Der Bischof und Kirchenlehrer Augustinus (354–430) entwarf das Bild eines idealen Herrschers:

Glücklich nennen wir sie [die Herrscher], wenn sie gerecht herrschen, wenn sie trotz aller schmeichlerisch verhimmelnden und kriecherisch unterwürfigen Reden sich nicht überheben und nicht vergessen, dass sie Menschen sind, wenn sie ihre Macht in den Dienst Seiner Majestät stellen und die Gottesverehrung so weit wie möglich ausbreiten, wenn sie Gott fürchten, lieben und verehren, wenn sie jenes Reich am meisten lieben …, wenn sie auch nicht unterlassen, für ihre Sünden ihrem wahren Gotte das Opfer der Demut, der Klage und des Gebets darzubringen. Solche christlichen Kaiser nennen wir glücklich, einstweilen nur in Hoffnung, künftig aber voll und ganz, wenn eingetroffen ist, was wir erwarten.

Augustinus 5, 24 f. Zit. nach Geschichte in Quellen, Bd. 1, bearb. von Walter Arend, 3. Aufl. München (bsv) 1978, S. 810.

M4 Die Anfänge christlicher Mission in Irland

Bei den Kelten und Germanen wurde das Christentum zuerst durch Mönche verbreitet, in Irland seit dem 5. Jahrhundert (siehe S. 81). Der Historiker Peter Brown schreibt 1999:

In Irland wurde das Christentum … das exklusive Bekenntnis mächtiger königlicher Sippen …
In einer Welt ohne römische Städte, deren feste Mauern und fest ansässige Bevölkerung den Status ihrer Bischöfe garantierten, waren Klöster wie Iona die wenigen festen Punkte in einer Umgebung, die in stetem Wandel begriffen war … Die Mönche, Studenten und sonstigen Angehörigen eines der großen christlichen Klöster gingen in die Hunderte … [Mönche und Geistlichkeit] ersetzten die Druiden, die Ritualexperten der alten Religion … Mit ihrer besonderen Tracht und Tonsur stellten sich die Kleriker und besonders die Mönche abseits der Kriegergesellschaft.

Peter Brown, Die Entstehung des christlichen Europa, München (Beck) 1999, S. 234 ff.

1 Beschreibe anhand des Darstellungstextes S. 52 die Rolle der christlichen Kirche und ihr Verhältnis zum Staat am Ende des 5. Jahrhunderts.
2 Fasse zusammen, wie sich Augustinus den „idealen Herrscher" vorstellte (M3).
3 Erarbeite mithilfe von M4, wie die Mission in Irland ablief und welche Stellung die Mönche hatten. Lies dazu auch den Begriffskasten S. 55.
4 Vergleiche M1 und M2. Schreibe in Stichworten auf, wie sich Europa zwischen 500 und 1200 veränderte.
5 Beurteile die Herrschaftsansprüche der geistlichen und der weltlichen Macht.

Ein fränkischer König wird christlicher Herrscher

Straßennamen können erzählen ...

Bei der Erkundung von Straßennamen zur Geschichte ihres Ortes haben Anna und Carlo zwei Namen entdeckt, mit denen sie nicht viel anfangen können.
Anna: „,Merowinger' – das hört sich sehr fremd an. Lass uns das im Lexikon nachschlagen."
Carlo: „Dann aber auch ,Franken'. Hat das vielleicht etwas mit ,Frankreich' zu tun? Ich weiß, dass eine Region in Süddeutschland ,Franken' genannt wird – in der Gegend von Nürnberg und Würzburg."
Erste Ergebnisse ihrer Untersuchung haben sie bald.
Anna: „Also die Merowinger: Das waren Kleinkönige der salischen Franken aus dem 5. Jahrhundert n. Chr., benannt nach ihrem sagenhaften König Merowech. Durch Eroberungen vergrößerten die Merowinger ihr Reich. Und die Franken ... ?"
Carlo: „Die waren ein germanisches Volk, aus vielen Kleinstämmen zusammengesetzt. Historisch sind sie seit dem 3. Jahrhundert fassbar. Sie ließen sich im heutigen Raum Nordfrankreich und Belgien nieder. Das Reich der Franken soll das bedeutendste im frühen Mittelalter in Europa gewesen sein. Offensichtlich reichte es vom heutigen Frankreich bis ins heutige Deutschland. Aber wie kam es zur Entstehung eines solch großen Reiches?"

M1 Straßenschilder, Fotos, 2000

1 a) Erarbeite anhand von M2 den Ursprung der Merowingerfamilie. Ziehe Schlüsse auf ihre Religion.
b) Kläre „Heerkönigtum" und „Sakralkönigtum".
c) Untersuche die Stellung des Volkes bei den Franken.

2 Prüfe, welche Informationen von Anna und Carlo mit M2 übereinstimmen.

3 Beschreibe anhand der Karte M1, S. 52, die Lage der fränkischen Stämme und nenne Flüsse und Städte, die heute in diesem Raum liegen.

M2 Karriere bei den Merowingern: Vom Kleinkönig zum Großkönig

Der Historiker Josef Fleckenstein schreibt 1974 über die Entstehung des fränkischen Großkönigtums:

Unter den frühen fränkischen Kleinkönigen ... hebt die Überlieferung die salfränkischen Könige hervor. Sie waren nach ihr älter und mächtiger als die anderen und gehörten einem einzigen Geschlecht an mit dem halb geschichtlichen, halb sagenhaften Stammvater Merowech: Der Sage nach geht die Verbindung des Geschlechts zu den Göttern zurück. Das merowingische Königtum ist also seiner Herkunft nach ein Sakral[1]- und Kleinkönigtum. Mit der Eroberung beginnt es sich dann in ein Heerkönigtum zu verwandeln ... Dabei gelang es einem dieser Könige, Chlodwig I., seine Mitkönige zu überflügeln ... Er verdankte seine Machtstellung der Heerführerschaft und dem Erfolg. Sein Königtum erscheint als ein Heerkönigtum, war dies aber nicht allein; denn Chlodwig war schon als Sohn und Erbe eines Königs König geworden, das heißt: als Erbe königlichen Geblüts. So fließen bei ihm Heer- und Sakralkönigtum zusammen und seine Siege bestätigen nur, dass er der Träger königlichen Blutes und königlichen Heils war. Welch überragendes Gewicht das Königtum damit gewann, zeigt sich besonders eindrücklich darin, dass es seit Chlodwig keine Volksversammlung mehr gab, wenn auch das Heer sich weiterhin als Vertretung des Volkes betrachtete und bei wichtigen Entscheidungen mitwirkte.

Josef Fleckenstein, Grundlagen und Beginn der deutschen Geschichte, Göttingen (Vandenhoeck & Ruprecht) 1974, S. 35 f. Vereinf. d. Verf.

1 heiliges

Chlodwig I. und der christliche Glaube

Als der fränkische König Chlodwig I. (482–511) mit der Taufe 498/99 zum Christentum übertrat, legte er damit den Grundstein für die rasche Christianisierung des fränkischen Reiches. Was könnte den mächtigen Frankenkönig dazu bewogen haben, die Religion zu wechseln? War es schwindendes Kriegsglück? Verließen ihn die Götter? Sah er die Rettung in der Hilfe des Christengottes? Jedenfalls hatte seine Frau Chrodechild, eine burgundische Prinzessin und Christin, ihren Mann immer wieder gedrängt sich taufen zu lassen.

Christianisierung, Mission
Bezeichnung für die Verbreitung der christlichen Lehre. Von der Taufe einzelner Stammesführer im 4. Jahrhundert bis zur Durchsetzung des Christentums im europäischen Mittelalter dauerte es mehrere Jahrhunderte. Das Christentum verbreitete sich durch Mission christlicher Mönche. Die Mission war teilweise auch ein gewalttätiger Vorgang mit Zwangstaufen (z. B. die Bekehrung der Sachsen durch Karl den Großen im 8. und 9. Jahrhundert). Die christliche Lehre fand im mittelalterlichen Europa Eingang in alle Lebensbereiche.

M3 Rettung durch den Christengott?

Gregor von Tours (um 540–594) war Bischof und schrieb „Zehn Bücher fränkische Geschichte". Über die Bekehrung Chlodwigs zum Christentum berichtete er:

Die Königin aber ließ nicht ab, in ihn zu dringen, dass er den wahren Gott erkenne und ablasse von den Götzen. Aber auf keine Weise konnte er zum Glauben bekehrt werden, bis er endlich einst mit den Alamannen in einen Krieg geriet: Da zwang ihn die Not, zu bekennen, was sein Herz vordem verleugnet hatte. Als die beiden Heere zusammenstießen, kam es zu einem gewaltigen Blutbad und Chlodwigs Heer war nahe daran, völlig vernichtet zu werden. Als er das sah, erhob er seine Augen zum Himmel, sein Herz wurde gerührt, seine Augen füllten sich mit Tränen und er sprach: „Jesus Christ, Chrodechild verkündet, du seiest der Sohn des lebendigen Gottes; Hilfe, sagt man, gebest du den Bedrängten, Sieg denen, die auf dich hoffen – ich flehe dich demütig an um deinen Beistand: Gewährst du mir jetzt den Sieg ..., so will ich an dich glauben und mich taufen lassen auf deinen Namen ..." Und da er solches ausgesprochen hatte, wandten die Alamannen sich und fingen an zu fliehen. Als sie aber ihren König getötet sahen, unterwarfen sie sich Chlodwig und sprachen: „Lass ... nicht noch mehr des Volkes umkommen; wir sind ja dein." Da tat er dem Kampfe Einhalt, ermahnte das Volk und kehrte in Frieden heim.

Zit. nach Gottfried Mayr/Wilhelm Störmer, Königsherrschaft im Mittelalter, München (Oldenbourg) 1984, S. 25.

M4 Taufe Chlodwigs I. (482–511) um 497/98 durch Bischof Remigius in Reims, Ausschnitt aus einem Altargemälde, 15. Jh. Remigius trägt die Bischofsmütze („Mitra").

4 Beschreibe, wie Gregor die Bekehrung Chlodwigs schildert (M3). Finde weitere mögliche Erklärungen für Chlodwigs Sieg gegen die Alamannen. Welche Absicht könnte Gregor mit seiner Erzählung verbunden haben?

5 Bischof Remigius soll bei der Taufe Chlodwigs gesagt haben: „Beuge still deinen Nacken, verehre, was du verfolgtest, verfolge, was du verehrtest." Ziehe Schlüsse auf das Verhältnis von König und Kirche (M4 und Kasten).

Frauen im Reich der Merowinger

Herrschaftschancen für fränkische Königinnen?

Die Geschichtswerke, die in der Zeit der Merowinger entstanden, erzählen von Frauen, die zeitweise über großen politischen Einfluss verfügten. Zum Beispiel regierte Balthild (gest. 680) als Königinwitwe fast acht Jahre lang für ihre minderjährigen Söhne, bevor sie von einigen Adligen gestürzt wurde und ins Kloster ging. Nach alter Sitte verwalteten die Frauen der merowingischen Könige den Königsschatz und konnten, besonders während der Abwesenheit ihrer Männer, hohe Adlige durch Geschenke an sich binden.

M1 Ansehen und Rechte der fränkischen Frauen

Die Historikerin Suzanne Wemple schreibt 1997 über Frauen im Merowingerreich:

Sie bekehrten ihre Männer zum Christentum … Königinnen gründeten oft Klöster und Kirchen auf ihren eigenen Ländereien. Sie ernannten auch Günstlinge zu Bischöfen und erweiterten auf diese Weise ihren Einflussbereich. Archäologische Funde zeigen, dass Frauen mit ihrem Schmuck als Statussymbol begraben wurden … Germanische Frauen waren ursprünglich nicht erbberechtigt und durften kein Eigentum besitzen. Aber zum Ende des 5. Jahrhunderts … glichen die gesetzlichen Regelungen die Stellung der germanischen Braut dem günstigeren Los der römischen Frau an … Frauen aus den unteren Schichten hatten wahrscheinlich größere Freiheit, Männer ihrer Wahl zu heiraten.

Suzanne Fonay Wemple, Frauen im frühen Mittelalter, in: Georges Duby/Michelle Perrot, Geschichte der Frauen, Bd. 2, hg. v. Christiane Klapisch-Zuber, Frankfurt/M. (Campus) 1997, S. 189 und 192 f.

M2 König Chilperich (gest. 584) und Königin Fredegunde (gest. 597), Buchmalerei, 14. Jh.
Fredegunde reitet hinter ihrem Mann, neben ihr vermutlich eine Nebenfrau des Königs. 584 ließ Fredegunde Chilperich töten, als er von ihrem Verhältnis zum Leiter der Hofhaltung erfahren hatte.

Ein Frauengrab unter dem Kölner Dom

Unter dem Kölner Dom wurde 1959 ein Frauengrab gefunden. Bei der Toten handelte es sich vermutlich um Wisigarde, die Braut König Theudeberts, die 547 starb. Grabbeigaben waren unter anderem: eine mit Goldfäden durchwirkte Stirnbinde (Zeichen für eine frei geborene Fränkin), Ohrringe aus Gold, Fingerringe, ein Armring aus massivem Gold, Goldketten, Münzanhänger, Gürtelgehänge, Schuhschnallen mit vergoldeten Riemenzungen, Gläser und Münzen.

1 Fasse anhand des Darstellungstextes und des Kastens zusammen, woher wir etwas über Frauen in der Merowingerzeit wissen.
2 Erarbeite, wie in M1 die Stellung der Frauen beschrieben wird. Welche Entwicklung wird deutlich?
3 Vergleiche die Funde von Köln 1959 mit M2. Was lässt sich jeweils über die soziale Stellung der Frauen erkennen? Was bleibt unsicher?

Schriftliche Quellen interpretieren

Quellen im Zusammenhang lesen

Schriftliche Quellen sind vergleichbar mit Momentaufnahmen wie z. B. Fotos. Sie haben ein „Vorher" und ein „Nachher" und müssen in ihren geschichtlichen Zusammenhang eingeordnet werden. Dazu benötigen wir Kenntnisse aus anderen Quellen und Darstellungen von Historikern.

Arbeitsschritte

1. Schritt: Fragen zum Verfasser

– Wann und von wem wurde der Text verfasst?
– Hat der Verfasser das Geschehene selbst erlebt oder später aufgeschrieben? Zu welchem Zweck wurde der Text geschrieben?
– Lässt sich ein bestimmter Standpunkt des Verfassers vermuten?

2. Schritt: Fragen zum Text

– Wie ist der Text aufgebaut?
– Gibt es „Schlüsselbegriffe"?
– Was ist die Hauptaussage?
– Sind die Aussagen in sich widersprüchlich oder glaubwürdig?

3. Schritt: Weitere Informationen heranziehen

– Gibt es Quellen und Darstellungen, die mit der vorliegenden übereinstimmen oder ihr widersprechen?

Annalen
(von lat. annales = Jahrbücher). Eine der wichtigsten Quellensorten des frühen Mittelalters. Annalen sind Listen, in denen zu jedem Jahr wichtige Ereignisse notiert wurden. Sie entstanden in Klöstern und wurden manchmal von Herrschern in Auftrag gegeben.

M1 König Pippin trifft Papst Stephan II.

Im Januar 754 trafen sich der Frankenkönig Pippin und Papst Stephan II. (752–757) in der Pfalz von Ponthion (Marnetal). Darüber berichteten die Metzer Annalen:

In demselben Jahr ertrug Papst Stephan … den Druck der Langobarden … nicht mehr und kam, um [persönlich] die Hilfe des Königs Pippin anzurufen. Als Pippin davon hörte, befahl er erfreut seinem erstgeborenen Sohn Karl, ihm entgegenzureisen und ihn ehrenvoll zu sich in die Pfalz[1] von Ponthion zu führen. Dort wurde der Papst von König Pippin ehrenvoll empfangen. Viele Geschenke spendete er dem König und auch seinen Großen. Am folgenden Tage warf er sich zusammen mit seinem Gefolge in Sack und Asche auf die Erde und beschwor den König Pippin bei der Gnade des allmächtigen Gottes …, dass er ihn selbst und das römische Volk aus der Hand der Langobarden … befreie. Und nicht eher wollte er sich von der Erde erheben, als bis ihm König Pippin mit seinen Söhnen und den Großen der Franken die Hand reichte und ihn selbst zum Zeichen des künftigen Bündnisses und der Befreiung von der Erde aufhob.

Annales Mettenses priores, 754. Geschichte in Quellen, Bd. 2, hg. von Wolfgang Lautemann, 2. Aufl., München (bsv) 1978, S. 60 f.

[1] königlicher Fronhof

M2 Der Empfang Pippins

Seit dem 4. Jahrhundert entstanden in kirchlichem Auftrag Lebensbeschreibungen der Päpste. Zu Stephan II. hieß es:

Wie aber Pippin die Ankunft des Papstes vernahm, zog er ihm eilig entgegen mit seiner Gemahlin, seinen Kindern und den Großen des Reiches. Seinen Sohn Karl schickte er … zu seinem Empfang voraus. Er selbst ging ihm von seiner Pfalz Ponthion aus beinahe eine Stunde weit zu Fuß entgegen und schritt eine Strecke Weges als sein Marschall neben dem Saumross des Papstes einher.

Liber Pontificalis, Stephan II. Geschichte in Quellen, Bd. 2, hg. von Wolfgang Lautemann, 2. Aufl., München (bsv) 1978, S. 58 f.

Geschichtlicher Hintergrund

Im 7. Jahrhundert war die Herrschaft der Merowinger durch mehrere Reichsteilungen geschwächt. Die eigentliche Macht lag bald bei den Verwaltern des Königsgutes, den sog. Hausmeiern. Hausmeier Pippin der Jüngere (741–768) setzte mit päpstlicher Zustimmung den letzten Merowingerkönig ab, ließ sich 751 von den mächtigsten Franken zum König erheben und vom Papst salben. Zur selben Zeit wurden die Päpste durch das langobardische Königreich in Italien bedroht und baten die Franken um Schutz. Im Vertrag von Ponthion (754) versprach Pippin der römischen Kirche Schutz und schenkte ihr Land für einen Kirchenstaat.

1 Bearbeite M1 mithilfe der Arbeitsschritte.
2 Formuliere Hypothesen, wie sich der in M1 geschilderte Vorgang auch abgespielt haben könnte. Schlage auf S. 43 nach, falls dir der Begriff „Hypothese" unklar ist.
3 Vergleiche die Darstellung des Empfangs des Papstes in M2 mit der Schilderung in M1. Überprüfe deine Hypothesen.
4 Bewerte die beiden Darstellungen in M1 und M2.

Herrschaft mit Schwert und Kreuz

M1 **König Karl begrüßt Papst Leo III. (795–816)**, Illustration nach Annalen aus dem 9. und 10. Jahrhundert,1999

M2 **Fußfall Karls (768–814) vor Leo III.**, Illustration nach Annalen aus dem 9. und 10. Jahrhundert, 1999

Karl: Ein König wird Kaiser

M3 König und Papst in Paderborn

Im Jahre 799 trafen sich im westfälischen Paderborn Papst Leo III. (795–816) und der fränkische König Karl (768–814). Darüber berichtete kurz nach 800 ein unbekannter Zeitgenosse im so genannten „Karlsepos":

Karl erstrahlt inmitten des Heeres, frohgemut; golden deckt der Helm das Haupt, glanzvoll erscheint er in der Waffenrüstung … Vor dem Lager stehen die Scharen der Priester, eingeteilt in drei Chöre, angetan mit langen Gewändern; hoch erhoben tragen sie das heilige Banner des Kreuzes; die Ankunft des Papstes erwartet der gesamte Klerus und das festlich gekleidete Volk. Schon sieht Vater Karl auf dem offenen Felde den Heereszug, erkennt, dass Pippin [sein Sohn] und der oberste Hirte heranziehen. Da gebietet er dem Volk, in kreisförmiger Anordnung zu warten, und lässt das Heer in offenem Kreise sich aufstellen.
Er selbst begibt sich in die Mitte des Runds, froh die Ankunft des Papstes erwartend, um Haupteslänge erhebt er sich über sein Gefolge, überragt er das ganze Volk. Nun kommt Papst Leo heran und tritt in den äußeren Kreis … Karl erweist ihm sogleich die Ehre des Fußfalls, umarmt den Hohepriester und tauscht mit ihm den Kuss des Friedens. Sie reichen einander die Rechte und schreiten nebeneinander und wechseln freundliche Worte. Vor dem höchsten Priester wirft sich das ganze Heer dreimal zu Boden, dreimal erweist ihm die Menge demütig die Ehre des Fußfalls. Und für das Volk spricht dreimal ein stilles Gebet der Bischof. Der König, der Vater Europas, und Leo, der oberste Hirte auf Erden, sind zusammengekommen und führen Gespräche über mancherlei Dinge … Die beiden Männer blicken einander fest in die Augen, dann schreiten sie gemeinsam zur Höhe der Pfalz empor. Vor dem Tor des heiligen Tempels stehen die Priester und singen in wechselnden Chören Lobgesänge, bringen Dank und Preis dem Schöpfer dar … Lautes Rufen erhebt sich … Sowie der Gottesdienst … vollendet, bittet Karl Papst Leo zu sich in den hohen Palast.

De Karole rege et leone papa, hg. und übers. von Franz Brunhölzl, Paderborn (Bonifatius) 1999, S. 43 ff. Bearb. von C. Brehm.

1 Beschreibe anhand von M1 bis M3 den Verlauf der Begegnung zwischen Papst und König.
2 Erarbeite, in welchen Schritten die Begegnung in Paderborn ablief, und stelle Vermutungen an über das Machtverhältnis zwischen König und Papst.
3 Untersuche, ob der Verfasser von M3 einen bestimmten Standpunkt einnimmt. Berücksichtige hierbei die auf S. 57 abgedruckten Hinweise zur Interpretation schriftlicher Quellen.

Die Papstreise nach Paderborn – eine Flucht?

Warum war der Papst nach Paderborn gekommen? Fest steht, dass es im Adel der Stadt Rom und auch bei hohen päpstlichen Beamten Widerstand gegen Papst Leo III. gab. Auch beim Volk soll der Papst nicht beliebt gewesen sein, denn man warf ihm vor, dass er sich an fremdem Eigentum bereicherte und ein zweifelhaftes Privatleben führte. Am 25. April 799 kam es zum Ausbruch einer Verschwörung. Bei einer kirchlichen Prozession griffen Bewaffnete den Papst auf seinem Pferd an und versuchten ihm die Augen auszustechen und die Zunge herauszureißen. Königsboten Karls des Großen erfuhren von dem Vorfall und nahmen den Schwerverletzten unter ihren Schutz. Bald darauf reiste Leo III. zum fränkischen König, der in Paderborn weilte.

Weihnachten 800: Kaiserkrönung in Rom

799 war König Karl auf dem Höhepunkt seiner Macht. Zeitgenössische Berichte nannten ihn „Herr über Gallien, Germanien, Italien und deren einst römische Grenzprovinzen". Ein enger Vertrauter Karls folgerte: „Siehe, du allein stützt noch das ganze Heil der Kirchen Christi." Aus der Sicht des fränkischen Königshauses war Karl oberster Schützer der römischen Kirche und Herr über das christliche Europa. Worüber Papst und König in Paderborn sprachen, ist den Quellen nicht eindeutig zu entnehmen. Geschichtsforscher vermuten, dass Karl sich zu diesem Zeitpunkt bemühte, seine Machtstellung mit dem Titel des römischen Kaisers* („Imperator") bestätigen zu lassen. Am 24. November 800 zog Karl in Rom ein, nachdem er zuvor vom Papst am 12. Meilenstein vor Rom begrüßt worden war. Am folgenden Tag erschien Karl hoch zu Pferde vor der Petersbasilika. Dort setzte ihm Leo III. wenig später, am Weihnachtstag 800, die kostbare Krone auf und legte ihm das purpurne Kaisergewand an. Danach leistete der Papst Karl den Kniefall.

M5 **Silbermünze mit dem Kopf Kaiser Karls des Großen**, 9. Jh. Die Münzumschrift lautet: Carolus Imp(erator) Aug(ustus).

M4 Wenn Papst und König sich treffen

Der Historiker Achim Thomas Hack schreibt 1999 über mittelalterliche Treffen von Papst und Kaiser:

Empfänge – und zu diesem Typus gehören auch sämtliche mittelalterlichen Papst-Kaiser-Treffen – [fanden] an einem möglichst repräsentativen Ort im Herrschaftsgebiet des Gastgebers statt, der … dabei sogar bereit war, [seinem Gast] in zeremoniellen Fragen den Vorrang und damit eine symbolische Überordnung zuzugestehen. So gab Karl im Jahre 799 Leo III. persönlich ein Stück weit das Geleit und ehrte den Papst mit Kniefall und Fußkuss – ein Verhalten, das sogar problemlos in einer Quelle berichtet werden konnte, die sich die Verherrlichung des Königs zum Ziel gesetzt hatte … Der Gastempfang war … insofern auf Gegenseitigkeit angelegt, als der fränkische König bei einem Besuch in Rom erwarten konnte, mit einem vergleichbaren Ritual empfangen zu werden … Das Paderborner Empfangszeremoniell erweist sich somit als öffentliche Anerkennung der Papstwürde Leos III. seitens der Franken … Innerhalb einer Zeitspanne von nur knapp anderthalb Jahren erhielt Leo III. … die Gelegenheit, nun seinerseits dem fränkischen König einen feierlichen Empfang zu bereiten.

Achim Th. Hack, Das Zeremoniell des Papstempfangs 799 in Paderborn. In: 799 – Kunst und Kultur der Karolingerzeit. Beitragsband zum Katalog der Ausstellung, Mainz (Zabern) 1999, S. 28 f.

M6 **Silbermünze mit dem Kopf Kaiser Konstantins des Großen (306–337)**, 4. Jh. Die Umschrift lautet: Imp(erator) Constantinus P(ater) P(atriae) Aug(ustus).

4 Beschreibe anhand des Darstellungstextes den Krönungsaufenthalt in Rom und vergleiche mit dem Treffen in Paderborn 799. Welche Rückschlüsse auf das Verhältnis von weltlicher und geistlicher Macht kannst du ziehen?

5 Prüfe die folgende Behauptung: Kniefall und Fußkuss bedeuteten Unterwerfung.

6 Untersuche an M5 und M6 Zusammenhänge von antikem Kaisertum und Karls Kaisertum.

Herrschaft mit Schwert und Kreuz

M7 Aufenthaltsorte nach dem Itinerar Karls des Großen.
Mittelalterliche Itinerare sind Aufzeichnungen über Reisewege der Könige. Sie geben Einblick in die Regierungstätigkeit eines mittelalterlichen Herrschers.

Das Frankenreich hatte keine Hauptstadt

Heute gibt es in fast jedem Staat der Welt eine Hauptstadt mit einem Regierungssitz und Behörden, die die Regierung „vor Ort" vertreten. Wie aber regierte Kaiser Karl das Reich der Franken, ein Reich, das keine Hauptstadt hatte? Wie erfuhren die Adligen und Bauern im Reich überhaupt von seiner Erhebung zum König? Wie setzte Karl Gesetze durch? Zu den ersten Aufgaben eines gewählten fränkischen Königs gehörte eine Reise durch das Reich*, um seinen Herrschaftsanspruch deutlich zu machen – aber auch während seiner gesamten Regierungszeit waren der König und sein Gefolge dauernd auf Reisen. Im Jahre 775 legte der Königshof etwa 900 km zurück. Obwohl der König überall Anspruch darauf hatte, kostenlos verpflegt zu werden, plante er seine Reisewege nach der Lage der königlichen Güter. Oft nahm der Königshof Quartier in Pfalzen*, das waren Fronhöfe in Besitz des Königs. Karl der Große wählte z. B. die Pfalz in Aachen zu seinem bevorzugten Regierungssitz. Ab 794 kehrte er zumindest jeden Herbst dorthin zurück und verließ die Pfalz nach 806 nur noch kurzzeitig. Das Reisekönigtum bestand in Deutschland im ganzen Mittelalter fort, weil keine Stadt zum zentralen Regierungssitz erhoben wurde.

Von der Hofverwaltung zur Reichsverwaltung

Das Machtzentrum der fränkischen Könige lag seit dem frühen Mittelalter im Königshof. Zum Hof* gehörten neben der königlichen Familie die weltlichen und geistlichen Berater des Königs und eine große Zahl weiterer Gefolgsleute, bisweilen über 1000 Personen. Nach dem Vorbild der Hausämter an germanischen Königshöfen gab es wichtige Amtsträger:

- Der Kämmerer sorgte für Unterhalt und Unterbringung von Hof und Gefolge.
- Der Truchsess organisierte die Verpflegung.
- Der Mundschenk war für die Getränke zuständig.
- Der Marschall leitete den Stallbereich.
- Der Kanzler war der Vorsteher der Schreibstube.

Die Hofämter wurden unter den Karolingern zunehmend auf die Verwaltung* des Reichs ausgedehnt. So übernahm der Kämmerer die Vermögensverwaltung des Königs, der Marschall konnte die Funktion des Heerführers ausüben. Um seine Herrschaft auch bei seiner Abwesenheit durchzusetzen, richtete Karl der Große Verwaltungsbezirke ein, die von einem Grafen* geleitet wurden, der meist aus einer örtlichen Adelsfamilie stammte. Der Graf übte die hohe Gerichtsbarkeit* aus und rief zur Heeresfolge auf (siehe S. 64 f.).

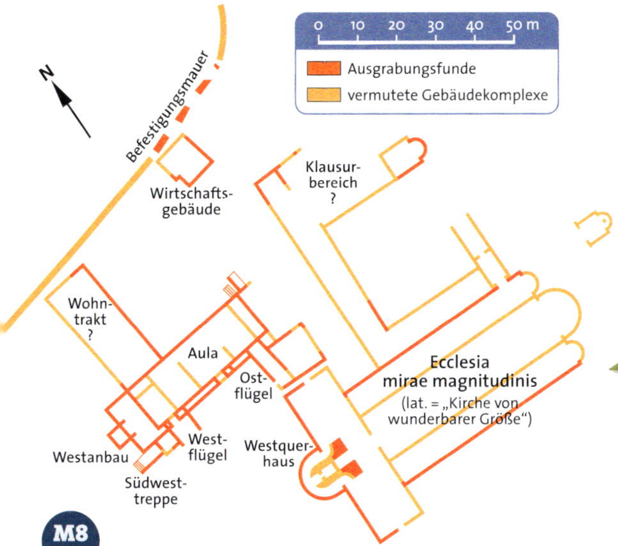

M8 **Die Pfalz Paderborn um 836,** Grundrisszeichnung nach Ausgrabungsfunden, 1999

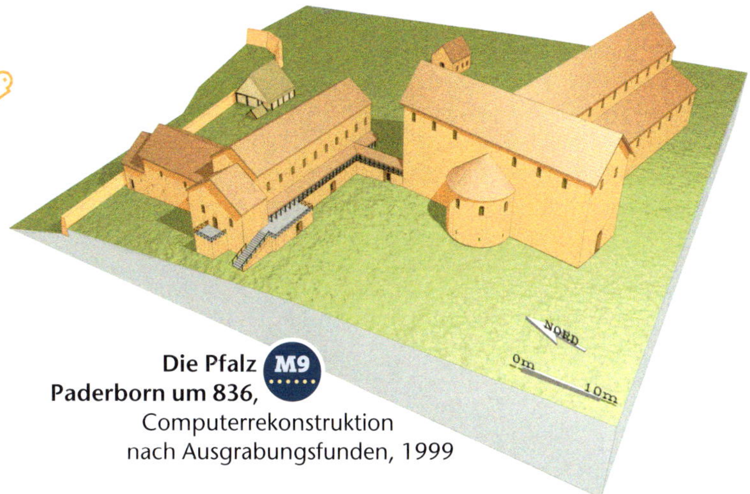

M9 **Die Pfalz Paderborn um 836,** Computerrekonstruktion nach Ausgrabungsfunden, 1999

M10 Kontrolle ist besser: die Königsboten

Über die Einrichtung der Königsboten (lat. missi dominici) hieß es in einer königlichen Rechtsverordnung von 802:

Kaiser Karl hat aus der Reihe seiner klügsten Großen die weisesten Männer ausgewählt … und hat sie in sein gesamtes Reich abgeordnet, um allen Untertanen … die Möglichkeit zu geben, nach Recht und Gesetz zu leben. Er befiehlt, dass sie sorgfältige Untersuchungen anstellen, falls irgendwo etwas anders als recht und gerecht verordnet sein sollte, und verlangt darüber Meldung.

Cap. reg. Franc. I. Nr. 33. Zit. nach Geschichte in Quellen, Bd. 2, hg. und übers. von Wolfgang Lautemann, 3. Aufl., München (bsv) 1978, S. 73.

Königin Hildegard

um 758 geboren als Kind einer alamannischen Adelsfamilie.

771 Heirat mit König Karl (dem Großen), nachdem dieser seine Ehefrau Desiderata verstoßen hatte.

772 Geburt des ersten Kindes.
Gefährtin und Ratgeberin des Königs, Begleitung des Königs auf den Regierungsreisen und Kriegszügen nach Italien und Spanien (abhängig von ihrer körperlichen Verfassung).

783 Tod Hildegards bei der Geburt ihres 9. Kindes. Nach Auskunft der Quellen beweinen Karl und seine Getreuen ihren Tod aufrichtig.

7 Erschließe anhand der Aufenthaltsorte Karls des Großen die Hauptregionen des Frankenreichs (M7).

8 Informiere dich im Darstellungstext S. 60 über das Reisekönigtum und notiere Vor- und Nachteile, die daraus für den fränkischen Herrscher entstehen konnten.

9 Stelle mithilfe des Darstellungstextes und M10 die Entstehung der Reichsverwaltung unter Karl dem Großen dar.

10 Überlege, wie Königin Hildegard politischen Einfluss nehmen konnte (siehe auch S. 56).

11 a) Zeige an M8 und M9, wie Archäologen Erkenntnisse über die Karolinger gewinnen.
b) Die Paderborner Pfalz diente geistlichen und weltlichen Zwecken zugleich. Finde diese mithilfe von M8 und M9 heraus.

12 Sammle Material über die Pfalz zu Aachen. Referiere darüber in der Klasse. Tipp: Nutze auch das Internet (z. B. www.aachen.de).

Eine Bildquelle entschlüsseln

M1 **Karl der Große und Papst Leo III. empfangen von Petrus ihr Amt**, Mosaik aus dem päpstlichen Regierungssitz in Rom (Lateranpalast), 799/800

Bilder befragen?

Im Mittelalter konnten die meisten Menschen nicht lesen, viele Dinge wurden deshalb in Bildern mitgeteilt. Von den meisten Bildern gab es nur das Original, z. B. ein Altargemälde, eine Wandmalerei, ein Mosaik, ein Wandteppich oder eine Buchmalerei. Nur manchmal wurden Kopien angefertigt, wie bei der Buchherstellung oder bei Holzschnitten und Kupferstichen.
Der Umgang mit Bildern hat Ähnlichkeiten mit der Arbeit an einer Textquelle: Bildquellen erfordern wie Textquellen Zeit zum „Lesen“.

Kaiser und Papst: Beobachtungen an einem Bild

Das Mosaikbild M1 dürfte noch vor 800 im Auftrag des Papstes entstanden sein. Am Thron des Apostels Petrus knien der fränkische König Karl und Papst Leo III. Petrus überreicht Karl eine Fahnenlanze und streift Leo das Pallium über den Kopf, einen schalartigen wollenen Streifen, der als Zeichen der Papst-(auch Erzbischof-)würde um die Schultern gehängt wurde. Die lateinische Unterschrift unter der Szene lautet in der Übersetzung: Heiliger Petrus, spende dem Papst Leo Leben und dem König Karl Sieg.

Arbeitsschritte Eine Bildquelle entschlüsseln

1. Schritt: Einzelne Bildelemente erfassen

– Welche Personen und Gegenstände sind dargestellt? Wie sind sie dargestellt (Gestaltung, Größe, Kleidung, Farben)?
– Wo befinden sich die Personen und Gegenstände?

2. Schritt: Bildelemente zusammenfügen

– Lassen sich die Bildelemente in einen sinnvollen Zusammenhang bringen?
– Welche erste Deutung ergibt sich beim Zusammenfügen der Elemente?
– Welche Fragen bleiben offen?

3. Schritt: Zusätzliche Informationen heranziehen

– Wo gibt es weitere Informationen (z. B. Bildunterschrift, weitere Abbildungen, schriftliche Quellen, wissenschaftliche Darstellungen)?
– Was lässt sich über den Künstler bzw. Auftraggeber und seine Absicht herausfinden?

4. Schritt: Gesamtdeutung des Bildes formulieren

– Formuliere mithilfe der Bildelemente und Zusatzinformationen eine zusammenfassende Aussage.
– Bleiben Fragen in der Gesamtdeutung offen?

1 Erarbeite anhand der Arbeitsschritte eine Interpretation des Mosaiks M1. Nimm die Informationen aus dem Darstellungstext zu Hilfe. Nutze auch deine Kenntnisse über das (Macht-)Verhältnis von Papst und Kaiser (siehe S. 52 ff.).

2 Übe die Bildinterpretation an M4, S. 68.

Alltagsleben im Karolingerreich: Funde geben Einblicke

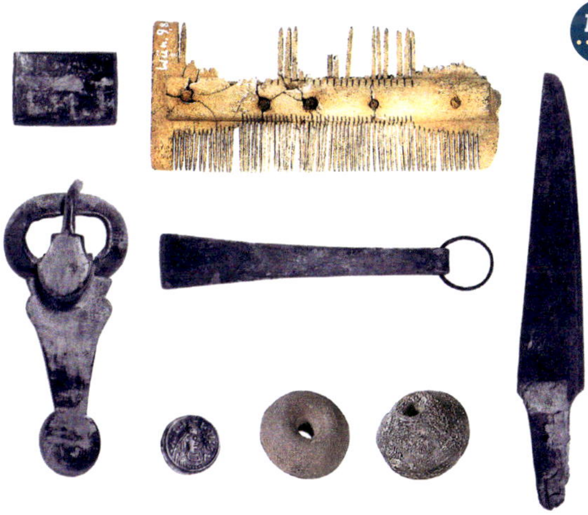

M1 **Funde aus einem Männergrab,** Wünnenberg-Fürstenberg/Kreis Paderborn, um 600. Messer (Eisen und Holz), Münze (Goldlegierung), Schilddornschnalle, Rechteckbeschlag (zum Teil verzinnt), Kamm (Knochen, Eisennieten), Spinnwirtel (roter Ton; „magischer" Schwertanhänger?), Pinzette (Buntmetall).

Funde aus einem Frauengrab (mit Urne), Friedhof von Lembeck/Kreis Recklinghausen, um 700. Die runde Pressblechfibel (Bildmitte) zeigt eine christliche Darstellung. **M2**

Spuren aus Siedlungen und Gräbern

Die Geschichtsschreiber des Mittelalters beschränkten sich in ihren Berichten meistens auf die „Staatsaktionen" der Großen im Reich und auf die Beschreibung der Kriege. Auch Abbildungen zeigen oft nur die weltlichen und geistlichen Fürsten. Dabei waren König und Adel, Kaiser und Bischöfe nur ein kleiner Teil der fränkischen Gesellschaft. Die Ergebnisse der archäologischen Siedlungs- und Gräberfelderforschung im westfälischen Raum geben einen Einblick in das tägliche Leben der meisten Menschen im Frankenreich. Mehr über die Lebensverhältnisse der Franken im frühen Mittelalter kannst du auch in den Kapiteln 1 und 8 dieses Buches erarbeiten.

M3 **Zimmermannshammer, Kesselhaken, Angelhaken, zweiteiliger Wirbel** mit Schlaufe und Öse (Teil einer Hundeleine?), gefunden in Ostwestfalen/Kreis Warendorf, 9./10. Jh.

1. Beschreibe die dargestellten Funde M1 bis M4 mit ihrer Verwendung.
2. Ziehe aus den einzelnen Gegenständen Schlüsse auf das tägliche Leben im Karolingerreich.
3. Vergleiche M2 mit dem Grabfund auf S. 56 (Kasten).
4. Entwirf anhand deiner Schlüsse ein Bild vom Leben der Menschen im Reich der Franken. Halte Fragen fest, die durch die Funde entstehen und ohne weitere Informationen nicht zu beantworten sind.

Bügelschere aus Eisen (Länge 17,7 cm), gefunden bei Fritzlar, 8./9. Jh. **M4**

Herrschaft mit Schwert und Kreuz

Was war das Lehnswesen?

Bilder als Spuren mittelalterlicher Geschichte

Haben wir es in M1 mit mittelalterlichen „Comic-Bildern" zu tun? Dieser Eindruck könnte beim Betrachten der Abbildungen entstehen. Tatsächlich aber handelt es sich um Illustrationen aus dem so genannten „Sachsenspiegel", einer Rechtssammlung, die im 13. Jahrhundert von dem Sachsen Eike von Repgow niedergeschrieben wurde. Der Sachsenspiegel ist eine wichtige Quelle für unser Verständnis der mittelalterlichen Königsherrschaft. Anschaulich zeigen die Bilder, an welche Regeln sich die Zeitgenossen zu halten hatten und wie sie sich die Beziehungen zwischen König und Adel, aber z. B. auch das Verhältnis zwischen Bauern und Grundherrn (siehe S. 23) vorstellten. Der Zeichner verwendete bestimmte Gegenstände immer wieder: Handelte es sich dabei um bestimmte Symbole?

Schutz und Schirm für Rat und Hilfe

Im Mittelalter rechtfertigte der Herrscher seine Macht mit seiner Wahl und Erhebung zum König durch die adlige Führungsschicht. Wie aber konnten die Könige sicherstellen, dass ihre Macht im ganzen Reich anerkannt wurde? Diese Frage war für die Gesellschaft im Mittelalter entscheidend, denn der König konnte seine Herrschaft eigentlich nur dort verwirklichen, wo er anwesend war, Entscheidungen traf und Recht sprach. Anders als in heutigen, demokratischen Staaten gab es damals keine schriftliche Verfassung, die festlegte, wie die politische Macht verteilt war, und z. B. Amtsträger ausgewählt wurden. Die karolingischen Königsboten übten zwar eine gewisse Kontrolle aus, aber sie konnten das Land nicht verwalten und die Anweisungen des Königs, z. B. gegenüber den Grafen, nicht dauerhaft durchsetzen. Denn meistens ließen sich die reichen Grundbesitzer nicht in ihre Grundherrschaft hineinreden. Eine Gruppenbindung, wie sie unter adligen Verwandten bestand, gab es unter einander fremden Herren nicht. Der König band die Adligen deshalb jeweils persönlich an sich und begründete so ein System „personaler Herrschaft". Neben der Grundherrschaft entstand so etwa seit dem 8. Jahrhundert in Europa das Lehnswesen, ein Herrschaftsverhältnis unter Adligen, das auf gegenseitigem Schutz und auf Treue beruhte. Historiker verwenden hierfür auch den Begriff Feudalismus (von lat. feudum = Lehen).

1 Ordne die Erläuterungen A bis F aus M2 den Abbildungen in M1 zu.
2 Beschreibe die Vorgänge in M1 genau. Kläre dabei die folgenden Begriffe: Lehnsherr, Lehnsmann, Vasall, Fahnenlehen, Zepterlehen, Mannschaft, Treueid, Unterbelehnung. Nimm auch den Kasten S. 65 und das „kleine Lexikon" S. 67 zu Hilfe.
3 Kläre mithilfe des Darstellungstextes und des Begriffskastens, wie das Lehnswesen entstand und sich entwickelte.
4 Erläutere den Begriff „personale Herrschaft".
5 Beurteile die folgende Aussage: Das Lehnswesen war ein Verhältnis zwischen Lehnsherrn und Vasall, bei dem nur der Vasall Leistungen erbrachte.

M1 **Szenen aus dem Lehnsrecht**, Illustrationen aus dem Sachsenspiegel, 14. Jh.

M2 Lehnsherr und Vasall – Szenen aus dem Sachsenspiegel

Mit folgenden Schilderungen erklärt der Schulbuchverfasser die Abbildungen M1:

A Die Abbildung zeigt die Wegnahme des Grundstücks. Der Herr zündet das Haus des Vasallen mit einer Fackel an. Er zieht die Hand zurück und nimmt die Einkünfte an sich. Der Vasall bietet Ähren an. Rechts: die grüne Gabel am Hals des Vasallen; der Herr übergibt einen Handschuh.

B Ein Lehnsmann bittet um Lehenserneuerung. Für die Mannschaft benötigt er beide Hände. Mit der vom Zeichner gemalten dritten Hand verweist er auf die hinter ihm stehenden Zeugen.

C Innerhalb von Jahr und Tag muss der König das Fahnenlehen weitergeben. Die Frist ist bereits abgelaufen: ein Jahr = LII (52) + (IIIIII) 6 Wochen + 3 Tage (die Sonnenscheibe steht unter dem 3. Strich). Die beiden Fürsten versuchen dem König die Lehnsfahne abzunehmen.

D Der sitzende König verleiht das Fahnenlehen und das Zepterlehen.

E Ein Geistlicher und eine Frau erhalten ein Reichsgut als Zepterlehen. Sie werden damit heerschildfähig*. Links nehmen beide eine weitere Belehnung (Unterbelehnung) vor.

F Links und rechts sitzen zwei Fürsten, neben ihnen das Wappenschild. Der Vasall lehnt das Lehnsangebot des Fürsten links ab und nimmt rechts das Fahnenlehen entgegen.

Verfassertext

Lehnswesen

Das Lehen war ein vom Herrn an den Lehnsmann (Vasall) lebenslang geliehenes Gut (lat. beneficium), für das der Vasall dem Herrn Dienste zu leisten hatte. Lehnsherr und Vasall begaben sich in ein gegenseitiges Pflicht- und Treueverhältnis: Der Herr nahm den Vasallen unter seinen Schutz, verlangte dafür aber im Frieden Rat (lat. consilium) und im Kriegsfall militärische Hilfe (lat. auxilium). Als Gegenleistung belohnte der Herr den Vasallen mit seinem Schutz und einem Lehen. Das Lehen konnte Land sein, aber auch ein Amt oder ein bestimmtes Recht. Grafen, Markgrafen, Herzöge, Bischöfe und Äbte waren Vasallen des Königs (Kronvasallen), die Ämter in der Reichsverwaltung ausübten.

Die Übergabe des Lehens bestand aus zwei Teilen:
1. Mannschaft: Der Vasall gab seine zusammengelegten Hände in die Hände des Herrn; der umschloss sie.
2. Lehnseid des Vasallen: Der Vasall verpflichtete sich zu Treue und Hilfe.

Danach wurde das eigentliche Lehen übergeben.
Die Kronvasallen konnten Königsgüter, Ämter und Eigenbesitz an kleinere Vasallen weitergeben, die dann ihrem unmittelbaren Lehnsherrn, aber nicht mehr dem König zu Treue verpflichtet waren.

Wie veränderte sich das Lehnswesen?

Das Lehen wurde dem Lehnsmann ursprünglich auf Lebenszeit verliehen. Nach seinem Tode fiel es an den Lehnsherrn zurück. Die Interessen von Lehnsherr und Lehnsmann waren aber oft entgegengesetzt: Während der Lehnsmann das Lehen auf Dauer für die eigene Familie gewinnen wollte, versuchte der Lehnsherr die Verfügungsgewalt über das Lehen zu behalten, um es immer wieder vergeben zu können. Seit dem 9. Jahrhundert setzten die Kronvasallen und später auch die übrigen Adligen in Deutschland die Erblichkeit ihrer Lehen durch. So wurde aus geliehenem Landbesitz Eigentum. Adlige Frauen konnten kein Lehnsverhältnis eingehen, weil sie als nicht waffenfähig galten und unter der Vormundschaft ihres Vaters oder Mannes standen. Auch durften sie keinen Eid leisten. Seit dem 12. Jahrhundert sind aber immer häufiger Lehnsverhältnisse von Frauen, z. B. von Reichsäbtissinnen, bezeugt. Frauen, die Lehensgüter erhielten, mussten einen männlichen „Vertreter" einsetzen, der ihre Lehenspflichten erfüllte. Kinder durften selbst keine Lehen annehmen – ein Vormund übernahm bis zu ihrer Volljährigkeit das Amt des Lehnsmannes. Im Gegensatz zu Deutschland, wo sich ein abgestuftes System von Lehnsbeziehungen entwickelte, blieben in Frankreich alle Vasallen durch Eid direkt an den König gebunden („Treuevorbehalt").

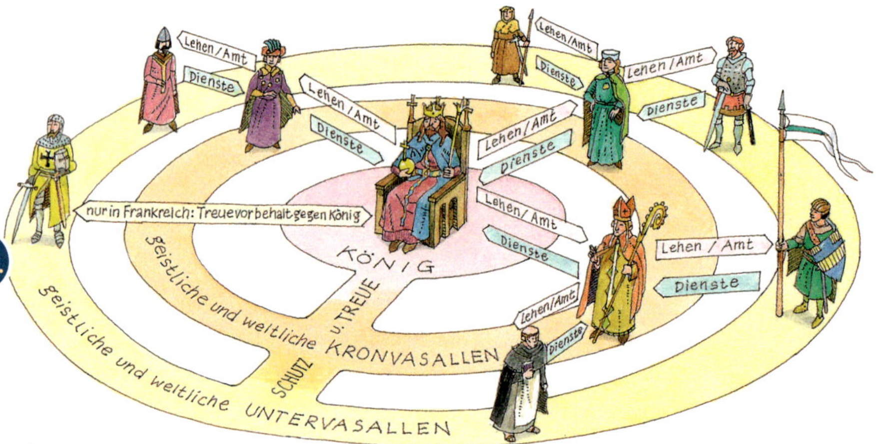

M3 Vereinfachtes Modell des mittelalterlichen Lehnswesens

Personenverbandsstaat

In der Geschichtswissenschaft wird mit diesem Begriff beschrieben, wie die Herrschaft im Reich des Mittelalters durchgesetzt wurde. Mittelalterliche Herrschaft beruhte im Wesentlichen auf Rechtsbeziehungen zwischen Personen, z. B. zwischen Herren und Vasallen oder auch zwischen Grundherren und Bauern. Der König beteiligte Fürsten, Grafen und Bischöfe durch persönliche (Lehns-)Beziehungen an der Ausübung seiner Macht. Seit dem 13. Jahrhundert gewann das verliehene Land immer mehr an Bedeutung. Vor allem der hohe Adel versuchte die auf persönlichen Bindungen beruhenden Herrschaftsrechte in seiner Hand zu vereinigen und mithilfe einer schriftlichen Verwaltung planmäßig zu erfassen. Das Lehen wurde „verdinglicht": Herzogtum, Grafschaft und Bistum entwickelten sich zu eigenständigen Territorien. In ihnen übten die Fürsten als „Territorialherren" weitgehend unabhängig vom König politische Macht aus.

6 Beschreibe mithilfe des Darstellungstextes, wer lehnsfähig bzw. nicht lehnsfähig war.

7 Wende deine Kenntnisse über die Herrschaftsstruktur im Mittelalter auf M3 an: Erläutere die Begriffe und beschreibe die Beziehungen zwischen den Personen.

8 Vergleiche die Entwicklung in Frankreich mit der in Deutschland (Darstellungstext und M3).

9 Erläutere mithilfe des Kastens den Begriff „Verdinglichung" der Lehen. Welche Folgen hatte dieser Vorgang für Lehnsherr und Vasallen?

Symbole deuten

Symbole – eine „Sprache" des Mittelalters?

Auf mittelalterlichen Abbildungen sind häufig Gegenstände und Zeichen abgebildet, z. B. Wappen, Fahnen, Zepter oder Schwerter, die uns zunächst nur als „normale" Gegenstände erscheinen. Werden sie jedoch im Zusammenhang mit dem dargestellten Vorgang betrachtet, so wird deutlich, dass sie eine bestimmte Bedeutung haben. So steht die Fahne des Lehnsherrn beispielsweise für das Stück Land, das übergeben wird. Sie wird damit zu einem „Symbol". Viele Abbildungen aus dem Mittelalter können wir heute nur verstehen, wenn wir die darin verwendeten Symbole richtig deuten.

M1 **Zwei Abbildungen aus dem Sachsenspiegel,** 14. Jh.
Oben: Ein Lehrer unterrichtet einen jungen Adligen in der Heerschildordnung.
Unten: Belehnung geistlicher und weltlicher Fürsten.

Arbeitsschritte Symbole deuten

1. Schritt: Einzelne Elemente beschreiben
– Was ist dargestellt (Personen, Gegenstände)? Wie sind sie dargestellt?
– Wie lässt sich die Situation beschreiben?

2. Schritt: Zusätzliche Informationen heranziehen
– Welche Hinweise gibt die Bildunterschrift?
– Evtl. Symbollexikon heranziehen.

3. Schritt: Symbolische Bedeutung der Bildelemente klären
– Welche Gegenstände und Handlungen lassen sich symbolisch deuten? Was sollen sie bedeuten?

4. Schritt: Eine Gesamtdeutung formulieren
– Welche Gesamtaussage lässt sich formulieren? Gibt es mehrere Deutungen?

M2 Kleines Lexikon mittelalterlicher Symbole

Adler: Zeichen für umfassenden Machtanspruch (Reichsidee aus römischer Zeit)
Ähren anbieten: Bereitschaft, das Lehnsverhältnis fortzusetzen
Fahne: Herrschafts- und Lehnssymbol; ursprünglich Wahrzeichen der über Krieg und Frieden entscheidenden Gottheit; Fahnenlehen: Lehen an einen Fürsten
Gabel am Hals: Der Lehnsherr will das Lehen wegnehmen
Handschuh: Eigentumsübertragung
Haus des Vasallen anzünden: Lehnsherr kündigt Lehnsverhältnis
Heerschild: militärisches Kommandorecht über die Vasallen; die Heerschildordnung nach dem Sachsenspiegel hatte 7 Stufen: 1. König (Adlerschild), 2. geistliche Fürsten, 3. weltliche Fürsten (Schild der Markgrafen von Meißen), 4. Grafen, Freiherren (2. Reihe rechts: Wappen der Grafen von Wernigerode), 5. Mannen der freien Herren, 6. und 7. einfache Adlige, die keine Vasallen haben durften
Kreuz: Hauptsymbol des Christentums; als Zeichen der Weltherrschaft des Christentums gedeutet
Krone: Zeichen königlicher Macht
Löwe: Symbol für Stärke, Wachsamkeit, Tapferkeit
Kugel, Reichsapfel: Zeichen monarchischer Herrschaft; Kugel = Erde
Schwert: Zeichen der Macht und der strafenden Gerechtigkeit
Wappen: schildförmiges, farbiges, grafisch festgelegtes Symbol, zuerst in der Zeit der Kreuzzüge; Zeichen für Erblichkeit der Lehen
Zepter: Herrschaftssymbol; Stab zum Zeichen der Machtausübung; Zepterlehen: Lehen an Geistliche

1 Deute die Abbildung M1 mithilfe der Arbeitsschritte und M2.

2 Sammle Symbole aus unserer Gegenwart und deute sie.

3 Übe die Deutung von Symbolen an den Abbildungen S. 64 und 65. Nimm M2 zu Hilfe.

Die Kirche – eine Stütze des Königtums?

M1 Herrschergeschichte in Schlagzeilen

So könnten im 9. und 10. Jahrhundert – wenn es im Mittelalter schon Zeitungen gegeben hätte – Presseschlagzeilen gelautet haben (nach Ergebnissen der Geschichtsforschung):

28. Januar 814: Karl der Große in Aachen gestorben, Beisetzung im Münster – Was wird aus dem karolingischen Reich? – Sohn Ludwig der Fromme hält das Reich zusammen – Bündnis mit dem Papst in Reims gefestigt

843: Vertrag zu Verdun: Aufteilung des Reiches unter den Söhnen Ludwigs! – Drei Reiche entstehen: Ost-, Mittel- und Westfrankenreich

911: Der letzte Karolinger im Ostreich stirbt ohne Erben – Frankenherzog Konrad kann sich als König nicht durchsetzen – Die Sachsen sind im Kommen!

919: Sachsenherzog Heinrich I. zum König der Franken und Sachsen erhoben!

7. August 936: Heinrichs Sohn Otto I. zum König gekrönt!

M3 Kaiser Otto I. – Idee und Wirklichkeit

Der Historiker Percy Ernst Schramm schreibt 1962 über die Kaiserkrönung Ottos I. (939–973) im Jahre 962:

Die Renovatio[1] vom Jahre 962 bezog sich nicht auf die römische, sondern auf die karolingische Epoche: Die Kaiserwürde Karls des Großen wiederherzustellen – das war bei der Krönung der Leitgedanke der sächsischen Politik … Schon der Regierungsantritt Ottos I. im Jahre 936 gibt einen deutlichen Hinweis auf die Gesinnung, in der er seine Herrschaft zu führen gedachte. Während sein Vater von einer kirchlichen Weihe seiner Königswürde überhaupt abgesehen hatte, ließ Otto sie mit aller Feierlichkeit an sich vollziehen – und zwar in dem Münster Karls des Großen zu Aachen … An dieser Verehrung für die Karlsstadt hat Otto sein ganzes Leben festgehalten.

Zit. nach Gottfried Mayr/Wilhelm Störmer, Königsherrschaft im Mittelalter, München (Oldenbourg) 1986, S. 45.

1 (lat.) Erneuerung

M4 Die Reichsinsignien: Reichskrone (Mitte 10. Jh.?), Zepter und Reichsapfel, (12. Jh.).
Der lateinische Spruch auf der Bildplatte der Krone lautet:
Per me reges regnant = Durch mich regieren die Könige.

M2 Otto I. (936–973) setzt Papst Johannnes XII. ab und Leo VII. ein, Buchmalerei, 11. Jh.

1 Erläutere anhand von M1 die Veränderungen im Frankenreich seit Karl dem Großen.
2 Vergleiche mithilfe von M3 das Kaisertum Ottos I. mit dem Karls des Großen.
3 Nach der Zeit Ottos I. wurde neben den in M4 abgebildeten Insignien noch ein weiteres Herrschaftssymbol verwendet. Ermittle es im Lexikon.

Brun – Abt, Erzbischof und Herzog

Köln zu Pfingsten 965: In der Burg des Erzbischofs wird der Hoftag gefeiert. Die Großen des Reiches sind um die kaiserliche Familie versammelt. Kaiser Otto I. hat Köln zum Ort des Hoftages gewählt, weil er die Leistungen seines Bruders, des Erzbischofs Bruno (in der germanischen Form: Brun), anerkennen möchte. Brun war ursprünglich Abt im Kloster Lorsch und hatte dann eine politische Karriere gemacht: 951 war ihm das Amt des Erzkanzlers verliehen worden, 953 wurde er Erzbischof von Köln und Herzog von Lothringen. Von 961 bis 964 schließlich hatte Brun die Geschäfte des Reiches verwaltet, wenn sein Bruder Otto in Italien weilte. Otto I. hatte den politischen Aufstieg Bruns gefördert: Er selbst hatte ihn 953 zum Erzbischof ernannt – denn als gesalbter Herrscher machte er sein Recht geltend, höchste kirchliche Ämter zu besetzen.
Das Verfügungsrecht über die Geistlichen, das Otto und seine Nachfolger für sich in Anspruch nahmen, führte zu einer engen und dauerhaften Verknüpfung der Herrschaftsbeziehungen zwischen König und Kirche. Sowohl die geistliche als auch die weltliche Macht konnten daraus Nutzen ziehen.

M5 Politik – auch eine Sache der Kirche?

Ruotger war ein Schüler von Erzbischof Bruno (um 925–965). In seiner Biografie über Bruno berichtete er:

Auf königlichen Befehl hin unternahm [Bruno] es also, … die Staatsgeschäfte in Lothringen zu führen. Und obschon er jedem der Großen und Beamten seine Aufgabe zuerteilte …, so gab es doch nichts, dem er sich nicht selbst unterzogen hätte, und er sorgte mit größter Umsicht und Einsicht für das allgemeine Beste. Vielleicht führen einige, unkundig der Planung Gottes, Klage, warum ein Bischof sich mit politischen Angelegenheiten und … Kriegen befasse, da er doch nur die Seelsorge übernommen habe. Ihnen gibt … die Sache selbst die genügende Antwort, wenn sie nämlich das so große und gerade in jenen Gegenden so ungewohnte Gut des Friedens durch diesen Beschützer und Lehrer des gläubigen Volkes weithin verbreitet sehen … Denn die Regierung dieser Welt war den Lenkern der heiligen Kirche Gottes nichts.

Ruotger, Lebensbeschreibung des heiligen Erzbischofs Bruno von Köln, Kap. 22/23, übers. von Irene Schmale-Ott, Münster/Köln (Böhlau) 1954.

M6 **Brun (um 925–965) als Herzog und Klosterstifter**, Buchmalerei aus einem Kölner Kloster, 1. Hälfte des 13. Jh. Über Brun: Abbildungen seiner Eltern, Königin Mathilde und König Heinrich I. Auf den Medaillons: deutsche Könige und Kaiser von Otto I. bis Heinrich VII. (gest. 1242).

Reichskirche

Der Begriff bezeichnete im Mittelalter alle Geistlichen des Reiches mit ihrem Amt (Bischöfe und Erzbischöfe, Äbte und Äbtissinnen der Reichsklöster) und dem dazugehörigen Herrschaftsbereich. Seit der Karolingerzeit überließen die Könige den Angehörigen der Reichskirche zahlreiche Reichsämter. Die Bischöfe und Äbte waren dem König zur Unterstützung in Regierungsgeschäften und der Bereitstellung von Truppen im Kriegsfalle verpflichtet. Da die Geistlichen unverheiratet waren und keine Erben hatten, fiel das verliehene Amt und Lehen nach ihrem Tod an den König zurück. So kam es, dass hohe Geistliche politische Ämter übernahmen, die eigentlich in den weltlichen Herrschaftsbereich gehörten. Otto I. und seine Nachfolger bauten ihre Herrschaft mit der Unterstützung der Reichskirche aus.

4 Erarbeite, welche Rolle Brun für Otto I. und in der Reichsgeschichte spielte (Darstellungstext, M6).
5 Stelle fest, wie Ruotger die politisch-militärische Funktion eines Bischofs begründet (M5).
6 Verfasse den Brief eines Geistlichen an einen Freund, in dem die Rolle Bruns kritisiert wird.

Wer herrscht in Europa? – ein Überblick

Europa wird christlich

Nachdem sich die christliche Religion im Römischen Reich durchgesetzt hatte, wurde die Botschaft Jesu Christi durch Mission in ganz Europa verbreitet. Mit dem endgültigen Zerfall des Römischen Reiches 395 n. Chr. und der Absetzung des letzten weströmischen Kaisers durch den germanischen Heerführer Odoaker im Jahr 476 verlor Rom seine Rolle als politisches Zentrum. Der Papst in Rom und die Bischöfe dagegen beanspruchten die höchste Entscheidungsgewalt in geistlichen Fragen. Aber auch in weltlichen Dingen wollten sie mitbestimmen. Sie sahen die Kirche über der Macht des Königs und Kaisers. Anders beurteilten das die weltlichen Herrscher: Sie wandten sich gegen den Alleinvertretungsanspruch des Papstes, legten aber auch Wert darauf, dass die Kirche ihre Herrschaft anerkannte, z. B. durch eine Kaiserkrönung wie bei Karl dem Großen. Diese unterschiedlichen Auffassungen über die Machtverteilung waren eine Ursache für den im Laufe des Mittelalters immer wieder aufflammenden Konflikt zwischen Kaiser und Papst.

Die Herrschaft der Frankenkönige und das Christentum

Bei der Herrschaft der Merowinger flossen mit König Chlodwig I. (482–511) das sagenhafte Sakralkönigtum und das auf militärische Eroberungen zurückgehende Heerkönigtum zusammen. Königliche Herkunft und militärische Leistung bildeten die Grundlage für das aus dem fränkischen Kleinkönigtum entstehende Großkönigtum. Die früher übliche Beteiligung des Volkes an der Begründung der Herrschaft wurde durch Chlodwig I. zurückgedrängt. Nach Siegen über die Westgoten und Alamannen ließ sich Chlodwig 498/499 vom Bischof von Reims taufen. Aus Quellenberichten und Grabfunden können wir auch Informationen über die Stellung der Frauen im Frankenreich gewinnen: Viele adlige Frauen waren Christinnen, nahmen als Hüterinnen des Königsschatzes Einfluss auf die Politik und besaßen mit ihrem kostbaren Schmuck offenbar wichtige Statussymbole. Ihre persönlichen Rechte waren sehr eingeschränkt, vor allem bei der Wahl der Ehemänner. Frauen aus den unteren Schichten hatten hier offenbar größere Freiheiten.

Das Kaisertum der Karolinger

Der letzte König der Merowinger wurde durch den Hausmeier Pippin abgesetzt. Pippin I. ließ sich mit dem Einverständnis des Papstes 751 vom fränkischen Adel zum König wählen und wurde im gleichen Jahr gesalbt. Sein Sohn Karl der Große (768–814) gilt als der bedeutendste Herrscher des Frankenreichs. Seine Machtstellung als fränkischer König wurde im Jahr 800 durch die Krönung zum Kaiser durch Papst Leo III. erhöht. Kaiser Karl sah sich als oberster Schützer der römischen Kirche und zugleich als Herr über das christliche Europa. Die karolingischen Könige übten die Herrschaft über ihr Reich als „Reisekönige" aus. Der von Pfalz zu Pfalz reisende Königshof war das Herrschaftszentrum. Unter Karl dem Großen wurden Grafen und Königsboten eingesetzt, die die Herrschaft bei Abwesenheit des Königs durchsetzen sollten.

E-Mail aus Rom...

Nehmen wir an, Kaiser und Papst hätten im frühen Mittelalter schon das Internet nutzen können. Wie wäre ein E-Mail-Dialog zwischen beiden abgelaufen?
In Partnerarbeit könnt ihr euch einen Dialog ausdenken. Verteilt die beiden Rollen und informiert euch noch einmal im Kapitel. Hier sind einige Vorschläge für das Gespräch:

- Wo soll die höchste Macht liegen?
- Darf die Kirche Politik machen?
- Kaiser und Papst: Sind wir aufeinander angewiesen?
- Karl der Große und Papst Leo III. blicken aus dem 11. Jahrhundert zurück: Was ist aus dem Verhältnis Kaiser – Kirche geworden?

Wir wiederholen zentrale Begriffe und Methoden

Herrschaft durch Belehnung

Seit dem 8. Jahrhundert entstand das Lehnswesen: Die karolingischen Herrscher banden mit der Belehnung von Land und Ämtern die Großen des Reiches persönlich an sich und übten so ihre Herrschaft aus. Lehnsherr und Vasall begaben sich in ein gegenseitiges Pflicht- und Treueverhältnis. Im Verlauf des Mittelalters entstand durch Unterbelehnungen ein abgestuftes System von rechtlichen Beziehungen. Historiker bezeichnen diese Form des staatlichen Aufbaus als Personenverbandsstaat. Der sächsische König Otto I. (936–973) erneuerte 962 das Kaisertum Karls des Großen. Im 10./11. Jahrhundert festigten er und seine Nachfolger die königliche Macht im Reich mithilfe der Reichskirche.

Papsttum S. 52

Christianisierung, Mission S. 55

Lehnswesen S. 65

Personenverbandsstaat S. 66

Reichskirche S. 69

Der Begriff bezeichnete im Mittelalter alle Geistlichen des Reiches mit ihrem Amt (Bischöfe und Erzbischöfe, Äbte ...

Schriftliche Quellen interpretieren S. 57

Eine Bildquelle entschlüsseln S. 62

Symbole deuten S. 67

1. Schritt: Einzelne Elemente beschreiben
– Was ist dargestellt (Personen, Gegenstände)? Wie sind sie dargestellt? ...

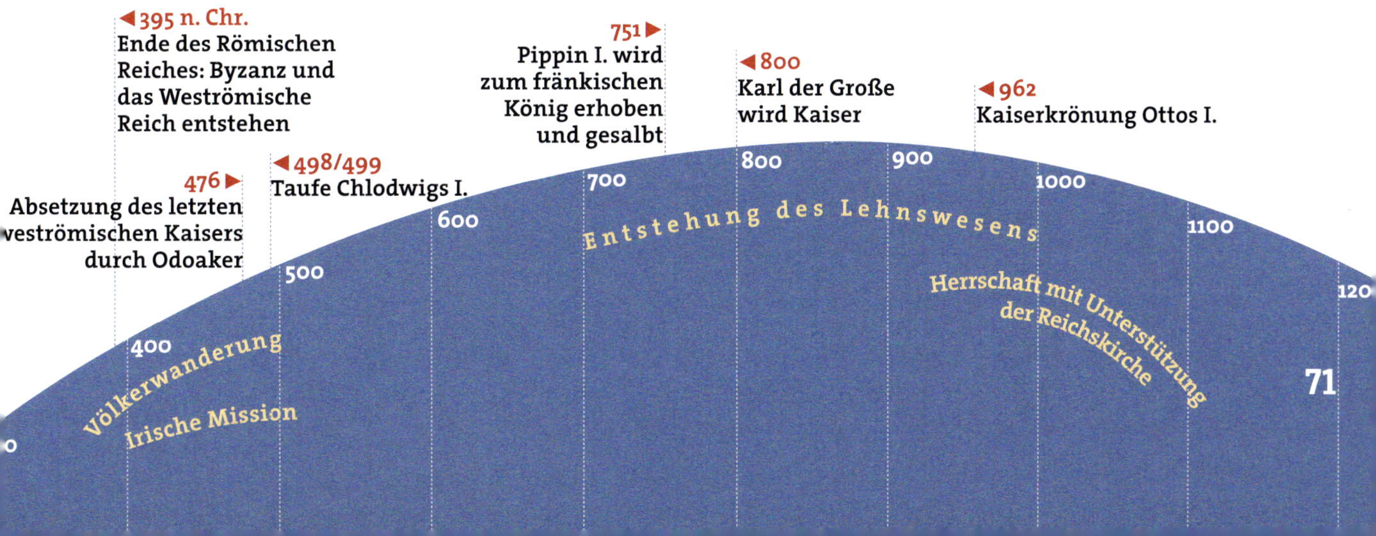

3. Der Glaube ist immer gegenwärtig

Drei merkwürdige Bilder siehst du hier, in denen sich Wirkliches und Fantastisches mischen: Neben Menschen tauchen Engel, Teufel und Gestalten aus der Unterwelt auf. Über der ländlichen Gegend schwebt Christus auf einer Wolke, auf dem Heuwagen wächst ein Busch und das wilde Gerangel um das Heu wird eingerahmt von Szenen aus dem Paradies und der Hölle. „Der Heuwagen" wurde von dem Niederländer Hieronymus Bosch (um 1450–1516) gemalt. Es ist ein Tryptichon, ein dreiteiliges Kunstwerk, das mit seinen Seitenflügeln einem Altar ähnelt. Tatsächlich hatten die Szenen für die zeitgenössischen Betrachter eine religiöse Bedeutung: Die Menschen – Kleidung und Tätigkeit weisen sie allen mittelalterlichen Gesellschaftsgruppen zu – streiten um das Heu: Es symbolisiert Besitz, Reichtum, Macht und deren Vergänglichkeit. Ein moderner Betrachter interpretiert das Kunstwerk vielleicht als Albtraum eines Einzelnen, aber das Thema war allen mittelalterlichen Menschen wohl bekannt: Die Welt war voller Versuchungen, gefallene Engel trieben als Dämonen ihr Unwesen und verführten Menschen, bis diese ihnen verblendet und willenlos in die Hölle folgten. Nur Christus konnte die Menschen retten, aber die Menschen mussten erst „die Augen öffnen" und seine Nähe suchen.
Die Menschen des Mittelalters erklärten ihre Ängste meist mit dem Wirken von Engeln oder Dämonen, die sie überfielen und zu hilflosen Opfern machten:

– Was waren das für Gefahren, vor denen sich die Menschen im Mittelalter fürchteten?
– Welche Wege fanden sie, um den Gefahren zu begegnen?
– Wie unterstützte die christliche Kirche die Menschen in ihrem Glauben?
– Welche „Wege" ließ sie zu, welche bekämpfte sie als „Irrwege"?
– Welche Folgen hatte das Zusammentreffen von unterschiedlichen Glaubensgemeinschaften wie Christentum, Islam und Judentum für das Zusammenleben der Menschen?

1 Beschreibe möglichst genau die Szenen des Gemäldes. Unterscheide dabei zwischen Einzelheiten, von denen du meinst, dass es sie wirklich gab, und solchen, die religiöse Motive sind.

2 Hieronymus Bosch übte mit seinem Bild Zeitkritik: Zeige, gegen wen sie sich im Einzelnen richtete und wie der Künstler dies dem Betrachter deutlich machen wollte.

Krankheit – ein Zeichen Gottes?

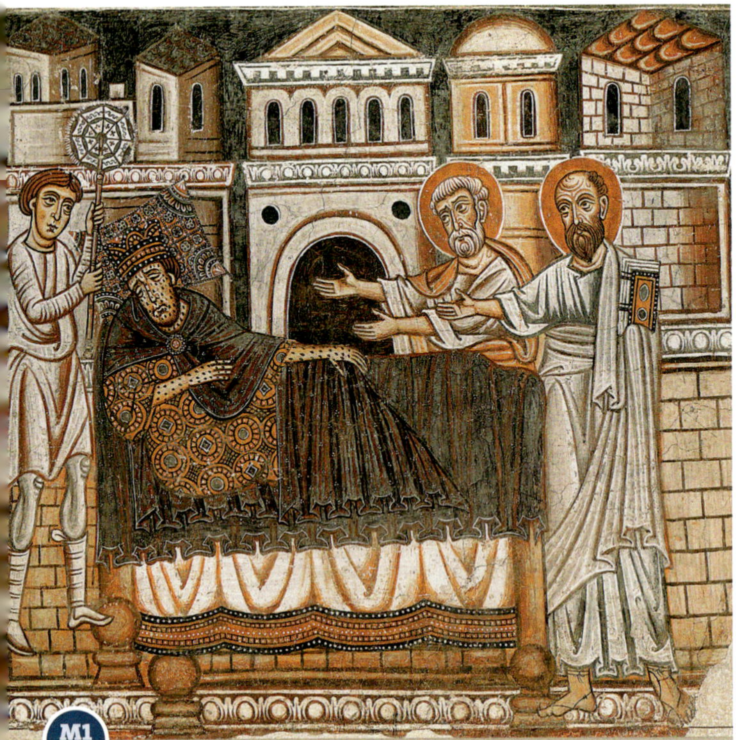

M1 **Die Apostel Petrus und Paulus erscheinen Kaiser Konstantin im Traum**, Fresko in der Kapelle des hl. Silvester, SS. Quatro Coronati, Rom, 1246. Der Legende nach erkrankte der römische Kaiser Konstantin (306–337) an Lepra. Die heidnischen Ärzte rieten ihm, im Blut unschuldiger Kinder zu baden. Konstantin brachte es nicht über sich, die Kinder zu töten. In einem Traum erfuhr er, dass nur Bischof Silvester, den er wegen seines Glaubens hatte verfolgen lassen, ihm helfen könne. Konstantin fand zu Silvester und durch ihn zum Christentum. Da wurde er von der Lepra geheilt.

1 Erschließe aus M1 und dem Darstellungstext, wie sich die Menschen im Mittelalter die Erkrankung Kaiser Konstantins und seine Heilung erklärt haben könnten.

2 „Lebendig und tot zugleich" – Nimm Stellung zu dieser Kennzeichnung der Aussätzigen.

3 Gefürchtet war neben der Lepra auch die Pest („der Schwarze Tod"). Im 14. Jahrhundert forderte sie in fünf Jahren ca. 20 Millionen Tote. Überlege, wie die Menschen die Krankheit erklärten und wie sie sich dagegen zu schützen versuchten.

Mitten im Leben lauert der Tod

Die Lebensbedingungen im Mittelalter und die oft mangelhafte medizinische Versorgung führten dazu, dass Krankheit und Sterben alltäglich und zugleich gefürchtet waren. Wenn heute eine unbekannte ansteckende Krankheit auftritt, z. B. Lassa-Fieber oder Aids, werden sofort Forschungen eingeleitet, um sie zu ergründen und zu bekämpfen. Im Mittelalter aber konnte die Wissenschaft den Menschen meist keine Erklärungen für ihre Leiden bieten, deshalb glaubten viele den Antworten, die die Kirche gab: Krankheit wurde als Zeichen Gottes gedeutet. Der Kranke könne an ihr seinen Glauben stärken und die Angehörigen ihre Nächstenliebe beweisen.

Lepra – „Aussatz" aus der Gemeinschaft

Zu den Krankheiten, vor denen die Menschen große Angst hatten, gehörte die ansteckende Lepra. Wie sie sich verbreitete, wie sie verhindert oder geheilt werden konnte, wussten weder die „Ärzte", die das Heilen vor allem anhand der medizinischen Schriften der Antike studiert hatten, noch die unstudierten „Chirurgen". Lepra galt als Strafe für Sünde oder als besondere Auszeichnung, als Chance „den Weg zu Gott" zu finden.

Die Krankheit festzustellen war Aufgabe der so genannten Lepraschauer. Das waren meist Ärzte oder Chirurgen. Ihre Diagnose stützte sich vor allem auf Untersuchungen der Haut (Geschwüre, Schuppen), Stimme (Veränderungen im Nasen-Rachen-Bereich), Drüsen (Knoten), Daumenballen (Gefühllosigkeit durch Lähmung) und des Urin. Bekannt ist, dass oft harmlose Hautkrankheiten für Lepra gehalten wurden.

Lautete die Diagnose „leprosus", wurde der Kranke aus der menschlichen Gemeinschaft ausgeschlossen, ausgesetzt. Deshalb hieß die Krankheit auch „Aussatz". Der Kranke wurde häufig in einer kirchlichen Zeremonie „bestattet", also öffentlich für tot erklärt. Leprakranke lebten außerhalb der Stadt in einem Leprosenhaus, wo sie versorgt und zum rechten Glauben zurückgeführt werden sollten. Manchmal lebten sie auch in einer auf freiem Feld stehenden Hütte.

Sie hatten das Recht zu betteln, mussten jedoch jeglichen Kontakt mit Gesunden meiden und sich durch Kleidung und Verhalten als Aussätzige zu erkennen geben.

Lepra (Aussatz)
Lepra wird meist durch Tröpfcheninfektion übertragen. Schlechte, beengte Wohnverhältnisse begünstigen die Ausbreitung. Von der Ansteckung bis zum Ausbruch der Krankheit vergehen meist drei bis fünf Jahre. Zwischen dem 13. und 15. Jahrhundert erreichte die Zahl der Leprafälle in Europa ihren Höhepunkt. Später trat die Krankheit nur noch selten auf. Heute leiden etwa 1,2 Millionen Menschen unter Lepra, vor allem in Entwicklungsländern. Es gibt ansteckende und nicht ansteckende Krankheitstypen. Beide zeigen sich in Hautveränderungen (Beulen, Knoten) und Nervenlähmungen. Häufig sind die Kranken blind und haben verstümmelte Hände und Füße. Heute kann Lepra geheilt werden, aber noch immer werden Leprakranke aus der Gesellschaft ausgegrenzt.

M2 Hausordnung eines Leprosenhauses

Das Leprosenhaus in Münster- Kinderhaus entstand bald nach 1200. Es finanzierte sich durch Stiftungen. 1662 wurde es aufgelöst. In der Hausordnung von 1600 hieß es:

Wer angenommen wird, soll am Anfang neben den nötigen guten Kleidern Folgendes mitbringen: 1 Oberbett, Kopfkissen ..., 4 Laken, Kissenbezüge, 2 Stühle mit Kissen, ... drei Maßkannen, zwei Zinnschüsseln, ... eine Pfanne, ... Schüsselkorb mit Schüsseln, ... dem Amtmann einen Goldgulden, jedem Armen 2 Schillinge, jedem vom Hausgesinde 2 Schillinge, ... ebenso eine halbe Tonne guten Dünnbieres ...
Sie sollen gleichwohl zu allem Häuslichen arbeiten, jedoch jeder mit seiner eigenen, zum Werke gehörenden Gerätschaft, besonders aber zur Aussaat, Ernte und Hauzeit, soweit sie es können, stets arbeiten ... und sich davon keineswegs absondern, bei Strafe, etliche Tage ihre Einkünfte entzogen zu bekommen ... Sie sollen keine Gäste noch Verwandte ohne Zustimmung der Provisoren[1] und des Amtmannes einladen ... Allerlei Leichtfertigkeit mit Tanzen, Musizieren, Singen und Pfeifen sollen sie sich ganz enthalten.

Zit. nach Gerd Dethlefs, Pest und Lepra, Seuchenbekämpfung in Mittelalter und früher Neuzeit, Münster (Aschendorff) 1989, Dok. 3.

1 Hausherren, die das Vermögen verwalteten

M3 Der Leprakranke, mittelalterliche Miniatur, o. J. Die Miniatur zeigt einen Leprakranken in der ihm vorgeschriebenen Kleidung und Ausrüstung

4 In einer um 1350 entstandenen Erzählung werden als „Genossen" des Menschen genannt: Hunger, Durst, Kälte, Hitze, Müdigkeit, Krankheit und Tod. Besprecht in der Klasse, inwiefern die Menschen damals stärker von diesen „Genossen" geplagt wurden als heute.

5 Heute werden pflegebedürftige alte Menschen oft in Heimen versorgt. Überlege, wie ein gläubiger Christ im Mittelalter dies beurteilt hätte.

Internet-Tipp
Weitere Informationen zu Lepra findest du unter:
www.dahw.de
www.lepramission.ch
www.lepramuseum.de

M1 **Foncebadón, eine Station auf dem Jakobsweg,** Foto, 1996. „Mir fällt ein Stein vom Herzen“: Pilger, die gesündigt hatten, mussten bis hierher einen Stein als Zeichen der Sündenlast tragen. Am Eisenkreuz durfte der Stein weggeworfen werden.

Auf der Suche nach Gottes Hilfe

Unterwegs zum Grab des Apostels Jakobus

Im Mittelalter waren viele Menschen zu heiligen Stätten unterwegs: Jerusalem, Rom und das Grab des Apostels Jakobus im spanischen Santiago de Compostela zählten zu den bekanntesten Zielen. Auch heute noch begeben sich gläubige Christen, aber z. B. auch Muslime, auf Pilgerreisen. Ein Reisekatalog der katholischen Kirche warb 1999 mit folgenden Sätzen für eine Pilgerwanderung nach Spanien: „Was mag Abertausende von Gläubigen bewegt haben, ihr Heil auf dem Pilgerpfad zum heiligen Jakobus zu suchen? Vielleicht muss man weit weg, um sich selbst nahe zu sein und in der Einsamkeit des Wanderns, in der Weite den Weg aus der eigenen Enge zu finden und letztlich zu Gott.“

1 Nach Santiago de Compostela waren im Mittelalter Pilger aus ganz Europa unterwegs. Suche in M1 und M3 nach Erklärungen dafür.

2 Erläutere mithilfe von M4, weshalb der Jakobsweg zu einer der wichtigsten Pilgerrouten wurde.

3 Wie im Mittelalter pilgern auch heute noch viele Menschen zu Wallfahrtsorten. Welche Erwartungen hatten bzw. haben sie? Sprecht in der Klasse darüber und bezieht M2 ein.

4 Auch die Gräber von Rockidolen oder berühmten Persönlichkeiten ziehen viele Fans an. Überlegt, ob es zutreffend ist, von „Wallfahrtsorten“ und „Pilgern“ zu sprechen.

M2 Ein moderner Pilger am Ziel

Lee Hoinacki wanderte im Sommer 1993 auf dem Jakobsweg, um herauszufinden, warum Menschen Pilgerfahrten unternehmen. An der französisch-spanischen Grenze begann seine Wanderung. Am Ziel, der Kathedrale von Santiago de Compostela, notierte er in sein Tagebuch:

Von den Straßenlampen geleitet, kann ich nun meine Schritte auf die Kathedrale zulenken ... Unersättlich versuche ich die ganze Atmosphäre von zwanzig Jahrhunderten an Gebet und Hoffnung einzuatmen, versuche die Seufzer von Millionen Pilgern zu hören, versuche die Träume der vielen mitzuträumen, die aufbrachen, aber auf dem camino [dem Jakobsweg] starben, diesen heiligen Platz also nicht erreichten. Verwundert über die Einsamkeit und Stille, zu überwältigt, um auf die Knie fallen oder den Boden küssen zu können, voller Ehrfurcht vor den riesigen Türmen vor mir, drehe ich mich langsam um und sehe eine wunderbare Fassade mit fünfundzwanzig Bögen an der Vorderseite des Palacio de Rajoy.

Lee Hoinacki, „El Camino“ – ein spirituelles Abenteuer, 2. Aufl., Freiburg i. Br. (Herder) 1999, S. 301 f.

Informationen über Pilgerorte sammeln

Das Grab des Apostels Jakobus war nur eines von vielen Zielen, zu denen Menschen im Mittelalter pilgerten. Sammelt Informationen über Wallfahrtsorte in Deutschland oder Europa, ihre Geschichte und ihre heutige Bedeutung (Reisebüro, Kirche, Internet). Beschäftigt euch auch mit der Frage „Wallfahrt – ein Geschäft?“

M3 **Schmerz**, Kupferstich, um 1520

M4 Die Aufforderung des Apostels Jakob

Im 12. Jahrhundert verfasste ein unbekannter Autor das Werk „Historia Karoli Magni", in dem Karl d. Gr. als Beschützer des Jakobsweges verherrlicht wurde. Darin wird berichtet, wie der Apostel Jakob zu Karl im Traum sprach:

Ich bin der Apostel Jakobus, der Jünger Christi ..., den König Herodes mit dem Schwert erschlug und dessen Leichnam vergessen in Galicien begraben liegt, das immer noch unter dem schmachvollen Joch der Sarazenen steht ... Der Sternenweg, den du am Himmel gesehen hast, befiehlt dir, von hier aus nach Galicien aufzubrechen, mit einem großen Heer, um die treulosen Heiden zu unterwerfen und meinen Weg und mein Land zu befreien sowie meine Basilika[1] und mein Grab zu besuchen. Nach dir sollen sich alle Völker von Meer zu Meer auf Pilgerfahrt dorthin begeben, um den Herrn um Vergebung ihrer Sünden zu bitten und sein Lob, seine Macht und die Wunder, die er vollbracht, zu verkünden. Und sie werden pilgern von dieser deiner Lebenszeit bis zum Ende des Jahrhunderts.

Zit. nach Hans-Günther Kaufmann/Millán Bravo Lozano, Santiago de Compostela: Auf alten Wegen Europa neu entdecken, Wien (Tyrolia) 1992, S. 38.

1 Kirche

5 Stelle Vermutungen darüber an, warum die Kirche den Reliquienkult erlaubte.

6 Oft wurden im Mittelalter Heiligengräber geöffnet, Leichname zerteilt: Was würde wohl ein mittelalterlicher Mensch antworten, erführe er, dass die Tat heute als Verbrechen gilt?

Wunder wirken im Leben und im Tod: der Reliquienkult

Die Nonne Hildegard von Bingen (1098–1179) half vielen Kranken. Schon zu Lebzeiten wurde ihr nachgesagt, dass sie Wunder vollbringen könne. Die „Hildegard-Vita", eine Mischung aus Legende und Lebensbeschreibung, berichtete auch von Wundern an ihrem Grab. Zwar scheiterten die Versuche, Hildegard heilig sprechen zu lassen, aber viele Menschen glaubten weiterhin an ihre übernatürlichen Fähigkeiten. 1489 öffnete man ihren Sarg und verschenkte einzelne Überreste als Reliquien.
Dieser so genannte Reliquienkult (lat. reliquiae = Überreste) war im Mittelalter weit verbreitet. Er beruhte auf der Annahme, dass die besonderen Kräfte der Verstorbenen in ihren Körperteilen und in Gegenständen, mit denen sie oder ihr Grab in Berührung gekommen waren, nach ihrem Tode weiterwirkten. Reliquien wurden deshalb schon früh benutzt als Heil- und Schutzmittel gegen böse Mächte und deren Wirken (z. B. Krankheit). Bis ins 13. Jahrhundert erlaubte die Kirche uneingeschränkt, dass Gläubige sie erwarben und sogar mit ihnen handelten. Hildegards Überreste sind heute in Abteien und Pfarreien aufbewahrt, verstreut über die ganze Welt.

M5 **Armreliquie** eines unbekannten Heiligen, Osnabrück, Mitte 12. Jh.
Die kleine Kapsel, die eine weitere Reliquie enthält, wurde später angefügt.

Ketzer: Gehorsam gegen Gott, ungehorsam gegen die Kirche

M1 Einig mit sich und Gott

Der Theologe Jan Hus (um 1371–1415) wurde wegen des Vorwurfs der „Häresie" (= von der offiziellen Kirchenlehre abweichende „Irrlehre") vor einem Kirchenkonzil in Konstanz verhört, verurteilt und hingerichtet. Ein zeitgenössischer Bericht schilderte das Geschehen:

Die Umstehenden ... bewunderten seine Frömmigkeit und wollten einen Priester, der als Zuschauer da war, überreden, Hus die Beichte abzunehmen, was der aber ihm als Ketzer verweigerte, worauf Hus erwiderte: „Es ist nicht notwendig." Hus wollte in deutscher Sprache zu dem Volk reden, das wurde aber ... verboten, worauf Hus die Augen zum Himmel hob und Gott anrief, wobei ihm seine Ketzermütze herunterfiel, die ihm sogleich wieder aufgesetzt wurde ... Als aber der Scharfrichter das Feuer angezündet hatte, fing Hus mit lauter Stimme an zu singen ... Die Asche des verbrannten Hus haben sie sorgsam gesammelt und in den Rhein geschüttet, damit auch nicht ein Stäublein übrig bliebe von diesem Mann. Manche meinen, es sei deshalb geschehen, damit die Vögel die Asche nicht als eine Reliquie nach Böhmen führten.

Zit. nach Alfred Läpple, Ketzer und Mystiker, München (Delphin) 1988, S. 155 ff.

M2 **Jan Hus** wird verbrannt, Federzeichnung, um 1465

Ketzer

Das Wort Ketzer stammt vom Wort „Katharer" (griech. katharós = rein). So nannte sich eine Glaubensgemeinschaft, die im 12. Jahrhundert in Oberitalien und im Gebiet um die südfranzösische Stadt Albi (dort: „Albigenser") entstand. Die Grundsätze der Katharer widersprachen der Kirchenlehre und beruhten auf einem ganz eigenen Bibelverständnis. In Mitteleuropa wurde aus dem Wort Katharer der Begriff Ketzer. „Ketzer" bezeichnete seit dem 12. Jahrhundert alle Personen, die nicht an die offizielle Lehre der Kirche glaubten und dafür verfolgt und bestraft wurden. Der Begriff wurde verallgemeinert und wird heute auf Menschen angewandt, die sich gegen geltende Meinungen auflehnen.

Für seinen Glauben sterben

Der Tscheche Jan Hus, Prediger und Universitätslehrer in Prag, wurde 1415 hingerichtet, weil er Kritik geübt hatte: Kritik am unchristlichen Lebenswandel von Priestern und Mönchen, Kritik am Ablasshandel, der es den Gläubigen ermöglichte, sich die Vergebung ihrer Sünden zu „erkaufen". Auch die Gottesdienste wollte Hus ändern: So sollte z. B. statt auf Latein in der jeweiligen Landessprache gepredigt werden. Hus war 1415 der Vorladung der Kirche gefolgt, weil er den Kirchenvertretern seinen Standpunkt deutlich machen wollte. Ausdrücklich war ihm zugesichert worden, dass er als freier Mann wieder abreisen würde. Dennoch endete die Reise nach Konstanz mit Hus' Tod. In seiner Heimat Böhmen wurde Jan Hus zum Helden. Seine Hinrichtung führte im 15. Jahrhundert zu blutigen Kämpfen zwischen seinen Anhängern („Hussiten") und dem Heiligen Römischen Reich*, das die Interessen der Kirche vertrat.

M3 Glaubenssätze der Katharer

Einige der wichtigsten Glaubenssätze der Katharer (nach Quellen aus dem 13. Jahrhundert zusammengestellt):

- Dem guten Gott steht der Teufel als böser Gott gegenüber.
- Der Teufel hat die Welt erschaffen.
- Die Menschenseelen sind gefallene Engel.
- Die Sakramente der Kirche und ihre Hierarchie sind abzulehnen.
- Ehe, Eid und Krieg sind sündhaft.
- Diejenigen, die „vollkommen" sein wollen, sind zu vorbildlicher, enthaltsamer Lebensführung verpflichtet, die normalen Gläubigen nicht.

Verfassertext

Die Kirche greift zu den „Waffen“

Im Verlauf der Jahrhunderte war die Kirche immer wieder Kritik ausgesetzt. Zunächst in Ost-, dann auch in Westeuropa forderten Einzelne oder Gruppen, zum ursprünglichen und einfachen Leben Jesu und der Apostel zurückzukehren. Sie kritisierten besonders das Besitzstreben und den unchristlichen Lebenswandel der geistlichen Würdenträger und auch des Papstes. Bis zur ersten Jahrtausendwende wurden diese Kritiker nur im östlichen Mittelmeerraum als Ketzer verfolgt. Für das Jahr 1022 bezeugen Quellen Hinrichtungen in Orléans – wohl die ersten Strafmaßnahmen dieser Art in Westeuropa.
Mit Sorge wurde in Rom das Anwachsen der Ketzerbewegungen in Südfrankreich und deren Ausweitung auf Italien, Spanien und Deutschland verfolgt. Nach den Katharern entstand 1176, ebenfalls in Südfrankreich, eine zweite neue Glaubensgemeinschaft: die „Armen Christi“. Deren Mitglieder wurden bald nach ihrem Gründer, dem Kaufmann Petrus Waldes, „Waldenser“ genannt. Sie zogen als arme (Laien-)Wanderprediger durch das Land. Obwohl die Waldenser sich mit ihren Predigten auch gegen die Katharer richteten, wurden sie 1184 zu Ketzern erklärt.
Der Klerus fürchtete, dass sein Einfluss auf die abendländischen Christen in Frage gestellt würde. Deshalb ging er mit aller Härte gegen so genannte „Irrlehren“ und deren Verbreitung vor: Anfang des 13. Jahrhunderts wurden Sondergerichte (Inquisition*) eingeführt, die über Jahrhunderte hinweg Tausende von Ketzerprozessen durchführten, sich grausamer Foltermethoden bedienten und unzählige Menschenleben forderten. Aber dies war nicht das einzige Instrument der Kirche: Päpste schlossen sich mit Königen zusammen und gingen mit Waffengewalt gegen Ketzergemeinden vor. Oft erklärte die Kirche ihr Vorgehen zu einem „Kreuzzug“, wie z. B. 1229/30 bei dem Krieg gegen die Albigenser. Auch Mitglieder von Mönchsorden setzte die Kirche gegen Ketzer ein. In wortgewaltigen Predigten verdammten Franziskaner- und Dominikaner „ketzerische Lehren“ und warnten die Gläubigen davor, ihnen zu folgen.

1 Schildere die Ereignisse in Konstanz im Jahre 1415 aus der Sicht eines Hussiten (M1).

2 Überlege, warum Ketzer wie Jan Hus hart bestraft wurden.

3 Besprecht in der Klasse, inwiefern die Grundsätze der Katharer (M3) von der christlichen Auffassung abwichen.

4 Erarbeite aus dem Darstellungstext dieser Seite, mit welchen Mitteln die Kirche gegen Ketzer vorging. Nimm Stellung.

5 Erläutere mithilfe von M4 Aufgabe und Tätigkeit eines „Volkspredigers“. Vergleiche mit der Tätigkeit eines damaligen Priesters.

6 Suche in M4 nach Hinweisen darauf, wie der Zeichner das Vorgehen der Kirche bewertete.

7 Stellt euch folgende Situation vor: Ein junger Dominikanermönch erhält von seinem Orden den Auftrag, als Inquisitor in seinem Heimatort tätig zu werden. Er weiß, dass einige seiner Jugendfreunde Kontakt zu einer Waldenserfamilie haben. Wie soll er sich verhalten? Sucht nach Lösungen und besprecht sie in der Klasse.

M4 **Berthold predigt gegen die Waldenser,** Federzeichnung, 1447. Im 13. Jahrhundert traten Mönche als Volksprediger gegen Wanderprediger wie die Waldenser auf. Zu ihnen gehörte der Franziskaner Berthold von Regensburg (gest. 1272).

Das Kloster – eine Welt für sich?

Leben in christlicher Gemeinschaft

M1 **Kloster Maria Laach** in der Eifel, Foto, 1995

Chorgebet M2 in einem schottischen Benediktinerkloster, Foto, 1998

M3 Ein ganzes Leben im Kloster verbringen?

Auszüge aus Interviews, die die Theologin Christiane Boeck 1996 mit Nonnen geführt hat:

Isa, 76 J., mit 33 Jahren in den Orden eingetreten, später Leiterin einer katholischen Mädchenschule. Vorher: Filmschauspielerin.

Als ich mich dem Orden annäherte, war es mir vollkommen egal, was er aus mir machen würde. Da wurde mir dieser Lehrerberuf sozusagen aufgedrückt. Ich habe ihn aus reinem Gehorsam angenommen, nicht aus Neigung ... Ich konnte ja wirklich nichts, als ich mich mit 30 Jahren beim Orden meldete ..., sicher war ich ihnen nicht ganz geheuer wegen meiner sehr anderen geistigen und bildungsmäßigen Herkunft ... Bei dem Schrei nach dem alternativen Leben denke ich, die Ordensexistenz sei ein solcher Entwurf. Im Ordensleben geht es nicht um Karriere, auch nicht um Geld oder Besitz, nicht um Herrschaftsausübung, sondern es geht ganz schlicht um den Dienst, und zwar an Menschen, die diesen Dienst brauchen.

Hedwig, 49 J., mit 20 Jahren dem Orden der Missionsbenediktinerinnen beigetreten. Vorher: Apothekerin.

Für meine eigenen Erfahrungen hat der Religionslehrer eine wichtige Rolle gespielt, als wir in ein Benediktinerkloster zu Einkehrtagen gingen. Völlig unvorstellbar, drei Tage zu schweigen, sich „Gott auszusetzen", wie es hieß! Das ist nicht so ganz gelungen, aber immerhin habe ich es doch als eindrucksvoll in Erinnerung. Wobei ich auch glaube, es hat sehr viel an Abenteuerlust mitgespielt ... Hawaii in der Nähe, und dass Mission etwas mit Löwen und Urwald zu tun hat – Ausland, das war mir klar.

Barbara, 58 J., macht keine weiteren Angaben.

Natürlich fände ich es schön, wenn viele junge Frauen kämen, aber die Zeiten sind vorbei, erstens sind die Familien kleiner – früher gehörte es in kinderreichen Familien fast dazu, dass eine Tochter ins Kloster ging –, zweitens schwindet der Glaube ... Außerdem haben Frauen heute auch außerhalb des Klosters jede Menge Möglichkeiten, leitende Stellungen zu erreichen, und früher mag der Gedanke an eine Art Klosterkarriere sicher auch mitgespielt haben.

Zit. nach Christiane Boeck, Selbstbewusst im Kloster, München (Kösel) 1996, S. 56, 132 f., 169, 186.

Das Kloster – eine Welt für sich?

Gemeinschaftliches Leben in der Abgeschiedenheit

Den Weg zu Gott suchten erstmals im 3. Jahrhundert Christen in der Einsamkeit einer kargen Landschaft: Sie zogen in die ägyptische Wüste, um sich dort ganz allein ihrem Glauben hinzugeben. Später schlossen sich manche dieser Einsiedler zusammen, um die Nahrungsmittelversorgung zu erleichtern und sich gegenseitig zu helfen. Aus diesen Lebensgemeinschaften entstanden Klöster – oft einsam und in kaum zugänglichen Höhen gelegen.

In Europa bildeten sich die ersten Klöster, als sich mit der Völkerwanderung das Christentum ausbreitete. Martin von Tours (gest. um 397 n. Chr.), an den heute z. B. der Martinszug erinnert, war einer der ersten europäischen Mönche. Er lebte im damaligen Gallien mit etwa 80 anderen Männern in einer Gemeinschaft, die sich durch Nächstenliebe und die Ablehnung von Gewalt auszeichnete.

Die Begeisterung für das Leben in Abgeschiedenheit hatte in Europa aber nicht nur Männer, sondern auch viele Frauen erfasst. Im 6. Jahrhundert entwickelte der italienische Abt Benedikt von Nursia (gest. um 547) eine Ordensregel*, die für Mönche wie Nonnen gleichermaßen galt. Die Benediktusregel wurde zur Grundlage fast aller klösterlichen Gemeinschaften im Mittelalter.

Als im 7. Jahrhundert irische Mönche vom äußersten Westen Europas aufbrachen und im Frankenreich zahlreiche Klöster gründeten, veränderte sich das Bild der Mönche und Nonnen. Die irischen Mönche lehrten nämlich, dass man jede Sünde durch fromme Werke wieder gutmachen müsse, sonst drohten Strafen im Jenseits. Mönchen und Nonnen hatten nach der kirchlichen Lehre dabei eine besondere Stellung: Sie konnten durch Gebete die Sünden büßen, die die Menschen außerhalb des Klosters begingen. Deshalb waren im Mittelalter gläubige Menschen davon überzeugt, dass ihr Seelenheil in der Hand von Mönchen und Nonnen liege.

M4 Aus der Benediktusregel

Die Regel des Benedikt von Nursia (gest. um 547) galt für Mönche und Nonnen. In ihr finden sich folgende Kapitel:

c. 33 Vor allem muss dieses Übel ausgerottet werden, dass nämlich einer es wage, ohne Erlaubnis des Abtes … etwas Eigenes zu besitzen …, weder ein Buch noch eine Schreibtafel … Alles sei allen gemeinsam, wie geschrieben steht.

c. 72 Die Mönche sollen einander in Ehrerbietung zuvorkommen. Sie sollen ihre leiblichen und charakterlichen Schwächen in großer Geduld ertragen … Sie sollen sich in gegenseitigem Gehorsam überbieten. Keiner soll den Vorteil suchen, sondern mehr den des anderen. Ihrem Abt seien sie in aufrichtiger und demütiger Liebe zugetan. Christus sollen sie gar nichts vorziehen, der uns alle zusammen zum ewigen Leben führen möge.

Zit. nach James Hogg, Die geheimnisvolle Welt der Klöster, Augsburg (Weltbild) 1998, S. 45.

Kloster

Ein Kloster (von lat. claustrum = Verschluss) ist ein gegenüber der Außenwelt „abgesperrter" Ort, in dem Mönche (lat. monachus = einsam lebend) oder Nonnen (ägypt. nonnis = unversehrte Jungfrau) leben. Die Leitung eines Klosters liegt in der Hand eines Abtes oder einer Äbtissin. Mönche und Nonnen legen beim Eintritt ins Kloster das Gelübde ab, ihr Leben lang einer schriftlich überlieferten Ordensregel zu folgen. Sie heiraten nicht, sind gegenüber der Klosterleitung gehorsam und verzichten auf persönlichen Besitz. Als Zeichen ihrer Gemeinschaft tragen sie eine bestimmte Ordenstracht.

1 Nimm Stellung zu den Äußerungen der Nonnen in M3.
2 Erarbeite aus M1 und M2 Merkmale des Klosterlebens. Vergleiche mit den Informationen im Kasten.
3 Untersuche an M4, wie Benedikt seine Vorgaben für die Ordensmitglieder begründete.
4 Zeige, wie sich das Mönchtum in Europa bis zum 7. Jahrhundert entwickelte (Darstellungstext).

Das Kloster – eine Welt für sich?

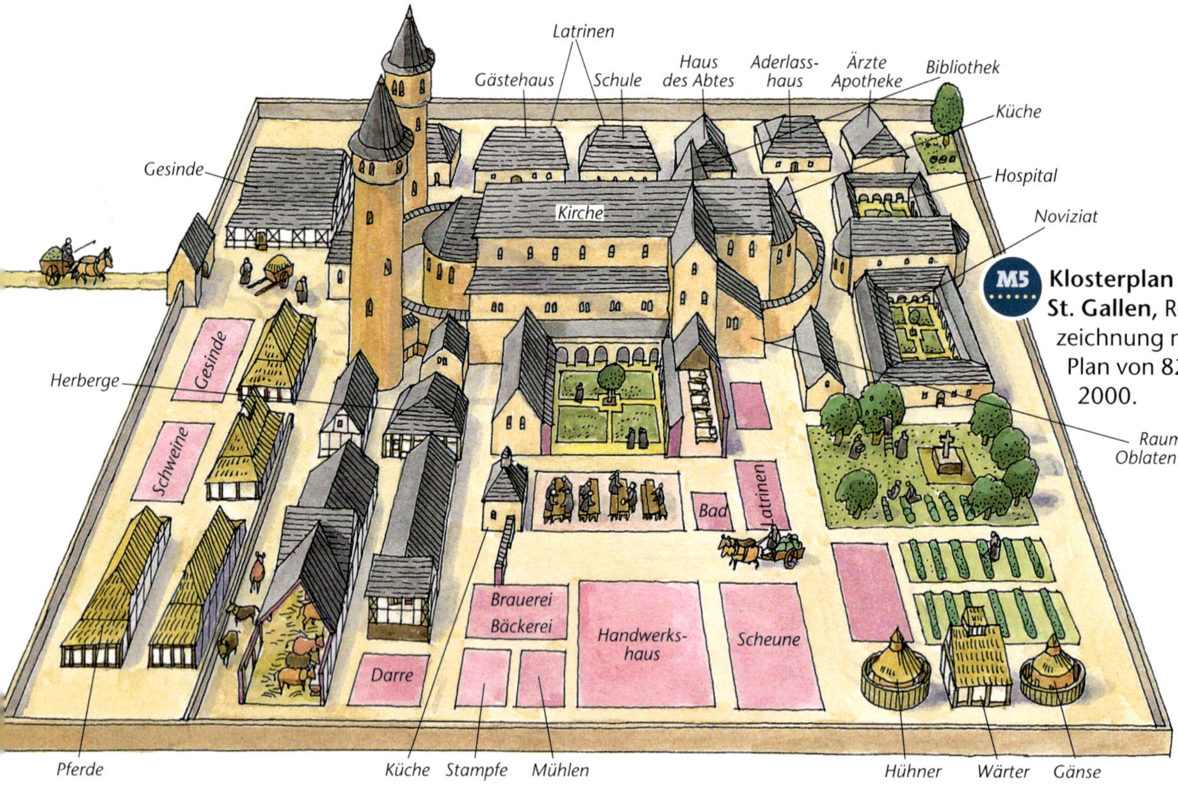

M5 **Klosterplan von St. Gallen,** Rekonstruktionszeichnung nach einem Plan von 820 n. Chr., 2000.

Beten und Arbeiten im Kloster

In der Benediktusregel war festgelegt, dass die Mönche und Nonnen den Tag im Kloster betend und arbeitend verbringen sollten. Später verkürzte sich diese Vorgabe zum Leitsatz „ora et labora“ (lat. = bete und arbeite). Der Tag im Kloster war nach einem strengen Zeitplan in Gebets- und Arbeitszeiten eingeteilt. Die Mahlzeiten im Kloster unterschieden sich je nach Region und Jahreszeit: Bevorzugt wurden Suppen und Eintöpfe mit Brot. Fleischgerichte gab es nur an Sonn- und Feiertagen. Getrunken wurde Wasser, Milch, Bier oder Wein aus Krügen. Abends gab es nur noch eine kalte Mahlzeit, bestehend aus Brot mit Speck, Käse oder Eiern.
In der Nacht legten sich die Mönche oder Nonnen in einem Gemeinschaftsschlafsaal zur Ruhe. Erst im späten Mittelalter setzten sich langsam Einzelschlafzellen in den Klöstern durch. Weil die Klosterregel jeden Luxus untersagte, waren die Zellen nicht beheizt. Die Betten waren hölzerne Pritschen, auf die sich die Mönche und Nonnen in ihren wollenen Kleidern legten. Nur bei strengem Frost benutzten sie eine Bettdecke. Die Fasten- und Schweigevorschriften waren und sind heute noch in den einzelnen Klöstern sehr unterschiedlich.

5 Stelle anhand von M5 fest, welche Arbeiten in einem Kloster verrichtet werden mussten. Lege dazu eine Tabelle an mit den Spalten „Glaube“, „Versorgung/Wirtschaft“, „Diakonie/Hilfe“.

6 Überlege: Warum wird das mittelalterliche Kloster oft als „Welt im Kleinen“ bezeichnet?

7 a) Schreibe anhand von M6 den Tagesablauf eines Mönches auf. Beginne um 3 Uhr in der Nacht.
b) Zeichne einen 24-Stunden-Kreis auf und trage einen typischen Schultag von dir ein. Wodurch unterscheidet sich dein Tag vom Tag im Kloster?

8 M9 berichtet über hohen Besuch im Kloster. Stelle dir vor, dass sich nach dem Besuch ein Streitgespräch zwischen dem alten Mönch Gottfried und dem jungen Ordensmitglied Dietmar über Klosterregeln entwickelte. Schreibe den Dialog auf.

9 Untersuche an M7, M8 und M10, wie die Künstler das Gemeinschaftsleben im Kloster darstellen.

10 „Frauenkloster gleich Männerkloster“? Untersuche M10 und nimm Stellung.

11 Immer mehr Menschen verbringen heute ihre Ferien im Kloster, nehmen am Leben der Mönche bzw. Nonnen teil. Wie erklärst du dir das?

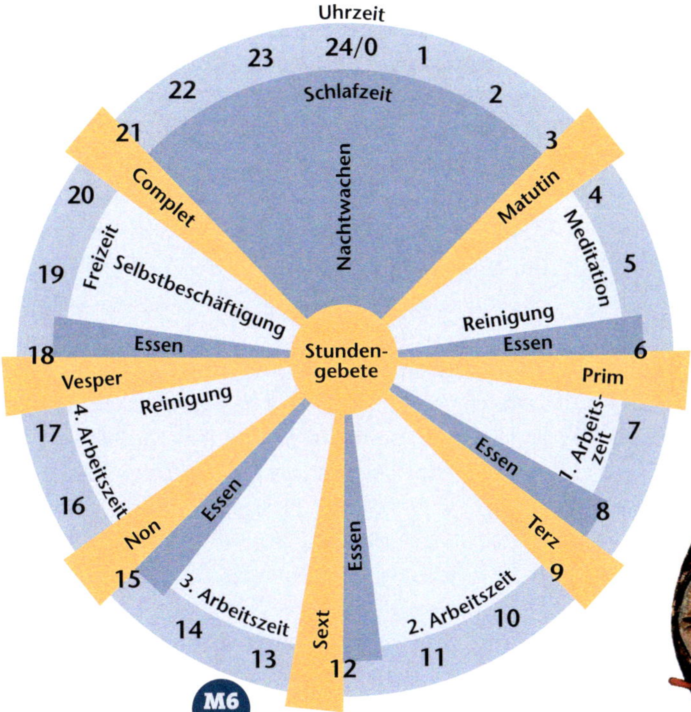

M6 Klösterlicher Tagesablauf

M7 **Singende Mönche**, Buchmalerei (Initialbuchstabe) aus einer englischen Handschrift, o. Jahr

M8 **Mönche spalten bei Rodungsarbeiten einen Baum**, Buchmalerei (Initialbuchstabe), 12. Jh.

M9 Der König besucht ein Kloster

Der Mönch Ekkehard war im 11. Jahrhundert Chronist des Klosters St. Gallen. Er berichtete über einen weihnachtlichen Besuch König Konrads I.:

Den dritten und letzten Tag seines Besuchs beendete er [Konrad] mit einem Fest, nachdem er dem Kloster zuvor einige Güter geschenkt hatte, „damit unsere eingeschriebenen Brüder zum Entgelt für unser gestriges Mahl ... auch zu meinem Gedächtnis üppiger schmausen sollen". Während der Mahlzeit wurden nahezu sämtliche Klosterregeln gebrochen: Das Schweigegebot wurde missachtet und niemand hörte dem Vorleser zu; Wild und Fleisch wurden aufgetischt und sogar Gaukler, Tänzer und Musikanten sollen aufgetreten sein. Das mochte strengeren Mönchen missfallen. „Der König ... schaute auf die gesetzteren Brüder und lachte über einige von ihnen, denn da ihnen alles neu war, verzogen sie ihre Mienen."

Zit. nach Gerd Althoff/Hans-Werner Goetz/Ernst Schubert (Hg.), Menschen im Schatten der Kathedrale, Darmstadt (Wissenschaftliche Buchgesellschaft) 1998, S. 153.

M10 **Nonnen bei der Mahlzeit**, Buchmalerei, 1499. Frauenklöster standen immer unter der Aufsicht eines männlichen Geistlichen, oft war das der Abt eines benachbarten Männerklosters.

Das Kloster – eine Welt für sich?

M1 **Der französische Mönch** Jean de Vignay übersetzt ein Buch, französische Buchmalerei, 15. Jh.

Das Kloster war ein Ort der Bildung

M2 Das Leben eines Mönches

Der englische Mönch Beda Venerabilis (um 673–735) verfasste in seinem Leben unter anderem 28 Bibelkommentare und 2 Bücher über die Zeitrechnung. Um 730 notierte er:

Ich, Beda, bin ein Diener Christi und Priester im Kloster zu Wearmouth und Jarrow, das den heiligen Aposteln Petrus und Paulus geweiht ist. Ich wurde in der Nähe des Klosters geboren. Als ich 7 Jahre alt war, übergaben mich meine Verwandten zuerst dem verehrungswürdigen Abt Benedikt und dann dem Abt Ceolfrid zur Erziehung. Von dieser Zeit an habe ich immer in diesem Kloster gelebt. Meine ganze Kraft hat immer dem Studium der Schriften gegolten. Den klösterlichen Lebensregeln und dem täglichen Lobgesang in der Kirche habe ich mich stets gewissenhaft unterzogen. Besondere Freude aber hatte ich am Lernen, Lehren und Schreiben. In meinem 19. Lebensjahr wurde ich zum Diakon, in meinem 30. zum Priester geweiht …
Von der Zeit meiner Priesterweihe an bis zu meinem 59. Lebensjahr war ich darum bemüht, aus den Schriften der Kirchenväter zu meiner und meiner Mitbrüder Belehrung Auslegungen der Heiligen Schrift zusammenzustellen oder auch eigene Erläuterungen zum besseren Verständnis hinzuzufügen.

Zit. nach Bede´s Ecclesiastical History of the English People, hg. v. B. Colgrave u. R.A.B. Mynors, Oxford 1969. Übersetzung d. Verf.

Die Arbeit in der Bibliothek: Bildungschance für Männer und Frauen

Wenn du für ein Referat oder einen Artikel in der Schülerzeitung wissenschaftliche Informationen brauchst, kannst du z. B. Bücher, Zeitungen oder das Internet nutzen. Du findest sie in der Schulbibliothek, in der Gemeinde- oder Stadtbücherei.
Im Mittelalter gab es kein vergleichbares Informationsangebot. Und nur wenige Menschen konnten lesen und schreiben. Sie waren auf mündlich vermittelte Informationen angewiesen oder sie wandten sich an Nonnen und Mönche. Die Klöster hatten sich nämlich im Laufe des 9. und 10. Jahrhunderts zu „Bildungszentren" entwickelt: Immer mehr Mönche waren damit beschäftigt, im Auftrag ihres Abtes, Bischofs oder weltlicher Herren antike Schriften zu sammeln, abzuschreiben und zu übersetzen. Außerdem hielten sie Ergebnisse eigener wissenschaftlicher Arbeit schriftlich fest. Zwei Voraussetzungen mussten dafür erfüllt sein: Erstens brauchte das Kloster, da als Schreibmaterial Pergament aus Tierhäuten benutzt wurde, eine große Viehhaltung. Denn für die Herstellung nur einer Vollbibel benötigte man etwa 200 Tierhäute. Dies und die aufwändige Schreibarbeit erklären, warum trotz des Eifers der Mönche eine gut organisierte Klosterschreibstube pro Jahr höchstens zwei Bibeln und einige kleinere Schriften fertig stellte.
Die zweite Voraussetzung für die wissenschaftliche Arbeit – und für die Gebete – waren Lateinkenntnisse. Und da Erwachsene viel schlechter Sprachen lernen als Kinder, gründeten die Klöster eigene Schulen, in denen Kinder für die Aufgaben im Orden ausgebildet wurden. Über Jahrhunderte hinweg waren Klosterschulen die einzigen Einrichtungen, die Bildung vermittelten. Deshalb brachten – oft gegen den Willen der Mönche bzw. Nonnen – viele Adlige ihre Kinder dort unter, auch wenn diese später gar nicht ins Kloster eintreten sollten.
Für Mädchen und Frauen war das Kloster die einzige Möglichkeit, sich wissenschaftlich oder künstlerisch zu betätigen. Viele traten auch ins Kloster ein, um einer Zwangsheirat zu entgehen oder, wenn sie unverheiratet blieben, um versorgt zu sein.
Viele männliche Ordensmitglieder kritisierten diese Entwicklung. Indem sie sich aber Predigt und Oberaufsicht in Frauenklöstern vorbehielten, setzten sie dem Streben der Nonnen nach mehr Eigenständigkeit Grenzen.

Forschung für ein gesundes Leben

Mönche und Nonnen zählten – neben heilkundigen Frauen (z. B. Hebammen), Badern, Barbieren, Chirurgen und herumziehenden Gauklern – zu den Fachleuten, die im Mittelalter um medizinische Hilfe und Rat gefragt wurden. Denn in den Klosterbibliotheken wurden nicht nur Schriften mit antiken Heilverfahren aufbewahrt, sondern Mönche und Nonnen konnten auch den großen medizinischen Erfahrungsschatz nutzen, der über Jahrhunderte hinweg innerhalb der Klostermauern entstanden war. Die Nonne Hildegard von Bingen (siehe S. 77) beschäftigte sich z. B. mit der aus der Antike stammenden „Säftelehre". Danach bewirkte die ausgewogene Mischung der vier Säfte (Blut, Schleim, rote Galle, schwarze Galle), dass ein Mensch gesund war. Aus einer Störung dieser Mischung entstand die Krankheit. Hildegard, die ihr Wissen in zahlreichen Büchern festhielt, beschrieb den Heilungsprozess als einen Vorgang, der Körper und Seele, Verstand und Gefühl erfasste. Erst mit einer „Umkehr", d. h. der Änderung seiner Lebensweise, könne der Patient seine Krankheit bekämpfen.

1 Klöster waren Bildungs- und Forschungszentren des Mittelalters. Nimm Stellung dazu (Darstellungstext S. 84).

2 Erläutere Möglichkeiten der wissenschaftlichen Arbeit im Kloster: a) am Beispiel des Mönchs Beda (M1, M2), b) am Beispiel Hildegards von Bingen (Darstellungstext dieser Seite, Kasten)

3 a) Erkläre mit deinen Worten, auf welche Ursachen Hildegard körperliche Beschwerden, wie z. B. Zahnschmerzen (M3), zurückführte.
b) Überprüfe Hildegards Aussagen in M3 mithilfe eines medizinischen Sachbuchs.

Mitglieder einer Klosterschule befragen

Von den über tausend katholischen Schulen in Deutschland untersteht auch heute ein Großteil Klöstern und Orden. Vielleicht kennst du eine Person, die als Schüler oder Lehrer in eine solche Schule geht oder gegangen ist. Führe ein Gespräch entsprechend den Arbeitsschritten auf S. 86 durch. Informationen zur Vorbereitung erhältst du z. B. bei: Landesarbeitsgemeinschaft Katholischer Schulen in freier Trägerschaft im Lande Nordrhein-Westfalen, Schulstr. 11, 40213 Düsseldorf.

M3 Zahnschmerzen

Hildegard von Bingen (1098–1179) gab in ihrer Schrift „Heilkunde" Anleitungen zur Zahnreinigung:

Der Mensch muss immer wieder die Zähne ... durch Spülen mit Wasser reinigen; tut er dies nicht regelmäßig, dann entsteht als Folge mitunter im Fleisch um die Zähne ein Livor[1] und vermehrt sich, sodass das Zahnfleisch krank wird. Auch entstehen aus dem Livor ... schon einmal Zahnwürmer, die ebenfalls das Zahnfleisch anschwellen lassen; so hat der Mensch seinen Zahnschmerz.

Hildegard von Bingen, Heilkunde. Zit. nach Hans-Jochen Markmann, Die mittelalterliche Heilkunde und Hildegard von Bingen, in: Geschichte lernen, Heft 30 (1992) S. 39.

1 Fleck

Hildegard von Bingen

Hildegard wurde 1098 als zehntes Kind adliger Eltern geboren. Mit acht Jahren wurde sie der Benediktiner-Äbtissin Jutta von Spanheim zur Erziehung anvertraut. 1113/4 trat sie dem Benediktinerorden bei und wurde nach Juttas Tod Äbtissin. 1141 begann sie damit, ihre 26 Visionen („Göttliche Offenbarungen") aufzuschreiben. 1142/52 organisierte sie den Bau des Klosters Rupertsberg bei Bingen und siedelte dorthin um. Sie unternahm vier große Predigtreisen. Ihre heilkundlichen Schriften sind geprägt von der Tradition der Klostermedizin, von Volkswissen und von antiken Überlieferungen. Bis heute finden ihre Erkenntnisse über natürliche Heilmethoden und ihre Ernährungslehre Anerkennung und Beachtung. Dagegen ist der Sinn ihrer Visionen nur zum Teil erforscht und bekannt.

M4 Hildegard von Bingen mit ihrem Sekretär, dem Mönch Volmar, bei der Niederschrift ihrer Visionen, Buchmalerei, um 1220

Experten befragen

Fachleute wissen mehr

Wenn du dich mit einem Thema vertieft beschäftigen willst, kannst du Experten befragen. Das sind Fachleute, die eine Sache besonders gut kennen, weil sie sich beruflich bzw. aus Interesse mit ihr intensiv beschäftigen. Zum Leben im Kloster können z. B. Mönche und Nonnen sehr gut Auskunft geben. Es bietet sich an, sie in die Schule einzuladen und in der Klasse gemeinsam das Gespräch vorzubereiten.

M1 **Nonne aus dem Karmeliterinnenkloster in Tübingen**, Foto, 1996

Arbeitsschritte Experten befragen

1. Schritt: Fragen sammeln
– Notiert alle Fragen, die euch einfallen.
– Stellt sie zu einem Fragenkatalog zusammen. Überlegt dabei, welche sich einem gemeinsamen Thema zuordnen lassen (z. B. Motive für den Klostereintritt, Tagesablauf, Zusammenleben im Kloster usw.).

2. Schritt: Kontakt aufnehmen
– Besprecht, wen und wie viele Personen ihr einladen wollt (z. B. Mönch oder Nonne, junges Ordensmitglied oder Äbtissin).
– Nehmt telefonisch oder brieflich Kontakt auf und übergebt euren Fragenkatalog, damit die Experten sich vorbereiten können.

3. Schritt: Befragung vorbereiten
– Einigt euch mit den Experten auf Termin und zeitlichen Rahmen des Treffens (eine Befragung sollte nicht länger als zwei Stunden dauern!).
– Legt vorher fest, wer die Gesprächsführung übernimmt (Schüler/-in oder Lehrkraft).
– Bereitet den Raum vor (Stuhlkreis, Anordnung der Tische in U-Form)

4. Schritt: Befragung durchführen
– Die Gesprächsleitung begrüßt die Gäste und stellt sie vor. Jeder von euch stellt ein Namensschild vor sich oder nennt seinen Namen, wenn er sich zum ersten Mal meldet.
– Die Gesprächsleitung achtet darauf, dass der Fragenkatalog beantwortet wird. Wenn etwas unklar bleibt, könnt ihr nachfragen.
– Am Ende dankt ihr dem Experten (evtl. mit einem kleinen Geschenk).
– Wenn der Gast einverstanden ist, könnt ihr das Gespräch auf Tonband oder Video aufzeichnen. Für die Auswertung genügt es allerdings, wenn zwei von euch Protokoll führen.

5. Schritt: Antworten auswerten
Überprüft anhand des Fragenkatalogs, welche Antworten ihr erhalten habt. Sind Lücken geblieben? Warum? Diskutiert anschließend in der Klasse, ob sich der Expertenbesuch gelohnt hat.

Internet-Tipp
www.orden-online.de
Hier findest du Informationen zu Ordengemeinschaften (katholische, evangelische, ökumenische, Ritterorden u. a.) im deutschsprachigen Raum.

1 Recherchiert in Klosterführern und/oder dem Internet, welche Ordensgemeinschaften in eurem Bundesland Klöster unterhalten.

2 Organisiert eine Expertenbefragung mit einem Ordensmitglied aus einem Kloster.

Wirtschaften und beten – ein Widerspruch?

Klosterreform in Cluny

Die Frankenkönige statteten die Klöster mit Grund und Boden aus, gewährten ihnen Schutz und machten sie zu kulturellen Zentren. So entstanden große Klöster, in denen die Mönche zwar auf persönlichen Besitz verzichteten, aber durch den klösterlichen Grundbesitz ein großzügiges Leben führten. Oft ließ das Leben in solch gesicherten Verhältnissen die strengen Klosterideale in Vergessenheit geraten. Immer mehr Äbte übernahmen gleichzeitig politische Ämter, z. B. als Berater von Herzögen und Königen oder als Gesandte des Herrschers (siehe Reichskirche, S. 69). Diesen Missständen sagte im 10. Jahrhundert das Kloster Cluny in Burgund den Kampf an. Die drei Hauptforderungen der Cluniazenser lauteten:

1. Strikte Beachtung der Benediktusregel,
2. Konzentration auf das Gebet (statt politischer Tätigkeit, wissenschaftlicher Arbeit und Handarbeit),
3. Unabhängigkeit von jeder weltlichen Macht durch direkte Unterstellung der Klöster unter die päpstliche Schutzgewalt.

Mit diesem Programm stieg Cluny im 11. Jahrhundert zum mächtigsten und reichsten Kloster Europas auf. Bald aber regte sich Kritik an der Lebensweise der Benediktiner in Cluny: Unter der Leitung des Abtes Bernhard von Clairvaux (um 1090–1153) gründete sich deshalb der neue Orden der Zisterzienser.

M1 Ein Streitgespräch

Das folgende Gespräch zwischen einem Mönch aus Cluny (Odo) und einem Zisterziensermönch (Hugo) wurde im 12. Jahrhundert von einem unbekannten Mönch aufgezeichnet:

Odo: Ich finde Mönche verabscheuenswert, die sich traditionslosen Neuerern anschließen.

Hugo: Du weißt, dass ich zehn Jahre lang im Orden von Cluny lebte. Ich bin dann zu den Zisterziensern übergetreten, weil sie das alte und wahre Mönchtum wieder lebendig machen wollen. Bei euch Cluniazensern geht´s doch zu wie im Wirtshaus: ständiges Schwätzen mit dem Nebenmann und lärmende Geräusche im Kloster. Außerdem hortet ihr Reichtümer und stattet eure Klöster prachtvoll aus. Überall Gemälde, Schnitzereien, goldene Kelche, Bücher mit Goldbuchstaben.

Odo: Wir ehren Christus mit dem kostbaren Metall!

Hugo: Auch eure vielen Glocken sind für das Klosterleben nicht notwendig. Sie dienen genauso dem Ohrenschmaus wie die leichtfertigen Melodien, die ihr mit dünnen Stimmchen singt. Außerdem erinnere ich dich daran, dass der heilige Benedikt Bestimmungen getroffen hat, man müsse zuvor ein Jahr geprüft werden, ehe man Mönch werden kann.

Odo: Bei uns kann man schon innerhalb eines Monats Mönch werden.

Hugo: Der Abt von Clairvaux behauptet mit guten Gründen, man dürfe von eurer Ordnung zu der unseren übertreten, umgekehrt aber nicht mehr; denn das sei Abfall vom wahren Glauben.

Zit. nach Johannes Bühler (Hg.), Klosterleben im Mittelalter, Frankfurt/M. (Insel) 1989, S. 251 ff. Bearb. d. Verf.

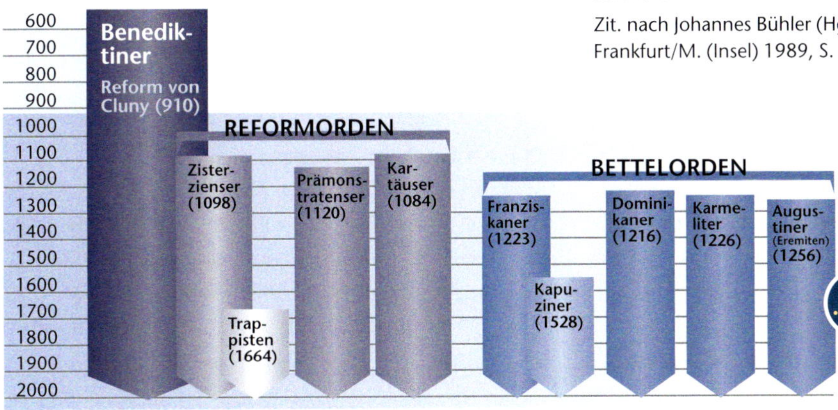

M2 Reformbewegungen und Mönchsorden (Auswahl)

1 Erläutere anhand des Darstellungstextes den Begriff Klosterreform.

2 Notiere, in welchen Punkten die Zisterzienser die Cluniazenser kritisierten (M1).

3 Informiere dich über einen der Reform- oder Bettelorden aus M2 und berichte in der Klasse (Lexikon, Sachbücher, Internet).

Das Kloster – eine Welt für sich?

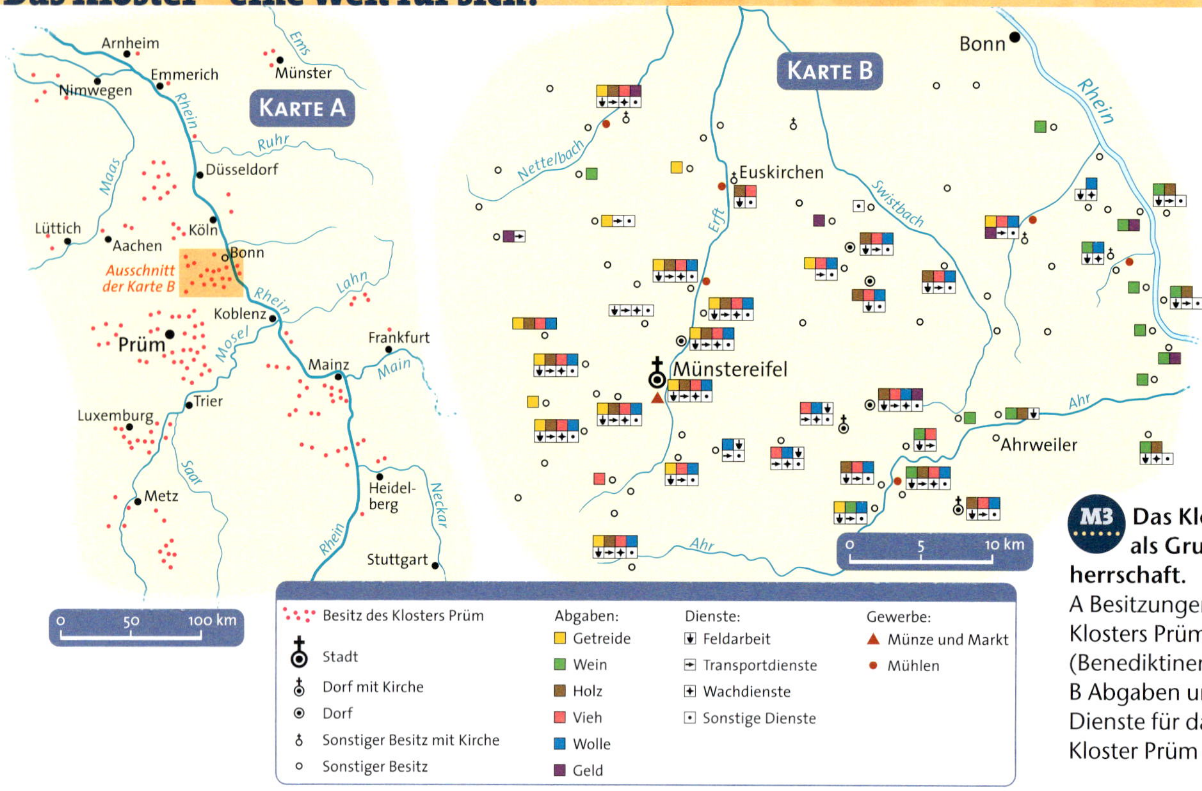

M3 Das Kloster als Grundherrschaft.
A Besitzungen des Klosters Prüm (Benediktiner)
B Abgaben und Dienste für das Kloster Prüm

Wirtschaftsbetrieb Kloster

Der Hof des Klosters war ein Wirtschaftshof voller Leben – und das hieß auch: Lärm, Schmutz und Gestank. Je größer die Grundherrschaft, desto wahrscheinlicher war es, dass auch Laien, d. h. Frauen und Männer, die kein Gelübde abgelegt hatten, im Klosterbetrieb beschäftigt wurden. Über das Leben dieser Menschen wissen wir nur wenig. Manche banden sich aus religiösen Gründen an das Kloster, andere sahen in ihm einen Arbeitgeber, der sich kaum von einem adligen Grundherrn unterschied.

Oft richtete ein Kloster einen so genannten Pfleghof in der Stadt ein. Dort wurde alles verkauft, was erwirtschaftet worden war und nicht vom Kloster selbst gebraucht wurde. Vom Pfleghof aus konnte auch der Klosterbesitz in der Stadt und der näheren Umgebung verwaltet werden.

Zisterzienser – Unternehmer im Mönchsgewand?

Die Frauen- und Männerklöster der Zisterzienser gehörten zu den erfolgreichsten Wirtschaftsbetrieben in Europa. Sie erbrachten große Leistungen auf dem Gebiet der Waldrodung sowie der Ent- und Bewässerung. Auch verbreiteten sie neue Methoden der Landwirtschaft (Dreifelderwirtschaft) und des Handwerks in Europa. „Gebt diesen Mönchen ein ödes Moor oder einen wilden Wald, lasst dann einige Jahre vergehen, und ihr werdet nicht nur schöne Kirchen, sondern auch menschliche Siedlungen dort errichtet sehen“, musste ein scharfer Gegner der Zisterzienser im Jahre 1188 bewundernd zugestehen. Die Zisterzienser hatten den Stand der Laienbrüder und -schwestern eingeführt. Meistens stammten diese aus niederen Bevölkerungsschichten. Bildung und Besitz von Büchern waren ihnen untersagt. Abgeschirmt von den Mönchen lebten sie im Westflügel des Klosters.

Das Kloster – ein Paradies auf Erden?

Das Klosterleben war keineswegs immer friedlich und harmonisch: So erweckte z. B. der wirtschaftliche Erfolg eines Klosters den Neid der Nachbarn. Überfälle von Adligen und Aufstände von Bauern waren deshalb keine Seltenheit. Auch wurden Klöster häufig in Fehden zwischen adligen Familien hineingezogen, da die meisten Mönche selbst Adlige waren. In den Zisterzienserklöstern kam es öfters zu Revolten der Laienbrüder, die gegen die Behandlung durch die Mönche aufbegehrten. Zu ihrer eigenen Sicherheit unterstellten sich Klöster häufig mächtigen Adligen (z. B. dem Stifter des Klosters), die für militärischen Schutz sorgten.

M4 Ein Geschenk in Gottes Namen

Im Urkundenbuch des Klosters St. Gallen findet sich folgende Schenkungsurkunde aus dem 9. Jahrhundert:

In Gottes Namen schenke ich, Kiso, aus Liebe zu unserm Herrn Jesus Christus dem Kloster des heiligen Gallus alles, was ich am heutigen Tag in Zukkenried in Besitz habe, Hütten, Häuser, Felder, Wiesen, Wälder, Wege, Gewässer und Flussläufe und was sonst genannt werden kann ... Und ich will, dass dies für immer zum Heil meiner Seele geschenkt und übertragen ist. Unter der Bedingung jedoch, dass ich diese Güter zurückerhalte und einen jährlichen Zins dafür leiste, nämlich zwei Malter Korn, und diese nach Büren bringe.

Zit. nach Hermann Wartmann, Urkundenbuch der Abtei St. Gallen, S. 222, in: Spurensuche Geschichte 1, Stuttgart (Klett) 1990, S.105. Übersetzung von Peter Knoch.

M5 Zeitplanung und Klosterleben

Der Historiker Klaus Schreiner urteilt 1982 über die wirtschaftlichen Erfolge der Zisterzienser:

Zur Weltentsagung der Zisterzienser gehörten auch der gewissenhafte Umgang mit der Zeit, strenge Arbeitsdisziplin sowie das Bemühen, mit haushälterischer Vernunft Wirtschaftsabläufe zu planen und zu kontrollieren. Ökonomischer Umgang mit der Zeit unterschied die Zisterzienser vom Adel, dem Termindruck und Zeitplanung fremd waren, weswegen denn auch seine Tanz- und Turnierspiele als „tumpheit" und „velorn zit" kritisiert wurden. Sprechen war während der Arbeit nur dann erlaubt, wenn es um die Arbeit selbst ging. Die Unterhaltung sollte jedoch kurz sein und sich auf das Notwendigste beschränken. Waren Prior oder Subprior[1] gehalten, während der Arbeit die Beichte abzunehmen, sollte der Zuspruch nicht viel Zeit in Anspruch nehmen und deshalb auch im Stehen erfolgen. Die Arbeit durch Ruhepausen zu unterbrechen war untersagt. Nur aus einem dringenden Bedürfnis durften sich Mönche und Laienbrüder von der Arbeit entfernen.

Zusammengestellt nach Klaus Schreiner, Zisterziensisches Mönchtum und soziale Umwelt. In: Die Zisterzienser. Ordensleben zwischen Ideal und Wirklichkeit. Ergänzungsband, Köln (Rheinland Verlag) 1982, S. 79ff.

1 Klostervorsteher und sein Stellvertreter

M6 Initialbuchstabe aus einem Güterverzeichnis des Zisterzienserklosters Tennenbach (Breisgau), 14. Jh. Oben: der Abt, unten: ein Mönch, davor ein Laienbruder mit einem Bauern. Die Inschriften (lat.) lauten: Bruder Johannes Zenlin, Abt, und Bruder Johannes Meiger.

Lesetipp

Hanna Lützen, Das Buch der Wunder, Würzburg (Arena TB) 2002.
Die Handlung spielt in einem dänischen Zisterzienserkloster im 12. Jahrhundert. Ein heilkundiger Bruder aus Frankreich bringt ein Mädchen ins Kloster, das auf den Namen Christa getauft wird und bei den Mönchen aufwächst. Das Buch endet dramatisch.

4 Erläutere in M4: Welchen Tausch vollzieht Kiso? Was ändert sich für Kiso durch den Tausch?

5 Beschreibe nach M3, Karte A, die Lage der Besitzungen und die Entfernungen zum Kloster Prüm.

6 Stelle nach M3, Karte B, die häufigsten Abgaben und Dienste zusammen. Erschließe aus der Karte, warum nicht überall die gleichen Abgaben und Dienste gefordert wurden.

7 Erkläre die Abbildung M6 mithilfe des Darstellungstextes.

8 „Zisterzienser – Unternehmer im Mönchsgewand?" – Wie beantwortet der Verfasser von M5 diese Frage?

Der Islam – eine neue Religion

Mohammed – Prophet des Islams

Als Mohammed, der spätere Prophet des Islams, 570 n. Chr. in der arabischen Handelsstadt Mekka geboren wurde, verehrten die Gläubigen dieser Stadt 300 Götter. Zu dem weithin bekannten Heiligtum, der Kaaba, pilgerten alljährlich viele Beduinen. Die Besucher hatten Mekka und seinen Bewohnern Wohlstand gebracht. Mohammed wuchs bei seinem Großvater und nach dessen Tod bei seinem Onkel Abu Talib auf. Der war ein angesehener Geschäftsmann und Mohammed folgte seinem Beispiel: Er wurde Fernhändler. Auf seinen Reisen durch den Orient begegnete Mohammed Juden und Christen. An deren Religion beeindruckte ihn besonders der Glaube an nur einen einzigen Gott (griech. Monotheismus*).
Im Jahr 610 wurde Mohammed nach seinen Berichten von dem Erzengel Gabriel zum Propheten der neuen Religion, des Islams berufen. Als er mit seiner Glaubenslehre an die Öffentlichkeit trat, fand er zunächst nur wenige Anhänger. Im Gegenteil: Er zog sich die Feindschaft einflussreicher mekkanischer Kaufmannsfamilien zu, denn er kritisierte, dass die meisten Menschen nur auf ihren eigenen Vorteil bedacht seien.
622 n. Chr. musste er nach Medina flüchten. Diese Auswanderung (arab. hidschra) wurde später das Anfangsdatum der islamischen Zeitrechnung. In Medina sammelte Mohammed seine Anhänger und zog als religiöser, politischer und militärischer Führer 630 n. Chr. in Mekka ein. Bis zu seinem Tod 632 n. Chr. hatte Mohammed ganz Arabien für den Islam gewonnen.

M1 **Innenhof der Großen Moschee mit der Kaaba** (= „Haus Gottes", das bedeutendste Heiligtum des Islam) in Mekka, Foto, 1995

Islam
(arab. islam = Hingabe an Gott, Ergebung in Gottes Willen). Ein Gläubiger wird Muslim genannt, das heißt übersetzt „Der sich Gott unterwirft". Der Islam bekennt sich wie Judentum und Christentum zu einem Gott. Grundlage des Islams ist der Koran („Verkündigung"), der in 114 Suren (= Abschnitte) geteilt ist und Erzählungen, Lobpreisungen und Gleichnisse enthält. Wer fromm leben will, hat die fünf Grundpflichten des Islams zu erfüllen:
1. das Glaubensbekenntnis: „Es ist kein Gott außer Allah, und Mohammed ist sein Prophet!",
2. die täglichen Pflichtgebete: am Morgen, Mittag, Nachmittag, bei Sonnenuntergang und in der Nacht mit Blick gen Mekka,
3. das gesetzliche Almosen-Geben für die Armen,
4. das Fasten im Monat Ramadan – von Sonnenaufgang bis Sonnenuntergang,
5. die Pilgerfahrt nach Mekka, die jeder Muslim einmal im Leben zur Kaaba unternehmen soll, sofern er sie sich finanziell leisten kann.

M2 **Mohammed diskutiert mit christlichen Mönchen,** arabische Buchmalerei, um 1594

1 Beschreibe anhand des Darstellungstextes die Entstehung des Islams als Religion und kläre den Bezug zum jüdischen und christlichen Glauben. Nimm den Begriffskasten, M1 und M2 zu Hilfe.

2 Erläutere die fünf Grundpflichten. Welche ähnlichen Grundsätze des Christentums gibt es?

Muslime, Juden und Christen: Miteinander leben

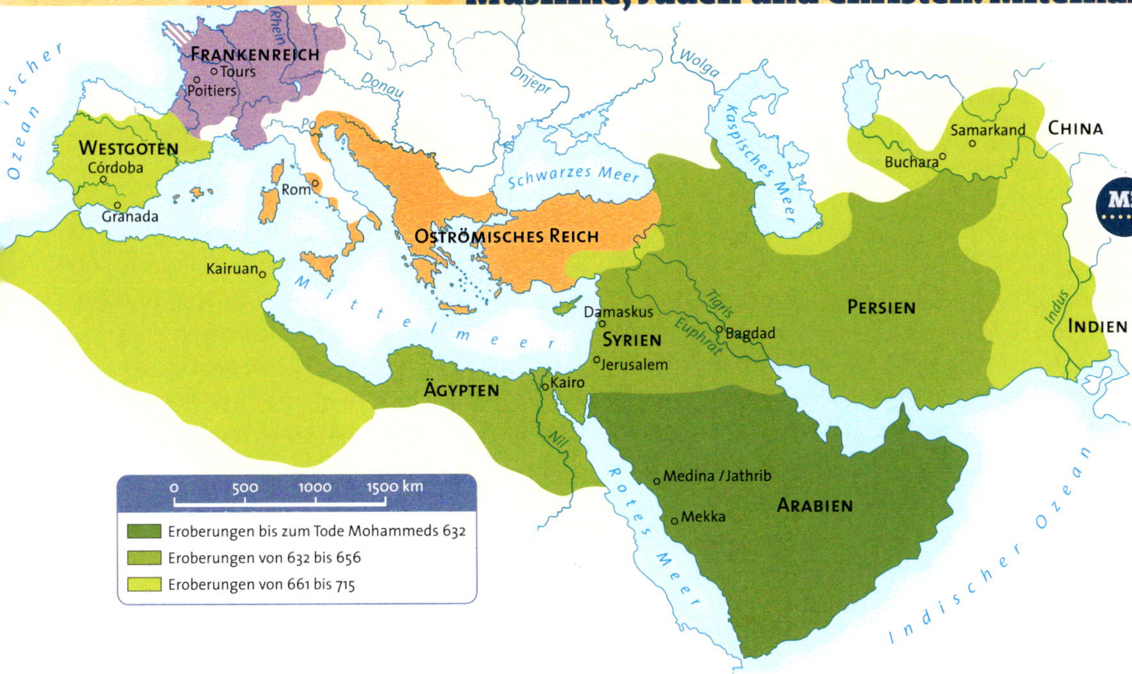

M3 Die Ausbreitung des Islams bis zum 8. Jahrhundert

Islamisches Reich und islamische Weltkultur

Die schnelle Ausweitung der islamischen Gemeinde (arab. umma) setzte sich nach dem Tod Mohammeds fort. Sie beruhte im Wesentlichen auf militärischen Eroberungen. Angeführt wurden die Kämpfenden von Kalifen, „Stellvertretern Gottes", wie sich die Nachfolger des Propheten nannten. Viele Muslime glaubten in der raschen Ausbreitung des Islams den Beweis dafür zu sehen, dass der Islam als „jüngste" Religion den älteren Religionen Judentum und Christentum überlegen sei. Erst 100 Jahre nach Mohammeds Tod kam die arabisch-islamische Eroberung im Westen am Frankenreich und im Osten an den Grenzen Chinas zum Stehen.

Die muslimischen Araber verlangten in ihren Herrschaftsgebieten eine besondere Steuer von den Nicht-Muslimen, stellten sie aber auch unter ihren Schutz und garantierten ihnen die Ausübung ihrer eigenen Religionen. Die Herrschaftszeit des islamischen Reiches war auch eine Phase des kulturellen Austausches mit den besiegten Völkern, besonders im mittelalterlichen Spanien (siehe S. 94 f.).

Seit dem 9. Jahrhundert zerfiel das Reich der Kalifen in eine Vielzahl von Teilreichen. Nachfolgekämpfe innerhalb der muslimischen Religionsgemeinschaft und neue Herrschaftszentren nicht-arabischer Völker, wie Berber, Türken, Iraner, führten schließlich das Ende der politischen Einheit herbei. Die kulturelle Einheit der Länder, die Sprache und Glauben gemeinsam hatten, blieb jedoch bis heute bestehen.

Religion und Politik im Islam

Der Islam war von Anfang an nicht nur eine Glaubensrichtung, sondern er war auch von politischen Ideen geprägt: Mohammed vertrat die Auffassung, dass im Islam Religion und Staat, also die geistliche und die weltliche Macht, nicht getrennt sein sollten. So wurden die militärischen Erfolge bei der Eroberung des islamischen Weltreichs im 8. Jahrhundert als Glaubenssiege im so genannten Dschihad* gefeiert. Das Wort Dschihad bedeutet „heiliger Krieg" und bezeichnet, auch heute noch, für Muslime den Kampf für ihren Glauben. Anders als das Christentum, das die Einheit zwischen Religion und Staat nicht fordert, erkennen strenggläubige Vertreter des Islams bis heute eine Trennung der Macht zwischen Kirche und Staat nicht an. In westlichen demokratischen Staaten, aber z. B. auch in der Türkei, ist die Trennung von Staat und Religion in der Verfassung festgelegt.

3 Schildere mithilfe von M3, wie sich der Islam zu einer Weltreligion entwickelte.

4 Nenne mithilfe des ersten Darstellungstextes die Ursachen für den Aufstieg und Zerfall des islamischen Reiches.

5 Erläutere mithilfe des Darstellungstextes „Religion und Politik im Islam", warum aus muslimischer Sicht der Dschihad den bewaffneten Kampf einschließt.

Muslime, Juden und Christen: Miteinander leben

Männer und Frauen in der Lebenswelt des Islams

Verglichen mit der Zeit vor Mohammed wurde die Stellung der arabischen Frauen durch den Islam wesentlich verbessert. Waren sie vorher rechtlich und wirtschaftlich nicht abgesichert, so gehörte nun zur Ehe ein Vertrag, der Rechte, Pflichten, Besitzverhältnisse und Erbrecht regelte. Die Vorschrift für Frauen, den Schleier zu tragen, die Mehrehe und die Abschirmung der Ehefrauen in einem abgetrennten Teil des Hauses (arab. harem) waren dagegen keine Erfindungen des Islams. Sie hatten im arabischen und oströmischen Raum schon lange Tradition.

Für Menschen in der westlichen Lebenswelt gibt vor allem die Stellung der Frau im Islam und das Verhältnis zwischen Mann und Frau Anlass zu Diskussionen. Der Koran enthält dazu viele Aussagen. Ihre Auslegung ist jedoch nicht eindeutig, was immer wieder am Beispiel des Schleiers oder Kopftuches erörtert wird. Kritiker sehen in ihm ein Symbol dafür, dass die Frau im Islam dem Mann gegenüber nicht gleichberechtigt ist. Verteidiger des Schleiers behaupten, er sei „ein Bekenntnis zu Gott und gottesfürchtigem Verhalten" und ein „praktischer Schutz vor der Begehrlichkeit der Männer in der Öffentlichkeit". Heute gibt es viele Vertreter des Islams, die aus dem Koran kein Gebot herauslesen, dass Frauen den Schleier tragen müssen.

M4 **Frauen auf der Galerie einer Moschee,** arabische Buchmalerei, 13. Jh.

M5 Der Koran über Frauen

Der Koran wurde im 7. Jahrhundert n. Chr. aufgezeichnet. Über die Beziehung zwischen Eheleuten und über die Kleidung der Frau ist darin Folgendes zu lesen:

Sure 4, 34: Die Männer stehen über den Frauen, weil Gott sie von Natur vor diesen ausgezeichnet hat und wegen der Ausgaben, die sie von ihrem Vermögen gemacht haben. Und die rechtschaffenen Frauen sind Gott demütig ergeben und geben Acht auf das, was den Außenstehenden verborgen ist, weil Gott darauf Acht gibt. Und wenn ihr fürchtet, dass Frauen sich auflehnen, dann ermahnt sie, meidet sie im Ehebett und schlagt sie! Wenn sie euch gehorchen, dann unternehmt nichts gegen sie!
Sure 24, 3: Und sage den gläubigen Frauen, sie sollen statt jemanden anzustarren, lieber ihre Augen niederschlagen und sie sollen ihre Scham bewahren und ihren Schmuck (Reize) nicht offen zeigen …
Sure 33, 59: Prophet! Sage deinen Gattinnen und Töchtern und den Frauen der Gläubigen, sie sollen, wenn sie ausgehen, sich etwas von ihrem Gewand über den Kopf herunterziehen. So ist am ehesten gewährleistet, dass sie als ehrbare Frauen erkannt und darauf hin nicht belästigt werden.

Zit. nach Der Koran, hg. und übers. von Rudi Paret, Stuttgart (Kohlhammer), 1996. Sure 4, 24, 33. Bearb. d. Verf.

M6 Aus dem Neuen Testament der Bibel

Aus einem Brief an die Bewohner der Stadt Ephesos (1. Jh. n. Chr.):

Die Frauen sollen ihren Männern untertänig sein wie dem Herrn. Denn der Mann ist das Haupt der Frau, wie Christus das Haupt der Kirche ist … So wie die Kirche Christus unterworfen ist, so seien es auch die Frauen ihren Männern in allen Dingen. Ihr Männer, liebet eure Frauen, so wie Christus die Kirche geliebt und sich selbst für sie hingegeben hat.

Brief des Apostels Paulus an die Epheser, 5, 22–25.

6 Erarbeite anhand von M5 die Aussagen des Korans über die Beziehung von Mann und Frau. Vergleiche mit den hier abgedruckten Aussagen des Neuen Testaments (M6).

7 Besprecht in der Klasse, wie sich das Verhältnis zwischen Mann und Frau bei Muslimen und Christen inzwischen verändert hat. Bezieht auch M3 auf S. 93 mit ein.

M1 Schülerin mit ihren Eltern in Deutschland, Foto, 1998

M2 Junge Geschäftsfrauen mit ihrem Vater, Foto, 1998

Junge Muslime in Deutschland – Leben in zwei Welten

Das Kopftuch allein zeigt nicht den Glauben

Wie der Islam entstand und sich ausbreitete, welche Bedeutung der Islam in der Lebenswelt muslimischer Menschen bis heute hat, konntest du auf den vergangenen Seiten erarbeiten. Welche Einstellung zu ihrer Religion haben junge Muslime in Deutschland heute? Einige äußern sich dazu auf dieser Seite. Sicherlich kennst du auch andere Meinungen. Abgedruckt sind Meinungen von Jugendlichen, die sich die Frage gestellt haben, wie wichtig ihr Glauben für ihre Lebensplanung ist.

1 Erarbeite anhand von M1 bis M3 die Einstellungen der Jugendlichen zu ihrer Religion und vergleiche.

2 Informiere dich in Lexikon und Internet: Wie viele Muslime gibt es weltweit? In welchen Ländern ist der Islam eine von mehreren Religionen? Wo ist er Staatsreligion? Inwiefern beeinflusst er dort Kultur und Politik?

M3 Äußerungen zum Thema „Kopftuch"

Aus Interviews, die die Journalistin Herlinde Koelbl mit jungen Türken führte (1998):

Feliz A., 19, Schülerin: Seit sieben Monaten trage ich Kopftuch. Mein Vater wollte, dass ich es trage, aber ich konnte es zuerst nicht. Er hat mit Geduld gewartet und mich immer lieb darauf aufmerksam gemacht. In Deutschland fühle ich mich freier und wohler, hier kann jeder machen, was er will. In Istanbul wird man angestarrt, wenn man Kopftuch trägt.

Nalan Ü., 22, Studentin: Mir würde es schwer fallen, ein Kopftuch zu tragen. Je länger man hier in der westlichen Kultur lebt, desto mehr ist man beeinflusst davon. Ich möchte hier bleiben und einen Beruf haben.

Hadan Ü., 18, Schülerin: Vor drei Jahren habe ich mich entschieden, das Kopftuch zu tragen … Später möchte ich in der Türkei leben, dort heiraten und ein traditionelles Leben führen. Wegen der Schule kann ich nicht immer beten, ich hoffe aber, dass ich es machen kann, wenn ich erst geheiratet habe.

Fatih B., 21, Schüler: Mein Vater hat darauf bestanden, dass ich aufs Gymnasium gehe. Ich habe viel Sport gemacht und spiele auch Theater, das gibt Selbstbewusstsein. Ich habe den Koran gelesen, gehe auch in die Moschee und trinke keinen Alkohol. Mein Glaube gibt mir das Gefühl, am Leben zu bleiben.

Zit. nach Herlinde Koelbl, Gegen-Sätze; in: Spiegel special, Nr. 1 (1998), S. 95 ff.

Muslime und Christen in Europa – das Beispiel Spanien

Al-Andalus – Araber in Spanien

„Spanien" – das war im Mittelalter keine geografische Einheit, sondern viele Herrschaftsgebiete, aus denen im 8. bis 10. Jahrhundert die christlichen Königreiche Navarra, Aragon, Leon und Kastilien, im 12. Jahrhundert das Königreich Portugal entstanden. Politisch, wirtschaftlich und kulturell bedeutend wurde jedoch al-Andalus, das im Süden der Iberischen Halbinsel gelegene muslimische Spanien. Wie kam es dazu? Wie verlief die Geschichte der Muslime arabischer Herkunft in Spanien?

M1 **Blick in das Innere der Mesquita-Moschee in Córdoba**, Foto, 1986. Córdoba war die Residenz der aus Syrien stammenden Machthaber von al-Andalus. Im hohen Mittelalter hatte die Stadt zeitweise 100000 Einwohner. Die Mesquita-Moschee wurde 786/87 erbaut und bis 962 ständig erweitert.

1 Fasse anhand von M2 schriftlich zusammen, wie die Muslime Spanien erreichten und al-Andalus entstand.

2 Der Autor von M2 wertet in seinen Aussagen. Versuche Hinweise dafür im Text zu finden.

M2 Eroberung und Aufstieg

Der Journalist Rainer Traub schreibt 1998 über muslimische Araber im mittelalterlichen Spanien:

Europa liegt Afrika nirgends näher als in Tarifa. Mit den weißen Häusern der kleinen Hafenstadt am Südzipfel Spaniens endet das christliche Abendland. Deutlich zeichnen sich jenseits der Meerenge, die an dieser Stelle mit gerade zwölf Kilometern noch schmaler als bei Gibraltar ist, das Atlasgebirge und die marokkanische Küste ab. Von dort setzte im Jahr 710 ein muslimischer Vortrupp über, um die in Nordafrika umlaufenden Gerüchte vom Reichtum des benachbarten Landes zu überprüfen. Der Anführer Tarif … war so beeindruckt, dass die Muslime im Mai 711 mit 7000 Kriegern wiederkehrten. Die jüngste der monotheistischen* Religionen – sie war noch keine hundert Jahre alt – eroberte die Iberische Halbinsel blitzartig. Bis zum Jahr 716 … war deren weitaus größter Teil in muslimischer Hand.

Die Historiker der Epoche weisen darauf hin, dass den Mannen aus Afrika nicht nur die innere Zerrissenheit und Unbeliebtheit des westgotischen Königreichs zugute kam, das sie hinwegfegten. Sie fanden auch spontane Verbündete im jüdischen, dem alten Regime verhassten Teil der Bevölkerung. Die große Mehrheit der Einheimischen akzeptierte die Eroberer rasch. Zum einen hatten die Neuen sozial und kulturell mehr zu bieten als die gestürzten Feudalherren. Zum anderen verlangten sie keine bedingungslose Unterwerfung. Nicht umsonst lehre der Koran, der Glaube an einen einzigen Gott verbinde die Muslime mit den Anhängern der beiden älteren … [Religionen]. Der strahlende Mittelpunkt dieser Kultur war einst die Stadt Córdoba … Der Aufstieg der andalusischen Metropole[1] zur reichsten und größten Stadt Europas gründete auf mehreren Faktoren. Die Araber brachten ein ingeniöses[2] Bewässerungssystem mit. Sie führten das Dromedar als Lasttier ein. Sie machten orientalische Bodenprodukte wie Zuckerrohr und Baumwolle, Pfirsichbaum und Dattelpalme in Andalusien heimisch. Und sie trieben intensiven Handel mit dem afrikanischen Kontinent.

Rainer Traub, Andalusische Spurenlese, in: Spiegel special, Nr. 1 (1998), S. 86 f.

1 Hauptstadt 2 erfinderisch, klug

Gelang das Zusammenleben der Kulturen in Spanien?

Anders als in den Kreuzfahrerstaaten im Heiligen Land (siehe S. 155f.) lebten in al-Andalus unter arabischer Herrschaft Muslime, Juden und Christen über Jahrhunderte hinweg meist friedlich und gleichberechtigt zusammen. Ihre kulturellen Traditionen, wissenschaftlichen Kenntnisse und ihre am Glauben orientierten Wertvorstellungen, die die Bevölkerungsgruppen zunächst getrennt hatten, verschmolzen im Laufe der Zeit.
Das führte dazu, dass Kultur und Wissenschaften in al-Andalus viel weiter entwickelt waren als im übrigen Europa. Den größten Anteil daran hatte die islamische Kultur, die der abendländischen in vielen Bereichen der Philosophie und der verschiedenen Wissenschaften, wie Medizin, Astronomie, Mathematik, voraus war. Philosophische Werke aus der Antike, zum Beispiel von Platon und Aristoteles, wurden durch Übersetzungen vom Arabischen ins Lateinische erst jetzt wieder im Abendland bekannt.
Als im 11. Jahrhundert das Kalifat Córdoba in viele kleine Herrschaftsgebiete zerfiel, geriet Südspanien durch die Herrschaft des Königreichs Kastilien wieder zunehmend unter christlichen Einfluss. Zunächst herrschte noch Toleranz und die Könige von Kastilien versammelten christliche, jüdische und muslimische Gelehrte an ihrem Hof. Aber seit dem 13. Jahrhundert, unter dem Eindruck der Kreuzzüge ins Heilige Land, erklärten die Christen die Rückeroberung Spaniens vom Islam zu einem Glaubenskrieg (Reconquista*). Die Berber wiederum, die seit dem 12. Jahrhundert in al-Andalus an der Macht waren, verfolgten die Christen im Namen des heiligen Krieges (Dschihad). Viel länger als erwartet zog sich die Reconquista hin: Bis 1492 konnte sich Granada als letztes islamisches Königreich in Spanien behaupten. Nachdem das Heer der spanischen Könige Granada erobert hatte, wurden die Juden und Muslime auf Befehl des Königspaares Isabella von Kastilien und Ferdinand von Aragon zur christlichen Taufe oder zur Emigration gezwungen.

M3 Von Physik, Mathematik und Medizin

Beispiele für kulturelle und wissenschaftliche Leistungen muslimischer Gelehrter im hohen Mittelalter:

– Muslimische Baumeister beherrschten ihre Kunst wie sonst niemand in jener Zeit. Beispiel: die Mesquita-Moschee in Córdoba.
– Die Ziffern 9, 8, 7, 6, 5, 4, 3, 2, 1 sind „arabische" Ziffern, ebenso die Ziffer 0 (arab. as-sifr = die Leere). Mit ihnen können kompliziertere Rechnungen durchgeführt werden als mit den römischen Ziffern I, V, X, L, C, D, M.
– Von den Chinesen hatten die Araber die Papierherstellung gelernt und weiterentwickelt.
– Arabische Gelehrte setzten die Forschungen der Chinesen, Inder, Ägypter und Babylonier zur Erforschung der Sterne und des Weltalls fort.
– Vielfältig und weit entwickelt waren die Kenntnisse muslimischer Gelehrter über die Diagnose und Therapie von Krankheiten und die Herstellung von Arzneien.

Verfassertext

Lesetipp
Nabil Osman, Kleines Lexikon deutscher Wörter arabischer Herkunft, München (Beck TB) 1997.

3 Prüfe, ob der Darstellungstext dieser Seite die Gesamtwertung von M2 teilt.
4 Erstelle mithilfe von M3 und M4 eine zweispaltige Tabelle: „Wissenschaftliche Leistungen der Araber"/„Nutzen"
5 Folgende Wörter stammen aus dem Arabischen: Admiral, Chemie, Jacke, Kaffee, Koffer, Matratze, Orange, Tarif. Informiere dich im Lexikon über ihre ursprüngliche Bedeutung.

M4 **Arabische Wissenschaftler**, türkische Buchmalerei, 16. Jh. Die Astronomen rechts oben beschäftigen sich mit dem Astrolabium, einem scheibenförmigen Messgerät für Sterne, das von den Arabern im 11. Jahrhundert in Europa eingeführt wurde und bis zur Erfindung des Fernrohrs in Gebrauch blieb.

Muslime, Juden und Christen: Miteinander leben

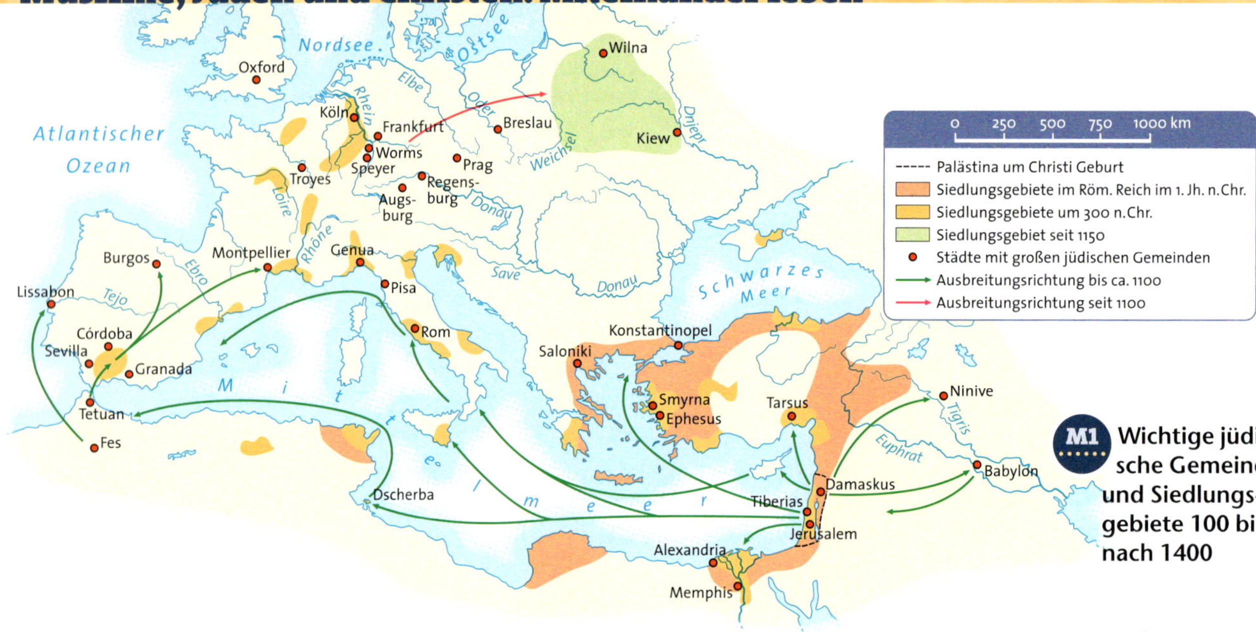

M1 **Wichtige jüdische Gemeinden und Siedlungsgebiete 100 bis nach 1400**

Juden im mittelalterlichen Europa

Juden und Christen im frühen Mittelalter

Mit der Zerstörung des Tempels von Jerusalem im Jahr 70 n. Chr. durch die Römer hatte das jüdische Volk seinen religiösen Mittelpunkt verloren. Wenige Jahrzehnte später begann nach einer Reihe von Aufständen gegen die römische Herrschaft die Vertreibung des jüdischen Volkes aus seinem angestammten Land Israel, der römischen Provinz Palästina. Über das römische Reich verstreut gründeten die Juden Gemeinden. Den Geboten Gottes entsprechend bewahrten sie ihre Lebensform und ihre kulturellen Bräuche und Regeln. Die Christianisierung Europas im frühen Mittelalter änderte zunächst wenig an der Situation der jüdischen Gemeinden. Im Vielvölkerreich der Merowinger und Karolinger waren die Juden als weit gereiste, sprachgewandte und gebildete Leute, als Händler und Kaufleute oder Ärzte geachtet. Einige Jahrhunderte lang lebten die jüdischen Gemeinden – manchmal angenommen von der christlichen Gesellschaft, meist aber nur von dieser geduldet – unter dem Schutz des Königs bzw. Kaisers, dem sie rechtlich direkt unterstellt waren (siehe S. 112 f.).

Grundlagen der jüdischen Religion

Das Judentum ist die älteste monotheistische Religion. Nach jüdischem Glauben hat sich Gott, der Schöpfer der Welt, dem jüdischen Volk in besonderer Weise zugewandt. Mit den Stammvätern der Juden Abraham, Isaak, Jakob und mit Moses als Stellvertreter für das Volk der Juden hat Gott einen Bund geschlossen. Die Heilige Schrift der Juden ist die Thora (hebr. = Lehre). Das sind die fünf Bücher Mose, die dem Volk der Juden von Gott übergeben wurden. Die Lesungen aus der Thora sind ein wichtiger Bestandteil jedes Gottesdienstes. Abschnittweise wird im Laufe eines Jahres der gesamte Text gelesen. Neben der Thora ist der Talmud das wichtigste Buch der jüdischen Religion. Er ist eine Sammlung von Bräuchen, Lebensregeln, Gleichnissen und verbindlichen Religionsgesetzen der Juden. Der Ort des jüdischen Gottesdienstes und des Gebets ist die Synagoge.

M2 **Jüdische Studentin beim Studium der Thora,** Foto, 1994. Die Thora darf nicht berührt werden, deshalb verwendet die Leserin einen Zeigestab.

M3 Sie sprechen viele Sprachen

Aus einem Bericht des islamisch-persischen Postmeisters und Geografen Ibn Chordadbeh über jüdische Kaufleute (um 850 n. Chr.):

Diese Kaufleute sprechen persisch, romanisch, arabisch, fränkisch, spanisch und slawisch. Sie reisen vom Abendland nach dem Morgenland und vom Morgenland nach dem Abendland, bald zu Wasser, bald zu Land. Sie bringen aus dem Abendland Eunuchen, Sklavinnen, Knaben, Seide, Pelzwerk und Schwerter. Sie begeben sich im Lande der Franken aufs Meer und fahren nach Farama [bei Port Said], dann zu Lande nach Kolzum [Suez] und Dschedda [Hafen von Mekka]; von da gehen sie nach Sind [Provinz in Pakistan], Indien und China. Bei der Rückreise nehmen sie Moschus, Aloe, Kampfer, Zimt und andere Erzeugnisse des Ostens mit und kommen wieder [zum Mittelmeer]. Einige begeben sich nach Konstantinopel, um dort Ware zu verkaufen, andere segeln nach dem Lande der Franken.

Zit. nach Regesten zur Geschichte der Juden im fränkischen und deutschen Reiche bis 1273, hg. von Julius Aronius, Berlin (Simion) 1902, Nr. 113, 50.

M4 Kirche und Synagoge, symbolische Steinfiguren am Straßburger Münster, 13. Jh.

1. Notiere mithilfe des Kastens wichtige Elemente der jüdischen Religion.
2. Beschreibe an M1, wohin sich die jüdische Bevölkerung nach ihrer Vertreibung aus Palästina verbreitete.
3. Untersuche, wie der Autor von M3 die Rolle der jüdischen Kaufleute beschreibt. Lässt sich seine Einstellung erkennen?
4. Ziehe Schlüsse über das Verhältnis von Juden und Christen aus der Tatsache, dass beide Steinfiguren (M4) am Straßburger Münster angebracht waren.
5. Untersuche an M5, wie Vertreter der drei Religionen heute ihr Verhältnis beschreiben.

M5 Das Zusammenleben von Christen, Juden und Muslimen in Deutschland heute

Aus einem Gespräch zwischen einer Bischöfin, einem Imam und einem Rabbiner in Deutschland (1998):

Bischöfin Maria Jepsen: Wir müssen die Begegnung der Religionen pflegen, und zwar nicht nur mit Worten oder Dogmen[1], sondern auch mit Feier, mit Gefühl, mit Sinnen, mit Gemeinschaft. Der Islam fordert uns heraus, das Besondere des christlichen Glaubens zu erkennen. Wir Christen nehmen unsere Gebräuche nicht mehr so ernst, wie wir es einmal gelernt haben. Muslime fragen uns im Krankenhaus zum Beispiel: Wie begleitet ihr die Kranken und Sterbenden? Welche Gebete spielen eine Rolle? Wie geht ihr mit der Familie, mit den nächsten Generationen um? Wir Christen sind darin nachlässig geworden. Schwierig wird es mit dem Islam oftmals, weil wir so wenig über ihn wissen. Da ist zum Beispiel die Frage des Religionsunterrichts. Bei bestimmten Koranschulen aus der Türkei, die sich politisch etwas schwer tun mit unserer Demokratie, habe auch ich Bedenken. Aber wir müssen jene als Partner fördern und einbeziehen, die auf dem Boden des Grundgesetzes stehen.
Imam Mehdi Razvi: Seien Sie unbesorgt. Wir Muslime in der Bundesrepublik wollen vor allem in Harmonie mit unseren jüdischen, christlichen und säkularisierten[2] Mitmenschen leben. Das Gefühl der Bedrohlichkeit bei anderen abzubauen ist eine unserer Aufgaben, die wir in Angriff nehmen. Der Tag der offenen Tür in den Moscheen ist so ein Versuch.
Rabbiner Walter Homolka: Immerhin gibt es zwischen Juden und Muslimen auch viele Gemeinsamkeiten, etwa in der Ausrichtung des ganzen Tagesablaufs. Die von Ihnen, Herr Razvi, angesprochene Gleichberechtigung der drei Religionen ist aber, geschichtlich betrachtet, sehr neu. Wir Juden hatten manchmal einen ehrenwerten, manchmal einen nicht so ehrenwerten Platz in islamisch geprägten Gesellschaften. Die gleiche Stellung hatten wir und die Christen nie.

Islam. Spiegel special, Nr. 1 (1998), S. 122ff. Moderation: Rainer Finne/Rainer Traub. Gekürzt und umgestellt vom Verfasser.

1 Glaubenssätze
2 Menschen, die nicht an eine Kirche gebunden sind.

Texte aus Jugendbüchern erarbeiten

Geschichte frei erfunden?

Die Arbeit mit historischen Textquellen kennst du bereits. Auch viele Jugendbücher befassen sich mit geschichtlichen Themen. Allerdings sind ihre Autorinnen und Autoren nicht Zeugen jener Zeit, sondern sie verknüpfen ihr Wissen darüber mit meist frei erfundenen Handlungen. Sie wollen erreichen, dass du als Leser über dich und dein Verhalten nachdenkst, indem sie dich mit Personen bekannt machen, die in einer dir (wahrscheinlich) fremden Welt leben. Ob sie ihr Ziel erreichen und wie weit sie sich an „geschichtliche Fakten" halten, kannst du mithilfe von Arbeitsschritten überprüfen.

M1 „Leseratten", Foto, 1998

Arbeitsschritte **Texte aus Jugendbüchern erarbeiten**

1. Schritt: Den Text inhaltlich erschließen

– Wovon handelt der Text?
– Wer sind die Hauptpersonen? Vertreten sie bestimmte Berufs- oder Bevölkerungsgruppen oder gesellschaftlich wichtige Ämter?
– Handeln die Personen selbstständig oder führen sie Anweisungen aus?
– Wird das Geschehen aus Sicht der Hauptpersonen dargestellt oder kommen andere Sichtweisen dazu?

2. Schritt: Den historischen Hintergrund prüfen

– Wird die Handlung mit geschichtlichen Daten, Plätzen, Personen oder Ereignissen verbunden?
– Wird die Handlung in größere geschichtliche Zusammenhänge oder Entwicklungen eingebunden?

3. Schritt: Die Darstellungsweise kritisch hinterfragen

– Wird deutlich, welche Vorgeschichte ein Ereignis hat, aus welchen Motiven eine Person handelt, welche Ziele sie verfolgt?
– Wie werden Lebensformen erklärt und gewertet, die in jener Zeit ungewöhnlich waren?
– Sind die Erklärungen für andere Lebensformen überzeugend, können sie (von dir) überprüft werden?

4. Schritt: Die Nähe zu eigenen Erfahrungen messen

– Lassen sich Verbindungen herstellen zwischen den geschilderten Ereignissen und Situationen, die du selbst erlebt hast?
– Kannst du dich in die Personen hineinversetzen und überlegen, wie du in der entsprechenden Situation handeln würdest?
– Fordert der Text dich auf, dein eigenes Denken und Handeln kritisch zu überprüfen?
– Gibt der Text Anlass, sich mit aktuellen Themen auseinander zu setzen?

Hilfen zum 3. Schritt

In M2 wollen die drei Besucher von Ibn al-Razi ein Heilmittel besorgen; den Auftrag hat die englische Königin Davids Vater gegeben.
Soraya tritt den Besuchern unverschleiert gegenüber; der Erzähler setzt sich damit auseinander; in seiner Begründung und dem nachfolgenden Gespräch werden dem Leser Regeln vorgestellt, die muslimische Frauen zu beachten haben, die aber für Mozaraberinnen in al-Andalus nicht galten.

Eine Spielszene entwerfen

Gestaltet den Text M2 zu einer Spielszene um. Übernehmt die Dialoge und führt das Gespräch weiter: Während die vier und Kafur darauf warten, dass Ibn al-Razi seinen Mittagsschlaf beendet, unterhalten sie sich darüber, wie sie es erleben, von den Menschen ihrer Umgebung als „anders" behandelt zu werden.

1 Bearbeite M2 mithilfe der Arbeitsschritte.

2 Versetze dich in die Person von Yussuf oder Soraya. Schreibe die Gedanken auf, die ihn bzw. sie bei dem Zusammentreffen beschäftigen.

M2 Empfang bei Hakim Ibn al-Razi

In dem 1982 erschienenen Roman „Das goldene Elixier" des englischen Jugendbuchautors Geoffrey Trease soll der jüdische Arzt Salomon, der wegen seines Glaubens in England nicht mehr praktizieren darf, für die englische Königin Eleonora das ‚goldene Elixier', ein seltenes Heilmittel, besorgen. Über das Heilmittel verfügt nur der spanische Arzt Ibn al-Razi, der in Granada lebt. Robin, ein junger Engländer, nimmt zusammen mit Salomons Sohn David und dem arabischen Kaufmann Yussuf die gefährliche Reise nach Granada auf sich. Schließlich erreichen sie das Haus von Ibn al-Razi.

Ein Schwarzer kam an die Tür. Es war ein Riese von einem Mann, nackt bis hinab zu seiner purpurnen Schärpe und den weiten weißen Hosen. Sein Brustkorb glänzte wie eine schwarze Rüstung.
„Hakim[1] Ibn al-Razi?"
„Ja." Wie mein Herz bei diesem Namen schlug!
„Aber der Meister ruht um diese Stunde. Ist es dringend?"
„Das ist es", sagte David und bewegte sich vorwärts ...
„Was gibt es, Kafur? Was wollen sie?"
Der Schwarze trat zur Seite und das Mädchen kam heraus. Ich glaube, wir waren alle verblüfft. Yussuf muss entsetzt gewesen sein, denn sie war nicht verschleiert, wie es anständige muslimische Frauen sind, obwohl sie etwa fünfzehn war und wissen sollte, was sich gehört. Für mich war der fehlende Schleier kein Grund zur Klage. Wenn ich blinzelte, dann deshalb, weil sie ganz anders als alle Mädchen aussah, die ich auf meiner Reise gesehen hatte.
Sie hatte langes schwarzes Haar, wie es bei den Mauren[2] üblich ist, aber ihre Haut war sehr hell und ihre Augen – aufregend strahlend – waren so blau, wie sie bei englischen Mädchen nicht blauer hätten sein können. Ich weiß jetzt, dass über Jahrhunderte hinweg Mischehen dafür gesorgt haben, dass helle Haut und blaue Augen bei den Mauren in Spanien nicht ungewöhnlich sind; damals wusste ich es nicht ...
[Yussuf] war von ihrer Schönheit nicht geblendet und machte kein Geheimnis aus seiner Missbilligung. Er sagte knapp: „Junge Frau, wir haben Geschäfte mit dem erlauchten Hakim Ibn al-Razi zu erledigen. Sie dulden keinen Aufschub."
„Sie müssen warten", erwiderte sie. „Ich kann meinen Großvater nicht belästigen, wenn er ruht. Er ist sehr alt und bei schlechter Gesundheit. Ich muss auf ihn Acht geben." Sie lachte. „Aber ihr könnt hereinkommen und warten, bis die Stunde vorüber ist."
Der Schwarze führte unsere Pferde weg. Wir folgten dem Mädchen in den Hauptraum des Hauses ... David und ich hatten uns dankbar auf den Kissen ausgestreckt. Yussuf blieb stehen ...
„Ich muss sagen, was ich denke, bevor ich die Gastfreundschaft in diesem Haus annehme. Schämst du dich nicht, dein Gesicht zu zeigen? Schamlos auf den Kissen zu lümmeln und mit fremden Männern zu schwatzen? Ist das die Art einer wahren Gläubigen?"
Sie unterbrach ihn. Sie lachte, aber es war nicht beleidigend.
„Es tut mir Leid. Ich muss das erklären. Nach euren Gesetzen bin ich keine ‚wahre Gläubige'. Meine Mutter war eine Mozaraberin[3] – eine Christin, wie ich auch."
Yussufs Verhalten änderte sich abrupt. „Tausendmal Verzeihung!" Er ließ sich neben uns fallen. „Ich habe nicht gewusst", erklärte er mir, „dass die junge Dame von gemischtem Blut ist, aber deines Glaubens. Jetzt ist alles in Ordnung."
„In Ordnung", sagte das Mädchen trocken, „schamlos auf den Kissen zu lümmeln und mit fremden Männern zu schwätzen?"
Sie blieb sittsam auf ihren Fersen sitzen und servierte uns von dem Tablett, das Kafur gebracht hatte. Da ihr Großvater ein Muslim war, gab es natürlich keinen Wein, dafür aber sprudelnde Getränke und frischen Fruchtsaft, verdünnt mit kaltem Wasser. Dazu noch Nüsse und kandierte Leckereien aus einem verzierten Elfenbeinkästchen.
Ich brachte zum ersten Mal etwas heraus.
„Dürfen wir deinen Namen wissen?"
„Natürlich. Soraya."
„Ein guter Name", sagte Yussuf, „er bedeutet ‚Morgenstern'."
„Getauft wurde ich Clara", erzählte sie, „aber ich mag meinen maurischen Namen lieber."
Dann mussten wir unseren Namen sagen und unsere Geschichte erzählen. Wir sprachen Spanisch, die einzige gemeinsame Sprache; Yussuf und Soraya sprachen es fast so fließend wie Arabisch. David hatte in den letzten zwei oder drei Monaten große Fortschritte gemacht, und ich hinkte hinterher, bekam zwar das meiste mit, was sie sagten, blieb aber eher still.

Geoffrey Trease, Das goldene Elixier, Weinheim/Basel (Beltz TB) 1993, S. 180–183. Gekürzt.

1 arab. hakim = Arzt
2 Muslime arabischer Herkunft
3 Christen im arabischen Spanien, die die arabische Kultur angenommen hatten

Der Glaube ist immer gegenwärtig – ein Überblick

Hilfe im Glauben – Not durch Glauben

Für die Menschen des Mittelalters gehörten Krankheiten und Naturkatastrophen zu den vielen Gefahren und Ereignissen, die sie nicht erklären und nicht verhindern konnten. Zum Beispiel galt die weit verbreitete Seuche Lepra (Aussatz) als Strafe Gottes. Viele Menschen suchten deshalb Schutz und Hilfe im christlichen Glauben (z. B. durch Pilgerreisen, Heiligen- und Reliquienverehrung). Die Kirche unterstützte und förderte dies: Krankenpflege galt als Dienst am Nächsten und sollte den Kranken in seinem Glauben stärken.

Was unter dem „rechten Glauben" zu verstehen war, schrieb die Kirchenlehre vor. Glaubensvorstellungen, die sich zwar an der Bibel orientierten, aber von der offiziellen Kirchenauffassung abwichen, wurden als „Irrlehren" bezeichnet. Ihre Anhänger wurden seit dem 11. Jahrhundert als „Ketzer" verfolgt (z. B. Albigenserkreuzzug 1229/1230).

Kloster – Leben in Glauben und Gemeinschaft

Christliche Missionare der Spätantike und des Mittelalters verbreiteten den christlichen Glauben, indem sie „in die Welt hinausgingen". Mönche und Nonnen zogen sich „aus der Welt" in Klöster zurück, trugen aber in gleicher Weise dazu bei, dass der christliche Glaube im Mittelalter bestimmend war: Die Ordensregeln, die erstmals im 6. Jahrhundert von Benedikt von Nursia festgelegt wurden, schrieben ihnen ein Zusammenleben vor, das für die Welt außerhalb der Klostermauern als vorbildlich galt. Auch als „Bildungsinseln" hatten die Klöster eine wichtige Funktion: Sie vermittelten das aus der Antike überlieferte Wissen und ergänzten es durch eigene Forschungen. Besonders für Frauen war das Leben im Kloster eine Möglichkeit, wissenschaftlich tätig zu werden. Spannungen unter den Mönchen fanden ihren Ausdruck in Reformbewegungen und der Gründung neuer Orden (Klosterreform von Cluny, Gründung des Zisterzienserordens um 1098).

Der „rechte" Glaube: Wer entscheidet darüber?

Im 7./8. Jahrhundert entstand nach dem Judentum und dem Christentum die dritte große monotheistische Religionsgemeinschaft: der Islam. Der Islam breitete sich bis etwa 750 durch militärische Eroberungen der Kalifen über Arabien hinaus aus und innerhalb von nur 150 Jahren hatte sich ein islamisches Weltreich gebildet. Es zerfiel zwar bald wieder, aber die kulturellen „Schätze", die die Araber in die eroberten Gebiete mitgebracht hatten, blieben erhalten. In al-Andalus, wo Muslime, Christen und Juden über mehrere Jahrhunderte hinweg unter arabischer Herrschaft zusammenlebten, führte der Zusammenfluss verschiedener Kulturtraditionen dazu, dass Bildung, Kultur und Wissenschaft ein viel höheres Niveau hatten als in anderen Gebieten Europas. Dass das Miteinander verschiedener Religionen aber nicht spannungsfrei war, zeigte sich während der Reconquista, der Rückeroberung Spaniens durch christliche Heere.

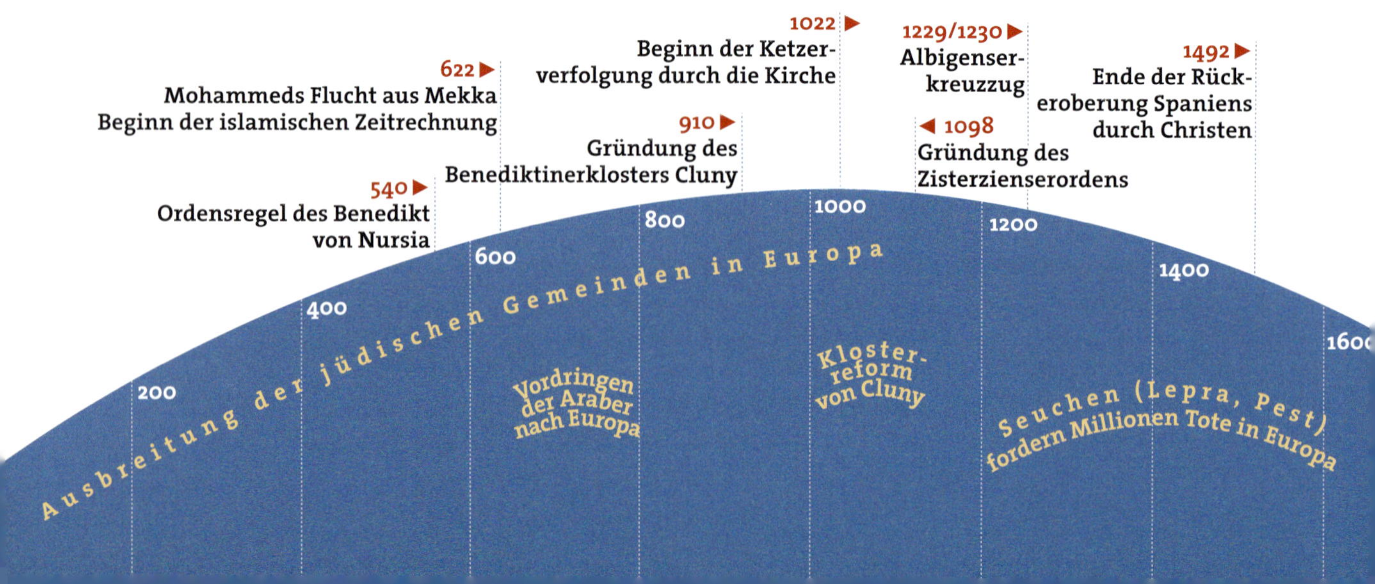

Christen grenzen Juden aus

Nach der Vertreibung der Juden aus Palästina im 2. Jahrhundert n. Chr. entstanden in ganz Europa jüdische Gemeinden – in christlichen und in muslimischen Ländern. Während sich im frühen Mittelalter Juden und Christen gegenseitig anerkannten, grenzte die christliche Kirche die Menschen jüdischen Glaubens bald immer deutlicher aus der mittelalterlichen Gesellschaft aus. Sie erhob den Vorwurf, dass die Juden am Tod Jesu schuldig, also Gottesmörder seien. Auch die wirtschaftlichen Interessen der christlichen Händler führten dazu, dass die jüdische Bevölkerung im hohen Mittelalter aus fast allen Berufen gedrängt wurde.

Wir wiederholen zentrale Begriffe und Methoden

Lepra (Aussatz) S. 75

Ketzer S. 78

Kloster S. 81

Islam S. 90

Experten befragen S. 86

Texte aus Jugendbüchern erarbeiten S. 98 f.

1. Schritt: Den Text inhaltlich erschließen
- Wovon handelt der Text?
- Wer sind die Hauptpersonen? Vertreten sie ...

Der reiche Mann und sein Ring

Viele mittelalterliche Erzählungen handeln von der Frage, welche Religion die „wahre" sei. Der italienische Dichter Giovanni Boccaccio (1313–1375) erfand dazu folgende Geschichte:

Saladin, der muslimische Herrscher von Babylon, brauchte dringend Geld. Er wandte sich an den Geldverleiher Melchisedech, einen Juden. Saladin wollte nicht ohne Grund Gewalt anwenden, aber war sicher, dass der ihm nicht helfen würde. Deshalb griff er zu einer List: Er bat ihn, ihm zu sagen, welche der drei Religionen er für die wahre halte. Melchisedech erkannte sofort, dass es sich um eine Fangfrage handelte, die ihn entweder in Konflikt mit seinem Glauben bringen oder das Leben kosten würde. Da erzählte er Saladin Folgendes: Vor langer Zeit lebte ein reicher Mann, dessen wertvollster Besitz ein Ring war. Damit dieser seiner Familie erhalten blieb, bestimmte er, dass in jeder Generation der Ring auf den Sohn vererbt werden sollte, der dem Vater dazu geeignet erschien. Die anderen Söhne sollten ihn als den vornehmsten ehren. So geschah es lange Zeit. Doch dann musste ein Mann zwischen seinen drei Söhnen, die ihm alle gleich lieb waren und die alle den Ring wollten, wählen. Er versprach jedem den Ring und ließ diesen heimlich nachmachen. Die Kopien waren so gut, dass er selbst das Original kaum erkannte. Als er starb, gab er heimlich jedem der Söhne einen Ring. Nach seinem Tod beanspruchten alle das Erbe und das Vorrecht des Rings ...

1 Wie geht die Geschichte wohl weiter? Denke dir einen Schluss für sie aus. Beachte, dass sie eine Lehre enthält, die besagt, wie die Menschen die Frage der „wahren" Religion entscheiden sollen. (Hinweis: Boccaccio lässt Melchisedech das Treffen überleben.)

4. Leben in der mittelalterlichen Stadt

Wohnst du in der Stadt oder auf dem Land? Die Antwort auf diese Frage fällt nicht immer leicht, denn in unserer Zeit sind „Stadt" und „Land" oft schwer zu unterscheiden. Im späten Mittelalter dagegen konnten die Menschen genau sagen, ob sie sich in einer Stadt oder in einer ländlichen Siedlung befanden. Warum das vermutlich so war, zeigt die Abbildung, ein italienisches Wandgemälde aus dem 14. Jahrhundert.

Städte in West- und Mitteleuropa haben ihren Ursprung im Mittelalter. Die Menschen damals „entdeckten" mit ihnen eine ganz neue, moderne Form des Wohnens und Arbeitens. Und ganz gleich, ob sie etwa in Italien, Deutschland oder Polen entstanden, hatten die mittelalterlichen Städte immer viele Gemeinsamkeiten, zum Beispiel den Marktplatz. Denn egal, ob rund oder viereckig, mit Rathaus, Kirche oder Brunnen – in jeder Stadt diente der Markt als Handelsplatz und zur Versorgung der Stadtbewohner.

In der Geschichtswissenschaft wird die Vielfalt der mittelalterlichen Städte auf einige grundlegende Merkmale zurückgeführt. Man spricht auch von einer bestimmten „Struktur", die sich in jeder mittelalterlichen Stadt finden ließ. Außer durch den Marktplatz unterschied sich die mittelalterliche Stadt besonders durch ihre Gesellschaft, ihre Wirtschaftsweise und die Stadtherr-

schaft von den grundherrschaftlichen Verhältnissen auf dem Lande. Wie du die Struktur der mittelalterlichen Stadt untersuchen kannst, lernst du bei der Arbeit mit diesem Kapitel kennen. Folgende Fragen stehen dabei im Mittelpunkt:
– Wer wohnte in der Stadt?
– Wie wurde in der Stadt gewirtschaftet?
– Wer regierte die Stadt?
– Und was war das Neue an der mittelalterlichen Stadt?

1 Beschreibe die Abbildung. Achte auf Einzelheiten wie Aussehen, Tätigkeiten der Personen und Anlage der Stadt.

2 Nenne anhand der Abbildung Unterschiede zwischen Stadt und Land. Was könnte der Maler „verschwiegen" haben?

3 Tragt eure Kenntnisse über mittelalterliche Städte und ihre Bewohner zusammen. Was wisst ihr über die Gesellschaft, die Wirtschaft und die Herrschaft? Vergleicht mit der heutigen Stadt.

Die Stadtgesellschaft

M1 Soest im 16. Jahrhundert, Radierung aus dem Städtebuch von Braun und Hogenberg, 1588

Von der Siedlung zur Stadt

Annäherung an die mittelalterliche Stadt

Wer sich am Ende des Mittelalters nach langer Reise einer Stadt näherte, konnte schon aus der Entfernung an einigen Merkmalen erkennen, dass es sich nicht um eine dörfliche Siedlung handelte: Mehrere Kirchtürme überragten alle anderen Gebäude. Eine Mauer mit Befestigungstürmen und einem Wassergraben umgab die Stadt. Bis zu den Stadttoren führten nur unbefestigte Wege, im Inneren der Stadt dagegen gab es schon einige gepflasterte Straßen, zumindest am Marktplatz und um die Kirchen herum. Steinhäuser waren auch um 1400 selten zu finden, die meisten Stadtbewohner lebten in Holzbauten, manchmal waren das nicht mehr als windschiefe Katen. Zeitgenössische Abbildungen von spätmittelalterlichen Städten zeigen meistens etwas Fertiges und in sich Abgeschlossenes. Tatsächlich aber war die mittelalterliche Stadt eigentlich nie „fertig". Ständig wurde gebaut, erneuert, ersetzt – über Generationen entstanden Kirchen, Rathäuser, Wohngebäude oder auch große Speicher. In der Geschichtswissenschaft wird die mittelalterliche Stadt auch „Großburg" genannt, deren Bewohner „burgari" (althochdt. = Burgverteidiger) hießen. Was war das Neue an der Stadt gegenüber der ländlichen Siedlungsweise? Und wie entstanden überhaupt mittelalterliche Städte?

M2 Soest um 1000: erzbischöfliche Pfalz (1), Petrikirche (2) und Patroklikirche (3). Rekonstruktionszeichnung nach archäologischen Funden, 2000

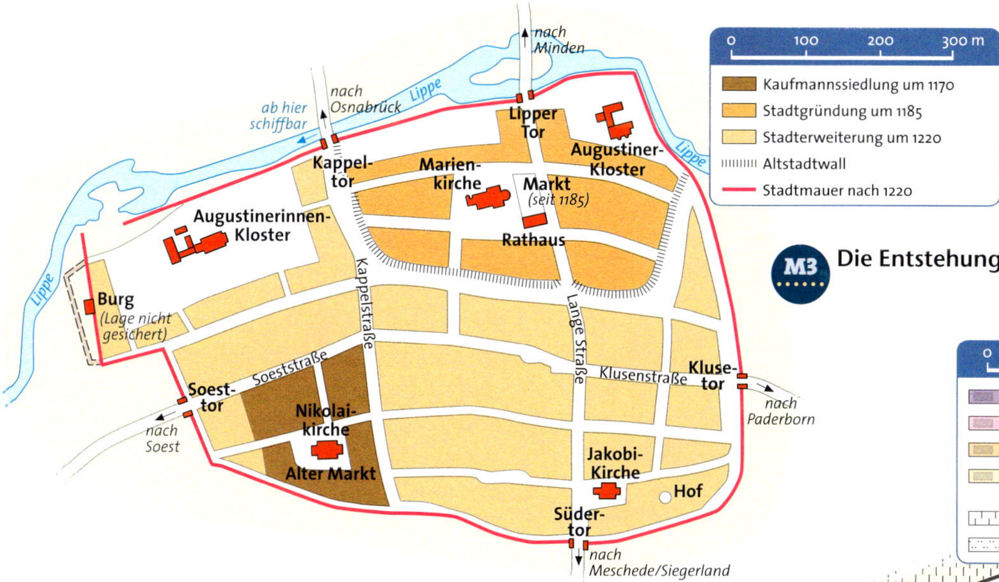

M3 Die Entstehung von Lippstadt

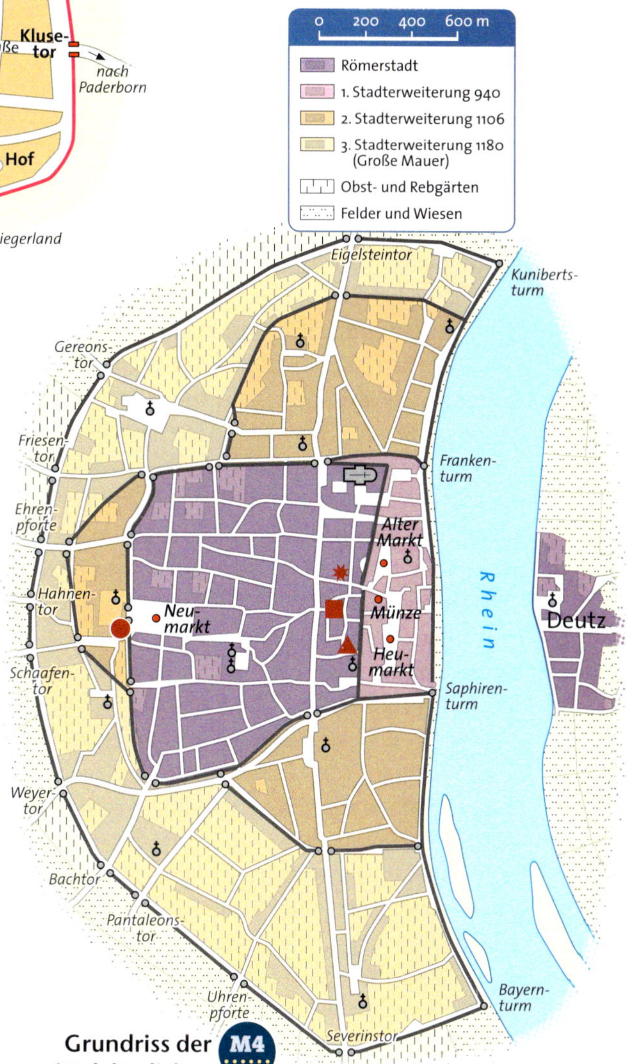

Grundriss der **M4** mittelalterlichen Stadt Köln

Wo entstanden Städte?

Städte als Siedlungsform gab es bereits einige tausend Jahre vor den Stadtgründungen in Europa, z. B. im Vorderen Orient, in Indien und in China. In Mittel- und Westeuropa entwickelten sich im frühen Mittelalter die Reste römischer Städte wieder zu Siedlungsplätzen. Und seit dem 11. Jahrhundert kam es überall zu zahlreichen Stadtgründungen. Die Stadtgründer waren Könige, Herzöge und Bischöfe, die wirtschaftliche Mittelpunkte schaffen wollten. Ihre Städte gründeten sie deshalb an Orten, an denen bereits Warenaustausch und Handel stattfanden: an Flüssen, Kreuzungen von Handelswegen, in der Nähe von Pfalzen, Burgen und Klöstern.

Die Städte belebten Handwerk und Handel in der Region und brachten so ihren Gründern finanzielle Vorteile aus Abgaben und Steuern. Aber auch für die Handwerker und Kaufleute selbst hatte die Stadt offensichtlich Vorteile: Sie fanden für ihre Waren in der Stadt bessere Absatzmöglichkeiten und wurden durch den Stadtherrn geschützt.

1 Zeige am Beispiel von Soest (M1, M2) die Entstehung und Entwicklung einer Stadt.

2 Beschreibe M1 bis M4 und erarbeite, wie die einzelnen Städte entstanden und sich entwickelten.

3 Vergleiche deine Ergebnisse aus Aufgabe 2 mit dem Darstellungstext dieser Seite.

4 Die mittelalterliche Stadt war etwas „Unfertiges“. Erläutere und begründe diese These.

Die Stadtgesellschaft

M5 **Marktplatz am Dom der Stadt Erfurt,** Foto, 2000. Die Häuser um den mittelalterlichen Marktplatz wurden 1813 zerstört.

Von der Marktgründung zur Stadtentstehung

Ein wichtiger Grund für die Entstehung von Städten war der Markt. Jahrmärkte, wie sie bereits aus der Antike bekannt waren, zogen Händler, Handwerker und Käufer aus größeren Entfernungen an. Häufiger verbreitet und für die Stadtentstehung bedeutender waren aber die Wochenmärkte. Sie fanden bereits im frühen Mittelalter in größeren Siedlungen statt, wo sich immer mehr Handwerker und Kaufleute niederließen. Einen Markt abhalten durften jedoch nur die Orte, denen der Stadtherr ein besonderes Recht („Privileg") verliehen hatte: das Marktrecht.

M6 Die Gründung des Marktortes Freiburg

Der Herzog von Zähringen verlieh den Bürgern von Freiburg in einer Urkunde von 1120 folgende Rechte:

Kundgetan sei allen, den zukünftig und den gegenwärtig Lebenden, dass ich, Konrad, an dem Ort, der mein Eigengut ist, nämlich Freiburg, einen Markt gegründet habe im Jahre des Herrn 1120. Nachdem also von überall her angesehene Kaufleute zusammengerufen worden sind, habe ich auf der Grundlage einer Schwurvereinigung verfügt, diesen Markt einzurichten und auszubauen.

Darauf habe ich einem jeden Kaufmann … ein Grundstück zugeteilt, damit Häuser errichtet werden; und ich habe festgesetzt, dass von jedem Grundstück ein Schilling mir und meinen Nachkommen jährlich als Zins gezahlt werden soll, am Fest des heiligen Martin. Nun also sei allen kundgetan, dass ich auf Bitten jener die nun folgenden Privilegien eingeräumt habe …

1. Allen, die meinen Markt besuchen, verspreche ich Frieden und sicheres Geleit innerhalb meines Besitzes und Herrschaftsbereichs.
2. Wenn einer von ihnen in diesem Gebiet beraubt werden sollte, so will ich die Rückerstattung des geraubten Gutes veranlassen oder selbst dafür zahlen.
3. Wenn einer meiner Bürger stirbt, so soll seine Frau mit ihren Kindern alles behalten, was auch immer ihr Mann hinterlassen hat.
4. Allen Kaufleuten erlasse ich den Zoll.
5. Meinen Bürgern will ich keinen anderen Vogt[1] oder Priester geben außer dem, welchen sie selbst gewählt haben.
6. Wenn sich unter meinen Bürgern eine Streitfrage erheben soll, so ist nicht nach meinem Ermessen oder dem ihres Vorstandes zu entscheiden, sondern … nach dem gebräuchlichen … Recht aller Kaufleute, insbesondere dem der Kölner …
7. Jeder, der in diese Stadt kommt, darf sich hier frei niederlassen, wenn er nicht der Leibeigene irgendeines Herrn ist … und diesen auch anerkennt als seinen Herrn … Wer aber über Jahr und Tag in der Stadt gewohnt hat …, der genießt von da an sicher die Freiheit.

Zit. nach Friedrich Keutgen, Urkunden zur städtischen Verfassungsgeschichte, Berlin (Felber) 1901, Nr. 133, S. 117.

1 Der Vogt leitete die Verwaltung des Ortes und sprach Recht.

5 Erläutere anhand des Darstellungstextes die Bedeutung des Marktes für die Stadtentstehung.

6 Liste stichwortartig auf, welche Privilegien Herzog Konrad der Stadt Freiburg zugestand. Schreibe dazu, welchen Gruppen der Bewohner sie zugute kamen (M6).

7 Vergleiche die Rechte der Stadtbürger mit der Lage der Bevölkerung auf dem Lande. Lies auf S. 23 nach.

8 Überlege anhand von M5, welche Bedeutung Markt und Marktplatz in einer heutigen Stadt haben.

M7 Wie sah die mittelalterliche Stadt aus?

Der Historiker Hans-Werner Goetz schreibt 1994 über die Erforschung mittelalterlicher Städte:

Das Aussehen der frühmittelalterlichen Stadt zu beschreiben stößt allerdings auf fast unüberwindbare Schwierigkeiten. Da die alten Städte durchweg überbaut sind, lässt sich das frühe Stadtbild, bis auf wenige erhaltene Kirchenbauten, auch archäologisch allenfalls in seinen Umrissen rekonstruieren … Die erhaltenen Stadtkerne „mittelalterlicher" Städte gehen in der heutigen Gestalt … allenfalls auf das 15./16. Jahrhundert zurück. Das Aussehen der früh- und hochmittelalterlichen Stadt ist meist also nur wenig bekannt.

Hans-Werner Goetz, Leben im Mittelalter vom 7. bis zum 13. Jahrhundert, 5. Aufl., München (Beck) 1994, S. 210.

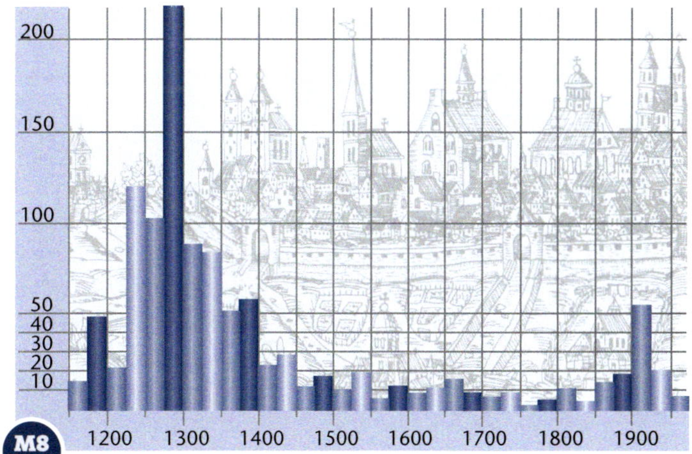

M8 Stadtgründungen in Mitteleuropa (1150–1950)

Ein Stadtquiz

Weißt du, wann und von wem deine Heimatstadt gegründet wurde? In der Stadtbücherei, dem Stadtmuseum oder dem Internet (siehe Arbeitsschritte S. 119) kannst du Einzelheiten herausfinden:
Wie hieß der erste Stadtherr?
Wann wurden die Stadtrechte verliehen?
Wo wohnte der Stadtherr?
Woher kommt der Name der Stadt?
Wie sieht das Stadtwappen aus?
Findet weitere Fragen. Ihr könnt ein Stadtquiz entwerfen und in Gruppen die Fragen gegenseitig beantworten.

Privileg

(lat. = Sonderrecht). Eine Rechtsvereinbarung, die nur für eine bestimmte Gruppe von Personen gültig ist. Im Mittelalter wurden Privilegien von einem weltlichen oder geistlichen Herrn verliehen und meistens in einer Urkunde festgehalten.

M9 Einwohnerzahlen europäischer Städte (um 1300)

In Europa gab es etwa sechs Städte mit mehr als 50 000 Einwohnern. Die meisten Städte hatten 2000 bis 10 000 Einwohner.

Städte	Einwohnerzahlen
Paris	80 000
Florenz	100 000
Venedig	100 000
Brügge	50 000
Köln	50 000
Lübeck	25 000
Straßburg	20 000
Danzig	20 000
Rostock	20 000
Hamburg	10 000
Mainz	6000

Zusammengestellt nach Der große Ploetz, 32. Aufl., Freiburg (Ploetz) 1999, S. 410.

9 Ein Historiker hat die Grafik M8 mit den Begriffen „mittelalterlicher Riese", „Städtetal" und „neue fabrik-türme seit 1800" beschrieben. Erkläre, warum, und formuliere die Erkenntnisse, die das Schaubild bietet.

10 Erläutere M9 und vergleiche mit den Einwohnerzahlen heute. Nimm ein Lexikon zu Hilfe.

11 Die Bedeutung der Städte wird häufig von ihrer Größe her bewertet. Beurteile danach die Bedeutung einiger Städte aus M9 im Mittelalter und heute.

12 Nenne Beispiele aus deiner Umgebung, die die These des Historikers in M7 stützen.

Bettler, Bürger und Patrizier

Wer wohnte in der Stadt?

Wer vom Stadttor aus die engen Gassen der Stadt betrat, sah sofort, dass es ganz verschiedene Gruppen von Bewohnern gab. Am Stadtrand, in der Nähe der Stadtmauer, lagen viele Handwerksbetriebe, die mit offenem Feuer arbeiteten, vor allem Schmiede. Auch Bauernfamilien, Gärtner und Tagelöhner hatten sich hier niedergelassen. Die anderen Handwerker lebten oft dicht beieinander und häufig siedelte jedes Handwerk in einem bestimmten Viertel. Daran erinnern uns heute noch Straßennamen wie Schustergasse oder Glockengießergasse. Die Handwerker mit ihren Familien, Gesellen und Lehrlingen stellten über die Hälfte der Stadtbevölkerung.
Je näher man dem Zentrum kam, desto ansehnlicher wurden Straßen und Häuser. Direkt am Marktplatz standen die prachtvollsten Häuser. Hier lebten die Grund besitzenden Adligen und reichen Kaufmannsfamilien, die so genannten „Patrizier". Die Geistlichen, Nonnen oder Mönche lebten in der Nähe der Kirchen oder in städtischen Klöstern. Sie waren der Anlaufpunkt für die Armen und Kranken der Stadt, die oft genug keinen festen Wohnsitz hatten. An Markttagen wimmelte es nur so von Menschen. Dann erschienen auch viele Krämer, d.h. kleine Händlerinnen und Händler, und die Bauernfamilien der Umgebung. Die Gaukler und Spielleute, die auf dem Markt auftraten, aber auch die Abortreiniger oder Henkersknechte übten Berufe aus, die die anderen Stadtbewohner nicht anerkannten. Sie hießen deshalb Unehrliche.

Bürgerrecht
Bürger der Stadt hatten das Recht, Grundbesitz frei zu verkaufen und zu vererben. Auch konnten sie ihren Wohnsitz frei wechseln. Alle Bürger wurden in Rechtsstreitigkeiten nach dem Stadtrecht behandelt. Dies galt für Männer und Frauen.
Nur die männlichen Vollbürger waren berechtigt, den Rat der Stadt zu wählen und Ämter zu besetzen. Juden waren meist vom Bürgerrecht ausgeschlossen, meist auch Gesellen, Mägde und Tagelöhner. Heute umfasst das Bürgerrecht die Rechte als Staatsbürger, zum Beispiel das Wahlrecht und den Schutz im Ausland durch den eigenen Staat.

M1 **Ein Patrizier mit seiner Familie,** Gemälde von Jean Bourdichon (um 1457–1521)

Ein „Einwohner" – ein „Bürger"?

In unserer Gesellschaft werden alle Menschen als „Bürgerinnen" und „Bürger" bezeichnet. Das war in der mittelalterlichen Stadt anders. Ihre Bewohner waren zwar von keinem Grundherrn abhängig und für sie galt der Ausspruch „Stadtluft macht frei". Jedoch verfügten nicht alle Bewohner über die gleichen Rechte. Wer als „Bürger" in die Stadtgemeinde aufgenommen werden wollte, musste über Grundbesitz verfügen und ein Handwerk oder Handelsgeschäft ausüben. In einem Eid schwor er, regelmäßig Steuern zu zahlen, auf der Stadtmauer Wachdienste zu leisten und die Stadt notfalls gegen Angreifer zu verteidigen.
Neben den Bürgern mit den vollen Bürgerrechten gab es die so genannten „Einwohner". Sie hatten weder Grundbesitz noch waren sie selbstständig. Zu ihnen gehörten Teile der Handwerker, Gesellen, Mägde, Knechte, Dienstboten, Tagelöhner. Diese Personen durften sich zumeist nur auf Widerruf in der Stadt aufhalten. Bei Gefahren von außen konnten sie jedoch sehr wichtig werden und sich an der Verteidigung der Stadt beteiligen. Dann ließ der Rat der Stadt sie schwören, treu und gehorsam zu sein. Auch waren jüdische Stadtbewohner vom Bürgerrecht ausgeschlossen.

M2 **Eine Fleischerfamilie**, französische Buchmalerei, 14. Jahrhundert

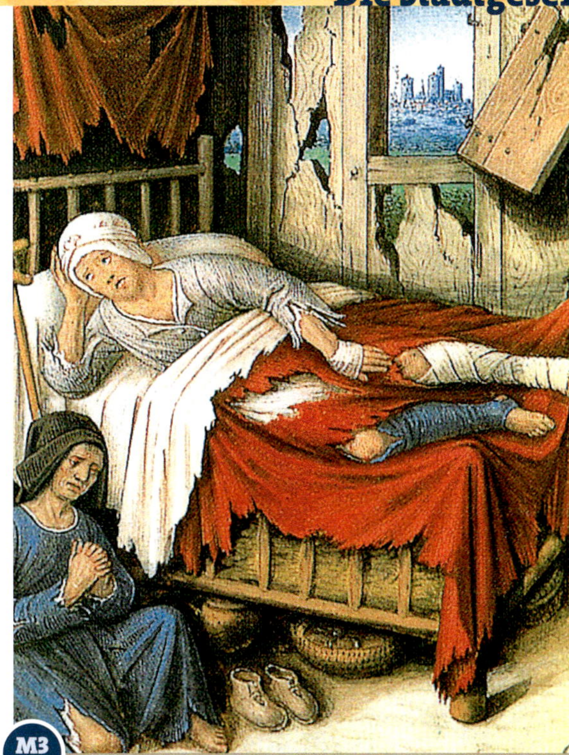

M3 **Tagelöhner mit seiner Frau**, Gemälde von Jean Bourdichon (um 1457–1521)

M4 Volkszählung in Nürnberg

1449/1450 wurde in Nürnberg eine Volkszählung durchgeführt. Kinder wurden ab dem 12. Lebensjahr als Erwachsene gezählt. Danach wurden als Einwohner registriert:

1. Bürgerliche Personen (3753 Bürger, 4383 Bürgerinnen, 6173 Kinder, 3274 Knechte und Mägde)	**17583**
2. Juden	**150**
3. Geistliche	**446**
4. Sonstige Nichtbürger	**1986**
5. Bäuerliche Personen (Bäuerinnen und Bauern, Mägde und Knechte, Kinder)	**10032**
Anwesende Personen (1.–5.):	**30197**
Einwohner „nach Jahr und Tag" (1.–4.):	**20165**

Zusammengestellt nach Quellen zur Wirtschafts- und Sozialgeschichte mittel- und oberdeutscher Städte im Spätmittelalter, hg. von G. Möncke, Darmstadt (Wiss. Buchgesellschaft) 1982, S. 319.

Patrizier

Patrizier waren Angehörige der städtischen Oberschicht im mittelalterlichen Europa. Zu dem Patriziat gehörten einflussreiche bürgerliche und adlige Familien, meistens Kaufleute und Großgrundbesitzer. Die Patrizier fühlten sich den Adelsfamilien auf dem Land ebenbürtig. Bis ins 14. Jahrhundert waren allein die Patrizier berechtigt, hohe städtische Ämter zu bekleiden und sich in den regierenden Rat der Stadt wählen zu lassen. Der Anteil der Patrizier betrug in den meisten Städten nicht mehr als 5 bis 10 Prozent der Gesamtbevölkerung.

1 Beschreibe M1 bis M3 und vergleiche. Achte auf Aussehen und Verhalten der Personen, ihre Tätigkeiten und die Einrichtung der Räume.
2 Erstelle anhand des Darstellungstextes und des Kastens „Patrizier" eine Liste der Stadtbewohner.
3 Kläre mithilfe des Darstellungstextes und des Kastens die Begriffe „Bürgerrecht", „Bürger" und „Einwohner".
4 Beschreibe anhand von M4 die Zusammensetzung der Nürnberger Bevölkerung und gehe dabei auf unterschiedliche Rechte der Gruppen ein.

Mit zwölf Jahren heiraten?

Die Frau in der Stadtgesellschaft

Sie waren die „andere Hälfte" der Stadtgesellschaft: die Frauen in der mittelalterlichen Stadt. Ihre Arbeit taten sie z. B. als Kauffrauen, Webermeisterinnen, Seidenspinnerinnen, Weinhändlerinnen, Wäscherinnen, Mägde. Frauen bot sich in der mittelalterlichen Stadt eine reiche Palette beruflicher Tätigkeiten. Aber waren sie auch eine „gleichgewichtige" Hälfte der Stadtgesellschaft? Welche Stellung nahmen Frauen im städtischen Leben ein? Veränderten sich ihre Chancen im Laufe des Mittelalters?

M1 **Frauen beim Zuschneiden von Leinen,** italienische Buchmalerei, um 1385. Besonders in der Textilherstellung und -verarbeitung arbeiteten Frauen als selbstständige Handwerkerinnen.

Die Ehe im Mittelalter

Im frühen Mittelalter kam eine Ehe durch einen Vertrag zwischen den Familien von Braut und Bräutigam zustande, der in der Öffentlichkeit, z. B. auf dem Dorfplatz, unter Zeugen abgeschlossen wurde. Etwa seit dem 12. Jahrhundert verstärkte sich die kirchliche Einflussnahme auf die Ehe. Die Ehe wurde nun fast immer durch einen Priester geschlossen und war nach kirchlicher Rechtsprechung grundsätzlich unauflösbar.

Die Rollenverteilung in der Ehe wurde mit Aussagen der Bibel begründet. Danach sollte der Ehemann „regieren" und die Ehefrau gehorchen. In Kirchenkreisen umstritten war die Frage, ob der Ehemann berechtigt war, seine Frau körperlich zu züchtigen, d. h. unter Gewaltanwendung zu bestrafen. Eheliche Untreue traf nach der üblichen Strafpraxis die Ehefrau am härtesten, kaum jedoch den Mann.

Obwohl nach der Auffassung der Kirche die Ehe auf beiderseitiger Zuneigung beruhen sollte, blieb eine „Heirat aus Liebe" in Wirklichkeit meist ein Wunschtraum. Familie und Verwandtschaft bestimmten den Partner. Wie sollte sich z. B. ein Mädchen, das mit sieben Jahren verlobt und mit zwölf verheiratet wurde, gegen die Wahl der Familie durchsetzen? Um dieser Heiratspolitik zu entkommen, floh manches Mädchen aus dem elterlichen Hause und suchte anderswo Unterschlupf, oft in einem Kloster.

1 Schildere anhand von M1 bis M3 die Rolle der Frau im mittelalterlichen Familienleben und Arbeitsalltag.
2 Erarbeite mithilfe des Kastens, was die mittelalterliche Ehepraxis für Mädchen und Frauen bedeutete.
3 Beschreibe anhand von M4 den Wandel der Bildungschancen der Frauen im Mittelalter.
4 Beurteile mithilfe von M5 und M6, ob die Lebensform der Beginen eine Alternative zu Ehe und Familie darstellte. Beachte auch S. 115, M6.
5 Benenne Fortschritte und Rückschritte, die im Mittelalter die Situation bürgerlicher Frauen bestimmten.

M2 **Kinderpflege**, Radierung, 15. Jh.

M3 **Beim Ausführen eines Kaiserschnitts**, französische Buchmalerei, um 1375

M4 Bildung für alle?

Die Historikerin Edith Ennen schreibt 1994 über Mädchenbildung in den mittelalterlichen Städten:

In den … betrachteten Städten war in den bürgerlichen Kreisen kein großer Unterschied der Knaben- und Mädchenbildung festzustellen. Viele Frauen, vor allem Kauffrauen, konnten lesen, schreiben, rechnen und ihre eigenen oder des Ehegatten Geschäftsbücher führen. Aber seit etwa 1350 bahnte sich in den Städten eine Entwicklung an, von der die Mädchen ausgeschlossen blieben. Die Bürgersöhne besuchten in zunehmendem Ausmaß Universitäten in der weiten Fremde, in Italien und Frankreich, aber auch die Neugründungen … in Prag, Heidelberg, Köln, Erfurt, Wien, Leipzig usw. Die Universitäten überrundeten die klösterliche Gelehrsamkeit und Bildung. Sie durchbrachen die überlieferte ständische Ordnung, an ihnen konnten Bürger- und sogar Bauernsöhne studieren … Knaben- und Mädchenbildung gingen jetzt getrennte Wege … Die Frau verfügte hinfort nicht nur über keine politischen Rechte, sie besaß vielfach auch gar nicht mehr die Voraussetzung für eine politische Laufbahn (weil ihr die Voraussetzung eines Studiums fehlte). In der Geschichtsforschung wurde festgestellt, dass Ärztinnen nach 1500 weitgehend aus den Urkunden verschwinden.

Edith Ennen, Frauen im Mittelalter, 5. Aufl., München (Beck) 1994, S. 194 f.

M5 Die Beginen – ein Leben außerhalb von Ehe und Familie

Über eine andere Form des Zusammenlebens in der Stadt schreibt die Schriftstellerin Gabriele Riedle 1999:

Um das Jahr 1200 bilden sich, vielfach ohne den ausdrücklichen Segen der Kirche, neue klösterliche Gemeinschaften: die Beginenhöfe, abgeschlossene Wohnkomplexe an den Rändern der Städte. Es sind seltsam freie Zwischenräume, nicht ganz Kloster, nicht ganz von dieser Welt. Dort leben Frauen miteinander, meist ohne Gelübde und Klausur, oft kärglich und von ihrer Hände Arbeit. Dafür bestimmen sie selbst, wie sie Jesus am nächsten sein können … Zum Lobpreis Gottes üben sie sich im Denken nach der Art der Theologen und Philosophen, lernen Latein, die Sprache der Kirche und der Gelehrten, illustrieren Bibeln mit kunstvollen Abbildungen und beginnen sogar selber zu schreiben.

Gabriele Riedle, Keusch, gehorsam, stets den Blick gesenkt?; in: Geo Epoche, Nr. 2, 1999, S. 144.

Begine, Foto, um 1900 M6

Juden – eine Minderheit

Südliche Hälfte des jüdischen Viertels in Köln um 1349 M1

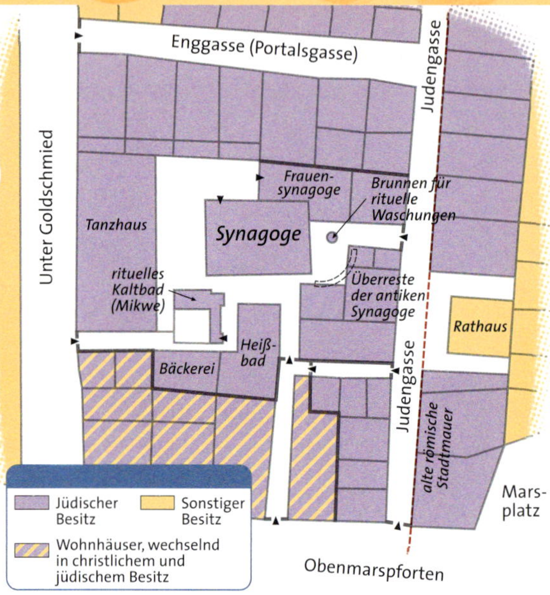

Stadt in der Stadt: Die jüdische Gemeinde

Die Juden bildeten innerhalb der Stadt eine eigene Gemeinde mit eigenem Bürgermeister, eigener Rechtsprechung und einem abgegrenzten Wohnviertel. Um das jüdische Viertel – oft heute noch erkennbar am Straßennamen „Judengasse" – entstanden im Laufe des Mittelalters Mauern und Tore, die am Abend verschlossen wurden. Seit dem 16. Jahrhundert wurden solche Wohnviertel „Getto" genannt. Die Juden mussten durch besondere Abzeichen deutlich machen, dass sie keine Christen waren; in Köln trugen sie z. B. einen trichterförmigen Hut. Die Eheschließung zwischen Juden und Christen war verboten. Da Juden nur selten das Bürgerrecht erwerben konnten, blieb ihnen der Zugang zu den Zünften versperrt. Sie wichen deshalb auf andere Berufe aus, arbeiteten z. B. als Kaufleute, Lumpensammler oder Kleinhändler. Ein typischer Beruf war auch der des Geldverleihers gegen Zinsen, eine Tätigkeit, die Christen von der Kirche verboten war.
Innerhalb ihrer eigenen Gemeinde arbeiteten die Juden z. B. als Lehrer, Rabbiner oder Krankenpfleger. In großen Gemeinden konnte man vereinzelt auch jüdische Handwerker antreffen, die innerhalb der Gemeinde genügend Nachfrage für ihre Produkte fanden, z. B. Bäcker oder Fleischer. Zu den meisten Einrichtungen höherer Bildung hatten Juden keinen Zutritt. Einzig als Ärzte durften sie praktizieren, weil dieser Beruf zunächst keine Ausbildung an einer Universität erforderte. Quellen aus dem 15. Jahrhundert belegen, dass es eine Reihe von jüdischen Ärztinnen gab. Das Recht, Handel zu treiben, mussten die Juden im Gegensatz zu den Stadtbürgern teuer bezahlen: Der König, der Kaiser oder die Stadt stellten die Juden unter ihren Schutz und forderten dafür hohe Abgaben.

M3 **Der einzige jüdische Minnesänger Süßkind von Trimberg,** Buchmalerei, 14. Jh.

M2 Kaiserliches Privileg für Juden

Kaiser Friedrich I. (um 1122–1190) stellte 1157 die Juden in Worms und anderen Städten unter seinen Schutz:

Allen Bischöfen, Äbten, Herzögen, Grafen … möge bekannt sein, dass wir den Juden von Worms … die Erlasse unseres Urgroßvaters, des Kaisers Heinrich …, bestätigen durch ein Gesetz, das immer gelten soll:

1. Wir wollen, dass sie wegen aller Rechtssachen nur uns berücksichtigen müssen und bestimmen, dass weder Bischof, … Graf, Schultheiß[1] noch überhaupt sonst jemand … wegen irgendeiner Streitsache … infolge eines Rechtsfalles mit ihnen oder gegen sie verhandelt …
2. Von den Sachen, die sie nach Erbrecht besitzen in Form von Grundstücken, Gärten, Weinbergen, Äckern, Knechten …, soll sich keiner vermessen, irgendetwas wegzunehmen …
3. Sie sollen die freie Befugnis haben, in der ganzen Stadt mit jedermann Silber zu wechseln … Innerhalb des Gebietes unseres Reiches dürfen sie frei und friedlich umherziehen, um ihre Geschäfte und ihren Handel auszuüben …
4. Wenn jemand gegen einen von ihnen einen Plan ausheckt oder ihn tötet, so sollen beide, Ratgeber und Mörder, zwölf Pfund Gold an das Schatzamt des Königs zahlen.

Quellen zur deutschen Verfassungs-, Wirtschafts- und Sozialgeschichte bis 1250, ausgew. und übers. von Lorenz Weinrich, Darmstadt (Wissenschaftliche Buchgesellschaft) 1977, S. 241 ff.

1 Der Gerichtsherr, den der Bischof von Worms eingesetzt hat.

M4 Verfolgung und Ermordung

Die Pest, an der zwischen 1348 und 1352 in Mitteleuropa etwa ein Drittel der Menschen starb, erreichte im Jahre 1349 die Stadt Straßburg. Der Geistliche Jakob Twingers von Königshofen berichtete in seiner elsässischen Chronik um 1400:

[In Straßburg] starben [im Sommer] schätzungsweise 16000 Menschen. Wegen dieses Sterbens wurden die Juden ... verleumdet und in allen Ländern beschuldigt, dass sie es mit Gift herbeigeführt hätten, das sie in Wasser und Brunnen getan haben sollten ... Da verbrannte man sie in vielen Städten und schrieb diese Geschichte auch nach Straßburg, Freiburg und Basel, [mit der Aufforderung,] dass sie ihre Juden auch verbrennen sollten. Die Patrizier in diesen drei Städten, die die Herrschaft hatten, meinten aber, man sollte den Juden nichts tun. Da brach in Basel das Volk ... auf und bedrängte den Rat ..., die Juden zu verbrennen und vor Ablauf von 200 Jahren keine Juden mehr in die Stadt zu lassen. Da wurden alle Juden in dieser Gegend gefangen genommen und ein Gerichtstag ... verabredet. Dorthin kamen der Bischof von Straßburg, alle Landesherren des Elsass und die Vertreter der drei genannten Städte. Die Vertreter von Straßburg wurden gefragt, was sie mit ihren Juden zu tun gedachten. Sie antworteten, dass sie von ihren Juden nichts Böses wüssten. Da fragte man sie, warum sie wohl ihre Brunnen abgesperrt und die Eimer davon abgenommen hätten. Und es wurde laut über die Straßburger gehetzt und geschimpft. Da beschlossen der Bischof, die Herren und die Reichsstädte, dass man die Juden abtun sollte. Also wurden sie in vielen Städten verbrannt oder vertrieben ...
Am selben Freitag [13.2.1349] fing man auch die Juden in Straßburg. Am Samstag ... verbrannte man sie auf ihrem Friedhof auf einem hölzernen Gerüst: Es waren ungefähr 2000. Wer sich aber taufen lassen wollte, den ließ man leben ... Und was man den Juden schuldig war, das galt alles als beglichen und alle Pfänder und Schuldverschreibungen wurden zurückgegeben ... Das Geld war auch der Grund, warum die Juden getötet wurden: Denn wären sie arm gewesen und wären die Landesherren ihnen nichts schuldig gewesen, so wären sie nicht verbrannt worden. Von dem ... aufgeteilten Bargeld und Eigentum wurde viel für den Bau des neuen Münsters gestiftet.

Zit. nach Quellen zur Wirtschafts- und Sozialgeschichte mittel- und oberdeutscher Städte, hg. v. Gisela Möncke, Darmstadt (Wissenschaftliche Buchgesellschaft) 1982, Nr. 47.

Die Vertreibung der Juden

Je mehr jüdische Stadtbewohner durch Handelsgeschäfte zu Wohlstand kamen, desto stärker feindeten die christlichen Bürger sie als Konkurrenten an. Neben wirtschaftlichen Gründen hatte die Judenfeindschaft religiöse Ursachen: Christliche Theologen kritisierten, dass die Juden Jesus nicht als Erlöser anerkennen wollten, und sie bezeichneten Menschen jüdischen Glaubens als „Christusmörder". Das Ansehen der jüdischen Einwohner wurde durch viele Unterstellungen und Vorurteile geschädigt. Immer deutlicher spürte die im frühen Mittelalter geachtete Bevölkerungsgruppe ihre Benachteiligung. Mit dem Beginn der Kreuzzüge 1096 kam es zu gewaltsamen Überfällen (Pogrome*) auf die jüdischen Gemeinden in Westeuropa. Allein in den großen Gemeinden im Rheinland wurden tausende Juden von Kreuzfahrern getötet. Trotz der andauernden Gefahr bauten die Juden ihre Gemeinden immer wieder auf. Als es im 14. Jahrhundert während der großen Pestwellen erneut zu Massakern an Juden kam, flohen diese in großer Zahl nach Osteuropa.

1. Stelle anhand von M1 und des Darstellungstextes S. 112 die Informationen über das Leben der Kölner Juden zusammen. Achte auf Hinweise zum Verhältnis von Juden und Christen.
2. Arbeite aus M2 heraus, welche Rechte den Juden zugesichert wurden. Welche Gegenleistungen waren damit verbunden?
3. Beschreibe mithilfe des Darstellungstextes dieser Seite, wie die Judenfeindschaft zunahm und welche Ursachen genannt werden. Beachte auch M5.
4. Untersuche M4 mithilfe folgender Fragen: Wie verhielten sich die Beteiligten (Bischof, Landesherren, Ratsherren, Volk)? Welche Motive der Beteiligten lassen sich feststellen? Welche Position vertrat der Autor Jakob Twingers?

M5 Jüdische Grabsteine als Baumaterial, Foto, 1995. Nach der Zerstörung der jüdischen Gemeinde in Köln 1349 ließ der spätere Erzbischof von Köln die jüdischen Grabsteine als Baumaterial auf seine Burg bringen.

Armut, Krankheit und Tod

Die Kirche sorgt für Arme und Kranke

Das enge Zusammenleben in den Städten führte dazu, dass ansteckende Krankheiten und schwere Unfälle zum Alltag der Stadtbewohner gehörten. Oft waren Berufsunfähigkeit und schließlich Armut die Folge. Die Sorge für die Bevölkerungsgruppe der Armen und Kranken lag im Mittelalter vor allem bei der Kirche. Mönche und Nonnen unterhielten in den Städten Krankenstuben und aus klösterlichen Pilgerherbergen entwickelten sich große Spitäler. Darin lebten Alte, Behinderte, Waisen und Kranke. Anders als in einem modernen Krankenhaus stand in den mittelalterlichen Spitälern die medizinische Behandlung nicht im Vordergrund. Dass Spitalbewohner als geheilt entlassen wurden, war angesichts des begrenzten medizinischen Wissens sogar eher unwahrscheinlich.

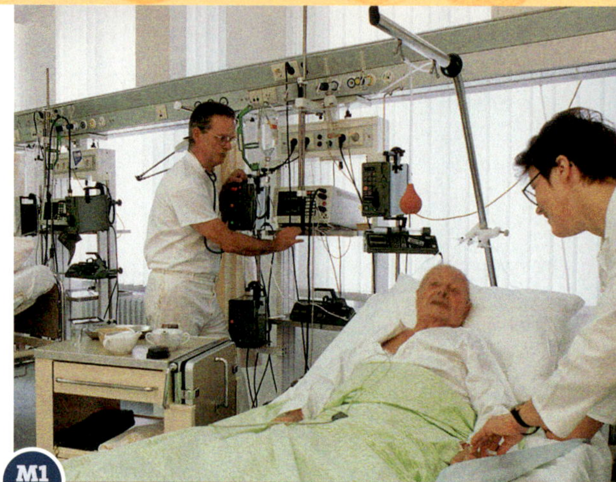

M1 **Ein Lebensende in unserer Zeit**, Foto, 1999

M2 **Beistand in der Sterbestunde**, Illustration aus einem Gebetbuch, um 1440

M3 Wasserversorgung – Leben oder Tod?

Die Historiker Leopold und Roma Schua zum Zusammenhang von Wasserversorgung und Krankheit (1981):

Die antike Stadt versorgte sich über Druckrohrleitungen oder Aquädukte mit frischem Wasser aus den Quellgebieten der Berge. In der mittelalterlichen Stadt wurde das Trinkwasser aus Sicker- und Grundwasserbrunnen entnommen, die häufig unmittelbar neben Dunghaufen und Abortgruben lagen. Die jahrhundertelange Durchseuchung der städtischen Böden des Mittelalters mit Abfallprodukten führte dazu, dass die Filterkraft der Bodenschichten nachließ. So gelangten die Abwässer zum Teil direkt in den Grundwasserstrom. Dieses verseuchte Trinkwasser und die vielen Ratten als Krankheitsträger waren die Ursache des Ausbruchs von Infektionskrankheiten. Neben Cholera, Typhus und Pocken spielten auch Aussatz und Pest eine unheilvolle Rolle.

Leopold u. Roma Schua, Wasser, Lebenselement und Umwelt, Freiburg/München (Alber) 1981, S. 99ff. Bearb. d. Verf.

1. Beschreibe M1, M2 und M6. Vergleiche.
2. Erkläre, worin im Mittelalter die Gefahren der Wasserversorgung lagen (M3). Informiere dich über die genannten Krankheiten (Lexika).
3. Überlege, welche Maßnahmen du als Ratsmitglied einer mittelalterlichen Stadt treffen würdest, um die Stadtbevölkerung vor Krankheiten zu schützen.

M4 Stiftungen für ein Leben im Himmel

Der Nürnberger Bürger Konrad Groß schenkte 1339 seiner Stadt einen großen Geldbetrag. Der städtische Notar schrieb auf:

Jedermann wisse, dass vor mir der ehrbare Bürger Konrad Groß erschien … Er sah an, wie die himmlische Vorsehung alles so wohl einrichtete … und es wollte, dass die einen während ihres zeitlichen Lebens Überfluss haben, aber die anderen an vergänglichem Gut Mangel leiden … Er [Konrad] hat bedacht, dass in einem Spital für arme Sieche heilsame Werke der Frömmigkeit und der Barmherzigkeit … getan werden können …
Der Stifter setzte fest, dass für den Gottesdienst und für den Trost der dort lebenden Armen 6 Priester und 12 arme Scholaren [Studenten] daselbst Unterhalt, Nahrung und Bleibe finden sollen, damit sie … die täglichen Messen lesen … zu seinem Seelenheil, dem seiner Eltern und Freunde, der Wohltäter des Spitals und anderer, die dort auf dem Spitalfriedhof beerdigt sind oder noch werden.

Norbert Fuchs/Werner Goez, Die deutsche Stadt im Mittelalter, München (Oldenbourg) 1977, S. 31.

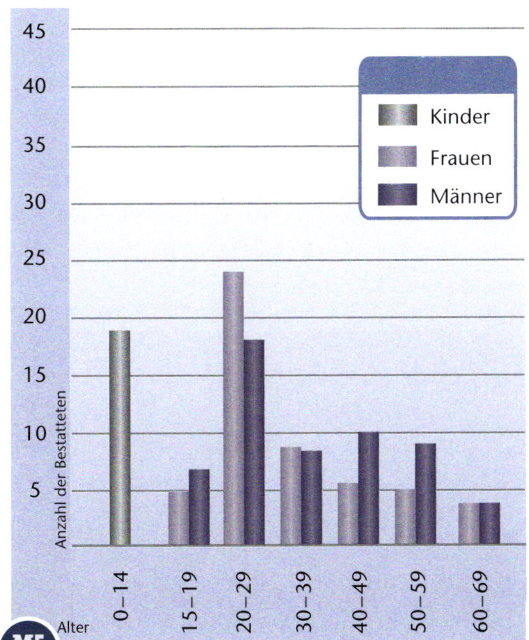

M5 Lebenserwartung um 1400. Ergebnisse einer Untersuchung der Skelettreste von 249 Bestatteten auf dem Heidelberger Spitalfriedhof (1300–1430). Erst von der Pubertät an konnte nach männlichen und weiblichen Skeletten unterschieden werden.

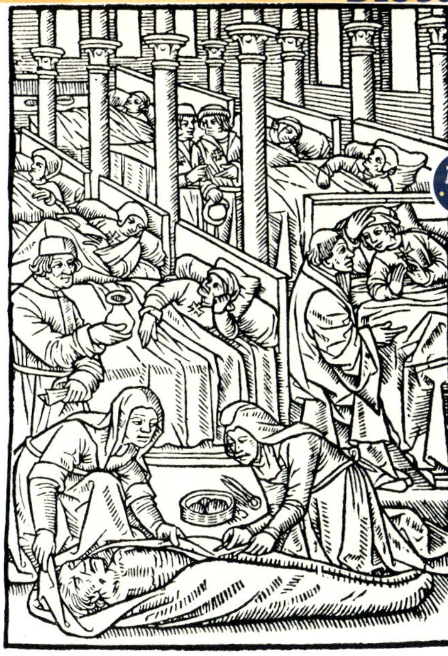

M6 Spital in Frankreich, Holzschnitt, 16. Jh. Im Vordergrund zwei Beginen und ein Arzt, der den Urin eines Kranken untersucht.

Betteln war keine Schande

Bettler gehörten zum Alltag der mittelalterlichen Stadt. Schon am Stadttor streckten ausgemergelte Gestalten den Vorbeigehenden ihre Hände oder hölzerne Bettelschalen entgegen. Betteln war nichts Unehrenhaftes, denn schnell gerieten Menschen in große Not und blieben oft ihr – kurzes – Leben lang darin gefangen. Almosen an die Armen zu geben war nach christlicher Vorstellung ein „Türöffner" in das Paradies. Im 13. Jahrhundert gründeten Mönche Bettelorden* (siehe S. 87) und sammelten Almosen für die Armenfürsorge. Als im 14. Jahrhundert die Armut zunahm, versuchten die Städte die „Bettlerplage" mit Erlassen zu regeln.

M7 Abzeichen, das zum Betteln im Kirchspiel St. Ludgeri in Münster berechtigt, Bronze, um 1599

4 Erläutere M5. Unterscheide nach Kindern, Frauen und Männern und stelle Vermutungen über die Ursachen der Sterblichkeit an.

5 Kläre anhand von M4, wem das gespendete Geld zukommen sollte, und untersuche, welche Motive den Stifter bewegt haben könnten.

6 Beurteile mithilfe von M7 und des Darstellungstextes dieser Seite das Bettelwesen im Mittelalter. Vergleiche mit unserer heutigen Einstellung zum Betteln.

Interessen verbinden: Handwerker gründen Zünfte

Zünfte regeln nicht nur das Berufsleben

Seit Beginn des 12. Jahrhunderts schlossen sich in den Städten Europas viele Handwerker und einige Handwerkerinnen zu Zünften zusammen. Die Zunftmitgliedschaft wurde bald darauf für alle Angehörigen eines Handwerks zur Pflicht. Es herrschte Zunftzwang. Die Zunft regelte alle Fragen, die die Arbeit betrafen: z. B., welche Qualität ein bestimmter Stoff haben musste, wie teuer ein Brot sein durfte oder wie viele Meter Leinen ein Weber weben durfte. Auch erließ sie Vorschriften für die Lehrlingsausbildung. Vor allem waren die Zünfte bestrebt, Konkurrenz auszuschalten. Die Aufnahme neuer Mitglieder wurde streng überwacht und eng begrenzt. So hatten viele Gesellen kaum eine Chance, sich als Meister selbstständig zu machen. Nichtbürger, z. B. Juden, waren generell ausgeschlossen. In vielen Zünften waren nur Männer zugelassen, aber nicht ausschließlich. Auch durften Witwen in der Regel die Tätigkeit ihres Mannes weiterführen.
Eine Zunft war mehr als nur ein Berufsverband. In Zunfthäusern traf man sich zu Festen. Geriet ein Mitglied durch Krankheit oder Tod eines Angehörigen in Not, half die Zunft. Gemeinsam sah man die „Zünftler" bei kirchlichen Prozessionen durch die Stadt marschieren. Wurde die Stadt angegriffen, übernahm jede Zunft bestimmte militärische Aufgaben.

Gilde, Zunft

Eine Gilde ist eine Gruppe von Menschen, die einander einen Eid zur Hilfe in allen Lebens- und Notlagen geleistet haben. Sie verfügt über eine meist schriftlich festgelegte Ordnung. Die Mitglieder einer Gilde treffen sich regelmäßig zum gemeinsamen Gebet, aber auch zum Essen und Trinken. Häufig schließen sich diejenigen Menschen einer Stadt zu einer Gilde zusammen, die dasselbe Gewerbe ausüben. Ein Beispiel für eine Gilde ist die Zunft: Alle Handwerksmeisterinnen und -meister mussten ihrer Zunft beitreten (= Zunftzwang). Zünfte entstanden im 12. Jahrhundert; im 19. Jahrhundert wurden sie aufgelöst.

M1 Aufgaben und Interessen der Zünfte

Auszug aus dem Amtsbrief der Kölner Garnmacherinnen vom 14. April 1397:

1. Zum Ersten, welche Person oder Magd das Garnamt[1] in Köln lernen will, die soll vier Jahre dienen und nicht weniger, damit sie lerne, Kaufmannsgut zu machen und zu bereiten … Und sie soll sogleich dem Amt sechs Schilling für ihren Eintritt geben.
2. Weiterhin, eine Frau oder Tochter, die das Amt selbst mit der Hand ausübt und eine Lehrmagd für weniger als vier Jahre einstellt, was wider das Amt ist, die soll zwei Gulden Strafe zahlen …
3. Weiterhin, wenn eine Person ihre vier Jahre gedient hat und sich … niederlassen will, um selbstständig zu arbeiten, so sollen die Frauen, die darauf vereidigt worden sind, ihre Arbeit prüfen, ob das Kaufmannsgut ist oder nicht …
5. Und welchem Mann seine Frau stirbt, der Mann darf das Amt mit seinem Gesinde weiter ausüben.
6. Weiterhin soll keine Frau mehr als eine Tochter mit ihrem Geld selbstständig machen …
8. Weiterhin soll keine Frau mehr Gesinde halten als drei Mädchen oder Lohnarbeiterinnen, die für sie arbeiten. Oder aber eine Tochter und zwei Mägde …
10. Und wer dem anderen sein Gesinde entzieht oder abmietet, die soll, wenn man sie dessen überführen kann, zwei Gulden als Strafe zahlen.

Zit. nach Peter Ketsch, Frauen im Mittelalter, Bd. 1, Düsseldorf (Schwann-Bagel) 1983, S. 173 f. Sprachliche Vereinf. d. Verf.

1 Amt = genehmigtes Handwerk

M2 **Ein Zunftmeister kontrolliert zwei Handwerksgesellen** bei der Anfertigung ihrer Meisterstücke, Buchmalerei, 1482

M3 Zunftschild einer Fleischerzunft, 1549

M4 Frauen in Zünften – gleichberechtigt?

Der Historiker Eberhard Isenmann schreibt 1988 über Frauen in Zünften:

Frauen hatten vielfach an religiösen und gesellschaftlichen Aktivitäten der Zunft teil oder traten förmlich in die mit der Zunft verbundene Bruderschaft ein. Frauen übten aber auch innerhalb der Zunft in unterschiedlicher rechtlicher oder wirtschaftlicher Stellung … das Handwerk aus, als Meisterinnen mit vollem Zunftrecht – und Unterweisungsrecht –, als Lehrtöchter und selbstständige Mägde …
Einen Sonderfall stellt das gewerbliche Köln dar, wo es kaum Wirtschaftszweige gab, in denen Frauen nicht vertreten waren. Nur wenige Zünfte (Schneider, Harnischmacher, Tuchscherer) legten den Frauen zeitweise oder teilweise Arbeitsbeschränkungen auf. Bei den Nadelmachern, Beutelmachern, Kürschnern, Gürtelmachern, Leinewebern, Sartuch- oder Barchentwebern, Wolltuchwebern, Wappenstickern und Fleischern waren die Frauen weitgehend gleichberechtigt.
Der tatsächliche Anteil der Frauen am Handwerk lässt sich aufgrund der Quellenlage auch für Köln nur in wenigen Einzelfällen genauer ermitteln, in denen Zunftlisten überliefert sind. Die Garnmacherinnen, Goldspinnerinnen, Seidenmacherinnen und Seidenstickerinnen bildeten sogar Frauenzünfte, wofür es in Westeuropa vergleichbare Erscheinungen nur in Paris gab. Mitglieder waren fast ausschließlich Frauen, im Zunftvorstand saßen jedoch auch Männer.

Eberhard Isenmann, Die deutsche Stadt im Spätmittelalter, 1250–1500, Stuttgart (Ulmer) 1988, S. 314 f.

M5 Mit zwölf Jahren in die Lehre

Ein Lehrvertrag aus dem Jahre 1404 lautete:

Ich, Johann Toynburch, Bürger zu Köln, tue allen Leuten kund, dass ich vermietet habe dem kunstfertigen Manne Adolf Bruwer, dem Goldschmied, meinen ehrlichen Sohn Tönis, der aus eigenem Willen das Handwerk der Goldschmiede acht Jahre lang in Köln erlernen und ihm treulich dienen will. Auch soll Meister Adolf meinem Sohn Kost geben, und ich, Johann, soll den Tönis die ganzen acht Jahre lang anständig kleiden. Und geschähe es, dass Tönis im ersten Jahr stürbe, so soll mir Meister Adolf acht Gulden von den sechzehn wiedergeben, die ich ihm zuvor gegeben habe. Weiter: Geschehe es, dass Tönis meinem Meister in diesen Jahren entliefe und auf eigene Rechnung das Handwerk zu treiben begänne, muss ich Meister Adolf eine Strafe von 42 Gulden zahlen.

Die Kölner Zunfturkunden bis zum Jahre 1500, Bd. 2, hg. v. Heinrich v. Loesch, Bonn (P. Hanstein) 1907, S. 221 f. Bearb. d. Verf.

1 Fasse in M1 mit einer Überschrift zu jedem Artikel die Interessen der Garnmacherinnenzunft zusammen.
2 Prüfe, welche weiteren Informationen M2 und der Darstellungstext S. 116 gegenüber M1 enthalten.
3 Erläutere anhand von M4 die Stellung von Frauen in Zünften. Nenne Beispiele aus dem Text.
4 Überlege anhand von M4, warum es für Historiker schwierig ist, die Stellung der Frauen in mittelalterlichen Zünften genau zu bestimmen.
5 Stelle die Vereinbarungen in M5 stichwortartig zusammen. Achte auf Dauer der Ausbildung, Kosten/Lohn, Verbote/Strafen.

M2 **Gedenkstein im Ulmer Münster** zur Erinnerung an den Baubeginn, Sandstein, Ende 14. Jh. An den Seiten der Bürgermeister und seine Frau.

Kathedralen – Bauen zum Lobe Gottes?

Kirchenbau – Gemeinschaftssache

Seit dem 12. Jahrhundert entstanden in vielen großen Städten Mitteleuropas riesige Kirchen: die Kathedralen. Noch heute beherrschen sie, wie z. B. in Köln, das Bild einer Stadt. Anders als die dunklen „romanischen" Kirchen mit ihren dicken Mauern und kleinen Fenstern (siehe S. 61) waren diese Kirchen sehr hoch. Sie hatten große bunte Fenster, die viel Licht hereinließen. Den neuen Baustil, der in Frankreich entstand, nannte man seit dem 16. Jahrhundert „gotisch" – irrtümlich auf das Volk der Goten bezogen.
Woher kam das Geld für die Kathedralen? Warum errichteten die Menschen in der Stadt solche gewaltigen Kirchenbauten und wie nutzten sie sie?
Die Wirtschaft erlebte in Europa im 12. Jahrhundert einen großen Aufschwung, von dem besonders die Städte profitierten. So kam es, dass sich neben Bischöfen z. B. auch Händler, Kaufleute und Bürgermeister an der Finanzierung „ihrer" Kathedrale beteiligten. Könige und Grafen, die ihre Macht demonstrieren wollten, gaben ebenfalls große Spenden. Aber auch Handwerker und Tagelöhner beteiligten sich. Doch gab es auch kritische Stimmen gegen den Bau von Kathedralen. Sie meinten, dass die Unterstützung der Armen zu kurz käme. So könnte der Kirchenbau sogar eine Sünde gegen Gott sein. Dass sich überhaupt so viele Menschen beteiligten, hatte seinen Grund darin, dass sie durch „gute Werke" Gott gnädig stimmen wollten. Dennoch passierte es, dass den Bauherren das Geld ausging. So dauerte der Bau manchmal Jahrzehnte. Der Kölner Dom wurde erst im 19. Jahrhundert fertig.

M1 **Bau einer Kathedrale**, französische Buchmalerei, 14. Jh.

Kathedrale

Bezeichnung für eine Bischofskirche, d. h. die Hauptkirche eines Bistums (Kirchengebiet). Die Bezeichnung „Kathedrale" wird vor allem in Süd- und Westeuropa verwendet. In Deutschland findet man die Begriffe „Dom" oder „Münster".

1. Erarbeite anhand des Darstellungstextes, warum Kathedralen gebaut und wie sie finanziert wurden.
2. Prüfe, ob es einen Zusammenhang zwischen dem Almosengeben (siehe S. 115) und dem Bau von Kathedralen gab.
3. Untersuche, welche Bedeutung ein Kathedralbau für die Stadtbevölkerung hatte (M1, M2).
4. Finde Beispiele von vergleichbaren Bauprojekten aus heutiger Zeit. Frage z. B. beim Bauamt deiner Stadt nach.

Das Internet nutzen

Stadtgeschichte im Internet

Wer mehr über eine bestimmte Stadt und ihre Geschichte wissen möchte, kann neben Reiseführern und Lexika auch das Internet nutzen. Viele Städte haben eine Homepage, von der aus man sich durch weitere Informationsseiten klicken kann. Manche Städte bieten auch eine Internet-Führung durch die Stadtgeschichte an. Diese Informationen kannst du z. B. für ein Referat oder für die Vorbereitung einer Klassenfahrt nutzen. Selten allerdings reicht das Internet für solche Zwecke aus. Deshalb solltest du immer auch „herkömmliche" Informationsmedien zu Rate ziehen.

M1 **Homepage von Köln**, Stand: Dezember 2004

Informationen über den Kölner Dom: Unter der Adresse www.koeln.de findest du die Homepage der Stadt Köln. Von hier aus kannst du weitersuchen, z. B. unter dem Link Köln-Portrait.

Arbeitsschritte Das Internet nutzen

1. Schritt: Suchabsicht festlegen und Adressen bereitstellen

– Damit du nicht planlos im Internet surfst, solltest du vorher genau festlegen, worüber du Informationen finden möchtest (z. B. bestimmte Städte, Sehenswürdigkeiten).

– Notiere Adressen, von denen du weißt oder vermutest, dass sie dich weiterbringen können. Die Internet-Adressen von Städten sind meistens nach folgendem Muster aufgebaut, z. B.: www.koeln.de, www.speyer.de.

2. Schritt: Suche durchführen und Informationen auswählen

– Fast jede Homepage einer Stadt enthält verschiedene Links, sie heißen z. B „Stadtplan", „Panorama", „Stadtführung", „city-guide".

– Kläre, wie du die Informationen sicherst (herunterladen/speichern, sofort ausdrucken, handschriftliche Notizen).

3. Schritt: Ergebnisse ordnen

– Wenn du das Material gesammelt hast, musst du es sichten und ordnen. Wichtig ist, dass du überprüfst, welche Informationen doppelt, unwichtig, veraltet oder vermutlich fehlerhaft sind. Diesen „Infomüll" sortierst du aus.

– Überlege, welche Informationen sich für dein Vorhaben (Referat, Besichtigung o. Ä.) eignen.

4. Schritt: Ergebnisse bewerten

Abschließend solltest du dich z. B. mit der Klasse austauschen, ob die Internet-Suche erfolgreich war.

– Konntest du die Informationen finden, die du gesucht hast?

– Bist du mit den Informationen zufrieden?

– In welchem Verhältnis standen der Zeitaufwand und der Wert der Ergebnisse?

1 Finde mithilfe von M1 möglichst viele Informationen über den Kölner Dom.

2 Vorschlag für eine Gruppenarbeit:
a) Erkundet mithilfe von Lexika, Reiseführern und Internet, ob es in eurem Bundesland Kathedralen (Dome, Münster) gibt. Sammelt Informationen und berichtet in der Klasse.
b) Bewertet in der Klasse, ob und wie euch das Internet bei der Arbeit geholfen hat.

3 Sammelt Material über mittelalterliche Baustile (Romanik, Gotik) und referiert darüber.

Tipp
Für eure Referate könnt ihr auch S. 240 f. (Informationen präsentieren) heranziehen.

M1 **Markttreiben in einer flämischen Stadt**, Ölgemälde von Pieter Aertsen (um 1509–1575), Mitte 16. Jh.

Handel treiben – auf dem Markt und in der Ferne

Der Markt – Zeichen der Modernisierung?

Sicherlich kennst du Städte, die heute „mittelalterliche" Märkte organisieren. Mit ihren Buden, Ständen, „mittelalterlichen" Produkten und Gauklern locken sie viele Menschen an. Für uns sind solche Veranstaltungen ein Blick zurück in die Geschichte. Für die Menschen des Mittelalters waren die städtischen Märkte dagegen etwas sehr Modernes. Was genau war das Neue an einem solchen Markt? Welche Bedeutung hatte der städtische Markt für die Menschen in der Stadt und die bäuerliche Bevölkerung der Umgebung? Die Bauernfamilien produzierten ihre Nahrungsmittel, ihre Kleidung und Arbeitsgeräte zumeist selbst, sie waren „Selbstversorger". Mit der Entstehung und Ausbreitung der Städte stieg die Anzahl der Menschen stark an, die mit Nahrungsmitteln versorgt werden mussten. Deren Bedarf deckten die Bauern der Umgebung, die ihre Produkte in die Stadt auf den Markt brachten. Andere Waren, z. B. Seidenstoffe oder Gewürze aus China, bezogen Großkaufleute über den Fernhandel* und verkauften sie über Händler auf den Märkten weiter. Die Handwerker der Stadt waren „hauptberuflich" damit beschäftigt, Produkte für den Haushaltsbedarf herzustellen. Sie kauften von dem Erlös ihrer Waren Nahrung und Kleider. So bildete sich unter Bauern, Handwerkern und Kaufleuten eine immer feinere „Arbeitsteilung" heraus.

Markt

Ein öffentlicher Ort, an dem Händler und Produzenten wie Handwerker und Bauern ihre Waren zum Verkauf anbieten. Im Mittelalter bildete der Marktplatz den zentralen Ort einer Stadt, oft war er sogar der Ausgangspunkt der Stadtentwicklung. Der Markt hatte eine eigene Rechtsordnung. Die moderne Wirtschaftswissenschaft verwendet den Begriff „Markt" losgelöst von Ort und Zeit für das Zusammenspiel von Angebot und Nachfrage, aus dem sich der Preis für die Waren bildet.

1 Teilt euch in Gruppen ein und seht euch das Marktgeschehen in M1 genau an. Jede Gruppe bearbeitet einen der folgenden Aspekte und stellt die Ergebnisse in der Klasse vor:
a) Beschreibt die Personen (Frauen/Männer) und Tätigkeiten.
b) Listet auf, was auf dem Markt gehandelt wurde.
c) Berichtet über die Transportmittel.

2 Erarbeite mithilfe des Darstellungstextes und des Kastens das Neue am mittelalterlichen Markt.

3 Ein Bauer (eine Bäuerin), ein Handwerker und ein Händler sprechen über Vor- und Nachteile des Marktes. Skizziert ein Gespräch und spielt es.

M2 **Ein Steuereinnehmer mit seiner Frau,** Ölgemälde von Marinus van Reymerswaele, 1538

Kaufleute und Kauffrauen – Erfinder der Globalisierung?

Im 12. und vor allem im 13. Jahrhundert blühte in den großen Städten Europas der Handel auf. Einige Regionen entwickelten sich zu Handelszentren, wo sich die europäischen Händler regelmäßig zu großen Messen trafen: Die französische Champagne, Oberitalien mit Venedig, Genua, Mailand und Florenz; ebenso Flandern mit der Hauptstadt Brügge. Der Tausch von Ware zu Ware wurde wegen seiner Umständlichkeit durch die Geldwirtschaft* verdrängt, die bis heute unseren Alltag prägt (siehe S. 188 f.). Bankhäuser entstanden – zuerst in Oberitalien. Die Kaufleute waren jedoch nicht nur Männer. Immer mehr Frauen arbeiteten im 14. und 15. Jahrhundert als Groß- und Fernhändlerinnen. Viele Ehefrauen führten mit ihren Männern gemeinsam die Geschäfte. Wie die Handwerker schlossen sich die Kaufleute in Gilden zusammen (siehe S. 116).

Einen Wochenmarkt erkunden

Erkundet in Gruppen einen Wochenmarkt. Stellt eine Liste zusammen, auf der die Herkunft der Waren und der Händler verzeichnet ist. Berichtet in der Klasse.

M4 **Der Händler Francesco Datini** aus Prato in der Toskana (um 1335–1410), Ausschnitt aus einem Ölgemälde, 15. Jh.

4 Beschreibe anhand des Darstellungstextes dieser Seite und M2 die Veränderungen des Handels im 12. und 13. Jahrhundert.

5 Zeige an der Person Datinis, welche Eigenschaften bei den Handels- und Finanzleuten des 14. Jahrhunderts zu finden waren (M3, M4).

6 Beurteile kritisch: Fernkaufleute – die Stars der neuen Zeit (M3, Z. 25 f.).

7 Vergleiche: „Stadtmarkt" – „Weltmarkt".

M3 „Eine großartige Geschäftigkeit ..."

Der Sozialwissenschaftler Christoph Kucklick schreibt 1999 über den italienischen Händler Francesco Datini:

Meist schläft er nur vier Stunden, arbeitet bis spät in die Nacht und bis zur völligen Erschöpfung. Manchmal verlässt er das Pult viele Tage nicht, sogar die Morgenmesse lässt er ausfallen. Nichts als Briefe schreiben, planen, Verträge machen, riskieren, bangen, Gewinne buchen und Verluste. Nein – man hätte Francesco Datini, Fernhändler aus Florenz, ... niemals davon überzeugen können, dass sein 14. Jahrhundert bedächtig, ja rückständig gewesen sei. Für ihn ist es ein Rausch, eine Zeit gewaltiger Veränderungen. Und so wie er empfinden viele.

Eine großartige Geschäftigkeit hat Europas Kaufleute erfasst. Nie zuvor sind so viele Völker einander so nahe gerückt, nie zuvor sind so viele Güter über solche Entfernungen gehandelt worden. „Globalisierung" wird man einen solchen Prozess 600 Jahre später nennen: das Überwinden von Grenzen, die Beschleunigung der Kommunikation, das Anschwellen der Handelsströme ... In Florenz dirigiert Datini um 1390 einen Konzern, der aus 82 Handelsniederlassungen ... von Algerien bis London, Lissabon bis Alexandrien besteht ... Sein Horizont ist so weit wie die bekannte Welt ... Die Stars der neuen Zeit sind die Fernkaufleute.

Christoph Kucklick, Die Erfinder der Globalisierung; in: Geo Epoche. Das Mittelalter, Nr. 2, 1999, S. 33 ff.

M1 Handelswege und Waren in Europa um 1400

Fernhändler und Städte schließen sich zusammen

Die Hanse – nur ein Handelsbund?

Mit der Ausweitung des Handels in Europa seit dem 12. Jahrhundert gewannen für viele Fernhändler ihre Berufsvereinigungen, die Gilden, immer mehr an Bedeutung. Die Gilden wurden zu Fahrtgenossenschaften, in denen die Kaufleute neben ihrer Sicherheit auf Reisen auch ihre Handels- und Gewinnmöglichkeiten verbessern konnten. Aus einer solchen Fahrtgenossenschaft norddeutscher und nordwestdeutscher Kaufleute bildete sich 1358 die Deutsche Hanse. In der Hanse schlossen sich nicht mehr die Kaufleute selbst zusammen, sondern die Städte, aus denen sie stammten. Zeitweise gehörten 160 Städte zu dem Bündnis, das von der Hansestadt Lübeck geleitet wurde. Passte eine solche Vereinigung in die „politische Landschaft" der damaligen Zeit, in der Kaiser, Könige, Fürsten und Bischöfe über Grundbesitz herrschten und sich gegenseitig bekämpften? Welche Ziele hatte die Hanse und wie entwickelte sie sich?

M2 Über die Ziele der Hanse

1469 schrieb die Hanse an den englischen Kronrat:

Die Hansa Theutonica [deutsche Hanse] ist … ein festes Bündnis von vielen Städten, Orten und Gemeinschaften zu dem Zwecke, dass die Handelsunternehmungen zu Wasser und zu Land den erwünschten und günstigen Erfolg haben und dass ein wirksamer Schutz gegen Seeräuber und Wegelagerer geleistet werde, damit nicht durch deren Nachstellungen die Kaufleute ihrer Güter und ihrer Werte beraubt würden.

Zit. nach Philippe Dollinger, Die Hanse, 4. Aufl., Stuttgart (Kröner) 1989, S. 554 f.

1. Erarbeite anhand von M1 Handelswege und Warenströme der Hanse.
2. Stelle mithilfe von M2 und des Darstellungstextes fest, warum die Hanse gegründet wurde und welche Ziele sie hatte.

Die Politik der Hanse

An den zentralen Handelsplätzen Nordeuropas baute die Hanse ein Netz fester Niederlassungen, die Hansekontore, auf. Das waren abgeschlossene Stadtviertel mit Lagerräumen und Hafenanlagen, Büros und Versammlungsräumen, Wohnhäusern und Kirchen. Seit 1358 trafen sich die Hansevertreter in unregelmäßigen Abständen zu Hansetagen. Dort verhandelte man über Fahrttermine und Ladegüter der großen Handelsschiffe („Koggen") oder sprach mit ausländischen Herrschern über Zollvergünstigungen. Auch wurde über den Ausschluss von Mitgliedern („Verhansung") entschieden. Die Hanse war nicht nur eine wirtschaftliche, sondern auch eine politische Macht. Sie schloss Bündnisse mit anderen Staaten, erhob Steuern und führte sogar Kriege, z.B. von 1361 bis 1370 gegen den dänischen König Waldemar IV., als der die Vorrechte der Hanse aufheben wollte. Im Frieden von Stralsund musste Waldemar zugestehen, dass zukünftig der dänische König nur mit Zustimmung der Hanse gewählt werden durfte.
Im 16. Jahrhundert ging es mit der Hanse abwärts, denn England und die Holländer beherrschten zunehmend den Nord- und Ostseehandel. Auch die aufflammenden Interessengegensätze der Einzelstädte führten zu einer Schwächung des Bündnisses. Auf dem letzten Hansetag 1669 waren nur noch sechs Städte vertreten, darunter Hamburg, Bremen und Lübeck.

Hanse

Der Begriff bedeutet eigentlich „Schar", d.h. eine Fahrtgenossenschaft von Kaufleuten.
Die Deutsche Hanse war ein Städtebund, der 1358 erstmals urkundlich erwähnt wurde. Er vertrat die Interessen der städtischen Fernhandelsleute und war der mächtigste Städtebund des Mittelalters. 1669 wurde er aufgelöst.

3 Erarbeite anhand des Darstellungstextes dieser Seite, wie die wirtschaftlichen und die politischen Ziele der Hanse zusammenhingen.

4 Begründe anhand von M3, warum die Hanse mit Europas Einigung in Verbindung gebracht wird.

5 Informiere dich über die Autokennzeichen HH, HB, HL und HRO. Finde die Zusätze zu den Städtenamen heraus und erkläre sie.

M3 Die Hanse: Frühe Einigung Europas?

Aus einem Zeitungsbericht über die Rede des Lübecker Bürgermeisters Boutellier anlässlich der Eröffnung des 15. Internationalen Hansetages 1995 in Soest:

Michael Boutellier erinnerte daran, dass die europäische Idee aufs Engste mit der Hanse verbunden war und auch ist. Europäische Union und hanseatische Tradition stünden füreinander ein. Westeuropa brauchte Osteuropa. Jahrhundertelang habe in Westeuropa Nachfrage nach Ostwaren bestanden und umgekehrt habe der Osten Tuche, handwerkliche Produkte und immer dringender Salz gebraucht. Diesen Güteraustausch bewirkte das hansische Fernhandelssystem. Es habe Nordwest- und Nordosteuropa aus seiner Randlage herausgeholt und die Lebensführung ... den west- und mitteleuropäischen Standards angeglichen.

Leine Deister Zeitung vom 17. Juni 1995.

M4 **Die Kogge,** das Handels- und Kriegsschiff der Hanse im 14./15. Jahrhundert, Modellnachbau, 20. Jh. Eine Kogge fasste ca. 200 t Fracht (zum Vergleich: ein Fuhrwerk trug ca. 2 t); sie war erheblich größer als andere Frachtschiffe.

Lesetipp

Boy Lornsen, Klaus Störtebeker, München (Bertelsmann) 1999.
Spannender Roman über den berühmten Seeräuber Störtebeker, die Piraterie im Mittelalter und die Hanse.

Der Kampf um das Stadtregiment

War die Macht des Stadtherrn unbegrenzt?

Die frühen mittelalterlichen Städte wurden von ihrem weltlichen oder geistlichen Stadtherrn regiert. Bischof oder Herzog legte die Regierung der Stadt in die Hände eines Vogts oder Burggrafen, der meist in der Stadt wohnte. Als die Patrizier und viele Handwerker im Laufe des 11. und 12. Jahrhunderts zu großem Reichtum gelangten, stellten sie die Alleinherrschaft des Stadtherrn immer häufiger in Frage. Nach zahlreichen Auseinandersetzungen gelang es in fast allen Städten des Reiches, einen Rat als Stadtregierung einzusetzen. Ratsmitglieder waren Patrizier, die auch den Bürgermeister wählten.

M2 Beim Stadtherrn, einem Bischof: ein Patrizier, ein Bürger, ein Bauer, Ausschnitt aus einer Buchmalerei, 1500

M1 Ein Konflikt in Köln

Der Abt Lampert von Hersfeld (vor 1028–nach 1081) schilderte den Aufstand der Kölner Bürger gegen den Stadtherrn, Erzbischof Anno 1074:

Der Erzbischof feierte das Osterfest in Köln und bei ihm war der Bischof von Münster … Als nun die Osterfeiertage beinahe vorüber waren und dieser sich anschickte abzureisen, erhielten die Hausbediensteten des Erzbischofs den Befehl, ein geeignetes Schiff für seine Reise zu besorgen. Nach Besichtigung aller Schiffe beschlagnahmten sie eines, das einem sehr reichen Kaufmann gehörte … Darauf rannten die Knechte schleunigst zu dem Schiffseigner, meldeten den Vorfall und fragten, was sie tun sollten. Dieser hatte einen erwachsenen Sohn … Der lief mit seinen Knechten und jungen Leuten … in fliegender Eile zu dem Schiff und verjagte die Diener des Erzbischofs … mit Gewalt. Als darauf der Stadtvogt zum Eingreifen heranrückte …, wehrte er auch diesen mit der gleichen Unerschrockenheit ab … Schon entsteht Einverständnis, den Erzbischof nicht nur aus der Stadt zu jagen, sondern ihn, wenn möglich, unter allen Martern abzuschlachten … Der Erzbischof entschließt sich zur Flucht, kehrt aber nach vier Tagen mit einem Heer zurück. Als die Kölner das sahen …, schickten sie ihm Boten entgegen und baten um Frieden … In dieser Nacht flohen mehr als sechshundert der wohlhabenden Handelsherren aus der Stadt und begaben sich zum König, um ihn um sein Einschreiten gegen das Wüten des Erzbischofs zu bitten.

Lampert von Hersfeld, Annalen. Neu übers. von Adolf Schmidt, Darmstadt (Wissenschaftliche Buchgesellschaft) 2000, S. 237 ff.

M3 Städte und König – Verbündete?

Der Historiker Fritz Rörig schreibt 1955 über das Verhältnis zwischen König und Städten im 11. Jahrhundert:

Für den König boten die Städte die Möglichkeit, den unmittelbaren Reichsuntertanenverband[1] … zu zuverlässigen Stützen der königlichen Gewalt zu gewinnen. Für die Städte wiederum war ein starkes Königtum der sicherste Schutz gegen Überspannung der städteherr(schaft)lichen Ansprüche, gegen fürstliche Versuche, das Reich und damit das Wirtschaftsgebiet des städtischen Fernhandels durch Zollschranken willkürlich zu zerreißen.

Fritz Rörig, Die europäische Stadt und die Kultur des Bürgertums im Mittelalter, 2. Aufl., Göttingen (Vandenhoeck & Ruprecht) 1955, S. 29.

1 Zum Beispiel Reichsritter, Reichsstädte, die dem König unmittelbar unterstanden und nur ihm Steuern zahlten.

1 Finde in M1 heraus, welches Ereignis den Kölner Aufstand auslöste. Nenne die Beteiligten und ihre Interessen.

2 Untersuche, welche Position der Autor von M1 zum Konflikt zwischen Erzbischof und Bürgern einnahm.

3 Beschreibe mithilfe von M3 die Beziehungen zwischen Stadtherrn, Patriziern und Reichsgewalt (König).

Die Zünfte fordern Teilhabe an der Macht

Solange die Auseinandersetzungen in der Stadt gemeinsam gegen den Stadtherrn geführt wurden, brachen Interessenunterschiede zwischen Patriziern und Handwerkern nicht offen aus. Im Laufe des 14. Jahrhunderts jedoch forderten die Zünfte in vielen Städten immer schärfer, die Vorherrschaft der Patrizier zu beenden. Denn die Zünfte hatten sich zu einem wichtigen Bestandteil städtischen Lebens entwickelt. Die Handwerker zahlten Steuern, beteiligten sich an den Löscharbeiten, wenn es brannte, und trugen die Hauptlast bei der Verteidigung der Stadt. Viele Zunftmeister waren reich geworden und wohnten in stattlichen Häusern. Selten jedoch waren sie im städtischen Rat vertreten.

Am Beispiel der Stadt Braunschweig kannst du erarbeiten, wie und warum es schließlich zu einem offenen Konflikt zwischen Handwerkern und Patriziern kam. Wie in Braunschweig erkämpften die Zünfte auch in anderen Städten schließlich ihre Beteiligung an der Stadtregierung, z. B. 1330 in Magdeburg oder 1396 in Köln.

M4 **Vertreter der Zünfte betreten die Ratsstube,** Buchmalerei aus dem Zunftehrenbuch der Stadt Augsburg, 14. Jh.

M5 Die Zunftkämpfe in Braunschweig

Der Historiker Reinhard Barth schreibt 1976 über die Auseinandersetzungen in Braunschweig im Jahr 1374:

Nach einer missglückten Fehde, die Herzog Ernst von Braunschweig und seine Stadt gegen den Erzbischof von Magdeburg unternommen hatten, musste die Stadt ein Lösegeld von 4000 Mark zahlen. Damit war die Verschuldung Braunschweigs auf fast 10 000 Mark angestiegen. Nach Meinung des Rats ließ sich die Lösegeldsumme nicht anders als durch Sondersteuern aufbringen. So berief er am 17. April 1374 die Zunftmeister zu sich und schlug ihnen eine Kornsteuer vor. Die Zunftmeister schienen zum Teil zur Einwilligung bereit, wollten aber erst noch die Meinung ihrer Organisationen einholen. Schon während der Sitzung war eine Volksmenge zusammengelaufen, die sich jedoch noch ruhig verhielt. Als aber die Gildenmeister nach der Ratssitzung in eine gleichzeitig tagende Versammlung der Schuster und Gerber hinüberwechselten und dort berichteten, brach der Aufruhr los. Es kam zu Plünderungen und Gewalttaten. Sechs Ratsmitglieder wurden am selben Tag getötet … Zwei weitere Ratsleute wurden am 21. April nach kurzem Verfahren enthauptet. Angehörige der führenden Geschlechter verließen teils freiwillig, teils gezwungen die Stadt. Ihr Vermögen wurde eingezogen.

Noch in der ersten Woche des Aufruhrs trat ein neuer Rat nur aus Handwerkern zusammen. Die Vertriebenen suchten sofort die Hansestädte für sich zu gewinnen und brachten es dahin, dass im Sommer 1375 Braunschweig aus der Hanse ausgeschlossen wurde. Die Verhandlungen über die Rückkehr der Vertriebenen zogen sich bis 1402 hin.

Reinhard Barth, Argumentation und Selbstverständnis der Bürgeropposition in städtischen Auseinandersetzungen des Spätmittelalters, Köln/Wien (Boehlau) 1976, S. 121 f., 170. Bearb. d. Verf.

4 a) Erarbeite an M5 Ausbruch, Verlauf und Ende der Zunftkämpfe. Welche Ursachen nennt der Autor?
b) Lies M6 (S. 126): Wie begründeten die Braunschweiger Zünfte ihr Aufbegehren? Vergleiche mit M5.

5 Entwirf anhand von M5 eine Zeitungsnachricht: Aufstand in Braunschweig!

6 Beschreibe M2 und M4 und vergleiche, wie die Künstler jeweils die Machtverhältnisse in der Stadt darstellen. Bewerte die Darstellung aufgrund deiner Kenntnisse über die Stadtherrschaft im 14. Jahrhundert.

Die Stadtherrschaft

M6 Die Braunschweiger Zünfte erklären ihr Vorgehen

Kurz nach der Vertreibung der Patrizier 1374 verdichteten sich in Braunschweig die Informationen über den Ausschluss der Stadt aus der Hanse. Die Meister der Bäckerzunft von Braunschweig schrieben aus diesem Anlass einen Brief an die Bäckerzünfte in Lüneburg, Hamburg und Lübeck:

Wisst nun aber, liebe Freunde, dass alle Zünfte und die gesamte Bürgerschaft in Braunschweig in außergewöhnlichem Maße von dem früheren Rat beschwert und bedrückt worden sind, indem seine Mitglieder uns und anderen Zünften und der gesamten Bürgerschaft gegenüber oftmals große Willkür gezeigt haben und uns in vielen Dingen nicht zu unserem Recht verhalfen. Auch wurden wir und die gesamte Bürgerschaft vom Rat in übler Weise bevormundet; denn die Ratsherren hatten viele Jahre lang durch Sondersteuern und städtische Grundsteuern viel Geld von uns eingenommen und hatten die Stadt trotzdem zu großem Schaden und in große Schulden gebracht, was wir wohl beweisen können. Darüber hinaus hatte der Rat zuletzt den Zünften und der Bürgerschaft neue Abgaben und Pflichten auferlegt, die man von Laken, Korn, Herbergen, Wein, Bier, Kühen und anderem Vieh leisten sollte.

Zit. nach Die Chroniken der niedersächsischen Städte, Braunschweig, Bd. 1, 2. Aufl., Göttingen (Vandenhoeck & Ruprecht) 1968, S. 133 ff.

M7 Die Entstehung der städtischen Selbstverwaltung

Städtische Selbstverwaltung

Heute besitzen Städte das Recht, über Angelegenheiten, die die Stadt betreffen, selbst zu entscheiden, z.B. über Finanzen oder Schul- und Krankenhausbau. Die Bürgerinnen und Bürger wählen das Stadtparlament (auch: Stadtrat) und entscheiden über das Amt des Bürgermeisters. Der Ursprung der städtischen Selbstverwaltung in Europa liegt in den Befreiungskämpfen der Patrizier gegen die Stadtherren und in den Zunftkämpfen des späten Mittelalters.

7 Versetze dich in die Rolle eines Braunschweiger Patriziers, der nach dem Aufstand von 1374 nach Lübeck geflüchtet ist. Dort wird er vor den Rat der Stadt geladen und gebeten, über die Ereignisse zu berichten.

8 Unterscheide am Beispiel des Konflikts in Braunschweig: (kurzfristiger) Anlass und (langfristige) Ursachen der Zunftkämpfe.

9 Erläutere anhand von M7 die Entwicklung der städtischen Selbstverwaltung. Beschaffe dir Informationen, wie eine Stadt in heutiger Zeit verwaltet wird.

Kämpfe um das Stadtregiment – ein Rollenspiel

Die Ausgangssituation

Stellt euch vor, ihr würdet in der Stadt Köln des 14. Jahrhunderts leben. Mit ca. 50 000 Menschen ist Köln die größte deutsche Stadt und zudem eine der reichsten. Den Reichtum verdankt sie vor allem dem Textilgewerbe. Die Mehrheit der Bürger sind Handwerker und Handwerkerinnen, die alle in Zünften organisiert sind. Die größte Zunft stellen die Weber. Der Stadtherr ist der Erzbischof von Köln. Regiert wird die Stadt vom Rat. Im Rat sitzen ausschließlich Patrizier. Als symbolisches Zeichen ihrer Macht verwahren sie die Schlüssel zu den Toren der Stadt.
Nach blutigen Kämpfen um die politische Macht kommen die Patrizier, die Zunftvertreter und der Stadtherr Ende des 14. Jahrhunderts im Rathaus zusammen. Sie wollen einen Kompromiss suchen.

Die Beobachter

Einige Schülerinnen und Schüler beobachten das Rollenspiel. Sie bewerten das Spiel und begründen jeweils ihre Meinung: Wurden die Personen „echt" gespielt? Entsprachen die Argumente der Situation in der mittelalterlichen Stadt? Die Beobachter vergleichen die Berichte der Chronisten: Welcher Bericht hat das „Ereignis" am besten wiedergegeben?

Beobachterinnen und Beobachter

Rollenkarte 1

Die Patrizier

Sie werden angeführt von einem Fernhandelskaufmann. Die Patrizier wissen, dass sie die Zünfte nicht mehr gänzlich von der Macht ausschließen können. Trotzdem wollen sie deren Einfluss so gering wie möglich halten. Der Posten des Bürgermeisters ist ihnen besonders wichtig.

Rollenkarte 2

Die Versammlung der Zunftmeister

Sie wird angeführt vom Zunftmeister der Weber. Die Zunftmeister wissen nicht genau, wie viel Macht sie den Patriziern abringen können, und überlegen sich drei mögliche Ziele, unter anderem die Einrichtung eines „erweiterten Rates".

Rollenkarte 3

Der Stadtherr und sein Berater

Der Erzbischof von Köln will den Bau des halb fertigen Domes voranbringen. Er benötigt dafür viel Geld, das nur über eine städtische Sondersteuer zu bekommen ist. Da der patrizische Rat bislang nur zögerlich reagiert hat, sucht er jetzt die Zusammenarbeit mit den Zünften.

Rollenkarte 4

Die Chronisten

Die Zunftkämpfe des 14. Jahrhunderts haben in vielen Orten das Interesse der städtischen Geschichtsschreiber geweckt. Einzeln oder zu zweit sind sie aus vielen Städten herbeigeeilt, um über die Verhandlungen in Köln zu schreiben. Die Chronisten tragen ihre Berichte nach dem Rollenspiel vor.

Die Stadt – Lebensraum der Zukunft?

Von der mittelalterlichen Stadt zur Mega-City?

M1 Jugendliche in der Stadt, Foto, 1998

Das Leben in der Stadt verändert sich

Über das Leben der Menschen in der mittelalterlichen Stadt hast du in diesem Kapitel einiges kennen gelernt. So überschaubar wie eine Stadt im Mittelalter sind heutige Städte und Großstädte nicht mehr. Auch lockt die Stadt heute nicht mehr mit der „Freiheit nach Jahr und Tag“. Was aber zieht die Menschen in die Städte? Ist es tatsächlich so, dass die Stadt das „Wohnmodell“ der Zukunft sein wird? Und wie werden die Städte der Zukunft aussehen?

M2 Wird die ganze Welt eine Stadt?

Der Journalist Stephan Burgdorff schreibt 1998:

Allein in der Dritten Welt machen sich Tag für Tag rund 170 000 Menschen vom Acker. In der Stadt hoffen sie Arbeit, Wohnraum und Wohlstand zu finden – etwas Besseres also, als das Land und dörfliche Gemeinschaft ihnen bieten können. Seit jeher zieht das urbane Leben die Menschen an. „Stadtluft macht frei“, war im europäischen Mittelalter die Devise ländlicher Tagelöhner und Leibeigener, die gegen adlige Ausbeuter aufbegehrten und ihr Heil bei den urbanen[1] Patriziern suchten.

Stephan Burgdorff, Wird die ganze Welt eine Stadt?; in: Spiegel special, Nr. 12, 1998, S. 18.

1 städtisch

M3 Städtewachstum hat Folgen

Aus einem Interview mit dem südafrikanischen Menschheitsforscher Phillip Tobias (1998):

Frage: Sie haben einmal gesagt, die größte Bedrohung für das Überleben der Spezies[1] Mensch sei die Erfindung der Städte. Warum sind Sie so pessimistisch?

Tobias: Zunächst einmal ist festzustellen, dass die Urbanisierung erdgeschichtlich gesehen sehr spät eingesetzt hat. Der aufrecht gehende Mensch lebt seit fünf bis acht Millionen Jahren auf dem Planeten, die ersten Städte wurden erst vor rund 8000 Jahren gegründet. Bis vor 10 000, 15 000 Jahren waren alle Menschen Nomaden, sie waren Jäger und Sammler. Dann lernten sie, Tiere zu domestizieren und Früchte anzubauen. Von diesem Zeitpunkt an ließen sie sich dauerhaft an fest umrissenen Plätzen nieder.

Frage: Was ist nun so schlecht daran?

Tobias: Das Problem ist, dass die Stadtbevölkerung immer mehr zunimmt. Heute lebt jeder zweite Erdenbürger in einer Stadt, in den USA oder Westeuropa sind es sogar 75 bis 80 Prozent. Heute gibt es einige Dutzend Städte, die zwischen 10 und 20 Millionen Einwohner haben.

Frage: Was macht diese Riesenstädte für die Menschen so attraktiv?

Tobias: Die Menschen hoffen, ein besseres Auskommen für ihre Familien zu finden. Aber das Bedrohliche ist ja nicht nur, dass generell immer mehr Menschen in Städten leben, sondern dass die einzelnen Städte immer größer werden. Die Großstadtbewohner leiden unter schlechter Luft, Lärm, optischer Reizüberflutung und unter dem Licht, das die Nacht zum Tag macht. In den Städten gibt es mehr Tätlichkeiten, mehr Straßenraub, mehr Selbstverstümmelung, mehr Tötungsdelikte, mehr Selbstmorde, mehr Kindesmisshandlungen, mehr Handgreiflichkeiten unter den Ehepaaren, mehr Nervenzusammenbrüche. Bisher wurden die Städte fortwährend maschinenfreundlicher gestaltet. Wir müssen diesen Trend umkehren und die Städte menschenfreundlicher machen.

Spiegel-special-Gespräch: Norbert F. Pötzl fragt Phillip Tobias; in: Spiegel special, Nr. 12, 1998, S. 63 f. Bearb. d. Verf.

1 besondere Art einer Gattung

Die Stadt – Lebensraum der Zukunft?

M4 Wohnen in 50 Jahren – Hochhaus ade?

Der Stadtplaner Karl Ganser äußert sich 1995 in einem Interview über die mitteleuropäische Stadt um 2050:

Die Stadt wird kleiner sein als heute. Zum einen, weil es der Weltgesellschaft gelingen wird, die Lebensbedingungen in ärmeren Ländern so zu gestalten, dass die Menschen dort gern bleiben. Zum anderen, weil die Städte weniger Fläche verbrauchen werden. Die Städte werden nicht mehr auf ihr historisches Zentrum fixiert sein, sondern einzelne Stadtteile werden zu relativ selbstständigen Einheiten ausreifen. Dort finden die Menschen alles, was sie für ihren täglichen Bedarf brauchen: Geschäfte jeder Art, Schulen, Kultur- und Sportstätten. Einheiten mit 20 000 bis 30 000 Einwohnern funktionieren gut und eigenständig. Die Großarchitektur von heute wird es nicht mehr geben, weil sie unsozial und unbezahlbar ist. Hingegen werden klug gestaltete Bauten zur Norm, etwa Straßenzüge mit aneinander gereihten vierstöckigen Wohnhäusern, gemischt mit Arbeitsstätten.

Karl Ganser, Wildnis wird in Ballungsgebiete zurückkehren; in: GEO extra. Das 21. Jahrhundert, Nr. 1/1995, S. 93.

M5 Städte unter der Erde, Computergrafik, 1990.
Nach Vorstellungen japanischer Architekten könnten die Städte der Zukunft unterirdisch angelegt werden.

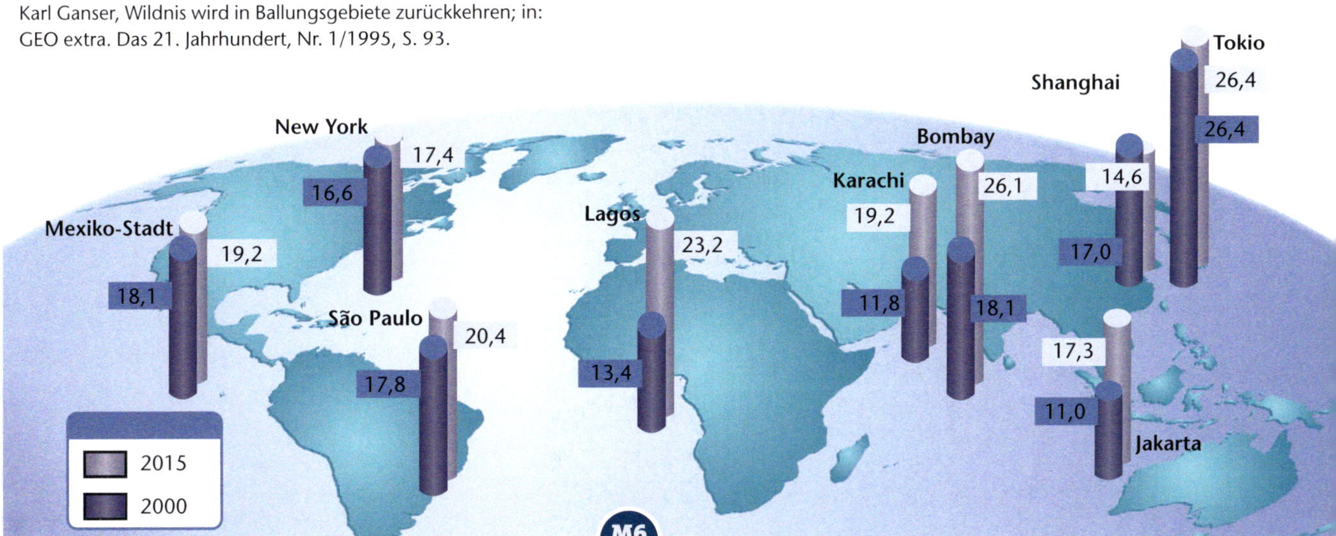

M6 Bevölkerung der Mega-Städte (in Millionen Bewohnern)

1 Erarbeite mithilfe von M2, welche Verbindung der Autor zur mittelalterlichen Stadt herstellt.

2 Stelle anhand von M3 fest, welche Meinung der Autor über die Entwicklung der Städte vertritt und wie er sie begründet. Ziehe M6 mit heran.

3 Untersuche die Stadtmodelle M4 und M5. Vergleiche und nimm Stellung.

4 Erkunde, welche „Zukunftsprojekte" in deiner Stadt diskutiert werden. Informationen gibt es beim Bauamt oder den Parteien.

Stadt der Zukunft – eine Ausstellung

Fertigt in Gruppen Entwürfe aus Bildern, Fotos und eigenen Texten an: „Unsere Stadt der Zukunft". Eure Stadtentwürfe könnt ihr auf Plakaten präsentieren und in einer Ausstellung vorstellen (siehe Methodenseite „Informationen präsentieren", S. 240 f.).

Leben in der mittelalterlichen Stadt – ein Überblick

Aus Siedlungen werden Städte

Die meisten Städte in West- und Mitteleuropa entstanden im Mittelalter. Könige, Herzöge und Bischöfe gründeten verstärkt seit dem 11. Jahrhundert neue Städte, vor allem aus wirtschaftlichen Gründen. Eine Stadt erhielt das Markt-, Münz- und Zollrecht und wurde so zu einem Produktions- und Handelszentrum. Die städtischen Siedlungen zogen die bäuerliche Bevölkerung an, denn in der Stadt boten sich meist bessere Erwerbsmöglichkeiten und größere persönliche Freiheiten. Trotz ihrer Vielfalt in Europa war allen Städten eine bestimmte Struktur gemeinsam, mit der sie sich von der ländlichen Lebensform unterschieden.

Die Stadtgesellschaft

Die Mitglieder der Stadtgesellschaft verfügten über persönliche Freiheit, denn sie waren nicht mehr an einen Grundherrn gebunden. Dennoch war die Stadtgesellschaft vor allem durch soziale und wirtschaftliche Ungleichheit gekennzeichnet. Bürger bzw. Bürgerin konnte nur werden, wer Grundbesitz hatte oder ein selbstständiges Handwerk oder Handelsgeschäft betrieb. Die übrigen Menschen waren Einwohner, z. B. die Handwerksgesellen, Mägde, Tagelöhner oder Bettler. Ebenso wie die Geistlichen konnten auch die jüdischen Einwohner nur selten das Bürgerrecht erwerben. Die städtische Oberschicht bildeten die Patrizier mit ihren Familien. Manchmal wurden städtische Minderheiten mit Gewalt ausgegrenzt, z. B. kam es während der Pestepidemie 1348/50 in vielen Städten Europas zu Pogromen gegen die jüdischen Gemeinden.
Während Frauen im Handwerks- und Handelsbereich durchaus berufliche Chancen hatten, wurde ihnen eine akademische Ausbildung in den neu gegründeten Universitäten verwehrt. Als Alternative zu Ehe und Familie bildete sich um 1200 für Frauen die Lebensform der Beginen heraus.

Die Stadtwirtschaft

Durch den Markt bildete sich in der Stadt eine arbeitsteilige Gesellschaft, die sich von der bäuerlichen Selbstversorgungswirtschaft unterschied. Der zunehmende Warenaustausch förderte die Einführung des Geldes als Zahlungsmittel.
Handel und Handwerk bestimmten das wirtschaftliche Leben in der Stadt. Die meisten Handwerkszweige waren in Zünften organisiert, die fast alle Belange der Handwerker regelten. Mit dem Aufblühen der Städte im 12. Jahrhundert nahm auch der Fernhandel zu. Neben den Städten in Oberitalien und Flandern erreichten die Hansestädte eine große wirtschaftliche Bedeutung. Die Hanse wurde im 14. und 15. Jahrhundert auch zu einer politischen Macht in Nord- und Mitteleuropa.
Der Reichtum der Städte fand seinen Ausdruck im Bau von Kathedralen. Denn viele Stadtbürger versuchten durch Stiftungen für den Kirchenbau ihr „Seelenheil“ zu sichern.

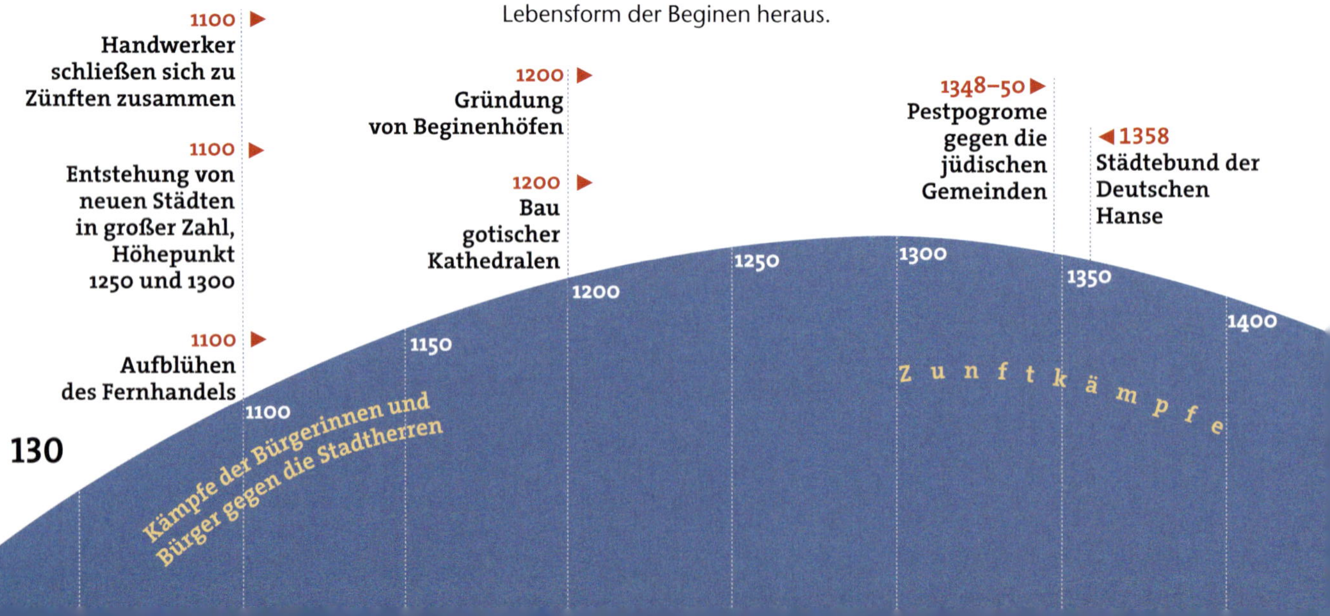

Wir wiederholen zentrale Begriffe und Methoden

Die Stadtherrschaft

Die Patrizier übten die Herrschaft in der Stadt aus, nachdem sie sich im Früh- und Hochmittelalter gegenüber dem Stadtherrn immer mehr Rechte erkämpft hatten. Seit dem 14. Jahrhundert kam es immer häufiger zu Aufständen der Zünfte gegen die Patrizier. In deren Folge wurden an vielen Orten die Handwerker an der Stadtregierung beteiligt. Der Kampf der Patrizier gegen die Stadtherren und die Zunftkämpfe der Handwerker gegen die Patrizier gelten als Wurzeln der städtischen Selbstverwaltung. Seit dem Mittelalter wandern immer mehr Menschen in die Städte. Ob diese Entwicklung anhält und wie die Städte der Zukunft aussehen werden, ist heute umstritten.

Privileg S. 107

Bürgerrecht S. 108

Patrizier S. 109

Gilde, Zunft S. 116

Kathedrale S. 118

Markt S. 120

Hanse S. 123

Städtische Selbstverwaltung S. 126

Das Internet nutzen S. 119

1. Schritt:
Suchabsicht festlegen und
Adressen bereitstellen ...

Silbenrätsel

1.	Sie zu bauen erlaubte der Stadtherr.	1
2.	Hier findest du Links und Informationen.	3
3.	Damit verdiente der Italiener Francesco Datini sein Geld.	2
4.	Diese Kathedrale steht in Köln (2 Wörter).	7
5.	Dieses Stadtviertel wurde abends abgeschlossen.	3
6.	Das begannen viele männliche Jugendliche schon mit 12.	1
7.	Geldgeschenk für ein Leben im Himmel	6
8.	Ohne die konnte keiner Handwerker werden.	4
9.	Hier wurde die Stadtpolitik gemacht.	3
10.	Das verlieh der Stadtherr, damit die Stadt „flüssig" blieb.	1
11.	Großer Städtebund im Norden Europas	2
12.	So wurden z. B. Spielleute bezeichnet.	8
13.	Das taten viele weibliche Jugendliche schon mit 12.	1
14.	Hier musste jeder durch, der in die Stadt kam.	6
15.	Um 1300 eine europäische Großstadt	1
16.	Die hatte mehr Rechte als eine Einwohnerin.	3
17.	Diese Männer gehörten zu den Reichen der Stadt.	8
18.	Frau aus einer christlichen Gemeinschaft, keine Nonne	4

Silben

Be, Bür, che, del, Dom, ehr, er, er, Flo, ge, Get, gi, Han, Han, haus, hei, In, Köl, Leh, li, mau, Münz, ne,

ner, net, Pa, ra, Rat, re, recht, renz, rin, se, Stadt, Stadt, Stif, te, ten, ter, to, tor, tri, tung, Un, zi, Zünf

Schreibe die Lösungswörter untereinander auf einen Zettel und unterstreiche darin die Buchstaben, die rechts als blaue Ziffern angegeben sind. Hintereinander gelesen, ergeben die Buchstaben einen Spruch, der für die Entwicklung der Stadt von großer Bedeutung war.

5. Machtpolitik und Konflikte in Europa

Das Gemälde, das heute in der Bibliothek des Vatikans in Rom aufbewahrt wird, zeigt, wie sich ein Künstler aus dem 14. Jahrhundert die Ordnung der Welt vorstellte. Jeder hat seinen Platz und seine Aufgabe, alles scheint geordnet und geregelt zu sein. Ein idyllisches Bild – aber was teilt es uns über die tatsächliche Ordnung der Welt im Mittelalter mit? Wie können wir diese Darstellung entschlüsseln und etwas über die politischen Ziele der abgebildeten Personen erfahren, z. B. über das Verhältnis von Papst und Kaiser, über das seit dem frühen Mittelalter immer wieder neu gestritten wurde? Die Ordnung sah friedlich aus, aber die mittelalterlichen Betrachter wussten, dass viele Fragen nicht eindeutig geregelt waren und zum Auslöser für blutige Machtkämpfe werden konnten.

– Wer ernannte z. B. den Abt eines neu gegründeten Klosters, das ein Adliger aus der Region der Kirche geschenkt hatte?
– Musste ein Adliger dem König die Treue halten, wenn er sich selbst für einen geeigneteren Herrscher hielt oder wenn er seine eigene Herrschaft ausbauen wollte?
– Wer fehlt auf diesem Bild? Wie gingen die abgebildeten Personen mit den Menschen um, die aus unterschiedlichen Gründen nicht zur „Ordnung der Welt" gehörten?

In allen drei Fällen hätten die Menschen des Mittelalters ganz unterschiedliche Lösungen finden können. Welche Entscheidungen schließlich gefunden wurden und von welchen politischen Überlegungen sie abhingen, kannst du in diesem Kapitel untersuchen.

1 Beschreibe das Bild: Welche Personen und Würdenträger kannst du erkennen?

2 Vergleiche den Aufbau des Bildes und die Anordnung der Personen mit dem Mosaik von S. 62.

3 Zeichne ein Bild, wie du dir die heutige „Ordnung der Welt" vorstellst.

Papst, König und Fürsten streiten um die Macht

Politik folgt Spielregeln

Kaiser und Fürsten: Wer sitzt neben wem?

Gipfeltreffen in Mainz 1184: Kaiser Friedrich Barbarossa, der Herrscher des Heiligen Römischen Reichs, hat zum Hoffest geladen und alle Fürsten sind gekommen. Natürlich nicht allein: Von 70000 Rittern und Vasallen berichten die Quellen. Doch so feierlich und prächtig alles scheint – das Fest wird zur Bühne eines Machtkonflikts, in dessen Mittelpunkt ein Stuhl steht. Der Abt von Fulda verlangt nämlich, auf dem linken Stuhl neben dem Kaiser zu sitzen – ein altes Recht der Fuldaer Äbte, wenn der Kaiser in Mainz weilte. Auf dem umstrittenen Platz sitzt bereits der Kölner Erzbischof. Der steht zwar auf, als Friedrich ihn darum bittet, aber er beklagt sich, dass sein langjähriger Dienst am Reich und sein Alter so gering geachtet werden. Als er schließlich droht, die Versammlung zu verlassen, schließen sich ihm sein Bruder, der Pfalzgraf bei Rhein, und andere mächtige Fürsten an. Als Lehnsleute des Erzbischofs wollen sie die öffentliche Kränkung nicht hinnehmen. Mit Mühe kann Friedrich sie umstimmen und so die – sicherlich beabsichtigte – Auseinandersetzung verhindern. Der Kaiser befiehlt dem Fuldaer Abt, dem Erzbischof von Köln den „höheren" Stuhl zu überlassen.

Spielregeln zeigen Machtverhältnisse

So ein Aufheben wegen eines Sitzplatzes? Vielleicht wundert dich das Verhalten der Staatsmänner, die bei dem Fest versammelt waren. Im Mittelalter gehörte es aber zu den politischen „Spielregeln", die eigene Macht zu demonstrieren und in Szene zu setzen. Zum Beispiel waren Schenken und Annehmen kostbarer Geschenke Gesten, die gute Beziehungen zwischen zwei Personen und die damit verbundenen Pflichten bekräftigten. Das galt auch für die Beendigung eines Konflikts: Der Kniefall, der als freiwillige Handlung inszeniert wurde, war Ausdruck der Unterwerfung unter den Gegner. Damit solche Auftritte wirkungsvoll waren und zu Gesprächsthemen bei Tafelrunden, Jagdgesellschaften und Burgfesten wurden, fanden sie in der Öffentlichkeit statt. Wer gegen die politischen Spielregeln verstieß, wurde streng bestraft, oft sogar mit Waffengewalt.
Auf vielen mittelalterlichen Abbildungen sind Staatsmänner und, manchmal, politisch einflussreiche Frauen in Szene gesetzt worden oder haben sich bewusst in einer bestimmten Weise darstellen lassen. Gehorchten sie damit einer vorgegebenen Spielregel? Was können wir als heutige Betrachter dieser Bilder über die tatsächlichen Machtverhältnisse erfahren?

M1 **Papst und Kaiser,** Buchmalerei, 14. Jh.

1 Lies den Darstellungstext.
a) Formuliere die politischen Spielregeln, die beim Hoffest in Mainz genutzt wurden. Welchen Zweck sollten sie erfüllen?
b) Erläutere, was der Vorfall in Mainz über das Verhältnis zwischen den Fürsten im Reich und dem Kaiser aussagt.

Papst, König und Fürsten streiten um die Macht

M2 **Kaiser Otto III. (983–1002),** Illustration aus einem Evangeliar*, um 1000

M3 **Der Deutsche Bundestag**, Foto, 2004. Das Foto entstand am Tag der Einführung des neuen Bundespräsidenten.

Muss Ordnung sein? – Ein Standbild

Überlegt euch in der Klasse Situationen, in denen Menschengruppen in einer vorgegebenen Anordnung stehen oder sitzen. Stellt eine davon im Klassenzimmer nach. Einige Mitschüler sind Beobachter. Jeder, der mitspielt, erklärt, welche Position er sich gegenüber den anderen Personen zuweist. Die Beobachter berichten, wie sie die Situation wahrnehmen.
Anschließend werden die Plätze vertauscht. Besprecht mit den Beobachtern, ob sich die Situation für die Teilnehmer verändert hat.

2 Beschreibe M1 bis M3. Erläutere, welche Informationen du über die abgebildeten Personen erhältst.

3 Vergleiche in M1 und M2, wie Machtverhältnisse dargestellt sind. Beachte: „Richtiges Sitzen" war eine politische Spielregel!

4 Gelten auch heute bei Festakten wie Empfängen und Festessen Regeln? Berichte von eigenen Erfahrungen.

5 Überlege, ob sich die Bildaussage von M3 ändern würde, wenn einzelne Personen ihre Plätze tauschten.

Papst, König und Fürsten streiten um die Macht

M1 **Einsetzung eines Bischofs in sein Kirchenamt durch Otto III. (983–1002),** Bronzetür am Dom von Gnesen, erste Hälfte 12. Jh.

Kirchenreform: Hände weg vom Krummstab!

Die Kirche erinnert an die Weltordnung

Bis zur Jahrtausendwende hatten es die Könige für selbstverständlich erachtet, in ihrem Reich über kirchliche Angelegenheiten zu entscheiden und z. B. frei gewordene Kirchenämter neu zu besetzen (Investitur). Widerstand gegen dieses Verfahren regte sich nur selten, da die Kirche häufig Vorteile daraus zog. Selbstverständlich war diese Form der Ämtervergabe jedoch nicht und sie war kirchenrechtlich auch nicht zulässig. Seit dem 11. Jahrhundert äußerten einzelne Kleriker Kritik an dieser Praxis. Sie behaupteten, dass die päpstliche Oberhoheit über der weltlichen stehe. Die Reformbewegung, deren geistiges Zentrum das französische Kloster Cluny war, stellte im Wesentlichen drei Forderungen:

– Nicht nur die Bischöfe, sondern auch alle Priester sollten unverheiratet bleiben.

– Der Kauf und Verkauf von kirchlichen Ämtern sollte verboten werden.

– Geistliche sollten nicht mehr von Laien in ihre Ämter eingesetzt werden.

M2 Über die Erneuerung der Kirche

Unter dem Titel „Dictatus papae“ stellte Papst Gregor VII. im Jahr 1075 kirchenrechtliche Grundsätze auf:

1. Einzig und allein von Gott ist die römische Kirche gegründet.

3. Er [der Papst] ganz allein kann Bischöfe absetzen und auch wieder einsetzen …

7. Nur er darf, wenn es die zeitliche Notwendigkeit verlangt, neue Gesetze erlassen, neue [Kirchen-] Gemeinden gründen …, ein reiches Bistum teilen und arme zu einem einzigen zusammenlegen.

8. Nur er verfügt über die kaiserlichen Insignien[1].

9. Alle Fürsten haben die Füße einzig und allein des Papstes zu küssen …

12. Der Papst kann Kaiser absetzen.

18. Sein Entscheid kann von niemandem aufgehoben werden, er selbst aber kann Urteile aller anderen … aufheben.

19. Über ihn [den Papst] besitzt niemand richterliche Gewalt.

26. Wer nicht mit der römischen Kirche übereinstimmt, kann nicht als katholisch[2] gelten.

27. Er kann Untertanen vom Treueid gegen unbillige [Herrscher] entbinden.

Zit. nach Geschichte in Quellen, Bd. 2 , hg. und übers. v. Wolfgang Lautemann, 3. Aufl., München (bsv) 1978, S. 291 f.

1 Erkläre mithilfe von M1, was die Vertreter der Kirchenreform kritisierten.

2 Erläutere die in M2 aufgelisteten Leitsätze.

3 Suche in M2 die Beispiele, mit denen der Papst seine Macht inszenieren wollte.

1 Herrschaftszeichen (siehe S. 68)
2 zur ganzen christlichen Kirche gehörig

Papst, König und Fürsten streiten um die Macht

M3 Die päpstliche und die königliche Würde

Aus Briefen des Papstes Gregor VII. (1073–1085) an europäische Adlige und Regenten:

3A Brief an den Bischof von Chalon-sur-Saône (4.12.1073):

Die Zuverlässigkeit dieses Versprechens [des französischen Königs] wollen wir zuerst am Fall der Kirche von Mâcon erproben, die schon lange der Leitung eines Hirten entbehrt …: Ob er es nämlich zulässt, dass Landricus, der vom Klerus einmütig und unter Zustimmung des Volkes und … des Königs gewählt wurde, das Bistum ohne Gegenleistung … übertragen erhält … Dies, liebster Bruder, haben wir deiner Wachsamkeit anvertrauen wollen, auf dass du es dem … König zu eröffnen und durch Mahnen und Bitten und auf jede nur denkbare Weise einzuhämmern bemüht bist.

Quellen 3A und 3B zit. nach Quellen zum Investiturstreit, Teil 1 (Ausgewählte Briefe Papst Gregors VII.), übers. v. Franz-Josef Schmale, Darmstadt (Wissenschaftliche Buchgesellschaft) 1978, S. 63 f. und 345.

3B Brief an König Wilhelm I. von England (8.5.1080):

[Der allmächtige Gott] hat … dafür gesorgt, dass die Geschöpfe durch die apostolische[1] und die königliche Würde, als verschiedene Ämter, regiert werden … [Sei dir dessen bewusst], dass, wie die Heilige Schrift bezeugt, die … päpstliche Würde die christlichen Könige und alle Übrigen vor dem göttlichen Tribunal[2] zu vertreten und Gott für deren Sünden Rechenschaft zu geben hat. Wenn ich also vor dem gerechten Richter … dich zu vertreten habe …, mögest du [überlegen], ob ich etwa anders darf oder kann, als … für dein Heil zu sorgen, und du etwa anders darfst oder kannst, als mir zu deinem Heil … zu gehorchen.

1 päpstliche
2 Gericht

Investitur

(von lat. investire = bekleiden). Im Mittelalter Bezeichnung für die feierliche Einsetzung von Lehnsleuten in ihr Amt. Seit dem 10. Jahrhundert hatte der König bei der Investitur von geistlichen Lehnsleuten mitgewirkt (siehe Reichskirche, S. 69). Er hatte die Bischöfe, Äbte und Äbtissinen mit den Investitursymbolen Ring und Stab in ihre Ämter und damit ihre Machtbefugnisse eingewiesen. Die Könige begründeten ihre Mitwirkung damit, dass die Bischöfe mit der Verwaltung des königlichen Besitzes betraut waren. Mit der Kirchenreform im 11. Jahrhundert versuchte die Kirche den Einfluss der Könige auf kirchenpolitische Angelegenheiten erheblich einzuschränken. Es kam zum so genannten Investiturstreit, einer über mehrere Jahrzehnte dauernden politischen Auseinandersetzung zwischen Papst und weltlichen Herrschern.

M4 Der König schenkt einem Abt ein Kloster, Buchmalerei, Mitte 11. Jh.

4 Vergleiche M3A und 3B (s. Arbeitsschritte S. 140).

5 Zeige, welche der Aussagen aus M3A und 3B sich durch die Leitsätze (M2) begründen lassen.

6 Das Bild M4 stammt aus der Evangelienhandschrift von der Reichenau, die König Heinrich IV. (1053–1106) geschenkt werden sollte. Wegen des Investiturstreits wurde sie kurz vor ihrer Vollendung abgebrochen. Prüfe, welche Hinweise das Bild zu seiner Entstehung enthält.

Der Auftrag – ein Rollenspiel

Der Auftraggeber von M4, ein Kleriker, teilt dem Maler mit, dass er seinen Auftrag zurückzieht. Gestaltet das Gespräch der beiden in Gruppen nach und schreibt es auf. Spielt in der Klasse die Szenen vor und diskutiert sie.

Papst, König und Fürsten streiten um die Macht

M1 Heinrich IV. bei der Markgräfin Mathilde, Buchmalerei, 1114/15. Abgebildet sind die Markgräfin Mathilde, Heinrich IV. und der Abt von Cluny. Die Bildinschrift lautet: Der König fragt den Abt und fleht Mathilde an.

Gregor VII.
Gregor VII. (1073–1085) war wahrscheinlich schon fast 60 Jahre alt, als er zum Papst gewählt wurde. Er gilt als einer der bedeutendsten Päpste des Mittelalters. In 27 Leitsätzen hat er seine Weltsicht formuliert, z. B. sagte er: „Gott gehorchen heißt der Kirche gehorchen und das wiederum heißt dem Papst gehorchen."

Heinrich IV.
Heinrich IV. (1053–1106) wurde 1053 als Dreijähriger zum König gewählt. Zunächst herrschte er unter der Vormundschaft seiner Mutter Agnes, 1065 übernahm er allein die Regierung. Heinrich war machtbewusst und begann, seine Position gegenüber den Fürsten im Reich auszubauen, z. B. durch einen Krieg gegen die Sachsen. Er zog damit die Feindschaft vieler Adliger auf sich.

Werden im Investiturstreit die Spielregeln missachtet?

König Heinrich IV. unter dem Kirchenbann

Die Könige Heinrich II. (1002–24) und Heinrich III. (1039–56) unterstützten die Kirchenreform. Heinrich IV. jedoch lehnte sie ab. Er befürchtete, dass seine Macht eingeschränkt werden sollte. In Mailand, das zum Reich gehörte, setzte er gegen den Willen von Bevölkerung und Papst einen Erzbischof ein. Daraufhin drohte Papst Gregor VII., den König mit der härtesten Strafe der Kirche zu belegen: dem Kirchenbann*. Heinrich IV. und viele deutsche Bischöfe nahmen den Konflikt mit dem Papst auf. Im Januar 1076 forderten sie ihn auf, von seinem Amt zurückzutreten. Gregor machte daraufhin seine Drohung wahr. Er bannte Heinrich IV. und erklärte alle ihm geleisteten Lehnseide für ungültig.

Eine unglaubliche Situation: Die Vertreter Gottes auf Erden erklärten sich gegenseitig für abgesetzt! Der König stand unter Bann. Er war damit von den Sakramenten wie z. B. dem Abendmahl und aus der Gemeinschaft der Christen ausgeschlossen. Jedem Christen war es nun strengstens verboten, mit ihm zu reden oder ihm zu helfen. Erst eine angemessene Buße konnte den Gebannten von der Strafe befreien. Fürsten und Bischöfe schwankten zwischen Gehorsam, Treue und der Hoffnung, die Lage zu ihrem eigenen Vorteil nutzen zu können. Im Herbst 1076 stellten sie Heinrich IV. ein Ultimatum: Wenn er nicht innerhalb eines Jahres vom Kirchenbann gelöst wäre, würden sie einen neuen König wählen.

1 Informiere dich im Darstellungstext und nenne die Folgen, die der Kirchenbann für Heinrich IV. hatte.
2 Erläutere, welche Informationen du M1 entnimmst. Berücksichtige dabei, wie die einzelnen Personen dargestellt (z. B. Größe, Haltung, Kleidung) und einander zugeordnet sind.
3 Lies den Darstellungstext S. 139 und erläutere den Ausgang des Konflikts zwischen Heinrich und Gregor.

Canossa – Ende des Konflikts?

Heinrichs Thron wankte. Deshalb entschloss er sich, noch im Winter mit seiner Familie die Alpen zu überqueren, um Gregor VII. aufzusuchen. Dieser hielt sich gerade auf der Burg Canossa in Norditalien auf. Die Burgherrin, Markgräfin Mathilde von Tuszien, war nicht nur eine treue Anhängerin des Papstes, sondern auch die Tante Heinrichs IV. Deshalb trat sie mehrfach als Vermittlerin zwischen König und Papst auf. Am 25. Januar erschien Heinrich IV. im Büßergewand vor der Burg. Drei Tage lang musste er dort warten, bis Gregor VII. nach Verhandlungen mit Mathilde und dem zufällig anwesenden Abt von Cluny, Heinrichs Taufpaten, den Bann löste.

Die Ereignisse von Canossa beendeten den Konflikt zwischen dem Papst und der weltlichen Macht aber nicht: Einige deutsche Fürsten verbündeten sich mit dem Papst und wählten 1077 einen Gegenkönig. Heinrich IV. jedoch konnte seine Gegner schließlich mit Waffengewalt besiegen und ließ einen Gegenpapst wählen, der ihn 1084 zum Kaiser krönte. Gregor VII. floh und starb wenig später. Erst 1122 wurde ein Kompromiss ausgehandelt: das Wormser Konkordat. Dieser Vertrag belegt, dass der Investiturstreit die Fürsten in ihrer Stellung gegenüber dem König bzw. Kaiser erheblich gestärkt hatte. Sie nämlich legten die Vereinbarungen des Konkordats im Wesentlichen fest.

Wormser Konkordat

Der Begriff Konkordat bezeichnet einen Vertrag zwischen dem Papst und einem weltlichen Herrscher. Im Jahr 1122 schlossen Papst Calixt II. und Kaiser Heinrich V. in Worms einen Vertrag, der folgendes Verfahren für die Investitur regelte: Ein Bischof hat sowohl weltliche als auch geistliche Aufgaben, da er Besitz und Sakramente der Kirche verwaltet. Deshalb überträgt der König ihm die weltlichen Herrschaftsrechte, von der Kirche wird er durch die geistliche Weihe seiner Aufgabe zugeführt.

M2 Der Investiturstreit aus heutiger Sicht

Der Historiker Gert Althoff urteilt 1998:

Man kann wohl … sagen, dass im Fall Heinrichs IV. und seiner zahlreichen unterschiedlichen Gegner die mittelalterliche Gewohnheit, auf dem Verhandlungswege Kompromisse zu finden, deutlich an ihre Grenzen gelangt war. Zwei Hauptprobleme lassen sich … erkennen: Zum einen gelang es nicht, Vermittler zu finden, die über genügend Autorität verfügten, Kompromisse auch durchzusetzen. Zum anderen … scheint Heinrich IV. häufiger als andere Herrscher die Regeln der Konfliktbeilegung missachtet und gebrochen zu haben. Aus diesem Grund durchsetzte Misstrauen grundsätzlicher Art das gesamte Feld der Beratung und der Kommunikation.

Gert Althoff u.a. (Hg.), Menschen im Schatten der Kathedrale, Darmstadt (Wissenschaftliche Buchgesellschaft) 1998, S. 88.

M3 **Friedrich Barbarossa (1152–1190) und der Herzog von Venedig führen das Pferd Papst Alexanders III.**, italienisches Wandgemälde, 13. Jh.

4 a) Erarbeite aus M2, wie der Verfasser das Verhalten Heinrichs IV. beurteilt.
b) Nimm Stellung zu M2. Beachte dabei die Verwendung des Begriffs „Misstrauen" (Z.11).

5 Zeige anhand des Begriffskastens, dass es sich beim Wormser Konkordat um einen Kompromiss handelte.

6 Beschreibe M3. Was sagt das Bild über das Verhältnis von Kaiser und Papst aus? Überlege, warum Kaiser Friedrich Barbarossa so abgebildet wird.

Textquellen vergleichen

Fragen stellen – Antworten vergleichen

Oft werden historische Ereignisse von verschiedenen Verfassern überliefert. Hier lernst du, unterschiedliche Sichtweisen zu erarbeiten und die Informationen einzuschätzen.

Lampert von Hersfeld
Lampert (vor 1028 – nach 1081) stammte aus einer begüterten Familie und wurde 1058 Mönch im Kloster Hersfeld. Er schrieb mehrere geschichtliche Werke, darunter Jahrbücher, nicht mit wissenschaftlichem Anspruch, sondern als Berichte über seine Zeit. Lampert war ein Gegner König Heinrichs IV. Für die Ziele der Kirchenreformer hatte er kein Verständnis.

M1 Schreibender Mönch, Buchmalerei, um 1150

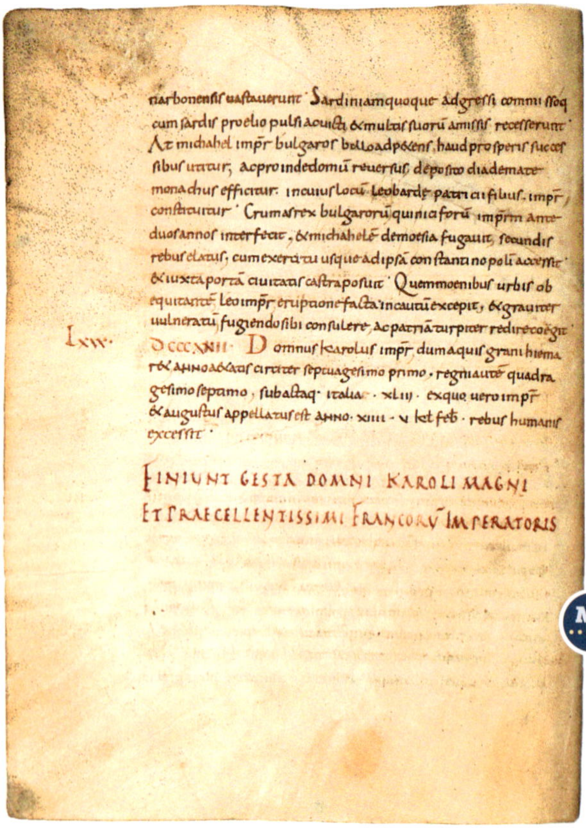

FINIUNT GESTA DOMNI KAROLI MAGNI
ET PRAECELLENTISSIMI FRANCORUM IMPERATORIS

M2 Blatt aus den Reichsannalen 814, Pergament, um 875

Arbeitsschritte

1. Schritt: Jede Quelle einzeln erschließen
Siehe „Schriftliche Quellen interpretieren“, (Arbeitsschritt 2, S. 57).

2. Schritt: Glaubwürdigkeit der Texte überprüfen
Kläre folgende Fragen:
- Wann sind die Texte geschrieben worden? Wie groß ist der zeitliche Abstand zwischen Ereignis und Bericht? Waren die Autoren Augenzeugen? Wenn nicht: Wen geben sie als Informanten an?
- Ist eine Wertung (durch die Autoren oder deren Informanten) zu erkennen?

3. Schritt: Inhalte vergleichen
Stelle fest,
- welche Informationen übereinstimmen,
- ob es Einzelheiten gibt, die nicht in allen Texten erscheinen bzw. unterschiedlich genau oder ausführlich wiedergegeben werden,
- ob das, was berichtet wird, logisch ist oder Unstimmigkeiten enthält.

4. Schritt: Weitere Informationen sammeln
Um die Aussagen der Texte zu überprüfen bzw. Fragen zu klären, musst du weitere Quellen und wissenschaftliche Informationen (z. B. Lexika, Sachbücher) heranziehen.

5. Schritt: Ergebnisse formulieren
Vergleiche die Notizen aus den einzelnen Arbeitsschritten miteinander. Ergänze dann die Ergebnisse durch Sachinformationen. Nenne die Widersprüche und Unklarheiten, die du bei der Textarbeit festgestellt hast und nicht beseitigen konntest. Prüfe, ob sie für die Wertung der Ergebnisse von Bedeutung sind.

M3 Heinrich IV. in Canossa – ein Ereignis wird aus unterschiedlicher Sicht erzählt

In den Jahrbüchern des Lampert von Hersfeld steht zu den Ereignissen von Canossa (Januar 1077), dass Heinrich IV. seine Verwandten bat, die Lösung des Banns zu erwirken. Der Papst löste den Bann, forderte aber den Rücktritt des Königs.

3A Zu hart schien dieses den Gesandten. Und da sie ihm lebhaft anlagen, er möge das Urteil mildern ..., ließ er sich endlich mit großer Mühe kaum so weit erbitten, dass er ihm gestattete, vor ihn zu kommen und, wenn er aufrichtige Reue über seine Vergehungen hege, die Schuld ... durch Gehorsam gegen die Beschlüsse ... zu sühnen. Jener kam, wie ihm befohlen worden, und da die Burg mit einer dreifachen Mauer umgeben war, wurde er in den Umkreis der zweiten Ringmauer aufgenommen, während sein ganzes Gefolge außerhalb zurückblieb, und hier stand er ... ohne alle Zeichen königlicher Würde, keinerlei Prunk zur Schau tragend, barfuß, fastend vom Morgen bis zum Abend, in Erwartung des Ausspruches des römischen Papstes ... Erst am vierten Tage wurde er ihm vor Augen gelassen und nach vielen Reden und Gegenreden zuletzt unter ... Bedingungen vom Banne losgesprochen.

Die Jahrbücher des Lampert von Hersfeld, übers. v. L. F. Hesse, bearb. v. W. Wattenbach, 4. Aufl., Leipzig (Verlag der Dykischen Buchhandlung) 1912, S. 288 ff.

In einem Brief vom Januar 1077 an die geistlichen und weltlichen Würdenträger des Reichs schilderte Papst Gregor VII. (1073–1085) die Ereignisse von Canossa folgendermaßen:

3B [Der König] bot an, Gott, dem heiligen Petrus und uns in allem Abbitte zu leisten, und versprach, zur Besserung seines Lebens völligen Gehorsam zu wahren, sofern er nur Lossprechung und die Gnade des apostolischen Segens zu erlangen verdiene. Da wir dies unter vielfältigen Überlegungen lange hinausschoben und ihn durch all die Boten, die hin und her wechselten, heftig wegen seiner Ausschreitungen zurückwiesen, gab er schließlich durch sich selbst keinerlei Feindschaft oder Unbesonnenheit zu erkennen und kam in geringer Begleitung nach Canossa, wo wir uns aufhielten. Dort harrte er während dreier Tage vor dem Tor der Burg ohne jedes königliche Gepränge auf Mitleid erregende Weise aus, nämlich unbeschuht und in wollener Kleidung, und ließ nicht eher ab, unter zahlreichen Tränen Hilfe und Trost des apostolischen[1] Erbarmens zu erflehen, als bis er alle ... zu ... solchem barmherzigen Mitleid bewog, dass sich alle unter vielen Bitten und Tränen für ihn verwandten.

Zit. nach Quellen zum Investiturstreit, Teil 1 (Ausgewählte Briefe Papst Gregors VII.), übers. v. Franz-Josef Schmale, Darmstadt (Wissenschaftliche Buchgesellschaft) 1978, S. 241 ff.

1 päpstlichen

Ein anonymer Verfasser veröffentlichte vermutlich 1106/07 eine Lebensbeschreibung über Heinrich IV. („Vita Henrici"). Er ging nur kurz auf die Geschehnisse in Canossa ein:

3C Als Heinrich erkannte, wie sehr er in Bedrängnis geraten war, fasste er in aller Heimlichkeit einen schlauen Plan; plötzlich und unerwartet reiste er dem Papst entgegen und erreichte mit einem Schlag zwei Dinge: Er empfing die Lösung vom Bann und unterband durch sein persönliches Dazwischentreten die für ihn bedenkliche Zusammenkunft des Papstes mit seinen Widersachern. Auf das ihm zur Last gelegte Verbrechen ging er kaum ein, weil er, wie er betonte, auf Anschuldigungen seiner Gegner, selbst wenn sie auf Wahrheit beruhten, nicht antworten müsse.

Vita Henrici IV. Imperatoris, übers. v. Irene Schmale-Ott; in: Quellen zur Geschichte Kaiser Heinrichs IV., hg. v. Franz-Josef Schmale, Berlin (Rütten & Loening) 1963, S. 421.

M4 **Die Burg von Canossa**, Foto, 1999

1. Erarbeite M3A, 3B und 3C mithilfe des 1. Arbeitsschrittes.
2. Vergleiche die Glaubwürdigkeit der Verfasser (2. Schritt). Nimm den Kasten S. 140 zu Hilfe.
3. Vergleiche die drei Quellen mithilfe der Arbeitsschritte 3 bis 5.
4. Der Autor von M3B, Gregor VII., war von den Ereignissen unmittelbar betroffen. Ist dies in seinem Bericht zu erkennen? Suche nach Beweisen für deine Antwort. Ziehe auch M3A und M3C zum Vergleich heran.

Staufer und Welfen: verbündet – und verfeindet

M1 Wer soll König werden?

Bei der Königswahl 1125 in Mainz standen drei Kandidaten zur Wahl: Der Schwabenherzog Friedrich war ein Staufer, der Herzog Lothar war mit den Welfen verwandt und Luitpold war Markgraf von Österreich. Ein unbekannter Chronist berichtete:

Da stand der Erzbischof von Mainz auf und richtete an die drei genannten Fürsten die Frage, ob jeder von ihnen bereit sei, ohne Widerspruch, Zögern und Neid dem Dritten zu gehorchen, den die Fürsten zusammen wählen würden. Daraufhin bat Herzog Lothar demütig ..., von seiner Wahl abzusehen, und versprach, jedem Gewählten zu gehorchen ... Auch Markgraf Luitpold gab für seine Person dieselbe Erklärung ab ... [Herzog Friedrich erklärte,] er wolle und könne nicht antworten, ohne den Rat seiner Freunde, die er im Lager zurückgelassen habe, eingeholt zu haben ...
Die Fürsten ... weigerten sich einstimmig, einen Mann zum Herrn zu wählen, der sich schon vor der Erhöhung so stolz und herrschsüchtig zeigte ... König Lothar ... wurde durch allgemeine Übereinstimmung und die Bitten der Fürsten zur Königswürde erhoben.

Zit. nach Geschichte in Quellen, Bd. 2 , hg. und übers. v. Wolfgang Lautemann, 3. Aufl., München (bsv) 1978, S. 377 ff.

Die Königswahl als Bühne adliger Konflikte

1125 versammelten sich die geistlichen und weltlichen Fürsten des Reiches in Mainz, um einen König zu wählen. Denn kurz zuvor war der Salier Heinrich V. (1098–1125) gestorben – ohne einen Erben zu hinterlassen, der das Königsamt hätte übernehmen können. Verlauf und Ausgang der Königswahl* zeigten zwei Dinge: Zum einen hatten einzelne Adelsfamilien erheblich an Macht gewonnen und forderten mehr Einfluss auf die Reichspolitik. Zum anderen stritten nicht nur König und Fürsten um die politische Macht im Reich, sondern auch die Adelsfamilien untereinander. Und selten blieb es beim Streit, meist waren Krieg und Verwüstung die Folge. Beispielhaft dafür ist die Auseinandersetzung zwischen zwei der mächtigsten Adelsfamilien im 12. Jahrhundert, den Staufern und den Welfen. Der Konflikt zwischen beiden Familien dauerte mehrere Jahrzehnte. Als 1152 wieder ein König ohne Erben gestorben war, wählten die Fürsten den Staufer Friedrich I. (1152–1190) zum König. Sie hofften, dass er den Streit beenden würde.

M3 Standbild in der Braunschweiger Burg Heinrichs des Löwen, Bronzekopie. Das Standbild wurde 1166 errichtet.

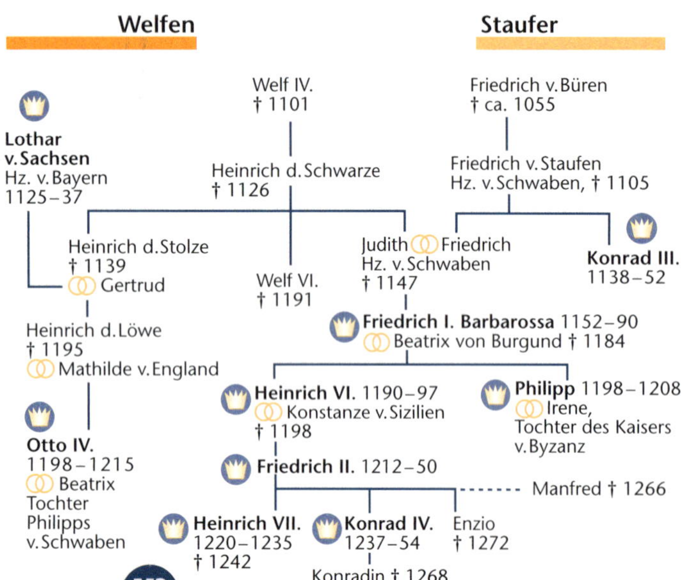

M2 Stammtafel der Staufer und Welfen (♔ = König)

1 Finde in M1 Erklärungen für das Scheitern des Schwabenherzogs Friedrich bei der Wahl 1125. Ziehe auch den Darstellungstext heran.

2 a) Erkläre anhand von M2, warum die Fürsten 1152 glaubten, Friedrich I. könnte die Staufer und Welfen versöhnen.
b) Überlege, warum die Fürsten Friedrich I. wählten, obwohl sie vom Streit zwischen Staufern und Welfen durchaus Nutzen hatten.

Papst, König und Fürsten streiten um die Macht

Der Staufer Friedrich: Mächtigster im Reich?

Der Staufer Friedrich I. (die Italiener nannten ihn Barbarossa, d.h. Rotbart) hatte sich zum Ziel gesetzt, seine Machtposition im Reich auszubauen und damit auch die Rolle des Königs gegenüber den Fürsten zu stärken: Bald nach seiner Wahl zum König machte er seinen Anspruch auf die Kaiserkrone geltend und erneuerte den Herrschaftsanspruch des deutschen Königs gegenüber den oberitalienischen Städten. Um seine Machtposition gegenüber den Adelsfamilien im Reich zu sichern, erweiterte Friedrich Barbarossa seinen Grundbesitz über die Grenzen seines Erblandes hinaus. Er beauftragte Ministeriale, ehemals unfreie Dienstmannen, seine Gebiete zu verwalten und zu leiten. Auch seine Familie nutzte Friedrich Barbarossa für seine politischen Ziele: Er selbst war mit Beatrix, der Erbin der Grafschaft Burgund, verheiratet. Ihre elf Kinder, von denen einige früh starben, waren für Verbindungen mit mächtigen Adligen in ganz Europa vorgesehen.

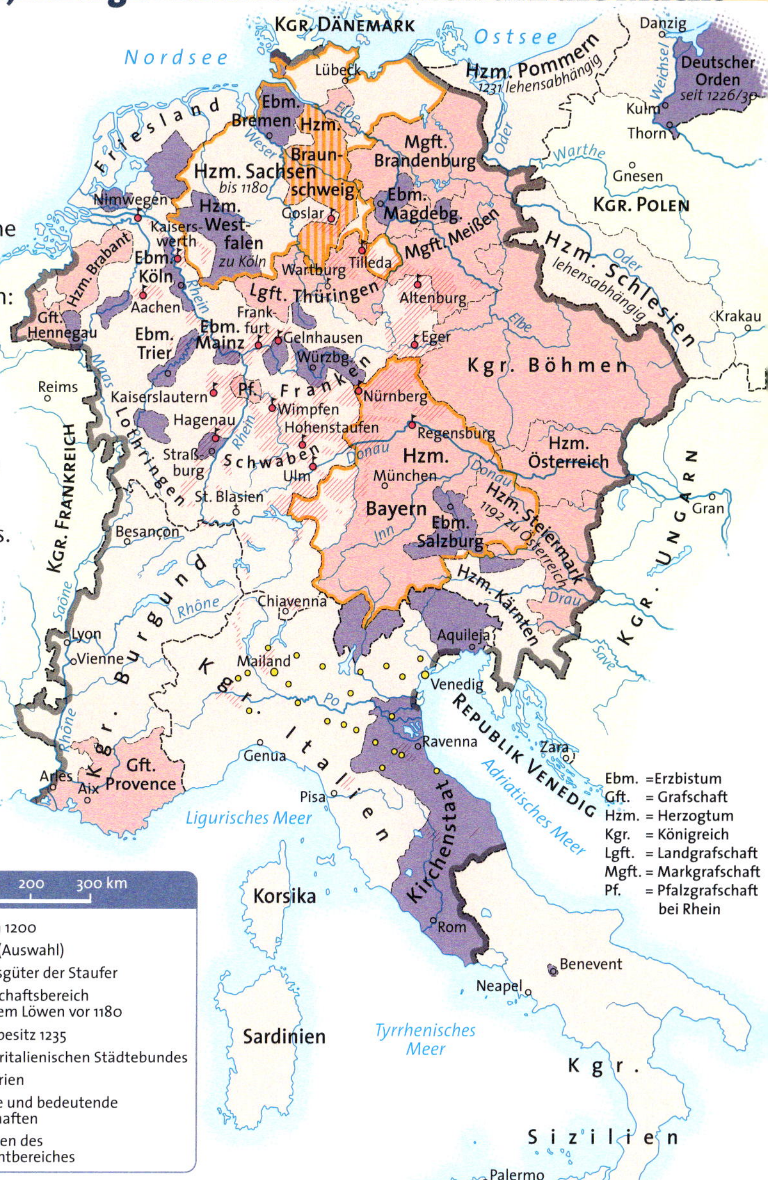

M5 **Das Reich zur Zeit der Staufer**

M4 **Goldsiegel Friedrich Barbarossas**, 1154. Dieses kaiserliche Siegel befand sich an einer Urkunde Friedrich Barbarossas für Heinrich den Löwen. Die Umschrift lautet: Friedrich von Gottes Gnaden (römischer) Kaiser.

3 Zeige anhand der Karte M5, wie Friedrich Barbarossa seine Hausmacht erweiterte und stärkte.

4 Vergleiche M3 und M4. Zeige, wie darin die Macht von Welfen und Staufen demonstriert wurde.

5 Erarbeite anhand von M5 die Größe des Herrschaftsbereichs von Heinrich dem Löwen vor 1180. Beurteile seine Machtposition im Reich.

Papst, König und Fürsten streiten um die Macht

M6 **Kniefall Friedrich Barbarossas vor Heinrich dem Löwen**, Buchmalerei, vor 1290

Friedrich I. gewinnt – und verliert doch?

Für seine Kriegszüge gegen die oberitalienischen Städte brauchte Friedrich Barbarossa die militärische Unterstützung der deutschen Fürsten. Dabei zählte er besonders auf die Hilfe seines Vetters, des Welfen Heinrich des Löwen, dem er 1154 Bayern als Lehen und dazu königliche Rechte verliehen hatte. Wie Friedrich Barbarossa hatte auch Heinrich begonnen, seine Machtposition gezielt auszubauen: In den deutschen Gebieten des Reiches gründete er neue Städte, z.B. Lübeck und Schwerin, er führte Eroberungskriege gegen die Slawen und besiedelte die eroberten Gebiete im Osten. Wie mächtig Heinrichs Position geworden war, zeigte sich, als der Kaiser ihn 1176 in Chiavenna um Hilfe für einen weiteren Kriegszug bat: Heinrich der Löwe forderte als Gegenleistung die Reichsstadt Goslar. Als Friedrich dies ablehnte, verweigerte der Welfe seine militärische Unterstützung. Heinrich geriet durch sein machtbewusstes Auftreten bald auch in Konflikt mit den anderen Fürsten. 1180 klagten sächsische Adlige gegen ihn und er wurde vor das Königsgericht geladen. Als Heinrich dort nicht erschien, stellte Friedrich Barbarossa ihn unter die Reichsacht. Heinrich verlor alle Reichslehen und durfte nur seinen Hausbesitz um Braunschweig und Lüneburg behalten. Damit hatte Friedrich einen gewichtigen politischen Gegner ausgeschaltet – aber gelungen war ihm dies nur mit der Hilfe anderer mächtiger Adliger. Auch in Italien erreichte er weniger, als er erhofft hatte: Zwar konnte er mehrmals die oberitalienischen Städte besiegen, aber letztlich behielten sie ihre Selbstständigkeit und Friedrich musste sich damit begnügen, dass sie ihm Abgaben zahlten.

Reichsacht

Bei schweren Verbrechen (z.B. Mord) konnten der König oder ein von ihm beauftragter Richter den Täter ächten. Das bedeutete, dass der Verurteilte aus der Gemeinschaft ausgestoßen wurde und seinen ganzen Besitz verlor. Jeder hatte das Recht, ihn zu töten. Wer den Geächteten aufnahm, musste die gleiche Strafe befürchten. Die Reichsacht konnte nur zurückgenommen werden, wenn der Geächtete sich dem Gericht stellte.

Gesucht: Chronisten für den Kaiser!

Stell dir folgende Situation vor: Otto von Freising, der Chronist Friedrich Barbarossas, sucht für seine Arbeit Schreiber. Er beauftragt einen Vertrauten, einen „Eignungstest“ durchzuführen. Mönche in den umliegenden Klöstern werden aufgefordert, das Urteil des Königsgerichts gegen Heinrich den Löwen zu kommentieren. Damit die Mönche unbeeinflusst bleiben, bleibt der Auftraggeber geheim. Verfasst die Kommentare der Mönche und lest sie in der Klasse vor. Entscheidet gemeinsam, wer sich als Schreiber des Chronisten eignen würde.

6 a) Erarbeite die Aussage des Bildes M6 (Arbeitsschritte siehe S. 62). Achte insbesondere auf die Haltung der Personen.
b) Finde mithilfe des Darstellungstextes heraus, um welches Ereignis es sich in M6 vermutlich handelt.

7 Versuche aus dem Verhalten Heinrichs des Löwen zu erschließen, wie er seine politische Beziehung zum Kaiser einschätzte.

Aus Fürsten werden Landesherren

Mehr Macht für die Fürsten

Nach dem Tod Friedrich Barbarossas (1190) hatten die Reichsfürsten* ihren politischen Einfluss weiter ausbauen können. Die Grundlage ihrer Macht war ihr Land (Territorium*). Das nutzten sie, um ihre Interessen gegenüber den anderen Fürsten zu vertreten. Der Verlierer dieser Entwicklung war der König, denn er erhielt sein Amt durch die Wahl der Reichsfürsten und blieb auch danach von ihnen abhängig. König Heinrich VI., der Sohn Friedrich Barbarossas, erkannte diese Entwicklung und versuchte das Reich in ein Erbreich umzugestalten. Da er jedoch früh starb, konnte er seinen Plan nicht verwirklichen. Als im Jahre 1211 sein Sohn Friedrich II. die Reichsinsignien erhielt, konnte von königlicher Macht keine Rede mehr sein, sie war im jahrelangen Streit zersplittert. Friedrich II. trug dieser Entwicklung Rechnung und erließ das „Gesetz zugunsten der Fürsten". Die Machtverschiebung im Reich zeigte sich auch an der Regelung zur Königswahl: Seit dem 13. Jahrhundert beanspruchte eine kleine Gruppe geistlicher und weltlicher Kurfürsten das Recht, den König zu wählen (küren = wählen). Der genaue Ablauf der Königswahl wurde 1356 gesetzlich festgeschrieben (siehe Goldene Bulle, S. 146). Am Ausgang des 15. Jahrhunderts verschaffte eine weitere Neuerung den Reichsfürsten Mitsprache in den Angelegenheiten des Heiligen Römischen Reiches: die Einrichtung eines regelmäßig stattfindenden Reichstages*. In diesem Gremium saßen die Kurfürsten, Fürsten und später auch die Vertreter der Freien Reichsstädte und stimmten nach dem Mehrheitsprinzip ab. Ob der König an die Beschlüsse des Reichstags gebunden war, blieb aber immer umstritten.

M1 Gesetz zugunsten der Fürsten

Friedrich II. übertrug mit der folgenden Urkunde von 1232 den Fürsten wichtige Reichsrechte. In dem Dokument wurden die Fürsten erstmals als „Landesherren" bezeichnet:

1. Wie schon unser königlicher Sohn[1], so gestehen auch wir ihnen [den Fürsten] für immer zu, dass keine neue Burg oder Stadt auf geistlichem Gebiet … von uns oder einem anderen [Fürsten] errichtet werden darf …

2. Neue Märkte sollen alte in keiner Weise stören.

6. Ein jeder Fürst habe freien Gebrauch seiner Freiheiten, Gerichtsbefugnisse, Grafschaften und Zehnten, nach den Gewohnheitsrechten seines Landes, sie seien sein Eigentum oder ein Lehen.

8. Ohne Zustimmung des Landesherren darf niemand die Gerichtsstätte verlegen.

13. Eigentum und Lehen der Fürsten, Edlen, des Dienstadels und der Kirchen, das sich in den Händen unserer Städte befindet, soll zurückgegeben werden und darf nicht wieder weggenommen werden.

17. Im Lande eines Fürsten wollen wir keine neue Münze schlagen lassen, durch welche die Münze des Fürsten im Werte gemindert werden könnte.

Zit. nach Geschichte in Quellen, Bd. 2 , hg. und übers. v. Wolfgang Lautemann, 3. Aufl., München (bsv) 1978, S. 568 f.

1 Heinrich VII. (1220–1235)

Friedrich II.

Friedrich II. regierte von 1212 bis 1250 und war der letzte mächtige König aus der Familie der Staufer. Nach dem frühen Tod seiner Eltern Heinrich VI. und Konstanze von Sizilien wuchs Friedrich bei adligen Pflegeeltern in Italien auf. Mit 14 Jahren wurde er volljährig und übernahm die Regierung des Königreichs Sizilien. Bald darauf zog er auf Drängen des Papstes nach Deutschland, wo er 1212 als Enkel Friedrich Barbarossas zum König gekrönt wurde. 1220 wurde er zum Kaiser gekrönt. Friedrich hielt sich nur ein Drittel seiner Regierungszeit in Deutschland auf. Er beschäftigte sich mit Naturwissenschaften und Philosophie und führte Diskussionen mit arabischen Gelehrten. In Sizilien schuf er einen für seine Zeit modernen Staat, der von fachlich ausgebildeten Beamten gelenkt wurde.

1 Erarbeite aus dem Darstellungstext das Verhältnis von königlicher Gewalt und Reichsfürsten im 13. Jahrhundert.

2 a) Zeige an M1, worauf ein Landesherr seine Macht stützen konnte.
b) Überlege, warum Friedrich II. den Fürsten Zugeständnisse machte. Ziehe den Kasten hinzu.

Papst, König und Fürsten streiten um die Macht

M2 **Die sieben Kurfürsten,** Buchmalerei, 1493. Dargestellt sind auch die höchsten Reichsämter, die mit der Kurfürstenwürde verbunden waren: Erzkanzler (alle geistlichen Kurfürsten), Erzschenk (zuständig für die Getränke), Erztruchsess (Speisen), Erzmarschall (Pferde, Waffen), Erzkämmerer (Kasse). Die Abbildung zeigt die gesetzlich festgelegte Platzordnung.

M3 **Mitteleuropa beim Tode Karls IV. 1378**

Die Goldene Bulle

Reichsgesetz zur Königswahl, das 1356 von Kaiser Karl IV. erlassen wurde und bis 1806 gültig war. Das königliche Goldsiegel („Bulle") gab der Urkunde ihren Namen. In dem Gesetz wurde festgelegt:

1. Zum Kurkollegium gehören die drei Erzbischöfe von Mainz, Köln und Trier, der König von Böhmen, der Pfalzgraf bei Rhein, der Herzog von Sachsen und der Markgraf von Brandenburg.
2. Die Kurfürsten wählen den König durch Stimmenmehrheit.
3. Der Gewählte bestätigt den Kurfürsten alle ihre Rechte in den Territorien, z. B. Münz- und Zollrecht und die Hoheit über Metall- und Salzbergwerke.
4. Reichstage werden nach einer festen Ordnung durchgeführt.
5. Das Kuramt wird an den Erstgeborenen innerhalb der Familie vererbt.
6. Das kurfürstliche Territorium ist unteilbar.
7. Die Kurfürsten kommen einmal im Jahr zusammen und beraten über die Angelegenheiten des Reiches.

3 Erarbeite aus M2 und dem Kasten die Pflichten und Rechte der Kurfürsten. Überlege, weshalb die Sitzordnung der Kurfürsten bzw. die Reihenfolge der Ämter festgelegt war.

4 Vergleiche M3 mit der Karte der Königreiche England und Frankreich S. 166. Durch welche Besonderheit zeichnete sich das Reich aus?

5 Finde heraus, welche Landesnamen aus M3 sich in den heutigen Bundesländern finden.

Federkiel – Tinte – Siegel: Wir stellen eine Urkunde her

Urkunden – Beweisstücke

Bis heute werden Vereinbarungen und Leistungen, wie z. B. Eheschließungen oder Siege in Sportwettkämpfen, schriftlich festgehalten. Solche Schriftstücke heißen Urkunden* und dienen später als Beweismittel, auf das sich Aussteller und Adressat berufen können. Alle Urkunden enthalten Datum und Ort ihrer Ausstellung, Angaben über Aussteller und Empfänger und die Unterschrift und das Siegel des Ausstellers. Unsere Kenntnisse über mittelalterliches Recht und über Besitzverhältnisse beziehen wir häufig aus den Urkunden, die z. B. vom König für einen Lehnsmann ausgestellt wurden.

M1 **Die Goldene Bulle,** Pergamenturkunde, 1356. Die Abbildung zeigt das Exemplar für das Erzbistum Köln.

Diese Materialien benötigst du

Urkundenmaterial: Dokumentpapier „Elefantenhaut“ oder beiges Tonpapier (Schreibwarenladen)
Schreibfeder: eine langstielige Feder (z. B. Gans), Taschenmesser
Tinte: 70 g Blauholzstückchen, 5 g Gummiarabikum (beides aus der Apotheke), kleiner Stoffbeutel oder Teefilter, kleiner Joghurtbecher
Siegel: Siegel (schöne Münze auf den Schraubverschluss einer Flasche kleben), Siegellack oder Kerzenwachs, alter Löffel, Teelicht, schmales Geschenkband (ca. 30 cm lang), Papier oder Pappe als Unterlage.

Die Tinte herstellen

Für die Tinte werden die Blauholzstückchen in den Beutel gegeben und in heißes Wasser gehängt. Es dauert eine ganze Weile, bis sich das Wasser färbt. Wenn das geschehen ist, kannst du das Gummiarabikum in das Wasser rühren: Es verbessert die Schreibeigenschaft!

Die Feder herstellen

Den Federkiel weichst du in Wasser ein, bis er gleichmäßig weiß erscheint. Die Federn (Flaum), die beim Schreiben stören könnten, entfernst du. Dann schneidest du die Spitze des Federkiels schräg ab und schneidest die lange Seite in der Mitte ein. Rechts und links von diesem Schlitz musst du so viel abschneiden, dass beide Seiten gleich lang sind. Anschließend wird die Spitze schräg oder gerade abgeschnitten (siehe M2).

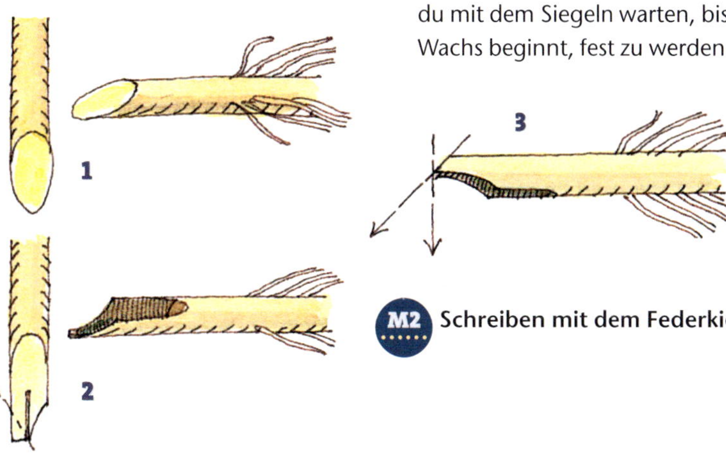

M2 **Schreiben mit dem Federkiel**

Die Urkunde beglaubigen

1. Wenn du den Urkundentext geschrieben hast, ziehst du das Geschenkband am unteren Rand durch die Urkunde, sodass die beiden Enden gleich lang herabhängen.
2. Lege dann ein Stück Wachs oder Siegellack in den Löffel und erwärme es über dem Teelicht. Wenn es ganz flüssig ist, schüttest du die Masse auf das Blatt Papier.
3. Lege sofort die beiden Bandenden in den flüssigen Lack und drücke dein Siegel darauf. Bei Wachs musst du mit dem Siegeln warten, bis das Wachs beginnt, fest zu werden.

Papst, König und Fürsten streiten um die Macht

M1 **Die herzogliche Burg von Kleve (13.–16. Jh.)**, Rekonstruktionszeichnung, 2000

1 Langer Saal (um 1200)
2 Kapelle **3** Wohnräume
4 Schwanenturm (1440)
5 Küche **6** Sitz des Grafen bzw. Herzogs **7** Alte Kanzlei (1463)
8 Johannisturm **9** Neues Tor (1560)
10 Galerie/ehem. Hengststall (1570)
11 Kanzlerhaus (1581) **12** Kanzlei (1538)

Das Herzogtum Kleve – eine Landesherrschaft unter der Lupe

In der Kanzlei des Herzogs

Wir schreiben das Jahr 1470. Der alte Sebastian verlangsamt den Schritt. Schon zum zweiten Mal hat man ihn wegen des Streits um das Mühlenrecht in die Kanzlei des Herzogs vorgeladen. Sebastian seufzt – angstvoll erinnert er sich daran, wie er vor vier Wochen dem herzoglichen Kanzler sein Anliegen vortrug. Wie soll ein Mensch, der weder schreiben noch lesen kann und seine Mühle ganz selten verlässt, sich in einer riesigen Burg wie der des Herzogs von Kleve zurechtfinden? An zahllosen Türen hat er geklopft, sein Anliegen vorgetragen, um schließlich in das Kanzleigebäude verwiesen zu werden. Wie verloren kommt er sich dort vor, zwischen schreibenden, unverständlich murmelnden Gelehrten … Als Sebastian endlich vor der Kanzlei steht und tief durchatmet, hofft er, dass er heute zum letzten Mal hierher gekommen ist.

Eine Verwaltung wird aufgebaut

Der Fall des Müllers ist nicht durch Quellen belegt, aber wie ihm erging es sicherlich vielen Einwohnern in Kleve und anderen Territorialstaaten, wenn sie – wie wir es heute nennen – einen „Behördengang" unternahmen. Allerdings: Hätte Sebastian drei Jahrhunderte früher seinen Rechtsstreit ausfechten müssen, wäre nicht der Landesherr*, sondern der König zuständig gewesen. Und da dieser fast immer in Regierungsgeschäften unterwegs war, hätte sich ein Verfahren über Jahre hingezogen.
Wie alle Landesherren des Reiches versuchten auch die Herzöge von Kleve ihre politische Macht im Reich zu vergrößern und sich gegen den König und die anderen Landesherren zu behaupten. Sie förderten die wirtschaftliche Entwicklung ihres Territorialstaates, vergrößerten ihren Machtbereich und verbesserten ihre Herrschaft, indem sie eine effektive Verwaltung aufbauten. Nur selten gelang das reibungslos, zumal, wenn Adlige und Städte des Landes von bisherigen Privilegien und Freiheiten profitiert hatten.

M2 **Die Herzöge von Kleve (15.–17. Jahrhundert) vor ihrer Residenzstadt**, Gemälde von Hendrik Feltmann (um 1610–1670 in Kleve). Kleve wurde 1417 von der Grafschaft zum Herzogtum erhoben.

Papst, König und Fürsten streiten um die Macht

Die Entwicklung M3 der Landesherrschaft Kleve im 13.–16. Jahrhundert

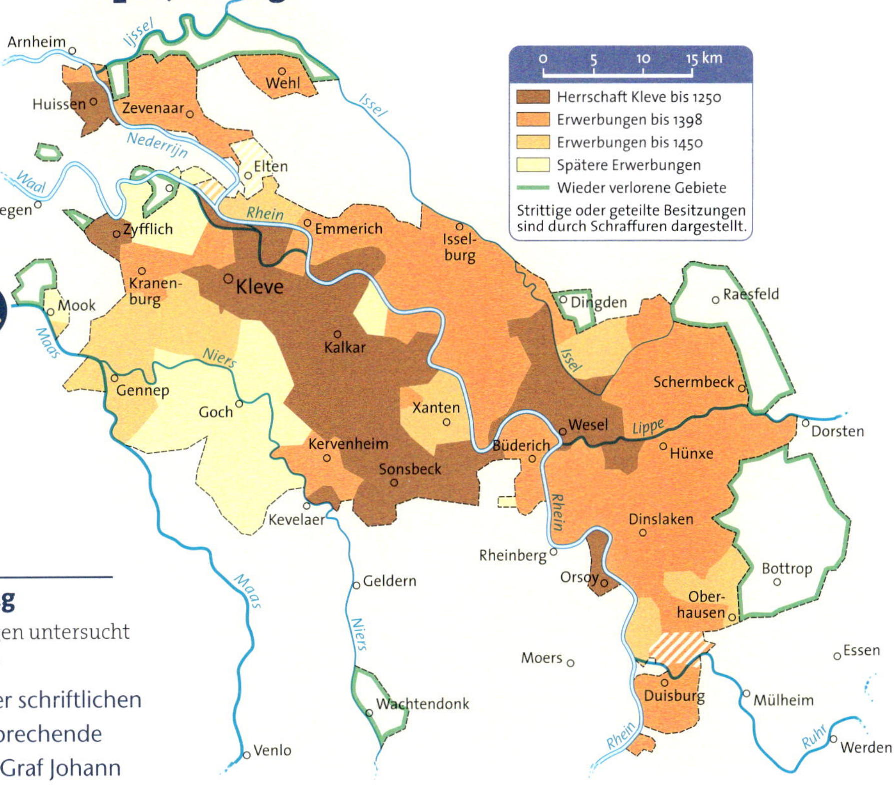

M4 Das Personal der Verwaltung

Der Historiker Wolf-Rüdiger Schleidgen untersucht 1984 die Verwaltung im Herzogtum Kleve:

Der relativ hohe Organisationsgrad der schriftlichen Verwaltung erforderte auch eine entsprechende personelle Ausstattung. So sind unter Graf Johann (1346–1368) mindestens drei Notare gleichzeitig tätig gewesen; zweifellos sämtlich Kleriker, also Leute mit der für ihre Zeit bestmöglichen Ausbildung, die keineswegs nur Urkunden schrieben, sondern vom Graf für alle Geschäfte eingesetzt wurden, in denen [gelehrte] Kenntnisse erforderlich waren … Diese Leute sind in Ausbildungsstand, sozialer Stellung und Aufgabenbereich die Vorläufer der gelehrten Juristen.

Wolf-Rüdiger Schleidgen, Kanzleiwesen, in: Land im Mittelpunkt der Mächte, Kleve (Boss) 1984, S. 99.

M5 Botengänge der Verwaltung Kleve

Die Verwaltung stellte Boten an, die Dokumente und Nachrichten persönlich überbrachten. Folgende Übersicht zeigt die Reichweite der Klever Verwaltung um 1500:

In der Abrechnung der Botengänge sind 836 Posten mit 1028 Adressaten enthalten. Es werden 20 Personen genannt, die für diese Botendienste entlohnt worden sind. Zielorte der Botengänge (in Prozent):

Klever Territorium	48 %
westliche Nachbarterritorien	39 %
Grafschaft Mark	8 %
Süden, darunter 15-mal Köln (Erzbischof und Stadt)	3,8 %

Zusammengestellt nach Klaus Flink, Territorialbildung und Residenzentwicklung in Kleve, in: Territorium und Residenz am Niederrhein, Klever Archiv 14, Kleve 1993, S. 89 f.

1 Beschreibe M1 und ordne die Gebäudeteile der Burg den Begriffen Verwaltungszentrum, Regierungssitz, Wohnung und militärische Anlage zu.

2 Überlege, welche Vorteile der Herzog von Kleve sich aus der Einheit von Regierung, Verwaltungszentrum und Wohnsitz versprach.

3 Beschreibe M2 und stelle fest, was der Maler oder Auftraggeber aussagen wollte.

4 Stelle anhand von M2 bis M5 zusammen, wie sich die Landesherrschaft Kleve zwischen 1300 und 1600 entwickelte.

5 a) Informiere dich mithilfe von M4 und M5 über Arbeit und Ausstattung der Kleveschen Kanzlei.
b) Stell dir vor, du bist in der Klever Kanzlei beschäftigt und bekommst den Fall des Müllers Sebastian vorgelegt: Der Müller hat ohne Erlaubnis des Herzogs einen Bach umgeleitet (siehe S. 148). Schreibe auf, wie du vorgehst, um die Angelegenheit zu regeln.

Eroberung und kulturelle Begegnung

Der Papst ruft zum Kreuzzug auf

Ein Hilferuf aus Byzanz

Im Herbst 1095 unternahm Papst Urban II. eine Reise nach Frankreich. Auf dem Programm standen wichtige Treffen mit geistlichen Würdenträgern und Adligen, denn der Streit der Kirche und der europäischen Könige und Fürsten um die Frage der Investitur war noch nicht beigelegt. Um seine Machtposition in Europa deutlich zu machen, wollte der Papst nun sogar den französischen König Philipp I. aus der Kirche ausschließen. Er warf ihm vor, dass er neben seiner Ehe eine Beziehung zu einer Adligen unterhielt. Papst Urban II. veröffentlichte bei seinem Besuch in Frankreich noch eine weitere Nachricht, die weit über die Grenzen Europas an Bedeutung gewinnen sollte: Der Kaiser von Byzanz hatte den Papst um Beistand gegen das türkische Reitervolk der Seldschuken gebeten, das auf seinem Eroberungszug von Palästina und Kleinasien tief nach Byzanz vorgedrungen war. Nun war Konstantinopel in großer Gefahr, von Muslimen erobert zu werden.

M1 **Papst Urban II. predigt den Kreuzzug,** kolorierter Holzschnitt, 1482. Auf dem lateinischen Spruchband steht: „Gott will es."

M2 „Ihr Volk der Franken!"

Papst Urban II. hielt 1095 in der französischen Stadt Clermont-Ferrand eine Rede. Ihr Inhalt wurde von dem Mönch Robert von Reims zwölf Jahre später aufgeschrieben:

Nachdem die kirchlichen Angelegenheiten erledigt waren, ging der Papst auf einen weiträumigen Platz hinaus, denn kein geschlossener Bau konnte die ganze Menge fassen. Hier setzte der Papst zu folgender Ansprache an …:

„Ihr Volk der Franken, ihr Volk nördlich der Alpen, ihr seid … Gottes geliebtes und auserwähltes Volk … Aus dem Land Jerusalem und der Stadt Konstantinopel kam schlimme Nachricht und drang schon oft an unser Ohr: Das Volk im Perserreich, ein fremdes Volk, ein ganz gottfernes Volk …, hat die Länder der dortigen Christen besetzt, durch Mord, Raub und Brand entvölkert und die Gefangenen teils in sein Land abgeführt, teils elend umgebracht … Wem anders obliegt nun die Aufgabe, diese Schmach zu rächen, dieses Land zu befreien, als euch? Euch verlieh Gott mehr als den übrigen Völkern ausgezeichneten Waffenruhm, hohen Mut … Wenn euch zärtliche Liebe zu Kindern, Verwandten und Gattinnen festhält, dann bedenkt, was der Herr im Evangelium sagt: Wer Vater oder Mutter mehr als mich liebt, ist meiner nicht wert; jeder, der sein Haus … um meines Namens willen verlässt, wird Hundertfältiges erhalten und ewiges Leben haben. Kein Besitz, keine Haussorge soll euch fesseln. Denn dieses Land, in dem ihr wohnt, ist … von Meeren und Gebirgszügen umschlossen und von euch beängstigend dicht bevölkert. Es … liefert seinen Bauern kaum die bloße Nahrung. Daher kommt es, dass ihr euch gegenseitig beißt und bekämpft, gegeneinander Krieg führt … Tretet den Weg zum Heiligen Grab an, nehmt das Land dort dem gottlosen Volk, macht es euch untertan! … Jerusalem ist der Mittelpunkt der Erde, das fruchtbarste aller Länder, als wäre es ein zweites Paradies der Wonne … Schlagt also diesen Weg ein zur Vergebung eurer Sünden; nie verwelkender Ruhm ist euch im Himmelreich gewiss."

Als Papst Urban dies … vorgetragen hatte, führte er die Leidenschaft aller Anwesenden … zu einem Willen zusammen, dass sie riefen: „Gott will es, Gott will es!"

Zit. nach Arno Borst, Lebensformen im Mittelalter, Frankfurt/Berlin (Ullstein) 1979, S. 318 ff.

Wer waren die „Kreuzfahrer“?

Urban löste mit seinem Aufruf eine Welle der Begeisterung aus, von der er wohl selbst überrascht war. Eine Teilnehmerliste der Menschen, die dem Papstaufruf 1096 folgten, gab es nicht. Die Quellenberichte zeigen aber: Viele Fürsten und Ritter nahmen das Kreuz und einige reiche Patrizier aus Italien beteiligten sich an der Unternehmung. Die meisten Städter aber, so z. B. die venezianischen Kaufleute, warteten die Nachricht ab, dass die Kreuzfahrer Jerusalem erobert hatten. Auch die europäischen Könige folgten dem Papstaufruf zunächst nicht.

Die meisten Kreuzfahrer waren arme Bürger, Bauern und Landarbeiter. Viele von ihnen waren so jung, dass wir sie heute als Kinder bezeichnen würden. Groß war die Zahl derer, die auf dem Weg ins Heilige Land starben. Wie ist zu erklären, dass ganz unterschiedliche Gruppen auf die Rede des Kirchenoberhauptes in ähnlicher Weise reagierten?

Papst Urban II. predigt den Kreuzzug, M3
Miniatur, um 1350

M4 Die Erwartungen der Kreuzfahrer

Für die Jahrbücher von Würzburg wurde 1146 von einem unbekannten Verfasser folgender Eintrag verfasst:

Es erhoben sich nämlich einige falsche Propheten, die mit nichtigen Worten die Christen verführten und mit hohlen Predigten das ganze Menschengeschlecht antrieben, wegen der Befreiung Jerusalems gegen die Sarazenen[1] zu ziehen. Ihre Predigt hatte so große Wirkung, dass sich Bewohner aller Regionen … freiwillig zum gemeinsamen Opfergang anboten … Aber ihre Absichten waren verschieden. Einige Neugierige zogen los, weil sie neue Gegenden besuchen wollten. Andere zwang die Armut; weil es bei ihnen zu Hause knapp zuging, kämpften sie, um der Armut abzuhelfen … Andere wurden von Schulden bedrückt oder wollten die ihren Herren geschuldeten Dienste verlassen oder hatten wegen Verfehlungen Strafen zu erwarten.

Würzburger Annalen zum Jahr 1147, MGH SS 16, S. 3. Übers. d. Verf.

1 Erstelle aus M2 eine Liste der Argumente Urbans: Warum sollte „das Volk der Franken“ in den Orient ziehen?
2 Vergleiche die beiden Abbildungen M1 und M3. Welche Auskunft geben sie über die Wirkung Urbans?
3 Im Mittelalter gab es keine Lautsprecher und kein Fernsehen: Stelle Vermutungen an, wie die Botschaft Urbans II. in Europa verbreitet wurde.
4 Historiker gehen davon aus, dass Urban II. in seiner Rede nur das Ziel Konstantinopel genannt hat. Die Stadt Jerusalem wurde aber in kurzer Zeit zum eigentlichen Ziel der Kreuzfahrer. Finde Gründe.
5 Lies den Darstellungstext dieser Seite und stelle für die genannten Bevölkerungsgruppen Vermutungen an, weshalb sie dem Papstaufruf folgten. Überprüfe deine Vermutungen mithilfe von M4.

1 Bezeichnung der Europäer für die arabischen Völker

Eroberung und kulturelle Begegnung

M5 **Kreuzfahrer gehen an Bord eines Schiffes**, das sie ins Heilige Land bringen soll, französische Buchmalerei, 14. Jh.

M6 Judenverfolgung im Rheinland

Elieser ben Nathan, jüdischer Gesetzeslehrer und Dichter, erlebte in Mainz die Judenverfolgungen von 1096. In seiner Chronik berichtete er:

Als die Kreuzfahrer auf ihrem Weg durch die [rheinischen] Städte kamen, in denen Juden wohnten, sprachen sie in ihrem Herzen: „Wir ziehen dahin, das Heilige Grab aufzusuchen und Rache an den Mohammedanern zu üben, und hier sind die Juden, die Jesus umgebracht und gekreuzigt haben. Lasset uns zuerst an ihnen Rache nehmen und sie austilgen, sodass sie kein Volk mehr bilden; oder sie sollen zu unserem Glauben sich bekennen." Da erhoben sich die Feinde und Dränger gegen die Juden, die in ihren Häusern waren, überfielen sie und brachten sie um, Männer, Frauen und Kinder, Jünglinge und Greise. Sie rissen ihre Häuser nieder …, machten Beute und plünderten. Sie nahmen die heilige Thora, traten sie in den Straßenkot …, schändeten sie und trieben Spott und Scherz mit ihr.

Zit. nach Hebräische Berichte über die Judenverfolgungen während des ersten Kreuzzuges, hg. und bearb. von Adolphe Neubauer u. a., Nachdruck der Ausgabe Berlin 1892, Hildesheim (Olms) 1997, S. 153.

Jerusalem wird Königreich

Am 15. Juli 1099 eroberten die Kreuzfahrer unter der Führung von Gottfried von Bouillon die Stadt Jerusalem. Gottfried gründete dort den ersten Kreuzfahrerstaat (siehe S. 154), der nach seinem Tod 1100 in das Königreich Jerusalem umgewandelt wurde. Das entsetzliche Blutbad, das die Kreuzfahrer unter der muslimischen Bevölkerung Jerusalems anrichteten, ist uns in zahlreichen Berichten überliefert – sowohl aus arabischer als auch aus christlicher Sicht. Auch in späteren Jahrhunderten wurde die Eroberung der Stadt immer wieder auf Bildern dargestellt. Welche Bedeutung hatte die Eroberung Jerusalems für die Menschen, die sie erlebten? Wie wirkte sich diese Erfahrung auf das Zusammenleben von Christen und Muslimen im späteren Kreuzfahrerstaat Jerusalem aus? Auf der folgenden Seite findest du zu diesen Fragen Quellen.

6 Beschreibe M5 und ziehe Rückschlüsse auf die soziale Herkunft der Kreuzfahrer.

7 Erarbeite aus M6 die Gründe für die Verfolgung der jüdischen Bevölkerung.

8 Die Historikerin Régine Pernoud urteilte 1995: „Es handelte sich nicht in erster Linie um einen militärischen Feldzug oder Eroberungskrieg, sondern um eine Pilgerfahrt, eine bewaffnete Pilgerfahrt freilich, aber dennoch eine Pilgerfahrt." Lies auch auf S. 76 nach und nimm Stellung.

M7 Die Eroberung Jerusalems nach drei Berichten

Wilhelm von Tyrus (gest. 1186) war Kind von Kreuzfahrern in Palästina und arbeitete als Erzieher am Hofe des Königs von Jerusalem. In seiner Geschichte der Kreuzzüge berichtete er:

7A Sofort durchzogen der Herzog und die Seinen … die Straßen und Plätze der Stadt; alle Feinde, die sie finden konnten, streckten sie mit der Schärfe des Schwertes nieder … Und es lagen überall so viele Erschlagene … umher, dass man keinen anderen Weg … mehr finden konnte als über Leichen … Es geschah sicherlich nach dem gerechten Urteil Gottes, dass die, welche das Heiligtum des Herrn mit ihren abergläubischen Bräuchen entweiht … hatten, es mit ihrem eigenen Blut reinigen … mussten … Als endlich auf diese Weise die Ordnung der Stadt hergestellt war, legten sie die Waffen nieder, wuschen sich die Hände, zogen reine Kleider an und gingen dann mit demütigen und zerknirschten Herzen an den ehrwürdigen Orten umher … [Bei der Auferstehungskirche] kamen ihnen sodann das gläubige Volk der Stadt und der Klerus … voll Dankes gegen ihren Erlöser, der ihnen wieder die Freiheit geschenkt, entgegen und geleiteten sie unter Lobliedern und geistlichen Gesängen nach der vorgenannten Kirche.

Zit. nach Geschichte in Quellen, Bd. 2, hg. und bearb. von Wolfgang Lautemann, 2. Aufl., München (bsv) 1978, S. 369 f.

Der arabische Chronist Ibn al-Athir (1160–1235) berichtete in seiner Geschichte der Kreuzzüge:

7B In der Al-Aksa-Moschee … töteten die Franken mehr als 70000 (!?) Muslime, unter ihnen viele … Religionsgelehrte … und Asketen, die ihr Land verlassen hatten, um in frommer Zurückgezogenheit an diesem heiligen Ort zu leben. Aus dem Felsendom raubten die Franken mehr als vierzig Silberleuchter, … zwanzig goldene und andere unermessliche Beute. Die Flüchtlinge erreichten Bagdad … In der Kanzlei des Kalifen gaben sie einen Bericht, der die Augen mit Tränen füllte und die Herzen betrübte … Wegen des schweren Unglückes, das sie erduldet hatten, brachen sie sogar das Fasten.

Zit. nach Die Kreuzzüge aus arabischer Sicht, hg. und übers. von Francesco Gabrieli, Zürich/München (Artemis) 1973, S. 49 f. Aus d. Italien. übers. von B. von Kaltenborn.

Der französische Geistliche Fulcher von Chartres begann mit seiner Niederschrift über den ersten Kreuzzug 1101:

7C Nach dem großen Gemetzel betraten sie die Häuser und ergriffen alles, was sie vorfanden. Es geschah so, dass jeder, der zuerst ein Haus betrat, ob er reich oder arm war, nicht von einem anderen Franken bedroht wurde. Er durfte das Haus oder den Palast, oder was er fand, besetzen und besitzen, als wäre es sein Eigen. So einigten sie sich gegenseitig über ihr Recht auf Besitz. Auf diese Weise wurden viele arme Leute reich.

Zit. nach Peter Milger, Die Kreuzzüge, 4. Aufl., München (C. Bertelsmann) 1988, S. 119.

M8 **Plünderung des Felsendoms**, eines muslimischen Heiligtums, arabische Miniaturmalerei, 14. Jh.

9 Fertige mithilfe von M7 und M8 einen mündlichen Bericht über die Eroberung von Jerusalem an. Notiere Stichworte.

10 Vergleiche M7A, B und C mithilfe der Arbeitsschritte zum Quellenvergleich (siehe S. 140).

11 Zwei Kreuzfahrer, ein Ritter und ein Priester, denken auf der Heimreise nach Europa über ihr Verhalten nach der Eroberung in Jerusalem nach. Schreibe ein Streitgespräch mit deinem Nachbarn und trage es in der Klasse vor. Die Zuhörer nehmen zu den Argumenten Stellung.

Eroberung und kulturelle Begegnung

Europa und der Orient am Ende des 12. Jahrhunderts **M9**

Die Kreuzzüge im Überblick

1095 Papst Urban ruft zum Kreuzzug auf.

1096–1099 1. Kreuzzug (franz., dt.): Judenverfolgung in Europa. Eroberung Palästinas. Gründung der Kreuzfahrerstaaten.

1147–1148 2. Kreuzzug (dt., franz.): erfolglos.

1187 Saladin, Sultan von Ägypten, erobert fast ganz Palästina.

1189–1192 3. Kreuzzug (engl., franz., dt.): Rückeroberung Palästinas gelingt nur zum Teil.

1199–1204 4. Kreuzzug (franz., dt.): Kreuzfahrer erobern Konstantinopel, Gründung eines lateinischen Kaiserreichs.

1208–1229 Ketzerkreuzzug gegen die Albigenser (Katharer) in Südfrankreich.

1212 Kinderkreuzzug: Kinderscharen ziehen durch Westeuropa nach Südfrankreich und wollen ins Heilige Land. Sie gehen alle zugrunde.

1217–1221 5. Kreuzzug (ung., dt.): Kreuzzug nach Ägypten, ohne dauerhaften Erfolg.

1227–1229 Kaiser Friedrich II. zieht, obwohl vom Papst gebannt, nach Palästina. Durch einen zeitlich befristeten Vertrag mit dem Herrscher von Kairo gewinnt er Jerusalem zurück.

1248–1254 6. Kreuzzug (franz.): Kurzfristige Erfolge in Ägypten.

1265–1291 Mehrere vergebliche Kreuzzüge; völlige Vertreibung der Kreuzritter aus Palästina.

M10 **Die Zahl der Kreuzfahrer**
(ungefähre Angaben):

	Gesamtzahl der Kreuzfahrer	Zahl der Kreuzfahrer, die das Heilige Land erreichten
1. Kreuzzug	340 000	45 000
2. Kreuzzug	245 000	90 000
3. Kreuzzug	350 000	275 000
4. Kreuzzug	35 000	0
5. Kreuzzug	70 000	65 000
6. Kreuzzug	30 000	15 000
7. Kreuzzug	30 000	15 000

Zusammengestellt nach bsv-Geschichtsatlas, hg. v. Bayerischen Schulbuchverlag, unter Mitw. v. Wilhelmine Böhm u. a., 3. Aufl., München (bsv) 1992, Bildseite 20.

12 Beschreibe mithilfe von M9 die Routen der einzelnen Kreuzfahrerheere.

13 Erläutere mithilfe des Kastens, wie sich die Kreuzzüge veränderten (Teilnehmer, Grund und Vorgehen). Vergleiche mit den Angaben in M10.

Miteinander oder gegeneinander in den Kreuzfahrerstaaten?

Frieden im Heiligen Land?

Wenn heute Kaufleute in einem fremden Land Geschäfte machen wollen, versuchen sie möglichst viel über die politische und wirtschaftliche Situation des Landes, die Bedürfnisse und Sitten seiner Bevölkerung herauszufinden. Nicht anders war es im Mittelalter: Die Kaufleute der italienischen Seestädte des 12. und 13. Jahrhunderts, die in das Geschäft mit den Kreuzfahrern einsteigen wollten, besaßen im damaligen Europa vermutlich die genauesten Informationen über das Leben im Vorderen Orient. Die Entscheidung, sich auf den Handel mit den Kreuzfahrern zu konzentrieren, fiel ihnen trotzdem nicht leicht. Einerseits lockte das Geschäft, denn die Kreuzfahrer brauchten Transportmittel und zahlten gut. Andererseits galt es als riskant zu investieren, denn die politischen Verhältnisse im Heiligen Land änderten sich oft.

M1 Von Abendländern und Orientalen

Der französische Geistliche Fulcher von Chartres lebte in den Kreuzfahrerstaaten. Er schrieb 1110:

Wir, die wir Abendländer waren, sind Orientalen geworden. Wir haben schon unsere Geburtsorte vergessen … Manche von uns besitzen in diesem Land Häuser und Diener, die ihnen gehören wie nach Erbrecht. Ein anderer hat eine Frau geheiratet, die durchaus nicht seine Landsmännin ist, eine Syrerin …, die die Gnade der Taufe empfangen hat …, sie sprechen verschiedene Sprachen und haben es doch alle schon fertig gebracht, sich zu verstehen.

Zit. nach Reinhard Barth, Taschenlexikon Kreuzzüge, München (Piper) 1999, S. 169.

M2 **Krak des Chevaliers (Syrien)**, Foto, 1963. Die ehemals muslimische Festung wurde von den Kreuzrittern erobert und konnte nach einem Umbau 2000 Menschen aufnehmen.

Schachspiel, M3 Miniaturmalerei, um 1283. Die Abbildung zeigt einen christlichen und einen muslimischen Ritter.

Edessa-Express – eine Zeitung gestalten

Auf den Seiten 155–157 findet ihr Materialien zu dem Leben in den Kreuzfahrerstaaten. Daraus könnt ihr eine Zeitung erstellen: den Edessa-Express. Die Zeitung hat fünf Rubriken: Politik – Kultur – Wirtschaft – Leute – Leserbriefe.
Bildet Gruppen, die jeweils eine Rubrik bearbeiten.

1 Stelle aus M1 bis M3 die Informationen zusammen, die du über das Leben im Vorderen Orient erhältst.

Eroberung und kulturelle Begegnung

M4 **Der Tod Friedrich Barbarossas,** Buchmalerei, um 1200. Der Kaiser starb 1190 auf dem dritten Kreuzzug. Nicht geklärt ist die Todesursache: Friedrich erlitt vielleicht einen Herzschlag beim Baden oder verunglückte, als er den Fluss Saleph durchquerte. Ein Engel trägt Friedrichs Seele in den Himmel.

M5 Reisebericht aus den Kreuzfahrerstaaten

Der Mekkapilger Ibn Dschubair aus der damals arabischen Stadt Valencia berichtete im Jahr 1184:

Eigentümlich ist auch, dass, obwohl die Feuer der Uneinigkeit zwischen den beiden Parteien, Muslimen und Christen, brennen, zwei Armeen von ihnen aufeinander stoßen …, dennoch muslimische und christliche Reisende zwischen ihnen ohne Behelligung hin- und herziehen … Unser Weg führte dauernd durch bestellte Ländereien und geordnete Siedlungen, deren Bewohner alle Muslime waren und mit den Franken angenehm lebten. Möge Gott uns vor solchen Verführungen bewahren! Sie übergeben zur Erntezeit die Hälfte ihrer Erträge den Franken und zahlen darüber hinaus eine Kopfsteuer von einem Dinar und fünf Kirats pro Person. Abgesehen davon mischt man sich nicht in ihre Angelegenheiten ein, außer einer geringen Besteuerung auf die Früchte an den Bäumen. Ihre Häuser und all ihre Güter bleiben in ihrem vollen Besitz. Alle Küstenstädte, die von den Franken besetzt worden sind, werden auf diese Weise verwaltet … Die muslimische Gemeinschaft klagt über die Ungerechtigkeit eines Gutsherrn ihres eigenen Glaubens und spendet dem Verhalten seines Gegenübers und Feindes, des fränkischen Gutsherrn, Beifall und gewöhnt sich an dessen Gerechtigkeit … Außerdem fehlt dort die Reinheit, man lebt inmitten von Schweinen und anderen ungesetzlichen Dingen … Zu dem Unglück, das ein Besucher ihrer Länder sehen wird, gehören die muslimischen Gefangenen, die in Fesseln laufen und wie Sklaven zu schmerzlichen Arbeiten eingesetzt werden. Unter ähnlichen Bedingungen leben die weiblichen Gefangenen, mit ihren Beinen in Eisenringen.

Ibn Dschubair, Tagebuch eines Mekkapilgers, hg. u. übers. v. Regina Günther, Stuttgart (Thienemann) 1985, S. 213, 224 ff., 229.

Ritterorden

Im Zusammenhang mit den Kreuzzügen bildeten sich die Ritterorden. Wie in Mönchsorden mussten ihre Mitglieder Armut, Gehorsam und Keuschheit geloben. Allerdings sahen sie ihre Aufgaben nicht darin, durch Gebete den Ruhm Gottes zu mehren, sondern durch den Kampf. Der älteste Orden war der Johanniterorden, benannt nach dem Schutzpatron Johannes dem Täufer. Der Orden der Templer entstand kurz darauf. Sein Hauptsitz war zunächst der Tempelbezirk in Jerusalem. Als dritter großer Orden bildete sich der Deutsche Orden, in den nur Deutsche aufgenommen wurden.
Nach dem Verlust ihrer militärischen Aufgabe im Heiligen Land widmeten sich die Ritterorden vor allem der Wirtschaft und der Krankenpflege. In der Krankenpflege sind bis heute die Johanniter aktiv, die nach ihrem späteren Stammsitz auf der Insel Malta auch als Malteser bekannt sind.

2 Erarbeite aus M5, wie das Zusammenleben von Christen und Muslimen in den Kreuzfahrerstaaten geregelt war. Beachte den Standpunkt des Verfassers.

3 Beschreibe M4 und erläutere, wie der Maler den Tod des Kaisers deutete.

M6 Streit um ein Gebet

Der syrische Beamte Usamma (1095–1188) berichtete:

Als ich Jerusalem besuchte, widerfuhr mir eine Probe der Härte der Franken. Ich betrat die Al-Aksa-Moschee ..., um meine Gebete zu verrichten. Als ich in mein Gebet vertieft war, stürzte einer der Franken auf mich zu, packte mich und drehte mein Gesicht nach Osten. „So betet man!", sagte er. Eine Schar Templer eilte auf ihn zu, ergriff und vertrieb ihn ... Die Templer entschuldigten sich bei mir. Sie sagten: „Es ist ein Fremder, erst seit wenigenTagen aus Franken hier angekommen."

Zit. nach Régine Pernoud, Die Kreuzzüge in Augenzeugenberichten, Düsseldorf (Karl Rauch) 1961, S. 131.

M7 **Hinrichtung in Akkon**, französische Buchmalerei, 15. Jh. 1191 ließ der englische König Richard Löwenherz nach der Eroberung der Stadt 3000 Türken hinrichten.

4 Informiere dich mithilfe des Kastens über Ritterorden.

5 Erkläre das Verhalten der Templer in M6.

6 Vergleiche M8A und M8B: Wie beurteilen die beiden Historiker die Herrschaft der Kreuzfahrer im Vorderen Orient? Nimm Stellung.

M8 Die Franken in der Schule der Araber?

Der arabische Historiker Amin Maalouf schreibt 1996:

8A Die Franken sind in die Schule der Araber gegangen, in Syrien wie in Spanien und Sizilien. Sei es Medizin, Astronomie, Chemie, Geografie, Mathematik, Architektur, auf allen Gebieten haben die Franken ihr Wissen aus arabischen Büchern bezogen. Heute noch zeugen unzählige Wörter davon wie Algebra, Algorithmus, das einfache Wort Ziffer. Im Handwerk haben die Europäer die Verfahren für die Herstellung von Zucker und die Lederbearbeitung zunächst übernommen und später verfeinert. Auch der europäische Obst- und Gemüseanbau hat durch die Berührung mit dem Orient gewonnen. Die Wörter Aprikose, Aubergine, Orange oder Schalotte stammen aus dem Arabischen.

Amin Maalouf, Der heilige Krieg der Barbaren. Die Kreuzzüge aus der Sicht der Araber, München (Diederichs) 1996, S. 282 f. Vereinf. d. Verf.

Der Historiker Jacques Le Goff urteilt 1960:

8B Die Anleihen, die der Westen im 11. und 12. Jahrhundert beim Osten machte, stammen nicht aus diesen unfruchtbaren Streitigkeiten oder den bunt zusammengewürfelten Gemeinwesen des lateinischen Heiligen Landes. Die griechisch-arabische Wissenschaft, die orientalischen Techniken gelangen über andere, tiefer wirkende Kontaktzonen in den Westen; über Spanien, über Sizilien, über Byzanz, den Orient und Maghreb durch friedlichen Austausch außerhalb der Zonen militärischer Auseinandersetzungen.

Jacques Le Goff, Das Hochmittelalter, Frankfurt (Fischer) 1960, S. 143 f. Vereinf. d. Verf.

Ein Brettspiel zur Geschichte entwickeln

Durch Spielen lernen

Die Geschichte setzt sich aus zahlreichen Einzelheiten und Daten zusammen. Da fällt es oft schwer, die wichtigen geschichtlichen Zusammenhänge zu erkennen und dabei noch Spaß zu haben. Eine Möglichkeit, Abhilfe zu schaffen, sind Spiele mit historischen Themen.

Im Folgenden erfährst du, wie du selbst ein Brettspiel zu einem geschichtlichen Thema entwickeln kannst.

Arbeitsschritte Ein Brettspiel entwickeln

1. Schritt: Thema wählen und Spielidee klären

Das Thema soll drei Voraussetzungen erfüllen:
- interessante Entscheidungssituationen bieten,
- Neugier wecken und Spannung erzeugen,
- kein zu großes Vorwissen verlangen, aber einen Lerneffekt haben.

2. Schritt: Die Spielregel aufstellen

Die Spielregel muss so verständlich formuliert werden, dass man sie beim ersten Durchlesen versteht. Beachte beim Formulieren der Spielregel:
- Zahl der Spieler und zeitlichen Rahmen angeben,
- das Ziel des Spiels kurz erläutern,
- Spielmaterial auflisten und seine jeweilige Funktion verdeutlichen,
- Spielvorbereitungen und Ende des Spiels nennen,
- Spielablauf verständlich erklären (kurze Sätze),
- evtl. eine Spielrunde als Muster vorstellen,
- Überschrift für jeden Abschnitt.

3. Schritt: Spielmaterial und Spielplan herstellen

Brettspiele sind „Gebrauchsgegenstände", d. h., sie müssen so beschaffen sein, dass sie mehrmals benutzt werden können. Sie brauchen einen übersichtlichen und zugleich großflächigen Spielplan.
- Als Format eignen sich DIN A4 oder DIN A3.
- Beschriftungen müssen gut lesbar sein (Blockbuchstaben; Text auf PC schreiben und aufkleben).
- Die Farbgestaltung erfolgt mit Buntstiften, Filzstiften u. Ä.; wird der Spielplan vervielfältigt, dann sollte erst nachträglich koloriert werden.
- Damit der Spielplan strapazierbar ist, wird er geschützt, z. B. durch Laminieren.
- Für Ereigniskarten ist ebenfalls ein Überzug mit Folie zu empfehlen. Als Material eignen sich Blankokarten, die es im Handel gibt.
- Für das Spielmaterial verwendest du am besten Halmakegel, Damesteine und Würfel; sie können ergänzt werden, z. B. durch Figuren aus Modelliermasse.

4. Schritt: Aufgaben und Ereignisse erfinden und formulieren

Viele Brettspiele enthalten Ereigniskarten. Sie sollten folgende Vorgaben erfüllen:
- Die Aufgaben müssen einlösbar und überprüfbar sein.
- Sie sollen Spaß machen.
- Sie dürfen niemanden blamieren.
- Sie dürfen nicht von der Spielidee wegführen.
- Die Ereignisse müssen zum Thema passen und auf Fakten beruhen, Zahl und Aufgabenstellung der Karten sind so zu bemessen, dass das Spiel insgesamt nicht länger als 40 Minuten dauert.

5. Schritt: Spiel testen und bewerten

Ob ein Spiel spielbar ist und Spaß macht, können nur die Spieler entscheiden, nicht die Erfinder selbst. Am besten, ihr führt eine Testrunde durch. Hierfür gilt:
- Der Erfinder darf nicht mitspielen und das Spiel nicht erklären.
- Die Testspieler prüfen die Spielregel mithilfe eines Fragebogens.

Fragebogen für die Testspieler M1

Nach einer Notenskala von 1 bis 6 werden folgende Fragen bewertet:
- Ist das Spiel …
  … einfach oder kompliziert?
  … spannend oder langweilig?
- Vermittelt das Spiel Wissen?
- Erfasst das Spiel das geschichtliche Thema?
- Werden die Spieler zu Entscheidungen aufgefordert?
- Ist die Aufmachung des Spiels gelungen?

M2 Spielplan

1 Entwickle ein Geschichtsspiel zum Thema Kreuzzüge. Folge dabei den Schritten 1 bis 4.

2 Denke dir für die Ereigniskarten Situationen aus, die auf geschichtlichen Fakten beruhen, und Ereignisse, die wahr sein könnten, aber sich nicht wissenschaftlich nachprüfen lassen. Beispiele und Anregungen findest du in M3 und auf den Seiten 150 ff.

3 Testet in der Klasse die Spiele und bewertet sie anschließend (Schritt 5).

4 Besprecht, ob die Spiele helfen, die geschichtlichen Zusammenhänge besser zu verstehen.

M3 Ereigniskarten

M1 **Marktplatz von Krakau mit Marienkirche**, Foto, 1998. Die Stadt Krakau wurde Mitte des 13. Jahrhunderts bei Mongoleneinfällen zerstört und 1257 nach Magdeburger Stadtrecht neu gegründet.

Deutsche und Polen

Deutsche Siedler ziehen nach Osten

Aus unterschiedlichen Gründen verlassen Menschen ihre Heimat und beginnen in einem fremden Land ein neues Leben: Oft lassen Krieg und Unterdrückung den Familien keine Wahl. Häufig führt auch die wirtschaftliche Not zur Auswanderung. Im Mittelalter standen Menschen vor ähnlichen Entscheidungen: In vielen Gegenden des Reiches war im 11. Jahrhundert die Bevölkerung stark angewachsen und die Bauern waren gezwungen, schlechtere Böden zu bearbeiten. Viele Bauern folgten in ihrer wirtschaftlichen Not dem Ruf deutscher Fürsten, die im Gebiet zwischen Elbe und Oder die slawischen Stämme unterworfen hatten und für ihr neu erworbenes Territorium Siedler suchten. Die Herzöge beauftragten Siedlungsunternehmer, die in den westlichen Teilen des Reichs Familien anwarben und mit Sonderrechten nach Osten lockten. Viele Bauern, Handwerker und Kaufleute, aber auch jüdische Familien, die aus Westeuropa vertrieben worden waren, gingen auf das Angebot ein. Die Siedlungsunternehmer organisierten den planmäßigen Aufbau von Dörfern und Städten „nach deutschem Recht". Da sich die neuen Siedlungen oft in der Nähe älterer slawischer Dörfer befanden, lebten die Neuankömmlinge in enger Nachbarschaft mit den polnischen Siedlern. Im Gegensatz zu den Neusiedlern blieben die Polen aber noch lange unfrei und waren mit hohen Abgaben und Diensten belastet. Die Neusiedler erschlossen das oft von Urwald bedeckte Land und führten fortschrittliche landwirtschaftliche Methoden wie die Dreifelderwirtschaft und den Räderpflug ein (siehe S. 18).

Polnische Herzöge fördern deutsche Siedlungen

Seit dem 12. Jahrhundert riefen auch die Herzöge des benachbarten Polen immer mehr Deutsche in ihr Land. Sie förderten dörfliche Neugründungen und verliehen günstige Privilegien für die Gründung von Städten durch deutsche Kaufleute. Neben großen Stadtzentren wie z. B. Krakau, Prag, Breslau oder Riga entstand bald ein relativ enges Netz von kleinen Städten und Märkten für die wachsende Landbevölkerung. Der Ausdruck „nach Lübecker Recht" oder „nach Magdeburger Recht" bezeichnete die Sonderrechte, über die eine Stadt verfügte.

M2 **Deutsche Minderheit in Polen (Olsztynek/Hohenstein)**, Foto, 1993

M3 Ein Dorf wird gegründet, Illustration aus dem Sachsenspiegel, 13. Jh.

M4 Eine Siedlungsurkunde

Der polnische König Kasimir III. stellte 1359 für den Ritter Johann Gladisch aus Neu-Sandez folgende Urkunde aus:

Wir, Kasimir, von Gottes Gnaden König von Polen ..., eingedenk der treuen Dienste des edlen Ritters Paul Gladisch, haben seinem Sohn Johann einen Teil Unseres Waldes an beiden Ufern der Großen und Kleinen Zdynia [Gebiet südlich von Krakau] gegeben, damit er sich Dörfer nach deutschem ... Recht errichte, die er und seine ehelichen Nachkommen für immer erblich besitzen sollen.
Weil lange Zeit trotz vieler aufgewandter Mühen wegen des Hinsterbens der Menschen wie auch wegen der Verwüstungen durch Heuschrecken dort kein Ertrag erzielt werden konnte, haben Wir ihm ein Dorf, einen Hain und einen Urwald geschenkt, dass er dort Dörfer ansiedeln, Städte gründen und Gehöfte anlegen kann. Er kann den Dörfern Namen geben und für einen Tag seiner Wahl den Markt ansagen.
Damit aber Johann Gladisch Leute ansiedeln kann, geben Wir allen Ankömmlingen eine Frist von 20 Jahren und gewähren ihnen so lange volle und umfassende Freiheit, wobei Wir sie ausnehmen von all unseren Abgaben und Dienstleistungen. Lediglich der Schulze soll über seine Bauern richten, der Vogt über seine Bürger, deren Erbherr, also Johann Gladisch und seine Nachkommen, aber auch über Vogt und Schulzen, die von den Dörfern und Städten in Absprache mit dem Erbherrn eingesetzt werden.

Zit. nach Arno Borst, Lebensformen im Mittelalter, Frankfurt/M. (Ullstein) 1980, S. 161 f. Vereinf. d. Verf.

M5 Einwohner in Johann Gladischs Rodungsland

(ungefähre Angaben):

Jahr	1326	1400
Pfarrgemeinden	14	112
Bewohner	8900	47000
Menschen/km^2	2,1	11,2

Angaben nach Arno Borst, Lebensformen im Mittelalter, Frankfurt/M. (Ullstein) 1983, S. 165.

1. Erarbeite aus dem Darstellungstext und M1 Gründe für die Besiedlung der Gebiete im Osten des Deutschen Reiches.
2. Beschreibe M2 und nenne Gründe, warum es im heutigen Polen eine deutsche Minderheit gibt.
3. Erläutere anhand von M3, wie eine Neusiedlung organisiert wurde.
4. Erarbeite M4 anhand der Arbeitsschritte S. 57. Prüfe, um welches Gebiet es geht (siehe auch die Karte S. 164) und welche Rechte die Neusiedler erhielten.
5. Erläutere M5 und nenne Gründe für die dargestellte Entwicklung.
6. Versetze dich in die Rolle eines Bauernpaares, das im 11. Jahrhundert bei Magdeburg lebte. Finde Argumente für und gegen eine Auswanderung nach Osteuropa und schreibe einen Dialog.
7. Lässt sich die Situation der ausländischen Arbeitnehmer in Deutschland mit der der Neusiedler im mittelalterlichen Ostmitteleuropa vergleichen? Nimm Stellung.

Ein Kreuzzug im Osten?

Das Küstengebiet zwischen Weichsel und Memel war das Land der Prußen. Dieser Volksstamm hatte den christlichen Bekehrungsversuchen der polnischen Herzöge lange widerstanden. Sie gerieten jedoch in Bedrängnis, als Herzog Konrad von Masowien 1226 Kreuzritter des Deutschen Ordens zu Hilfe rief, um die heidnischen Nachbarn zu unterwerfen. Die Ritter des Deutschen Ordens, denen Kaiser und Papst die Herrschaft über alle Gebiete zusicherten, die sie erobern würden, führten die Kämpfe mit außerordentlicher Grausamkeit: Die Häuser der Prußen wurden verbrannt und ihr Eigentum geplündert, Frauen und Kinder wurden gefangen genommen, während die Männer sofort getötet wurden. Der Krieg endete, als sich die Prußen unterwarfen und taufen ließen. Warum ließ sich der Deutsche Orden auf diesen Krieg ein? Welche Folgen hatten die militärischen Auseinandersetzungen für die Beziehungen zwischen Polen und Deutschen, die bis zum 14. Jahrhundert friedlich in Osteuropa gesiedelt hatten?

M6 Vom Heidenkrieg

Der Historiker Hartmut Boockmann schreibt 1981 über den Krieg des Deutschen Ordens in Preußen:

Freilich hier … in Preußen kommt zur Schädigung der Lebensgrundlagen des Gegners die erklärte Absicht hinzu, die Männer zu töten – während man beim Krieg zwischen christlichen Gegnern dieses Ziel in der Regel nicht hatte: Der tote Gegner hätte ja kein Lösegeld gebracht. Zu dem normalen Typus des Krieges im Mittelalter kommen hier die Elemente des Heidenkrieges hinzu. Denn dass hier die Männer getötet werden sollen, erklärt sich daraus, dass sie Heiden sind und als Feinde des christlichen Glaubens angesehen werden. Nach dem Verständnis derer, die diese Kriege rechtfertigten und die Tötung der Gegner forderten, wurde dabei ein Lebenskampf zwischen Christentum und Heidentum ausgetragen. Es ging um Überleben oder Untergang der christlichen Religion.

Hartmut Boockmann, Der Deutsche Orden, München (Beck) 1981, S.107.

M7 Die Marienburg, der Hauptsitz des Deutschen Ritterordens im 14. und 15. Jahrhundert, Foto, o.J. Die Burg wurde nach ihrer Zerstörung im Zweiten Weltkrieg durch den polnischen Staat wieder aufgebaut.

1 Informiere dich im Darstellungstext und mithilfe von M7 über das Wirken des Deutschen Ordens in Osteuropa. Lies zur Entstehung des Ordens auf S. 156 nach.
2 Erläutere anhand von M6 den Begriff „Heidenkrieg".
3 Prüfe, wie der Verfasser von M8 die Motive des Deutschen Ordens einschätzt. Vergleiche mit M6 und nimm selbst Stellung.
4 a) Informiere dich im Kasten über die Entwicklungen im Verhältnis zwischen Polen und Deutschen.
b) Beschreibe M9 und überlege, was darin über die gemeinsame Geschichte von Polen und Deutschen ausgesagt wird.

M8 Über die Ziele des Deutschen Ordens

Über die Eroberung des bereits christianisierten polnischen Herzogtums Pommerellen schreibt der Historiker Dieter Zimmerling 1988:

Der Einmarsch nach Danzig und Pommerellen markiert einen bedeutsamen Umschwung im Dasein des Deutschen Ritterordens. Es ist eine Wende zum Schlimmen ..., die ihn wegführt von seinen eigentlichen Aufgaben und Zielen, nämlich die Heiden zu unterwerfen und dafür zu sorgen, dass sie sich – wenn auch zwangsweise – zum Christentum bekennen.
Diese Ziele ... hat der Deutsche Orden in dem Augenblick verraten, als er das polnische Herzogtum Pommerellen annektiert. Es ist der Verrat an Gesetzen, nach denen der Orden in Preußen angetreten ist und nach denen er ein Staatswesen begründet hat. Jetzt spätestens, in den Jahren 1308 und 1309, ... entlarvt er sich als ein Raubstaat – ein Raubstaat, der nicht davor zurückschreckt, christliche Völker zu unterjochen.

Dieter Zimmerling, Der Deutsche Ritterorden, Düsseldorf (Econ) 1988, S. 189 f.

M9 Denkmal zur Erinnerung an die Schlacht bei Grunwald (dt. Tannenberg) 1410, erbaut 1910 in Krakau. Das Reiterdenkmal zeigt den polnischen König Ladislaus II. Jagiello (1386–1434). Am Sockel steht der litauische Großfürst Witold über der Leiche des Hochmeisters des Deutschen Ordens.

Deutsche und Polen im Mittelalter

Im 10. Jahrhundert begannen die verschiedenen slawischen Stämme östlich der Oder zum polnischen Volk zusammenzuwachsen. 960 entstand das Herzogtum Polen, das vom wichtigsten Stamm, den Polanen („Bewohner der Ebene"), seinen Namen erhielt. Mit der Frau des Herzogs, einer böhmischen Prinzessin, kam das Christentum nach Polen. Als Kaiser Otto III. im Jahr 1000 die Stadt Gnesen zum Erzbistum erhob, besaß Polen ein eigenes kirchliches Zentrum. Die Kirchenorganisation wurde zur wichtigsten Klammer für Polen, das im 12. Jahrhundert in mehrere Teilherzogtümer ohne gemeinsames Oberhaupt zerfiel. Die Geschichte der Polen und der Deutschen ist eng miteinander verbunden, denn vom 10. bis zum 14. Jahrhundert zogen deutsche Neusiedler in die Gebiete östlich der Oder und lebten dort ohne größere Konflikte gemeinsam mit den polnischen Altsiedlern. Mit der Gründung eines Staates durch den Deutschen Orden verschlechterte sich das Verhältnis. Die Ordensritter trugen durch zahlreiche Stadtgründungen zum Ausbau des Landes bei, ihre Eroberungspolitik führte aber schließlich zum militärischen Konflikt mit Polen und Litauen. Der Orden wurde 1410 bei dem Dorf Tannenberg von polnisch-litauischen Truppen besiegt. Bei dieser Schlacht starben auf beiden Seiten mehr als 8000 Ritter. Zu diesem Zeitpunkt hatte der Ordensstaat auch seine letzte Missionsaufgabe verloren, denn die heidnischen Litauer waren 1386 christlich geworden. 1466 musste der Orden die polnische Oberhoheit endgültig anerkennen. 1525 wurde aus dem Ordensstaat das weltliche Herzogtum Preußen, dessen Herrscher dem polnischen König den Lehnseid leistete. Die Herrschaft des Deutschen Ordens hat das polnisch-deutsche Verhältnis schwer belastet. Wenn die Polen vom Deutschen Orden sprechen, heben sie die blutige Unterdrückung hervor: „Kreuzritter" ist bis heute in Polen ein Schimpfwort. Auch später wurde Polen immer wieder das Opfer deutscher Eroberungspolitik. Durch den deutsch-polnischen Grenzvertrag, den Vertrag über gute Nachbarschaft (1991) und Polens Aufnahme in die EU haben sich die Grundlagen der Beziehungen verbessert.

M1 Die deutsche Ostkolonisation

Eine Geschichtskarte lesen

Entwicklungen und Veränderungen untersuchen

Viele Geschichtskarten stellen die Entwicklung eines bestimmten Gebiets über längere Zeiträume hinweg dar. Du kannst an solchen Karten z. B. untersuchen, wie sich das Leben, die Wirtschaft oder die politischen Verhältnisse in dem Gebiet entwickelt haben. Die folgenden Schritte zeigen dir, wie du Geschichtskarten unter dem Aspekt der Entwicklung und Veränderung untersuchst.

Arbeitsschritte Eine Geschichtskarte lesen

1. Schritt: Grundelemente erkennen

Orientiere dich über den dargestellten Raum und das Thema der Karte. Beachte den Maßstab!
Kläre mithilfe der Legende, welche Farben und Symbole verwendet werden und welche Bedeutung sie haben.

2. Schritt: Veränderungen untersuchen

Prüfe, welcher Zeitraum dargestellt und in welche Phasen er gegliedert ist. Werden Gründe für die Veränderung deutlich (z. B. Kriege, Katastrophen, Wanderungen, Stadtgründungen o. Ä.)?

3. Schritt: Glaubwürdigkeit prüfen

Wie Textquellen oder Bilder sind auch Karten mit einer bestimmten Absicht verfasst. Prüfe mithilfe ergänzender Informationen, ob die verwendeten Symbole, Farben, Ortsbezeichnungen oder Begriffe geeignet sind, die geschichtliche Entwicklung deutlich zu machen.

4. Schritt: Ergänzende Informationen beschaffen

Sammle Informationen über die abgebildete Region (Lexika, Schul- und Sachbücher, Internet).
Du kannst dir auch eine moderne Karte von dem Gebiet beschaffen und z. B. Vermutungen anstellen, wie die Vergangenheit sich auf die Gegenwart auswirkt.

M2 **Klostergründung in Trebnitz bei Breslau,** Buchmalerei, 1452. Herzog Heinrich I. stiftete 1202 auf Bitten seiner Frau Hedwig das erste Frauenkloster Schlesiens. Er besetzte es mit Zisterzienserinnen aus Bamberg.

M3 **Stadtansicht von Wohlau,** Foto, 1930

1. Untersuche die Karte M1 mithilfe der oben genannten Arbeitsschritte.
   – Beachte den Titel der Karte.
   – Nimm für den 4. Schritt die Karte M4 zu Hilfe.
2. Suche auf M1 die Orte, über die du in dieser Themeneinheit etwas erfahren hast. Ermittle die Entfernung, die ein Neusiedler aus der Gegend von Braunschweig nach Thorn zurücklegen musste.
3. In M2 und M3 findest du Quellen zur Geschichte der Siedlung in Ostmitteleuropa. Prüfe, wie sie deine Kenntnisse aus der Geschichtskarte M1 ergänzen können.
4. Frage in deiner Klasse nach, wessen Eltern oder Großeltern in Gebieten geboren sind, die im Mittelalter von Deutschen neu besiedelt wurden (M1).

M4 **Ostmitteleuropa 2000**

König und Adel in Westeuropa

Die Königreiche England und Frankreich

Die Normannen erobern England

Als der englische König Richard Löwenherz Ende 1189 zur Teilnahme am dritten Kreuzzug aufbrechen wollte, führte ihn sein Weg zunächst von Dover über den Ärmelkanal in die Normandie und von dort in Etappen nach Bayonne in Südwestfrankreich. Überall hatte er vor der Abreise wichtige Angelegenheiten zum Schutz seines Reiches zu regeln. Auch als er schließlich im Sommer in Tours offiziell den Pilgerzug begann, befand er sich noch in seinem Land. Neben dem Kaiser war er der mächtigste Herrscher Europas. Dabei sprachen Richard und fast der gesamte englische Adel französisch, viele von ihnen waren auf dem Festland aufgewachsen und erzogen. Auch viele kirchliche Würdenträger hatten Ämter auf dem Kontinent innegehabt, bevor sie Bischöfe in England wurden. Seit dem 11. Jahrhundert waren England und Frankreich nämlich lehnsrechtlich miteinander verbunden. 1066 war Wilhelm, der Herzog der Normandie, mit Soldaten über den Ärmelkanal nach England gesegelt, um dort seinen Anspruch auf die englische Krone zu erheben. In der Schlacht von Hastings gelang es ihm, das englische Heer vernichtend zu schlagen. Herzog Wilhelm empfing am darauf folgenden Weihnachtsfest die englische Krone und war damit seinem Lehnsherrn, dem französischen König, gleichgestellt.

Herrschaft durch Lehen

Den englischen Königen gelang es im Laufe des Mittelalters, ihre Macht mithilfe des Lehnssystems auszubauen: Viele normannische Adlige erhielten Grundbesitz, den sie als Lehnsherren an Untervasallen weitergeben konnten. Außerdem wurden alle Lehnsbeziehungen mit dem direkten Treueschwur auf den König verbunden und schriftlich im so genannten Domesday Book festgelegt. Diese nach Grafschaften geordnete Übersicht bildete im 12. Jahrhundert die Grundlage für staatliche Verwaltungsaufgaben wie z. B. das Einsammeln der Steuern*. Die „Sheriffs" der einzelnen Grafschaften rechneten die Steuergelder bei einer zentralen Geldeinnahmebehörde ab. England wurde zum ersten europäischen Staat, der eine eigene Verwaltung besaß.

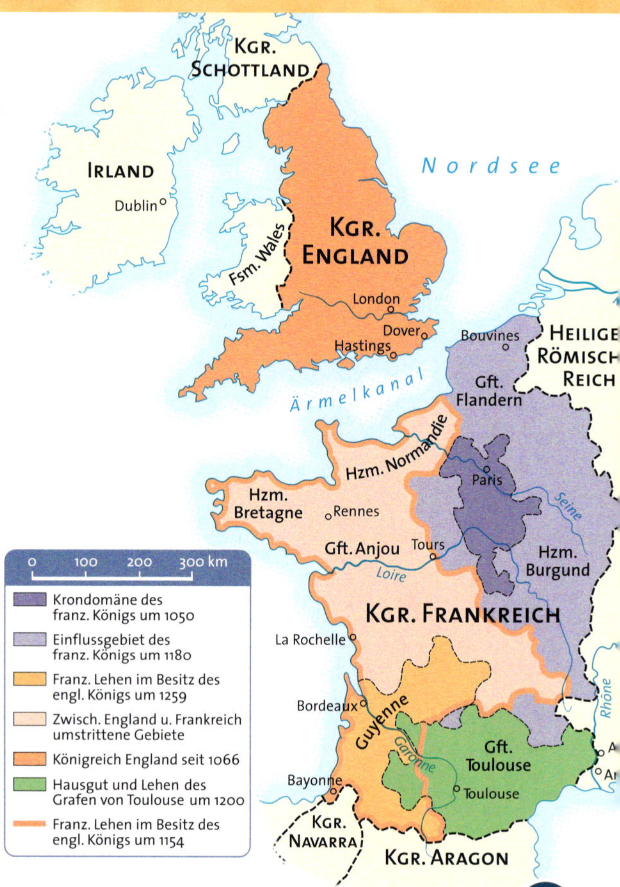

M1 England und Frankreich vom 11. bis 13. Jahrhundert

1. Stelle mithilfe von M1 zusammen, welche europäischen Gebiete sich im Besitz des englischen Königs befanden. Vergleiche mit dem Besitz der französischen Krone.
2. Lies den Darstellungstext dieser Seite und erläutere,
   a) warum im 12. Jahrhundert ein Großteil der Adligen in England französischer Herkunft war,
   b) mit welchen Maßnahmen der englische König nach 1066 seine Macht festigte.
3. Erläutere mithilfe des Kastens, welche Personen auf M3 abgebildet sind. Beachte, was die Sitzordnung über die Machtverhältnisse aussagt.
4. Lies den Darstellungstext S. 167 und überlege, warum sich aus dem Lehnssystem schlechte Startbedingungen für die Regierung Johanns ergaben.
5. Vergleiche M2 mit dem „Gesetz zugunsten der Fürsten" (siehe S. 145, M1). Beide Urkunden enthalten Zugeständnisse an den Adel. Zeige Unterschiede und erkläre damit die Machtverhältnisse in England und Deutschland.

König Johann: Ohne Land – ohne Macht?

Als König Richard Löwenherz 1199 starb und sein Bruder Johann die Nachfolge antrat, veränderte sich die Situation für das englische Königtum: Johann, genannt „Ohneland", war bei der Aufteilung des väterlichen Erbes leer ausgegangen. Deshalb konnte er sich nur mit Schwierigkeiten als Nachfolger durchsetzen. Zudem empörten seine harten und oft belastenden Maßnahmen Adel und Kirche. Als er sich weigerte, den päpstlichen Kandidaten für das Erzbistum Canterbury ins Land zu lassen, verhängte der Papst über ihn den Kirchenbann. Frankreich nutzte den Augenblick und drohte England zu erobern. Da auch der Papst dieses Vorhaben unterstützte, musste Johann sich schließlich unterwerfen und England von der römischen Kirche als Lehen zurücknehmen. Eine weitere Niederlage folgte 1214 in der Schlacht von Bouvines: Frankreich eroberte mit Unterstützung Friedrichs II. die meisten englischen Festlandbesitzungen.

Die weltlichen Fürsten und die Bischöfe des englischen Königreichs zwangen Johann in diesem Moment der Schwäche dazu, ihnen wichtige Rechte zuzugestehen. 1215 wurde die „Magna Charta Libertatum" ausgestellt. In dieser Urkunde wurden die Zugeständnisse des Königs an die Adligen und Bischöfe Englands festgelegt. Die Bestimmungen der Magna Charta gelten noch heute – aber für alle Bürger.

Parlament

(von franz. parler = reden). Bezeichnung für eine Volksvertretung, die aus einer oder zwei Kammern besteht. Das erste Parlament entstand in England im ausgehenden 13. Jahrhundert – als eine Folge der Magna Charta und als weiteres Zugeständnis des Königs an die Fürsten. Die Königsmacht wurde durch einen allgemeinen Rat von adligen Lehensträgern und Vertretern der Städte („parliamentum") eingeschränkt. Dieses Parlament musste der König bei der Erhebung von Steuern um Zustimmung fragen. Seit etwa 1340 wirkte das englische Parlament auch bei der Gesetzgebung mit. In modernen demokratischen Staaten sitzen im Parlament die gewählten Vertreter und Vertreterinnen eines Volkes, bewilligen den Haushalt, beschließen Gesetze, wählen und kontrollieren die Regierung.

M2 Die Bestimmungen der Magna Charta

Die „Große Urkunde der Freiheiten" von 1215, mit der der Konflikt zwischen Johann Ohneland und den englischen Adligen beendet wurde, enthielt 63 Artikel, unter anderem folgende:

Art. 12: Kriegs - und andere Steuern sollen in unserem Königreich nur durch Beschluss des Gemeinen Rates des Königreiches erhoben werden. Zur Tagung dieses Rates werden wir Erzbischöfe, Bischöfe, Äbte, Grafen und größere Barone, Richter, Beamte und alle jene, die vom König Lehen besitzen, rechtzeitig einladen.
Art. 61: Falls wir, unsere Richter und unsere Beamten gegen irgendjemanden einen Rechtsbruch begehen und seine Wiedergutmachung verweigern, so soll ein Ausschuss von 25 Baronen uns dazu zwingen. Sie sollen auf alle … mögliche Art unsere Burgen, Ländereien und Besitzungen wegnehmen, bis die Sache nach ihrer Meinung gutgemacht ist; nur soll dabei unsere Person unangetastet bleiben. Sobald der Schaden gutgemacht ist, sollen sie uns wieder gehorchen wie bisher.

Zit. nach Kurt Kluxen, Die Entstehung des englischen Parlamentarismus, Stuttgart (Klett) 1972, S. 5.

M3 König Edward I. (1272–1307) im englischen Parlament, englische Buchmalerei, um 1524

König und Adel in Westeuropa

Der König ist tot – es lebe der König

Nordfrankreich im Sommer 1461: Die Nachricht vom Tode König Karls VII. verbreitete sich wie ein Lauffeuer. Wenig später kündeten Staubwolken und das Geräusch galoppierender Pferde den Bauern die Ankunft vieler Adliger an. Die Fürsten Frankreichs eilten nach Reims, um sich von Ludwig XI., dem Sohn und Nachfolger Karls VII., ihre bisherigen Ämter bestätigen zu lassen oder um neue zu erhalten. Ludwig, der neue König, trauerte wohl nicht, als er vom Tod des Vaters erfuhr. Nach Quellenaussagen war die Beziehung zwischen Vater und Sohn nicht gut: Mit Empörung erinnerte sich Ludwig an seine Hochzeit, als er 1436 in Tours mit der elfjährigen Prinzessin Margarete von Schottland vermählt worden war. Obwohl er, wie alle französischen Königssöhne, bereits zu Lebzeiten seines Vaters als Mitkönig gekrönt worden war, hatte der für ihn nur eine einfache Hochzeit ausrichten lassen.
Nun, nach dem Tode des Vaters, verbot Ludwig seinen Hofleuten, Trauer zu tragen, und ging demonstrativ auf die Jagd.
Sein Regierungsantritt verlief ohne Probleme: Am 26. Juli reiste Ludwig in die Grafschaft Hennegau, um dort auf den Herzog von Burgund, den vornehmsten Vasallen der französischen Krone, zu warten. Der Herzog begleitete ihn dann mit großem Gefolge zur Krönung nach Reims, wo Ludwig gekrönt wurde. Am 31. Juli zog Ludwig XI. als König von Frankreich in Paris ein.

M4 **Ludwig XI. und die weltlichen Großen Frankreichs**, französische Buchmalerei, 16. Jh.

M5 **Der englische König erhält seine Gebiete in Frankreich von dem französischen König als Lehen,** französische Buchmalerei, 13. Jh.

Das französische Königtum

Das französische Königsgeschlecht der Kapetinger, das 987 auf die Karolinger gefolgt war, konnte sich nur auf ein kleines, aber zusammenhängendes Staatsgebiet stützen. Die Könige hatten bis zum 13. Jahrhundert ihre Machtstellung durch eine geschickte Heiratspolitik und eine enge Verbindung zur römischen Kirche ausgebaut. Ihre Wahl und Krönung lief nach einem bestimmten Ritual ab: Die Erzbischöfe von Reims krönten und salbten den König. Um die besondere Rolle des französischen Herrschers herauszuheben, verbreiteten sie die Legende, dass das Salbungsöl heilig sei und dem König besondere Fähigkeiten verlieh. So war es üblich, dass der König am Tag seiner Salbung einen Kranken von der Skrofulose, einer durch schlechte Ernährung bedingten Hautkrankheit, heilte.

6 Beschreibe möglichst genau M4. Vergleiche mit M2 auf S. 135.

7 Erarbeite mithilfe des Darstellungstextes und des Kastens die Stellung des französischen Königs gegenüber den Fürsten seines Landes. Vergleiche mit England.

8 Erläutere an M5 die Beziehung zwischen England und Frankreich. Erschließe einen möglichen Konflikt.

9 Johanna von Orléans – eine mittelalterliche Meisterin der Kriegsstrategie? Nimm Stellung.

England und Frankreich im Konflikt

Mit dem Sieg Frankreichs über Johann Ohneland 1214 war der Konflikt zwischen England und Frankreich nicht beigelegt. Als das französische Königshaus der Kapetinger nach einer Herrschaftszeit von über 300 Jahren ausstarb, entbrannte ein Krieg um den französischen Thron, der über hundert Jahre (1339–1453) dauerte. Auf den französischen Thron erhoben sowohl der französische Graf Philipp VI., ein Bruder des verstorbenen Königs, als auch der englische König Anspruch. Edward III. leitete seine Rechte von seiner Mutter ab, die eine Tochter des verstorbenen Königs war. Da diese Herrschaftsansprüche aber aus weiblicher Linie stammten, wurden sie nicht anerkannt. Philipp VI. wurde 1328 zum französischen König gewählt. Als er neun Jahre später die französischen Lehen des Königs für verwirkt erklärte, landeten englische Truppen auf dem Festland und fügten Frankreich eine empfindliche Niederlage zu. Die schwer gepanzerten französischen Ritter fühlten sich überlegen, aber sie waren der neuen englischen Kriegsführung, die bewegliche Bogenschützen einsetzte, nicht gewachsen. Frankreich geriet an den Rand des Zusammenbruchs: Die Großen des Reiches bekämpften sich gegenseitig. Sogar Paris war schließlich von den Engländern besetzt.

M6 Johanna erklärt ihren Entschluss

In dem Prozessverhör in Rouen 1431 machte Johanna von Orléans (um 1412–1431) folgende Aussage:

Als ich dreizehn Jahre alt war, hatte ich eine Stimme, die von Gott kam, um mich zu leiten. Das erste Mal hatte ich große Furcht ... Die Stimme befahl mir, die Belagerung von Orléans aufzuheben. Sie hieß mich, Robert de Baudricourt in Vaucouleurs aufzusuchen – das war der Stadthauptmann –, damit er mir Leute gäbe, die mit mir kämen ... Er gab mir Leute mit. Ich war in Männerkleidern. Baudricourt hatte mir ein Schwert gegeben ... Ich kam ohne Hindernis zum König [in den Ort Chinon] ... Als ich den Saal betrat, erkannte ich den König unter allen anderen; meine Stimme wies ihn mir. Ich sagte dem König, ich wolle den Krieg gegen die Engländer führen.

Zit. nach Geschichtliche Weltkunde. Quellenlesebuch, Bd.1., hg. v. Wolfgang Hug, Frankfurt/M. (Diesterweg), S. 293 f.

Frankreich und England: Nationalstaaten

Die entscheidende Wende des Krieges fand 1429 statt. Johanna, die 17-jährige Tochter eines lothringischen Bauern, reiste zu König Karl VII., bei dem sie durch die Vermittlung von Verwandten vorsprechen durfte. Sie bat den König um Unterstützung, da sie sich von Gott berufen fühlte, die wichtige Stadt Orléans von den Engländern zu befreien. Der König ließ sich überzeugen und gab ihr Soldaten, Ausrüstung und eine eigene Fahne. Wenige Wochen später war Orléans befreit und die englischen Truppen waren so weit zurückgeschlagen, dass Karl VII. in Reims zum König gekrönt werden konnte. Johanna von Orléans geriet ein Jahr später in englische Kriegsgefangenschaft und wurde als Ketzerin auf dem Scheiterhaufen verbrannt.

1453 war der Konflikt beendet – England hatte seinen Festlandbesitz verloren. Der Hundertjährige Krieg hatte der Bevölkerung Frankreichs und Englands Leid und Zerstörung gebracht. Zehntausende von Männern waren in Schlachten gestorben. Gleichzeitig hatte der Konflikt sowohl in Frankreich als auch in England ein großes Zusammengehörigkeitsgefühl in der Bevölkerung entstehen lassen: Johanna von Orléans wurde zum Symbol für die Stärke und Einigkeit des französischen Volkes. In England wurde Englisch zur offiziellen Sprache erhoben, die Sprache, in der sich früher nur der niedere Adel und die unteren Bevölkerungsschichten verständigt hatten. Frankreich und England hatten sich zu Nationalstaaten entwickelt. Ihre Könige konnten sich zunehmend von den Ansprüchen der Adligen befreien und alle Macht auf sich vereinigen.

M7 Johanna von Orléans, französische Buchmalerei, um 1430

10 Stelle Vermutungen an, weshalb sich in Deutschland während des Mittelalters kein nationales Zusammengehörigkeitsgefühl herausbildete.

Machtpolitik und Konflikte in Europa – ein Überblick

Papst und Kaiser verlieren Macht an die Fürsten

Ausgehend von Cluny, begann im 11. Jahrhundert eine Klosterreform, die sich bald zu einer Reformbewegung der ganzen Kirche ausweitete. Wurde das Papsttum in seinen Reformbestrebungen anfänglich noch vom Kaiser unterstützt, so kam es unter Papst Gregor VII. und Kaiser Heinrich IV. zum Konflikt zwischen geistlicher und weltlicher Macht. Der „Gang nach Canossa" (1077) stellte den Höhepunkt im so genannten Investiturstreit dar.

Die deutschen Fürsten bauten seit dem 12. Jahrhundert ihre eigene Macht gegenüber dem Kaisertum und ihre Landesherrschaften immer weiter aus. Mit der Goldenen Bulle regelten die mächtigsten Fürsten 1356 die Wahl eines Königs für das Reich. Seit dem 14. Jahrhundert nahmen die Fürsten und Reichsstädte auf Hoftagen und schließlich auf dem Reichstag Einfluss auf die Entscheidungen des Kaisers.

Krieg gegen Nicht-Christen

Die Kreuzzüge begannen mit einem Aufruf des Papstes 1095 in Frankreich. Konstantinopel und das Heilige Land mit Jerusalem sollten gegen die Eroberung durch muslimische Völker verteidigt werden. Dabei lockte großer Gewinn: Wer als Kreuzfahrer kämpfte, sollte Vergebung für seine Sünden finden. Wie unterschiedlich aber die Motive der beteiligten Gruppen waren, zeigte sich z. B. daran, dass es schon kurz nach dem Aufbruch zum Kreuzzug in Frankreich und in Deutschland zu Pogromen gegen Juden kam.

1099 eroberten die Kreuzritter Jerusalem und gründeten Kreuzfahrerstaaten im Nahen Osten. Die Kreuzritter organisierten sich zum Teil in Ritterorden. Nach dem Ende der Kreuzfahrerstaaten im Heiligen Land errichtete der Deutsche Orden unter dauernden Kämpfen und Kriegen in Osteuropa, wo lange Zeit polnische und deutsche Siedler in friedlicher Nachbarschaft gelebt hatten, einen eigenen Staat.

England und Frankreich werden zu Nationalstaaten

Das englische Königreich besaß seit dem 12. Jahrhundert eine durch das Lehnswesen abgesicherte wirkungsvolle Staatsverwaltung und ein starkes Königtum. Nach dem Tod des Königs Richard Löwenherz 1199 kam es aber zu Konflikten zwischen seinem Nachfolger Johann Ohneland und den englischen Adligen. In der Magna Charta 1215 erreichten die englischen Fürsten durch die Einrichtung eines Parlaments wichtige Zustimmungsrechte.

Die Besitzungen Englands auf dem französischen Festland waren Lehen des französischen Königtums. Als im 14. Jahrhundert die französische Königsfamilie keinen Erben für das Königsamt hatte, entbrannte zwischen England und Frankreich ein Krieg um die Nachfolge. Der Hundertjährige Krieg (1339–1453) endete mit der Niederlage Englands, das alle seine Festlandbesitzungen in Frankreich verlor. Während des Krieges hatte sich unter der Bevölkerung beider Länder ein starkes Zusammengehörigkeitsgefühl gebildet. Es war die Grundlage für die Entstehung von Nationalstaaten.

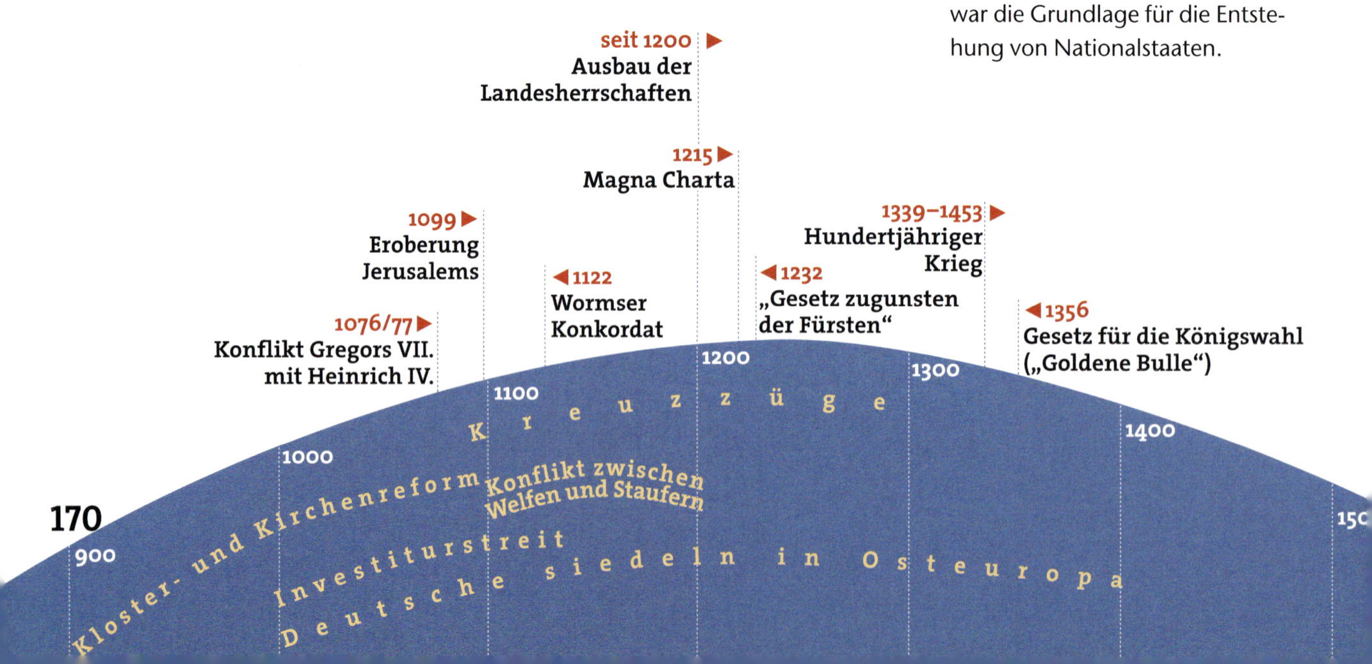

Wir wiederholen zentrale Begriffe und Methoden

Investitur S. 137

Reichsacht S. 144

Ritterorden S. 156

Die Goldene Bulle S. 146

Parlament S. 167

Bezeichnung für eine Volksvertretung, die aus einer oder zwei Kammern besteht …

Textquellen vergleichen S. 140 f.

Eine Geschichtskarte lesen S. 164 f.

1. Schritt: Grundelemente erkennen
Orientiere dich über den dargestellten …

Schlagzeilen aus europäischen Zeitungen

Zeitungen gab es im Mittelalter zwar noch nicht, aber die politischen Ereignisse in Europa waren für die Fürsten und Könige in England, Frankreich und Deutschland von großem Interesse. Schlage noch einmal im Kapitel nach und ergänze die folgenden Schlagzeilen mit den passenden Meldungen. Natürlich kannst du auch deine Sprachkenntnisse ausprobieren und die Meldungen in Englisch, Französisch, Deutsch oder einer anderen Sprache, die du kannst, aufschreiben.

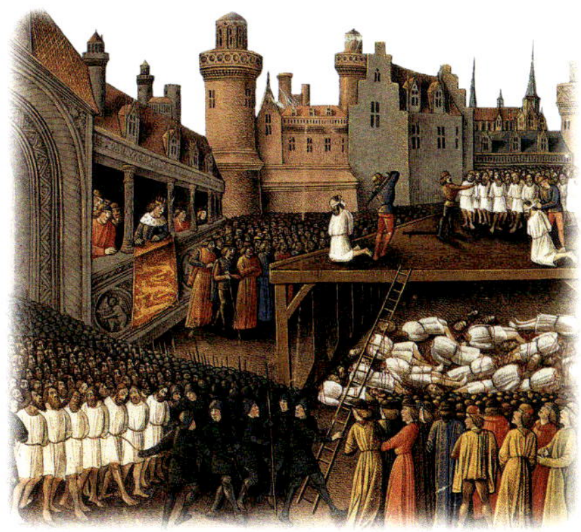

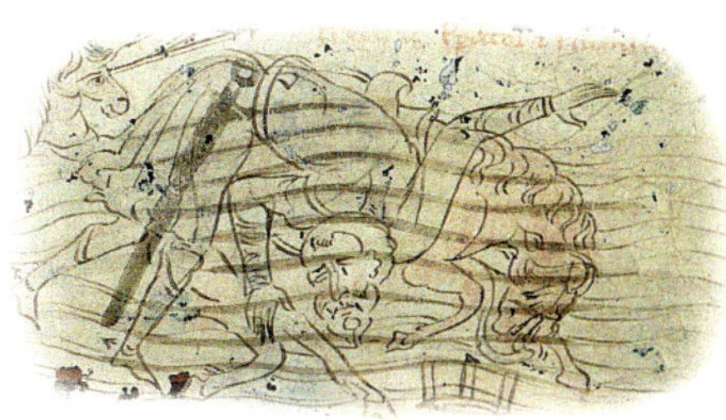

Bauernland in Trebnitz

German Emperor meets the pope in Canossa

Hinrichtung in Akkon

German Duke Henry the Lion loses power

Jüdische Gemeinde in Worms vernichtet

Kaiser ertrinkt!

Vive Jeanne d'Arc! Vive la France!

6. Neues Denken – Neue Welt

Die Karte, die du auf dieser Seite abgebildet siehst, stammt aus dem Jahr 1596. Sie trägt den Titel „America sive Novus Orbis" (auf Deutsch: Amerika oder die Neue Welt). Zur Zeit ihrer Entstehung war die Karte topaktuell. Sie enthielt die Erkenntnisse der Entdeckungsfahrten, die seit 1492 – der Entdeckung Amerikas durch Kolumbus – durchgeführt worden waren.

Die Reisen waren nur möglich aufgrund verbesserter Schiffstechnik und neuer Geräte zum Navigieren, die du auf dem Bild auch sehen kannst. Überhaupt gab es seit dem 15. Jahrhundert Neuerungen auf allen Gebieten: Die medizinischen Kenntnisse über den Menschen wuchsen rasch an, der Buchdruck wurde erfunden. Die Veränderungen wurden als so radikal empfunden, dass viele von einer neuen Zeit, der „Neuzeit", sprechen, die im 15. und 16. Jahrhundert begonnen haben soll. Die folgenden Fragen kannst du in diesem Kapitel untersuchen:

– Welche Erfindungen und Entdeckungen waren ausschlaggebend dafür, dass die Bezeichnung „Neuzeit" aufkam?
– Wie haben sich die Neuerungen auf das Leben der unterschiedlichen Bevölkerungsschichten ausgewirkt?
– Hatten die Neuerungen, so fortschrittlich und vorteilhaft sie auf den ersten Blick erscheinen, vielleicht auch negative Folgen?

1 Die abgebildeten Seefahrer hießen Fernando Magellan, Christoph Kolumbus, Amerigo Vespucci und Francesco Pizarro. Tragt zusammen, was ihr über sie wisst. Informiert euch auch in einem Lexikon.

Ein Computerspezialist über seine ersten Besuche im Internet 1987:
Eine neue Welt tat sich vor unseren Augen auf. Wir fühlten uns wie Christoph Kolumbus.

1200 Die Reiche der Inka und Azteken entstehen

1455 Erfindung des Buchdrucks

1492 Entdeckung Amerikas durch Christoph Kolumbus

Im 16. Jahrhundert: Ausweitung der Hexenverfolgung

Kopernikus behauptet: Die Erde ist nicht Mittelpunkt des Universums

seit 1500 Eroberung und Kolonialisierung Amerikas

1300 – 1350 – 1400 – 1450 – 1500 – 1550 – 1600 – 1650

Entstehung von Banken und Handelsgesellschaften in Europa

Beginn der „Neuzeit“

Renaissance und Humanismus

Beginn einer neuen Zeit?

Der Mensch im Mittelpunkt der Welt?

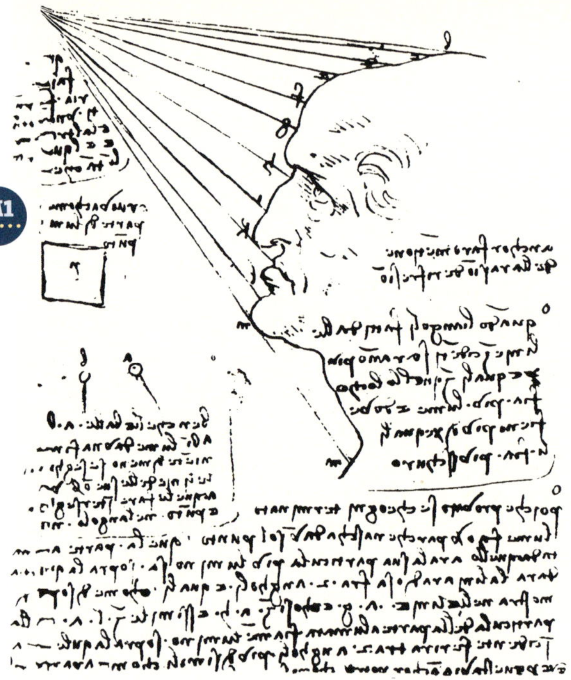

M1 **Profilbild eines Mannes,** Zeichnung von Leonardo da Vinci, 1490. Leonardo versah seine technischen Zeichnungen mit Spiegelschrift. Er notierte: Da bewiesen ist, dass jedes bestimmte Licht von einem einzigen Punkt stammt oder zu stammen scheint, wird die von ihm beleuchtete Seite ihr hellstes Licht in dem Abschnitt haben, auf den die Linie des Lichtstrahls senkrecht fällt … und dieser Abschnitt der beleuchteten Seite wird dort weniger hell sein, wo die Einfallslinie ihn zwischen zwei ungleichen Winkeln trifft.

M2 **Mona Lisa (oder: La Gioconda),** Gemälde von Leonardo da Vinci, entstanden 1503–1506.

1 Beschreibe M1. Welche Absicht verfolgte Leonardo mit der Zeichnung? Vergleiche mit M4.

2 M2 zeigt ein berühmtes Bild von Leonardo. Vergleiche die Maltechnik mit den Ergebnissen aus M1. Informiere dich in Lexika über das Bild.

M3 Renaissance bedeutet Wiedergeburt

In dem Roman „Sofies Welt“ (1993) von Jostein Gaarder führt der Lehrer Alberto Knox das Mädchen Sofie in die Philosophie ein. Gerade erhält sie die Lektion „Renaissance“:

„Unter Renaissance verstehen wir eine umfassende kulturelle Blütezeit, die gegen Ende des 14. Jahrhunderts einsetzte. Sie begann in Norditalien, verbreitete sich aber dann rasch nach Norden.“ „Hast du nicht gesagt, dass ‚Renaissance‘ Wiedergeburt bedeutet?“ „Doch, und das, was wiedergeboren werden sollte, waren die Kunst und die Kultur der Antike … Jetzt stellte man nämlich … wieder den Menschen in den Mittelpunkt … Der Mensch wurde nun als etwas unendlich Großes und Wertvolles betrachtet … Das Ideal[1] wurde das, was wir als Renaissancemenschen bezeichnen. Darunter verstehen wir einen Menschen, der sich mit allen Bereichen des Lebens, der Kunst und der Wissenschaft befasst. Der Mensch war nicht nur für Gott da. Gott hatte den Menschen auch um des Menschen willen geschaffen. Und wenn der Mensch sich nur frei entfalten konnte, hatte er unbegrenzte Möglichkeiten. Sein Ziel war es, alle Grenzen zu überschreiten.“

Jostein Gaarder, Sofies Welt, übers. v. Gabriele Haefs, München (Hanser) 1993, S. 234 ff.

1 Idee, nach deren Verwirklichung man strebt.

Leonardo – ein Mensch der Renaissance?

Florian, Sarah und Timo treffen sich vor dem Eingang der Sonderausstellung „Leonardo da Vinci (1452–1519)". „Warum gehen wir eigentlich ausgerechnet in diese Ausstellung?", fragt Timo, der lieber ins Kino wollte. Florian holt tief Luft und berichtet: „Wir haben im Geschichtsunterricht eine Stelle aus dem Buch ‚Sofies Welt' gelesen. Dort ging es um die Zeit, in der Leonardo da Vinci gelebt hat. Sie wird Renaissance genannt. In dem Buch behauptet der Philosophielehrer Alberto Knox, dass in dieser Zeit die Menschen einen ganz neuen Glauben an sich selbst und ihren Wert entwickelten. Anders als im Mittelalter wurden eigene Beobachtungen und Erfahrungen in den Mittelpunkt gestellt. Viele der Gelehrten verließen sich nicht mehr allein auf die Lehren der Kirche, sondern wollten sich durch selbstständiges Lesen ein Urteil über die Welt bilden. In Klosterbibliotheken suchten sie die verschollenen Bücher antiker Schriftsteller. Dabei fanden sie heraus, dass die antiken Schriften von Menschen erzählten, die im Denken und Handeln viel freier waren als die Menschen des Mittelalters." „Diese Gelehrten waren aber die Ausnahme", sagt Sarah. „Bis ins 19. Jahrhundert hinein konnten doch nur ganz wenige Menschen überhaupt lesen und schreiben. Sie lernten in ihrem ganzen Leben nicht mehr kennen als ihr Dorf oder die Stadt, in der sie lebten." „Und was hat das alles mit diesem Leonardo da Vinci zu tun?", fragt Timo. „Als junger Mann war Leonardo aus der kleinen Stadt Vinci nach Florenz gekommen und erhielt in einem berühmten Maleratelier seine Ausbildung. Durch den Kontakt zu den reichen italienischen Bürgern lernte er die Ideen der Renaissance kennen. Angeblich kann man die besonders gut in seinen Zeichnungen und Gemälden erkennen", sagt Florian.

3 a) Werte M3 und den Kasten aus: Welche Interessen und Eigenschaften hatte ein Renaissancemensch?
b) Erläutere, was der Philosophielehrer Albert Knox (M3) mit dem letzten Satz gemeint haben könnte.

4 Leonardo war nicht nur ein berühmter Künstler, sondern auch Forscher, Architekt und Erfinder. Sucht Beispiele für die drei Tätigkeiten und stellt sie der Klasse vor (Sachbücher, Internet).

Renaissance

(franz., nach ital. rinascimento = Wiedergeburt). Bezeichnung für die Wiederentdeckung der Epoche der Antike. Die Entwicklung der Renaissance begann im ausgehenden 13. Jahrhundert in Italien und breitete sich über 300 Jahre lang in ganz Europa aus. Diese Zeitspanne wird heute als der Übergang vom Mittelalter zur Neuzeit gesehen. Menschen wurden sich ihrer Persönlichkeit bewusst. Maler, Bildhauer und Architekten entwickelten einen neuen Kunststil, der die Perspektive zum Gestaltungsprinzip machte. Körper und Bewegungen wurden möglichst wirklichkeitsnah dargestellt. Parallel dazu erwachte ein verstärktes Interesse an den Naturwissenschaften. Die Renaissance stand auch im Zusammenhang mit den wirtschaftlichen Veränderungen des späten Mittelalters: Mit der Entstehung von Handelsgesellschaften und Bankhäusern entwickelte sich das Ideal der persönlichen Tüchtigkeit. Reiche Geschäftsleute beteiligten sich z. B. an der Finanzierung prächtiger Renaissancebauten oder förderten die Maler ihrer Zeit.

M4 Anatomische Darstellung der Nervenleitungen des Auges zum Gehirn, Rötelzeichnung von Leonardo da Vinci, um 1510. Leonardo sezierte Leichen, um möglichst genaue Kenntnisse über den menschlichen Körper zu gewinnen. Links unten: moderne Computergrafik von Augen und Gehirn (1998).

Beginn einer neuen Zeit?

M5 Womit sich Schüler beschäftigen sollen

In seinem Buch „Gargantua und Pantagruel" gab der humanistische Schriftsteller François Rabelais (um 1494 bis 1553) den Brief eines Vaters an seinen Sohn wieder:

Alle Künste und Wissenschaften sind bei uns wieder heimisch, vorab das Griechische, ohne das kein Gelehrter bestehen kann, und mit ihm das Hebräische und das Lateinische … Darum ermahne ich dich, geliebter Sohn, deine Zeit ersprießlichen Studien zu widmen, und wünsche mir, dass du diese Sprachen vollständig lernst. Im Griechischen bilde deinen Stil an Platon, im Latein an Cicero. Vervollkommne dich in Geometrie, Arithmetik und Musik, erforsche auch die Astronomie … Vertiefe dich ernsthaft in die Naturkunde, damit dir kein Fisch, kein Gewässer, kein Vogel, Baum, Busch, Gesträuch, Metall und Edelgestein fremd bleibt.

François Rabelais, Gargantua und Pantagruel, übers. v. Engelbert Hegaur, 2. Aufl., München (Biederstein) 1955, S. 327.

M7 Ehrung eines Dichters, Gemälde von Bernadino Pinturicchio, 1507. In der Renaissance wurde der antike Brauch wieder aufgenommen, hervorragende Dichter mit einem Lorbeerkranz zu ehren.

M6 Humanistischer Schulunterricht, Holzschnitt, 1496. Im Mittelalter war Bildung eine Sache der Kirche. Um 1500 sammelten Gelehrte Schüler um sich, es entstanden neue, nicht kirchliche Schulen. Unten rechts im Bild steht: „Nihil sine musa" (= Nichts ohne die Muse).

Humanismus

(von lat. humanus = menschlich, menschenfreundlich, gebildet). Mit dem Begriff wird eine Lebensanschauung bezeichnet, die unter den Gelehrten im Zeitalter der Renaissance vorherrschte. Die Humanisten traten für eine umfassende Bildung des Menschen ein. Sie studierten die Quellen der antiken Schriftsteller und beschäftigten sich wissenschaftlich mit Sprachen, Geschichte und Philosophie. Der Humanismus begann im 14. Jahrhundert in Italien und breitete sich von dort im Laufe der beiden folgenden Jahrhunderte nach Frankreich, Spanien, England und Deutschland aus.

5 Werte M5 aus: Warum sollten sich Schüler in den genannten Fächern bilden?

6 Beschreibe M6. Durch welche Merkmale zeichnete sich humanistischer Unterricht aus? Vergleiche mit deiner eigenen Unterrichtserfahrung.

7 Erläutere, warum es sich bei M7 um ein typisches Bild aus der Zeit der Renaissance und des Humanismus handelt. Nimm den Begriffskasten zu Hilfe.

Himmelsbeobachtungen verändern das Weltbild

Das neue Denken – ein Angriff auf die Kirche?

Für uns scheint es heute selbstverständlich, dass wir Naturerscheinungen mit wissenschaftlichen Gesetzen erklären, die immer wieder überprüft und weiterentwickelt werden. Für die Menschen der Renaissance aber war es eine neue Erkenntnis, dass allein die eigenständige Beobachtung und Vernunft und nicht die alten Autoritäten ihr Handeln und Forschen bestimmen sollten. Der Astronom Nikolaus Kopernikus (1473–1543) veröffentlichte kurz vor seinem Tod das Buch „Über die Kreisbewegung der Körper". Darin behauptete er, dass alle Planeten, also auch die Erde, die Sonne umkreisten (= heliozentrisches Weltbild). Ein halbes Jahrhundert später bestätigte der italienische Mathematiker und Physiker Galileo Galilei aufgrund eigener Arbeiten die Aussagen von Kopernikus. Galilei benutzte für seine astronomischen Forschungen ein extrem starkes Fernrohr, das er selbst entwickelt hatte. Er hatte dazu die Erfindung eines niederländischen Linsenmachers genutzt. Die Kirche wertete Forschungen von Naturwissenschaftlern wie Kopernikus und Galilei als Angriff auf die in der Bibel bestätigte Vorstellung, dass die Erde eine Scheibe sei und sich im Mittelpunkt des Universums befinde (= geozentrisches Weltbild). Galilei wurde deshalb als Ketzer (siehe S. 78) verfolgt.

M1 Neue Messinstrumente

In der Antike und dem Mittelalter fuhren die Schiffe meist in Küstennähe. Die Entdeckungsreisen der frühen Neuzeit waren nur möglich mit der Hilfe neuer Messinstrumente:

A Mit einem Nocturnum (Nachtweiser) wurde in der Nacht die Ortszeit geschätzt. Der Polarstern wurde durch die Öffnung in der Mitte des Nocturnums angepeilt und der lange Zeiger des Instruments auf den umlaufenden Stern gerichtet. Die Zeit wurde auf der gezackten Stundenscheibe abgelesen.
B Der Seemann hielt ein Ende des Jakobsstabes an sein Auge und richtete das andere auf die Sonne oder einen Stern. Dann setzte er auf den Stab ein Querstück. Aus dem Winkel zwischen Stern und Horizontlinie errechnete er die Position des Schiffes.
C Der Quadrant (Höhenmesser) bestand aus einem aus Holz oder Messing ausgeschnittenen Viertelkreis. Eine Person peilte durch die Visierlöcher die Sonne oder einen Stern an, während eine zweite den vom Lot angezeigten Höhenwinkel ablas.
D Das Astrolabium wurde mit einer Kordel senkrecht zur Meeresfläche aufgehängt; dann peilte man durch zwei kleine Löcher in den Platten des verstellbaren Ableseschiebers einen Stern an. Die Höhe des Sterns wurde von der Gradeinteilung am Rand abgelesen.

Nach Richard Humble, Die Entdecker, übers. v. B. Sauerwein-Reznicek, 4. Aufl., Amsterdam (Time-Life Books) 1987, S. 94f.

M2 **Positionsbestimmung auf See,** Kupferstich, 1533. Das Titelblatt des „Instrument-Buchs" von Peter Appian zeigt mehrere Verfahren, mit deren Hilfe Seefahrer prüften, ob ihr Schiff noch auf dem geplanten Kurs war.

1 In M1 werden vier Messgeräte vorgestellt, von denen drei in M2 abgebildet sind.
a) Finde heraus, zu welchem Instrument welche Erläuterung passt.
b) Suche in Lexika oder in diesem Buch eine Abbildung des vierten Messgerätes.

M3 Das Experiment der „schiefen Ebene“

In dem Roman „Sofies Welt“ (1993) von Jostein Gaarder stellt der Philosophielehrer Alberto Knox dem Mädchen Sofie die Forschungen und Ergebnisse Galileo Galileis vor:

„Das Wichtigste aber war, dass Galilei das so genannte Trägheitsgesetz entdeckte … ‚Jeder Körper verharrt im Zustand der Ruhe oder der gleichförmigen Bewegung in geradliniger Bahn, solange er nicht durch von außen wirkende Kräfte gezwungen wird, diesen Zustand zu ändern.‘“ [Alberto Knox holte eine Holzplatte, die am einen Ende einige Millimeter dick und am anderen ganz dünn war. Neben die Holzplatte legte er eine Murmel.] „Was, glaubst du, wird geschehen, wenn ich die Murmel hier oben loslasse, wo die Platte am dicksten ist?“ Sofie seufzte. „Ich wette zehn Kronen, dass sie auf den Tisch hinunterkollert und am Ende auf den Boden fällt.“ … Alberto ließ die Murmel los und sie verhielt sich genau so, wie Sofie prophezeit hatte … „Jetzt werde ich versuchen, die Murmel quer über die schiefe Ebene zu rollen“, sagte er. „Sieh dir genau an, wie sie sich bewegt.“ Er bückte sich und zielte … Er griff zu einem Filzstift und färbte die Murmel schwarz. Dann ließ er sie wieder rollen. Sofie konnte die Bahn der Murmel auf der schiefen Ebene genau erkennen, denn sie hatte eine schwarze Spur hinterlassen. „Diese Figur nennt man Parabel … Warum bewegt sich die Kugel genau so?“ Sofie dachte gut nach. Schließlich sagte sie: „Weil die Platte eine Neigung hat, wird die Kugel von der Schwerkraft zu Boden gezogen.“ „Ja … Du hast gesehen, was passiert, wenn zwei Kräfte gleichzeitig auf denselben Gegenstand einwirken.“

Jostein Gaarder, Sofies Welt, übers. v. Gabriele Haefs, München (Hanser) 1993, S. 245 ff.

Ein Experiment durchführen

Besorgt euch das in M3 beschriebene Material und gestaltet das Experiment der „schiefen Ebene“ in der Klasse nach.

2 Galileis Arbeitsweise wird oft als „empirische“ (= auf Erfahrung beruhende) Methode bezeichnet. Erläutere den Begriff aufgrund deiner Erkenntnisse aus M3.

3 Überlege, was Galilei mit seinen Werkzeugen (M4) erforscht haben könnte.

Galileo Galilei

Galileo Galilei (1564–1642) lehrte an der Universität von Padua Mathematik, als er 1610 seine astronomischen Beobachtungen veröffentlichte und damit heftige Diskussionen unter Wissenschaftlern und mit der Kirche auslöste. Fünf Jahre später wurde Galilei vom höchsten kirchlichen Gericht ermahnt, die Ansichten von der um die Sonne kreisenden Erde aufzugeben. Immer wieder suchte er das Gespräch mit führenden Kirchenvertretern, aber 1632 wurde Galilei nach Rom befohlen, verhaftet und verurteilt, seinen „Ketzereien“ abzuschwören. Sein Ruf als Forscher war zerstört. Galilei wurde unter Hausarrest gestellt, aber er hielt Briefkontakt zu anderen Wissenschaftlern im Ausland und veröffentlichte zwei wissenschaftliche Schriften. Erst 1979 zeigte sich die katholische Kirche bereit, Galileis Ansehen wiederherzustellen: Papst Johannes Paul II. würdigte ihn in einer Gedenkrede für Albert Einstein.

M4 Forschungsinstrumente des Galileo Galilei, Foto, 1998

M5 Ein neues Weltbild für „einfache Leute“?

Der deutsche Dramatiker Bertolt Brecht (1898–1956) verfasste 1938 das Schauspiel „Leben des Galilei“. Darin äußert ein Mönch gegenüber Galilei:

„Ich bin als Sohn von Bauern in der Campagna aufgewachsen. Es sind einfache Leute. Sie wissen alles über den Ölbaum, aber sonst recht wenig ... Sie schöpfen die Kraft, ihre Körbe schweißtriefend den steinigen Pfad hinaufzuschleppen, Kinder zu gebären, ja zu essen aus dem Gefühl der Stetigkeit und Notwendigkeit, das der Anblick des Bodens, der jedes Jahr von neuem grünenden Bäume, der kleinen Kirche und das Anhören der sonntäglichen Bibeltexte ihnen verleihen können. Es ist ihnen versichert worden, daß das Auge der Gottheit auf ihnen liegt, ... daß das ganze Welttheater um sie aufgebaut ist, damit sie ... sich bewähren können. Was würden meine Leute sagen, wenn sie von mir erführen, daß sie sich auf einem kleinen Steinklumpen befinden, der sich unaufhörlich drehend im leeren Raum um ein anderes Gestirn bewegt ... Wozu ist die Heilige Schrift noch gut, die alles erklärt und als notwendig begründet hat, den Schweiß, die Geduld, den Hunger, die Unterwerfung, und die jetzt voll von Irrtümern befunden wird?“

Bertolt Brecht, Leben des Galilei, 56. Aufl., Frankfurt (Suhrkamp) 1998, S. 63.

M6 **Zwei Weltbilder**, Kupferstich, 1700. Das Titelbild von Galileis Schrift „Dialog über die zwei Weltsysteme“ zeigt in der Mitte den Astronomen Ptolemäus (um 100 bis 160 n. Chr.) mit einem Modell des geozentrischen Weltbildes, rechts Nikolaus Kopernikus mit einem Modell des heliozentrischen Weltbildes. Sitzend: Der antike Philosoph Aristoteles.

M7 Anordnung über Verkauf von Büchern

1596 bestimmte der Rat der Stadt München für den Verkauf von Büchern unter anderem:

55. Die ortsansässigen Meister können ihre Bücher und Waren bei ihren Läden oder ... an anderen erlaubten Plätzen auslegen, anbieten und verkaufen, aber nicht an Sonn- und Feiertagen am Vormittag während des Gottesdienstes. Sonst droht Strafe ...

57. Wenn fremde Buchhändler zum Jacobi-Markt oder am Dreikönigstag kommen, sollen sie sich möglichst sofort beim Bürgermeister anmelden, das Verzeichnis der Bücher, die sie hierher mitgebracht haben, vorzeigen und dieses wie auch die Bücher durch die Personen, die vom Rat dazu bestimmt sind, genau begutachten lassen. Denn es darf nichts, was der katholischen Religion feindlich gesonnen ist, hergebracht, angeboten und verkauft werden.

Zit nach Hans Widmann (Hg.), Der deutsche Buchhandel in Urkunden und Quellen, Bd. II, Hamburg (Dr. Ernst Hauswedell & Co.) 1965, S. 72f.

4 Beschreibe M6 und finde heraus, welche Aussage der Künstler mit diesem Bild machen wollte. Nimm den Darstellungstext S. 177 zu Hilfe.

5 Erläutere, welche Befürchtungen Bertolt Brecht dem Mönch in den Mund legte (M5).

6 Verfasse zu M5 eine Antwort, die Galilei dem Mönch gegeben haben könnte.

7 a) Nenne mögliche Gründe für die Bestimmungen in M7.
b) Überlege, welche Bücher von der Kirche als feindlich angesehen wurden.

8 Erkundige dich in einer Buchhandlung, ob es heute Bücher gibt, die nicht verkauft werden dürfen. Frage gegebenenfalls nach Gründen.

9 „Die Verbreitung von Informationen durch das Internet muss kontrolliert werden.“ Nimm zu dieser Aussage Stellung.

M1 **Druckerwerkstatt**, Kupferstich, 16. Jh. Für den Druckvorgang waren immer mehrere Personen zuständig. Bücher wurden nicht Seite für Seite gedruckt, sondern viele Seiten nebeneinander auf einem großen Bogen, der dann auseinander geschnitten wurde.

Neues Denken durch neue Medien?

Bücher, die die Welt verändern

Heute behaupten Wissenschaftler, dass mit dem Vordringen des Internets ein neues Zeitalter eröffnet werde. Bereits 1969, als Fernsehgeräte Eingang in fast alle Haushalte gefunden hatten, sprach der Amerikaner Marshall McLuhan davon, dass nun das Ende der „Gutenberg-Galaxie“ gekommen sei. Damit meinte er das Ende der Epoche, die mit der bahnbrechenden Erfindung des Mainzer Bürgers Johann Gutenberg in der Mitte des 15. Jahrhunderts begonnen hatte: dem Druck und der massenhaften Verbreitung von Büchern. Eine solche Aussage fordert zu Fragen heraus: Hat die Erfindung des Buchdrucks durch Johann Gutenberg tatsächlich die Welt verändert? Verändert sich unsere gegenwärtige Welt grundlegend durch den Einsatz von neuen Medien?

Die Erfindung des Buchdrucks

Die Menschen der Antike und des Mittelalters schrieben die Bücher, die weitergegeben werden sollten, ab. Besonders in den Klöstern entstanden teure Abschriften, an denen eine Person oft mehrere Jahre saß. Im 14. Jahrhundert lernten die Europäer ein chinesisches Druckverfahren kennen, bei dem seitenweise Schriftzeichen in Holztafeln eingeschnitzt und auf das damals neuartige aus Lumpen gefertigte Papier gedruckt wurden. Johann Gutenberg (um 1397–1468) war Mitglied der Mainzer Goldschmiedezunft. Er entwickelte in jahrelanger Arbeit ein ganz neues Verfahren: das Drucken mit einzelnen beweglichen Lettern aus einem Blei-Zinn-Gemisch und einer Druckerpresse. Diese Methode war wesentlich schneller als alle bisherigen Verfahren.

Gedrucktes wird zur Massenware

Gutenbergs Drucktechnik verbreitete sich innerhalb von zehn Jahren in ganz Europa. Die Drucker, die in Mainz ausgebildet worden waren, zogen in die Handelszentren diesseits und jenseits der Alpen, um dort eigene Druckereien zu eröffnen. In Venedig gab es Ende des 15. Jahrhunderts z. B. 150 Druckerpressen. Zu dieser Zeit begannen die Drucker anstatt auf teurem Pergament auf Papier zu drucken. Auch das Themenangebot veränderte sich: Zunächst waren hauptsächlich theologische und juristische Bücher hergestellt worden – Gutenbergs erstes gedrucktes Buch war eine Bibel (1455) –, aber immer stärker drängten naturwissenschaftliche, historische oder philosophische Werke auf den Markt. Aktuelle Nachrichten fanden nun ebenfalls schriftlich ihre Verbreitung: durch Flugblätter, die mit Holzschnitten illustriert waren (siehe S. 186).

M2 **Ein Buch entsteht nach dem Gutenberg-Verfahren**, Rekonstruktionszeichnung, 1997

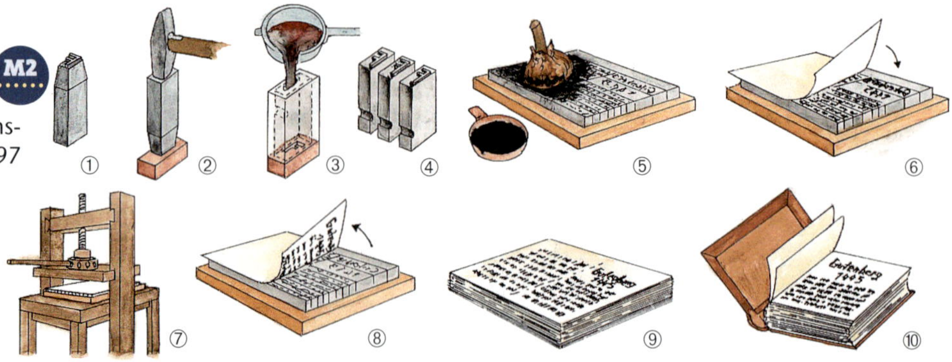

M3 Die Arbeit in einer Druckerei

Die Herstellung von Büchern erfolgte in zahlreichen Arbeitsschritten. Der Wissenschaftler Konrad Haebler zeigte 1936 an dem Beispiel einer Druckerei im 15. Jahrhundert die Folgen für einen Betrieb:

Neben dem Meister Johann Luschner treten da auf Ulrich Belch von Ulm, der die Farbe bereitet, Ulrich Zaragoza, der den Satz einfärbt, der Setzer Thomas, Enrich Squirol, Drucker, weiter ein Juan als Drucker und Justus, der die Presse bedient … Als es galt, neue Schriften anzufertigen, musste noch ein weiterer Geselle zum Typengießen herangezogen werden … Mit dem Personal der Druckerwerkstätten müssen auch die Korrektoren Erwähnung finden. Sie sind allerdings nicht eigentliche Druckergesellen, aber sie haben doch vielfach zu den Druckerherren in vertraglich geregelten Verhältnissen gestanden … In der ältesten Zeit sind die Korrektoren außerordentlich hoch bezahlt worden … Die Preise gingen aber immer mehr zurück, als die Drucker begannen, nicht mehr nach Handschriften zu drucken, sondern sich der Drucke anderer als Vorlage zu bedienen.

Konrad Haebler, Druckergesellen in der Frühdruckzeit, in: Gutenberg-Jahrbuch 11/1936, Mainz (Selbstverlag der Gutenberg-Gesellschaft), S. 27f.

M4 Internet – Ersatz für Bücher?

Der Schriftsteller und Übersetzer Reinhard Kaiser schreibt 1996 über den Umgang mit neuen Medien:

Leser sind auch deshalb besser für das Internet gerüstet, weil sie längst wissen, was andere anscheinend erst noch lernen müssen: dass Surfen auf die Dauer keine angemessene Art des Umgangs mit Zeichen und Bildern und vor allem mit Texten ist. Der Surfer findet die Stellen nicht wieder, die er auf seinem Weg durch die Wellen und bewegtes Wasser gekreuzt und berührt hat. Er hat die Zeit nicht, sich umzusehen. Er tanzt auf der Welle und sieht zu, dass er weiterkommt. Würde er verweilen, müsste er untergehen. Der Leser dagegen gleicht dem Fußgänger. Er kann sein Tempo zwischen Geschwindschritt und Schlendern variieren, kann sich Zeit nehmen, kann innehalten und Notizen machen. Er kann sich merken, wie und auf welchen Wegen er wohin gekommen ist, und er kann, wenn ihm daran liegt, zurückkehren.

Reinhard Kaiser, Literarische Spaziergänge im Internet: Bücher und Bibliotheken online, Frankfurt/M. (Eichborn) 1996, S. 9f.

M5 **Buchhersteller in einem Berliner Verlag**, Foto, 2000. Die Vorlagen für den Druck werden heute am Computer erstellt.

1 Welche Veränderungen in der Informationsvermittlung ergaben sich seit 1455 durch die Erfindung des Buchdrucks? Werte die Darstellungstexte S. 180 aus.
2 Skizziere mithilfe von M1 und M2 den Entstehungsprozess eines Buchs im 16. Jahrhundert.
3 Liste mithilfe von M3 die Arbeitsplätze in der Druckerei Luschner auf und vergleiche mit M1. Stelle Vermutungen an, welche Tätigkeiten angesehen waren und welche nicht.
4 Vergleiche M1 und M5. Überlege, welche Arbeitsschritte der Buchproduktion sich seit 1500 verändert haben.
5 Erarbeite aus M4 den Standpunkt, den der Verfasser gegenüber den neuen Medien einnimmt.
6 Ermittelt in eurer Klasse eure Lesegewohnheiten. Stimmt die Behauptung, dass Computerbenutzer keine Bücher mehr lesen?

Moderne Buchherstellung – Erkundung

Findet heraus, welcher Buch- oder Zeitungsverlag sich in eurer Nähe befindet. Organisiert eine Erkundung, die ihr mithilfe der Arbeitsschritte S. 31 vorbereitet.

Bilder vergleichen

Bilder zeigen Veränderungen

Mit Leonardo da Vincis Bildern (siehe S. 174 f.) hast du Renaissance-Kunstwerke kennen gelernt. Die Künstler dieser Zeit verwendeten nicht nur andere Techniken als die Künstler des Mittelalters, sie verbanden mit ihrer Arbeit auch ein anderes Ziel: Jede Einzelheit ihrer Bilder sollte „für sich" sprechen, d. h. dem Betrachter Auskunft geben können über sich selbst und ihre Beziehung zu anderen Bildelementen. Du kannst diese neue Art künstlerischer Darstellung der Renaissance gut erkennen, wenn du sie mit einer Darstellung aus dem Mittelalter vergleichst.

M1 Bernger von Horheim, Illustration aus einer Sammlung von Minneliedern, 14. Jh. Der abgebildete Bernger von Horheim stand im Dienst der Staufer. Er gehörte zwischen 1180 und 1190 zum Kreis des Minnesängers Friedrich von Hausen, der zu den bekanntesten Dichtern des 12. Jahrhunderts zählte.

1 Suche Fotos heutiger Braut- und Liebespaare und vergleiche sie mit M1 und M2. Dies erleichtert dir den „Zugang" zu den beiden historischen Abbildungen.

2 Vergleiche die beiden Paardarstellungen M1 und M2 mithilfe der Arbeitsschritte. Achte bei Schritt 1 besonders darauf, wie in den Bildern deutlich gemacht wird, dass die Personen ein Paar sind.

3 Lies den Darstellungstext auf S. 191 und informiere dich über Jakob Fugger, der in M2 dargestellt ist.

4 Suche in diesem Buch zwei thematisch ähnliche Bilder aus dem Mittelalter und der frühen Neuzeit und vergleiche sie mithilfe der Arbeitsschritte.

M2 Hochzeitsbild des Ehepaares Jakob Fugger und Sibylla Artzt, Gemälde von Thomas Burgkmair, 1498. Jakob Fugger war 39 Jahre alt, als er Sibylla Artzt heiratete. Ihr Geburtsdatum ist nicht urkundlich bekannt, aber man nimmt an, dass sie im Jahr 1480 geboren ist. Sibylla war interessiert an Musik, Kunst und Wissenschaften. Sie stammte aus einer wohlhabenden Augsburger Patrizierfamilie; ihr Onkel war Zunftmeister und später Bürgermeister von Augsburg. Die Ehe zwischen ihr und Jakob Fugger blieb kinderlos.

Arbeitsschritte Bilder vergleichen

1. Schritt: Einzelheiten der Bilder erfassen

Sieh dir jedes Bild genau an und erarbeite seine Einzelheiten so, wie es auf S. 62 erklärt ist. Beachte besonders
- die Darstellung von Personen, Gegenständen und Umgebung: Wirken sie „lebensecht"? Gibt es Merkmale, die den Charakter, bestimmte Eigenschaften, Beruf oder die Vermögensverhältnisse erschließen lassen?
- den Aufbau des Bildes: Wie wird der Blick des Betrachters auf das Bildzentrum gelenkt? Wie gestaltet der Künstler den Hintergrund des Bildes? Gibt es eine Verbindung zwischen Vorder- und Hintergrund, zwischen Mittelpunkt und Umgebung?

2. Schritt: Gemeinsamkeiten und Unterschiede erarbeiten

Notiere die Unterschiede, die du zwischen beiden Bildern gefunden hast (Tabelle).

3. Schritt: Die Aussage der Bilder erschließen

Um die unterschiedliche Aussage der Bilder zu verstehen, stellst du „Wer-, wann-, warum-, wozu-...?"-Fragen:
- Wer sind die Personen, die dargestellt sind? Waren sie z. B. arm, berühmt, mächtig oder reich?
- Wie zeigt sich die Einstellung des Künstlers zu den abgebildeten Personen?
- Lebten die abgebildeten Personen wirklich?
- Unter welchen Bedingungen sind die Bilder entstanden? Informationen über Künstler, Auftraggeber und Absicht findest du z. B. in der Bildlegende.

4. Schritt: Gesamtaussage vergleichen

Versuche mithilfe des ersten und dritten Arbeitsschrittes jeweils die Aussage der beiden Bilder wiederzugeben. Mache deutlich, was der Künstler jeweils ausdrücken wollte. Weise insbesondere auf Unterschiede zwischen beiden Bildern hin und finde eine Erklärung.

Zwei Gesichter des Fortschritts

M1 **Rekonstruktion eines von Leonardo da Vinci (1452–1519) entwickelten Fluggeräts,** Foto, 1994

M2 **Passagierflugzeug,** Luftaufnahme, 1996

M3 **Flugzeuge der Nato bereiten sich auf einen Angriff im Kosovo-Krieg vor,** Foto, 1998

M4 Befreiung von den Zwängen der Natur?

Der Journalist Joachim Worthmann schreibt 1996 in einer deutschen Tageszeitung:

Der Mensch hat sich im Laufe seiner Entwicklung die Erde untertan gemacht … Auch wenn die Zeitgenossen am Ende des zwanzigsten Jahrhunderts mehr und mehr die negativen Begleiterscheinungen dieser … Erfolgsgeschichte verspüren – von der Bevölkerungsexplosion bis hin zur Umweltzerstörung –, lässt sich doch nicht leugnen, dass die Befreiung von den Zwängen der Natur ein ungeheurer Fortschritt ist. Ein Fortschritt …, den nur einer rückgängig machen kann – der Mensch selbst … Ein Atomkrieg wäre ein solch katastrophaler Fall, ein ökologischer Gau ein anderer … Wenn alles machbar erscheint, wenn die technische Beherrschbarkeit der Welt keine Grenzen mehr kennt …, dann gibt es nichts, was in seinen Mängeln zu akzeptieren ist … Zu Ende gedacht, heißt dies: Das Schicksal ist außer Kraft gesetzt.

Stuttgarter Zeitung vom 14. Februar 1996.

1 „Fortschritt zwischen Möglichkeiten und Grenzen“: Zeige diese Spannung an M1 bis M3. Verdeutliche den Begriff Fortschritt an weiteren Beispielen. Unterscheide dabei zwischen positiven und negativen Folgen.

2 Erarbeite an M4, welche Haltung der Verfasser zum Thema Fortschritt einnimmt. Nimm Stellung, indem du den Kasten einbeziehst.

Fortschritt

Bezeichnung für einen Wandel in aufsteigender Linie, wonach ein späterer Zustand einen früheren übertrifft. Die Menschen in der Renaissance gingen davon aus, in einem Zeitalter des Fortschritts zu leben. Der Humanist Ulrich von Hutten (1488–1523) fasste dies in die Worte: „Die Studien blühen, die Geister platzen aufeinander, es ist eine Lust zu leben.“ Im Lauf der Jahrhunderte ist immer deutlicher geworden, dass Fortschritt auf einem Gebiet auch negative Folgen auf einem anderen Gebiet haben kann.

Hexenverfolgung in der frühen Neuzeit

Verfolgung mit tödlichem Ende

Am 14. März 1644 verkündete der Rat der Stadt Münster sein Urteil: Die der Zauberei angeklagte Anna Holthaus wird der Stadt verwiesen.
Anna Holthaus starb am Tag nach der Urteilsverkündung: Eine Schar Jungen jagte sie mit Steinen in den Stadtgraben, wo sie ertrank. Dieser Prozess war einer von Zehntausenden von Hexenprozessen in der frühen Neuzeit. Über wen der Richtspruch gefällt war, der wurde ausgestoßen und meistens hingerichtet.
Was konnte Anlass sein, dass ein Mensch der Zauberei verdächtigt wurde? Warum kam es zu Hexenprozessen in einer Zeit, in der viele Menschen bereits die Welt mit naturwissenschaftlichen Gesetzen erklärten? Akten aus Hexenprozessen geben Auskunft.

M1 Der Prozess gegen Anna Holthaus

Anna Holthaus war die letzte Person, die in Münster wegen Zauberei vor Gericht gestellt wurde. Der folgende Bericht ist den Prozessakten (1643/44) entnommen:

Am 30. Dezember 1643 fand eine erste Zeugenbefragung im Fall Holthaus statt. Gehört wurden Gertrud Klaholt, die das Kind Arnold Ramers in Pflege hatte, Bernd Heumann und Catharina zum Dyckhaus. Gertrud Klaholt hatte Verdächtiges an dem Pflegekind bemerkt. Arnold berichtete von einem schwarzen Mann mit feurigen Augen, der im Zimmer sein sollte; … Bernd Heumann sagte nichts Nachteiliges über Anna Holthaus, in deren Nachbarschaft er gewohnt hatte, aus. Er hatte lediglich bemerkt, dass Arnold Ramers erkrankte, nachdem er in ihre Pflege gegeben worden war. Auch die Dienstmagd Catharina zum Dyckhaus bestätigte dies, wollte aber sonst nichts Schlechtes über Frau Holthaus gehört haben …
Danach wurde Anna Holthaus selbst befragt … Vor sieben Jahren war ihr Arnold Ramers zur Pflege und Erziehung übergeben worden. Seit einem Jahr litt der Junge unter merkwürdigen Zuständen; Anna beteuerte jedoch, ihn nichts Böses, nur gute, andächtige Gebete gelehrt zu haben.
… Am 2. Januar 1644 begaben sich die Richtherren ins Hospital, um Arnold Ramers selbst zu hören … Er beschrieb, wie ihn seine Pflegemutter vor Jahren in die Kunst des Zauberns einweihte … Katholische Gebete hatte Anna ihn nicht gelehrt, stattdessen ein Gebet gegen Albträume. Bei einer Gegenüberstellung mit Anna beharrte der Junge darauf, die Wahrheit gesagt zu haben; die Frau bestritt die Vorwürfe energisch … Weitere Zeugenvernehmungen folgten …
Am 12. Februar wurden dem Rat … die Verdachtsmomente gegen Anna Holthaus vorgetragen. Über sie sollte die Frau nochmals gehört werden. Dass außerdem ihre Tochter in der Zwischenzeit aus der Stadt geflüchtet war, wurde als zusätzliches belastendes Beweismittel gewertet. Auf dieser Grundlage vermeinte der Rat nunmehr zur Anordnung der Folter berechtigt zu sein. Während der Folter fand der Scharfrichter ein Zeichen[1], worüber er den Richtherren Mitteilung machte … Obwohl sie am 10. März … durch beidseitige Beinschrauben, Aufziehen und Rutenstreiche gequält wurde, gestand sie nichts.

Sabine Alfing, Hexenjagd und Zaubereiprozesse in Münster, Münster/New York (Waxmann) 1991, S. 66 ff. Bearb. d. Verf.

1 Eine Hautverfärbung, z. B. ein Muttermal, wurde als „Zeichen" des Teufels gewertet.

M2 „Die Missetaten der Hexen", Holzschnitt, 1489. Zu den Vorwürfen gegen Hexen gehörten Schadenszauber („Hexenschuss") und die Herbeizauberung von Unwettern.

1 Beschreibe M2. Überlege, welche tatsächlichen Vorkommnisse hinter den „Missetaten der Hexen" standen. Kannst du dir vorstellen, warum der Vorwurf der Zauberei erhoben wurde?

2 Versuche den Prozess gegen Anna Holthaus mithilfe der Prozessakte (M1) nachzuvollziehen. Zeichne dazu eine Tabelle mit vier Spalten:

Datum/Zeitraum	Was wird vorgebracht?	Wer tritt auf?	Folgen

M3 **Hinrichtung eines Bauern**, der sich in einen Wolf verwandelt hat. Kolorierter Holzschnitt, Ende 16. Jh. Die Abbildung erschien auf Flugblättern mit unterschiedlichen Texten, die jedoch alle die gleiche Geschichte erzählten: Ein Bauer soll sich durch Zauberei täglich für sieben Stunden in einen Werwolf (Wer = Mann, Mensch) verwandelt haben. Das Bild zeigt die Hinrichtung des Bauern am 31. Oktober 1589.

Von der Verdächtigung zur Folter

Heute mag der Grund für den Prozess gegen Anna Holthaus lächerlich wirken; im Mittelalter und in der frühen Neuzeit wurden Anschuldigungen, wie sie Arnold Ramers gegen seine frühere Pflegemutter erhoben hatte, sehr ernst genommen: Nicht selten führte Neid um die gesellschaftliche Stellung einer anderen Person dazu, dass sie der Hexerei beschuldigt wurde. In der damaligen Rechtspraxis genügten einfache Verdächtigungen, vielleicht im Streit unter Nachbarn geäußert, um eine Frau oder einen Mann der Hexerei anzuklagen. Auch Gerüchte und Äußerungen von Kindern reichten aus, um eine Person vor Gericht zu stellen und zu foltern, so lange, bis sie alles zugab, was ihr zur Last gelegt wurde – auch wenn sie gar nicht schuldig war.

3 Im 16. Jahrhundert konnten nur wenige Menschen lesen, deshalb wurden Nachrichten meist durch Bilder übermittelt. Sieh dir M3 genau an und erzähle die Geschichte, die sich aus den einzelnen Szenen ergibt.

4 Die Geschichte M3 erfreute sich so großer Beliebtheit, dass sie sogar ins Englische und Dänische übersetzt wurde. Wie erklärst du dir, dass viele Menschen sie interessant fanden?

5 Arbeite aus den Darstellungstexten heraus, welche Personen Opfer der Hexenverfolgung wurden.

Zauberei – ein Verbrechen?

Der Glaube der Menschen an Zauberei und Hexerei entstand nicht erst im 16. Jahrhundert und er war auch nicht auf Europa beschränkt. Bereits die Menschen der Antike versuchten Glück und Schaden mit magischen Kräften zu erklären und bis in unsere Gegenwart werden Ereignisse oder Personen gelegentlich mit „Zauberei" in Zusammenhang gebracht.
Im Mittelalter bekämpfte die Kirche die Hexerei, weil sie darin Aberglaube und Ketzerei sah. 1487 wurde in Deutschland der „Hexenhammer" herausgegeben: ein Handbuch, das den mit Hexenverfolgung befassten Personen helfen sollte, das Verbrechen aufzuklären und die Verurteilten angemessen zu bestrafen. Seine Autoren, zwei Dominikanermönche, zählten als Straftaten unter anderem auf: Teufelspakt, Hexenflug und Schädigung von Menschen am Leib („Schadenszauber").
Neu war die Schärfe, mit der die Autoren Hexerei fast ausschließlich Frauen zuwiesen.
Die Verfolgung durch die Kirche verlor aber in der frühen Neuzeit an Bedeutung, stattdessen waren es nun Stadträte und Landesherren, von denen die Hexenprozesse ausgingen: Hexerei war nämlich nicht nur nach kirchlichem, sondern auch nach weltlichem Recht strafbar.
Kritik an den Hexenprozessen wurde schon früh, besonders von Juristen und Theologen, geübt. Einer der wenigen, die dies auch öffentlich zu tun wagten, war der Jesuitenpater Friedrich von Spee (1591–1635).

Wer wurde zur Hexe?

Hexerei wird auch heute noch überwiegend Hexen, also Frauen, zugeschrieben. Tatsächlich wurden seit dem 16. Jahrhundert mehr Frauen als Männer und Kinder Opfer der Hexenverfolgung; man schätzt das Verhältnis auf 4:1. Vielfach unterschieden sich die Opfer durch ihre Lebensweise, ihr Verhalten, Aussehen oder durch bestimmte Fähigkeiten von den Menschen ihrer Umgebung. Ältere Forschungen behaupten, die meisten Verurteilten waren Witwen oder Unverheiratete, aber das trifft nicht zu. Einige Wissenschaftler kamen zu dem Schluss, dass vor allem arme Frauen Opfer der Verfolgung waren. Eine andere Meinung ist die, dass in den meisten Fällen Frauen verdächtigt wurden, die sich mit der Herstellung von Ölen und Salben aus Heilkräutern auskannten. Die Hexenforschung ist sich in vielen Fragen nicht einig.

M4 Hexenverfolgung in der frühen Neuzeit

Viele meinen, dass Hexenverfolgungen im „finsteren" Mittelalter stattgefunden hätten. Sie waren aber vor allem eine Erscheinung der frühen Neuzeit. Ein Katalog anlässlich einer Hexenausstellung 1994 fasst Vermutungen zusammen:

Umgekehrt verstehen wir heute besser, warum gerade im späten 15. Jahrhundert und im Zeitraum zwischen 1560 und 1660 die Neigung anstieg, Hexenverfolgungen durchzuführen. Das gesellschaftliche Gefüge einer noch weitgehend statischen[1] Agrargesellschaft geriet unter Druck, weil bei einer zunehmenden Überbevölkerung eine zunehmende Existenzangst eintrat. Diese ... muss auch vor dem Hintergrund der Hungerkrisen verstanden werden, die im Zuge einer weltweiten klimatischen Abkühlung, der so genannten ‚kleinen Eiszeit', in immer kürzeren Abständen eintraten. Agrarkrisen traditioneller Art (Unwetter – Missernte – Preissteigerung – Unterernährung – Epidemien – rapider Anstieg der Todesrate) waren für die zunehmende Hexereivorstellung in der Bevölkerung von zentraler Bedeutung, denn Hexen konnten sowohl für das Unwetter als auch für Krankheiten von Mensch und Vieh verantwortlich gemacht werden.

Hexen und Hexenverfolgung im deutschen Südwesten, hg. v. Badischen Landesmuseum, Ostfildern (Cantz) 1994, S. 131. Bearb. d. Verf.

1 keine Entwicklung aufweisend

Friedrich von Spee

Der Theologe und Dichter Friedrich von Spee (1591–1635) war der Beichtvater vieler Personen, die in Hexenprozessen zum Tode verurteilt worden waren. Er war ein scharfer Gegner der Hexenverfolgung. In seiner Streitschrift „Cautio criminalis" („Rechtliche Bedenken wegen der Hexenprozesse") von 1631 kritisierte er besonders die Folter. Seiner Meinung nach würden sich alle Gefolterten angesichts der erlittenen Qualen schuldig bekennen. Deshalb sei Folter kein geeignetes Mittel, ein Geständnis zu erlangen.

Das Internet nutzen: „Hexenverfolgung"

Einige Universitäten und Museen, aber auch Privatpersonen und Schulklassen, die sich mit dem Thema Hexenverfolgung beschäftigen, stellen ihre Forschungen im Internet zur Verfügung. Führt eine Internet-Recherche zum Thema „Hexenverfolgung" durch.
Geht nach den Arbeitsschritten von S. 119 vor und beschafft euch in Kleingruppen Material zu Unterthemen. Präsentiert eure Ergebnisse in der Klasse.
Themenvorschläge:
- Bilder von Hexen damals und heute
- Hexenverfolgung in einer Region/an einem Ort
- Gegner der Hexenverfolgung
- Hexenglaube in heutiger Zeit

Lesetipp

Leif Esper Andersen, Hexenfieber, München, (dtv junior) 1998.
Spannender Roman über einen dänischen Jungen, dessen heilkundige Mutter als Hexe verbrannt wurde.

6 Stelle aus M4 die Gründe der Hexenverfolgungen in der frühen Neuzeit zusammen.

7 Informiere dich über Friedrich von Spee (Kasten) und überlege, wie er sich zu dem Prozess von Anna Holthaus (M1, S. 185,) geäußert hätte.

8 Hexenverfolgung – das gibt es heute längst nicht mehr. Diskutiert über diese Aussage in der Klasse.

Wirtschaft um 1500

Neues Wirtschaften bringt Gewinn

Aufschwung in den Städten

An der Wende des 14. zum 15. Jahrhundert zeigten sich im Wirtschaftsleben der Städte viele Veränderungen. Während nämlich die Preise für landwirtschaftliche Erzeugnisse fielen, stiegen die Löhne für gewerbliche Arbeit im 15. Jahrhundert steil an. Die Bevölkerung wuchs in den Städten schneller, da viele Bauern in die Stadt zogen, um der Leibeigenschaft zu entfliehen. Auch die Lebensverhältnisse in den Städten waren viel besser als auf dem Land. Viele Bürger konnten sich hochwertige Handwerks- und Handelswaren leisten. Neue Gewerbe wie der Buchdruck, die Uhrmacherei, die Seidenweberei und die Papierherstellung blühten auf. Für die deutschen Kaufleute zahlte sich außerdem aus, dass im 14. Jahrhundert die Messen in Frankreich ihre Bedeutung verloren und ein Großteil des Handels zwischen Italien und Nordwesteuropa jetzt den Weg durch Deutschland nahm. Städte wie Nürnberg, Augsburg und Ulm, aber auch kleinere Städte an den Straßen nach Italien wurden zu Zentren von Handel und Gewerbe. Die dort ansässigen Einzelunternehmen schlossen sich zu großen Handesgesellschaften* zusammen. Häufig investierten reiche Kaufmannsfamilien wie z. B. die Fugger (siehe S. 191) ihr Geld in den Aufbau einer Handelsfirma, die nicht nur im Fernhandel, sondern auch im Bergbau und vor allem im Bankwesen große Gewinne erwirtschaftete.
Während viele Zünfte am Aufschwung in den Städten teilhatten, wurden die Handwerker im Textilgewerbe immer stärker von den Kaufleuten abhängig. Diese gaben die Rohstoffe zu hohen Preisen an die Handwerker ab und kauften deren Produkte zu möglichst niedrigen Preisen auf, um mit ihnen auf weit entfernten Märkten hohe Gewinne zu erzielen. Diese Form der Produktion und des Handels hieß Verlagswesen.

M2 **Geld- und Wechselgeschäfte in einem Florentiner Bankhaus,** später kolorierter Holzschnitt, 1490

Geschäfte ohne Bargeld

Das Anwachsen des Handels führte zu neuen Zahlungsbedingungen. Die Barzahlung hatte sich als untauglich erwiesen, denn der Transport und der Umtausch von Münzen in die jeweilige Landeswährung kostete die Kaufleute zu viel Zeit. Außerdem herrschte in Europa ein Mangel an Münzmetall. So gingen immer mehr Kaufleute dazu über, ihre Ein- und Verkäufe untereinander ohne Geld zu verrechnen. In Italien wurden deshalb im 14. Jahrhundert so genannte Wechselbriefe erfunden. Sie waren ein Zahlungsversprechen, mit dem der Aussteller des Wechselbriefs einen Vertreter in einer anderen Stadt aufforderte, an seiner Stelle zu zahlen.

M1 Was ist ein Wechsel?

In einem Fachlexikon wird der Begriff Wechsel folgendermaßen erklärt (1995):

Der Wechsel oder Wechselbrief … diente dazu,
1. einen Kredit in einer Stadt A aufzunehmen und in einer anderen Stadt im Land B zurückzuzahlen, und
2. Geld von einer Stadt im Land A in eine andere Stadt im Land B zu überweisen …
Im folgenden Beispiel ist A Brügge und B Barcelona. In Brügge gewährte der Wechselnehmer dem Aussteller des Wechsels ein Darlehen in flämischer Währung … Der Aussteller … „zog" zugleich den Wechsel auf seinen Bankier in Barcelona, … d. h., er wies ihn an, den Darlehensbetrag in der Währung Barcelonas an den Vertreter des Wechselnehmers, den Begünstigten, zu zahlen. Der Wechsel gab Auskunft über den Darlehensbetrag in flämischen Pfund, den Wechselkurs zwischen beiden Währungen und den Auszahlungsbetrag in barcelonesischen Pfund … [In Barcelona] präsentierte der Begünstigte [oder sein Vertreter] dem Bezogenen den Wechsel … Wenn dieser … den Wechsel akzeptiert hatte, musste er am Verfallstag … an den Begünstigten die vereinbarte Summe zahlen.

Von Aktie bis Zoll. Ein historisches Lexikon des Geldes, hg. v. Michael North, München (Beck) 1995, S. 413 f. Bearb. d. Verf.

M3 Die Entstehung des Verlagssystems

Süddeutschland war im 15. und 16. Jahrhundert ein Zentrum des europäischen Fernhandels. Ein wichtiger Wirtschaftszweig waren Tuchproduktion und -handel. Hier wurde im Verlagssystem produziert. Dessen Entstehung erklärte der Historiker Jakob Strieder 1938 folgendermaßen:

Die Leineweberei, die viele hunderte schwäbischer Weber und auch schon manchen exportierenden Leinwandhändler beschäftigte, erhielt seit dem 14. Jahrhundert eine starke Konkurrenz in der Barchentweberei. Die Barchentweberei stellte im Mittelalter ihr Produkt aus Baumwollgarn und Flachsgarn zusammen her ... Die notwendige Rohbaumwolleinfuhr, die über die finanziellen Kräfte des Webers ging, die also vom Kaufmann besorgt werden musste, führte dazu, dass in der Barchentindustrie das kaufmännische Element dem Weber gegenüber ... zunahm ... Mancher willenskräftige Weber stemmte sich gegen diese Entwicklung. Er suchte selbst Händler zu werden ... Je mehr sich das kaufmännische Element in der Barchentweberei zu Geltung und Herrschaft zu bringen vermochte, umso abhängiger wurden von ihm die Webermeister. Der Kaufmann schoss die Baumwolle vor, er ging langfristige Barchentlieferungsverträge mit den einzelnen Webern oder auch mit einer ganzen Weberzunft ein.

Jakob Strieder, Der schwäbische Kaufmann im Zeitalter der Fugger, abgedruckt in: Heinz F. Deininger (Hg.), Das reiche Augsburg, München (Duncker & Humblot) 1938, S. 30 f.

Verlagssystem

Im Verlagssystem leitet ein Händler (Verleger) oder eine Handelsgesellschaft die Herstellung eines Produkts und dessen Verkauf. Er „legt" die Materialien und Arbeitsgeräte „vor", die für die Produktion einer Ware notwendig sind, und beauftragt Handwerker oder Heimarbeiter (oft ganze Familien) mit der Anfertigung der Waren. Für ihre Arbeit bekommen die Familien nur sehr wenig Geld.

1 Erläutere mithilfe der Darstellungstexte S. 188 die wesentlichen Veränderungen in der europäischen Wirtschaft im 15. Jahrhundert.

2 Schreibe den in M1 beschriebenen Wechsel auf. Erläutere die Vorteile und die Nachteile des Wechsels gegenüber der Barzahlung.

3 Erkläre mithilfe von M3 und des Begriffskastens, wie Handwerker und Verleger im Verlagssystem zusammenarbeiteten.

4 Erläutere die Folgen, die nach M3 die Einführung der Barchentweberei für die Arbeitsbedingungen der schwäbischen Leineweber hatte.

5 Versetze dich in die Situation einer süddeutschen Weberfamilie um 1500 und schreibe einen Beschwerdebrief an den Rat der Stadt.

Geldgeschäfte heute – eine Erkundung

Besuche eine Bank oder Sparkasse und finde heraus,
- wie du einen Geldbetrag überweisen kannst,
- ob heute noch Wechselbriefe vergeben werden,
- wie viele Überweisungen täglich in Auftrag gegeben werden,
- was die (italienischen) Ausdrücke Giro, Disagio, Konto, Saldo, Bank und Bankrott bedeuten.

Berichte in der Klasse.

M4 **Wechselbrief,** der der italienischen Bank Datini 1400 vorgelegt wurde. Da Wechselbriefe meist nach der Auszahlung vernichtet wurden, ist dieses Dokument eine seltene Quelle.

Wirtschaft um 1500

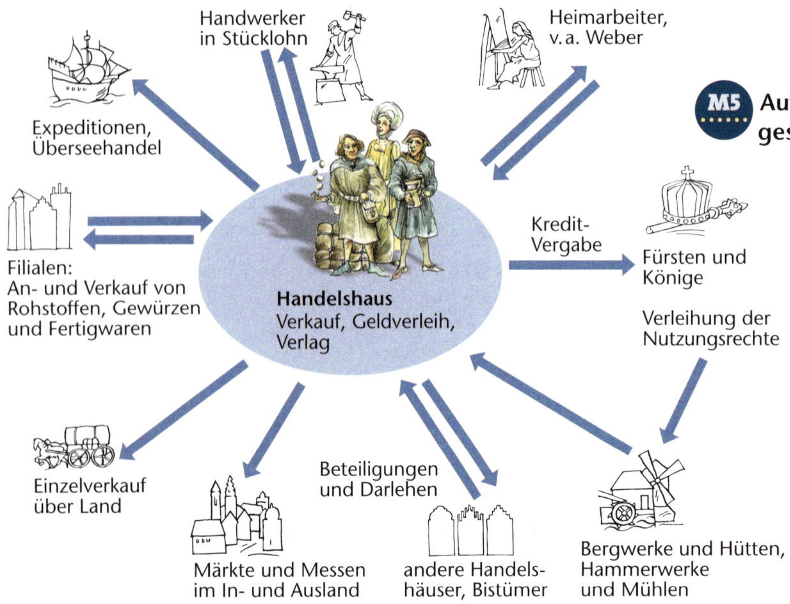

M5 **Aufbau einer Handelsgesellschaft um 1500**

6 Erläutere anhand von M5, wer „Mitarbeiter", „Geschäftspartner" und „Kunde" der Handelsgesellschaft ist.

Die Papiermacher – ein Spielvorschlag

Das folgende Spiel ist für 5 Spieler gedacht, einen Käufer und 4 Papiermacher.
Ihr braucht für dieses Spiel: 1 Würfel, Spielgeld, kleine Kärtchen/Zettel, 4 Bleistifte, 4 Buchhaltungsblätter (siehe unten).

Spielregeln:

1. Jeder Papiermacher verfügt über 20 Papiere und 200 Euro.

2. Vor jeder Runde muss jeder Papiermacher festlegen, wie viele Papiere er herstellen will (Zahl zwischen 1 und 4) und zu welchem Preis er sie verkaufen will (10, 20, 30, 40 oder 50 Euro). Die beiden Entscheidungen werden auf ein kleines Kärtchen geschrieben, das ihr umgedreht vor euch hinlegt. Für jedes produzierte Papier müssen nach der Runde die Herstellungskosten von 10 Euro in eine Kasse bezahlt werden. Wer sich für einen hohen Preis entschieden hat, kann seinen Gewinn steigern – aber Vorsicht, man muss auch einen Abnehmer finden.

3. Der 5. Spieler ist der Käufer. Er würfelt, nachdem die Papiermacher ihre Entscheidungen getroffen haben. Die Augenzahl bestimmt, wie viele Papiere er kauft (also zwischen 1 und 6). Dabei müssen zunächst die billigsten Angebote gekauft werden, dann die nächsthöheren. Bei gleichen Angeboten kann der Käufer entscheiden, wie viel er von wem kaufen will. Nach jeder Runde tragen die Papiermacher den „Geschäftsverlauf" im Buchhaltungsblatt ein.

4. Insgesamt werden 7 Runden gespielt. Gewonnen hat der Papiermacher, der am Ende über das meiste Geld verfügt (die nicht verkauften Papiere werden ihm mit 10 Euro pro Stück gutgeschrieben).

5. Um das Spiel noch spannender zu machen, könnt ihr auch Ereigniskarten erstellen, die immer dann gezogen werden, wenn zweimal hintereinander dieselbe Zahl gewürfelt wird. Wählt Maßnahmen und Ereignisse, die sich negativ oder positiv auf den geschäftlichen Erfolg auswirken können (siehe Arbeitsschritte S. 158).

Runde	Wie viel ich produziere	Wie viel ich verlange	Wie viel ich verkauft habe	Mein Gewinn/Verlust
1				
2				
3				
4				

Die Fugger: Von der Handelsgesellschaft zum Großunternehmen

Eine Ausbildung zahlt sich aus

In Deutschland gründete die Familie Fugger aus Augsburg eine mächtige Handelsgesellschaft. Hans Fugger, ein Weber, war 1367 nach Augsburg gekommen. In kurzer Zeit erwarb das Familienunternehmen durch Erfolge im Verlagswesen und im Fernhandel und durch Einheirat in die alteingesessenen Familien der Stadt Reichtum und Ansehen.
Ein Enkel, Jakob Fugger (1459–1525), erhielt in Italien, in Venedig und Rom seine Ausbildung zum Kaufmann. Von dort brachte er neue Methoden mit: Zum Beispiel erleichterte die doppelte Buchführung die Leitung des Unternehmens erheblich. Nach dem Tod seiner beiden Brüder übernahm Jakob Fugger die Firma. Er vervielfachte das Firmenkapital durch Gewinn bringende Handelsgeschäfte, vor allem mit Textilien, Metallen und Gewürzen, mit Bankgeschäften und im Bergbau. Seine Handelsgesellschaft hatte Niederlassungen unter anderem in Lissabon, Antwerpen, Rom und Krakau. Jakob Fugger war aber nicht nur ein erfolgreicher Kaufmann und Bankier. Durch seine Kredite an Fürsten, Könige und Päpste gewann er an Einfluss auf viele politische Entscheidungen. Damals wie heute waren Handel, Bankwesen und Politik durch ein engmaschiges Netz aus „silbernen Fäden" – Geld – miteinander verbunden.

M1 **Jakob Fugger und sein Hauptbuchhalter Matthäus Schwarz**, Gemälde, 1525. Die Fugger arbeiteten mit „doppelter Buchführung". Jeder Geschäftsvorgang wurde dabei auf zwei Konten verrechnet, einmal als Belastung und einmal als Gutschrift. So konnten Gewinne und Verluste einer Firma sofort erkannt werden.

Edelmetalle – Schlüssel zur Macht

Fürsten und Kaiser führten ein aufwändiges Leben und waren die Hauptabnehmer teurer Luxusartikel. Fast immer hatten sie Zahlungsschwierigkeiten. Davon profitierte Jakob Fugger: Er gewährte ihnen Kredit und ließ sich als Sicherheiten deren Schürfrechte in Silber- und Kupferminen übertragen. Denn er hatte erkannt, dass die Ausweitung des Handels immer mehr Geld, d. h. Silbermünzen, notwendig machte. Auch Kupfer war als Rohstoff in der Silbergewinnung und Waffenproduktion sehr begehrt und brachte hohe Gewinne. Jakob Fugger ließ in seinen Bergwerken moderne Förderanlagen errichten und verfügte über große Mengen an Edelmetallen, die er zu günstigeren Preisen als alle anderen Handelsgesellschaften anbot. Bald beherrschte er als einziger Anbieter den europäischen Kupfermarkt. Der Reichstag verabschiedete 1523 ein Monopolgesetz gegen zu große Handelsfirmen. Doch Kaiser Karl V. (1519–1556) verhinderte die Anwendung des Gesetzes.

Monopol
Der Begriff Monopol kennzeichnet den Versuch eines einzelnen Unternehmers oder einer Handelsgesellschaft, das gesamte Angebot einer bestimmten Ware in seiner Hand zu vereinigen und so den Markt in einer bestimmten Region zu beherrschen. Hat ein Unternehmen eine Monopolstellung erreicht, kann es die Preise diktieren und den Wettbewerb mit seinen Konkurrenten unterbinden.

1 Skizziere am Beispiel der Fugger, wie sich aus einem kleinen Handwerkerbetrieb ein international angesehenes Handels- und Finanzunternehmen entwickelte. Verwende dafür die Informationen aus dem Darstellungstext.
2 Beschreibe, wie das Bild M1 die Handelstätigkeit Jakob Fuggers darstellt.

M2 Haus- und Grundbesitzkäufe Jakob Fuggers in Augsburg

Jakob Fugger (1459–1525) gelang es, das Handelsunternehmen seiner Familie so zu organisieren, dass es immer mehr Gewinn einbrachte. Einen Teil dieses Kapitals legte er in Grundstücken und Häusern an. In Augsburg kaufte er u. a.:

– 1488 zusammen mit seinem Bruder Ulrich ein Haus am Rindermarkt von der Witwe Felicitas Grässlin
– am 28. Januar 1493 mit seinen Brüdern Ulrich und Georg von der gleichen Person einen Garten vor dem Gögginger Tor, hinten an die „Wolfsgasse", vorne an die Reichsstraße grenzend
– am 28. November 1495 von Andreas Frickinger in Göggingen Haus, Weiher, Stadel, Garten, Ackerland, eine Au mit Mühle und Wald (Georg Fugger erhielt von Kaiser Maximilian das Privileg, eine Mühle zu bewirtschaften, weshalb noch im gleichen Jahr eine neue Mühle gebaut wurde)
– mit seinen Brüdern zusammen am 3. März 1496 aus dem Besitz des Augsburger Bürgers Jörg Hofmair das am Schwibbogen gelegene „Neubad" mitsamt dem Gebäude, das kurz darauf in Stand gesetzt und als Bad betrieben wurde, dazu die Malztenne des Bierbrauers Martin Gogelmayr, die unterhalb des St.-Margarethen-Klosters lag,
– 1505 von der Witwe Hanns Langenmantels zwei Häuser mit Zubehör und Garten, vor dem Neidbadtörlein am nördlichen Ende des Mittleren Grabens gelegen (Jakob Fugger ließ ihn in den folgenden Jahren zu einem Park umgestalten)
– am 21. Januar 1511 von seiner Schwiegermutter deren Haus am Weinmarkt (Maximilianstr. 36), in dem er und seine Frau seit ihrer Hochzeit wohnten
– 1512 und 1513 zusammen mit der Gesellschaft Anton Welsers zwei Häuser am Weinmarkt
– zwischen 1514 und 1516 mehrere Anwesen vor dem Barfüßertor, um darauf mehrere Häuser zu errichten (heute „Fuggerei" genannt), „zu Förderung ewiger Freude und damit etlich arm dürftig Bürger und Inwohner zu Augsburg ... von Handwerkern, Taglöhnern und andern, die öffentlich das Almosen nicht suchen ..., der Hauszins zum Teil ergötzt werde."
– 1520 zwei weitere Häuser in der Pfaffengasse
– am 28. November 1523 von Georg Kunigsperger das südlich an Jakob Fuggers Haus am Weinmarkt angrenzende Grundstück
– zur Erweiterung des Fuggerschen Kornstadels am Gögginger Tor am 4./5. März 1525 das Anwesen von Hans Nigckhel.

Zusammengestellt nach Norbert Lieb, Die Fugger und die Kunst im Zeitalter der Spätgotik und frühen Renaissance, München (Schnell & Steiner) 1952, S. 88 ff., S. 250.

M3 Die Fuggerei in Augsburg, Foto, 1992. Die Wohnungen der Fuggerei werden heute noch für eine Jahresmiete von einem rheinischen Gulden (etwa 0,85 Euro) vermietet. Zur Hausordnung gehört das tägliche Vaterunser für die Stifterfamilie.

3 Erschließe aus M2, welche Absichten Jakob Fugger mit dem Erwerb seiner Grundstücke verband.
4 Suche auf einem heutigen Stadtplan von Augsburg die Ortsangaben aus M2. Nenne diejenigen, deren Lage vorteilhaft für eine Handelsgesellschaft wie die der Fugger war.
5 Erarbeite aus M2 und M3 mögliche Gründe für den Bau der Fuggerei.
6 Stelle aus M4 die Forderungen Jakob Fuggers zusammen. Wie begründete er sie?
7 Erschließe aus dem Brief M4 die Beziehung zwischen dem Hause Fugger und Karl V. Berücksichtige dabei den gesellschaftlichen Rang, den beide einnahmen.
8 Informiere dich über den Begriff „Frühkapitalismus" (Kasten). Erläutere dann, wie die Fugger ihre Gewinne nutzten.

M4 Jakob Fugger schreibt an Kaiser Karl V.

1519 fiel die Wahl des deutschen Königs und erwählten römischen Kaisers dank eines riesigen Kredits von Jakob Fugger auf Karl I., ein Mitglied der österreichischen Fürstenfamilie. Er bestieg als Kaiser Karl V. den Thron. Verlierer war der französische König Franz I. Da sich Karl V. (1519–1556) mit der Rückzahlung des Kredits viel Zeit ließ, schrieb Jakob Fugger 1523 folgenden Brief:

Eure Kaiserliche Majestät tragen ungezweifelt gut Wissen, wie ich und meine Neffen bisher dem Haus Österreich zu dessen Wohlfahrt und Aufstieg in aller Untertänigkeit zu dienen geneigt sind. Deshalb haben wir uns auch mit … Kaiser Maximilian, Eurer Kaiserlichen Majestät Ahnherrn, eingelassen und zur Erlangung der römischen Krone für Eure Kaiserliche Majestät uns gegen etliche Kurfürsten verschrieben, die ihr Trauen und Glauben auf mich und vielleicht sonst niemanden setzen wollten. Auch haben wir … ein trefflich Summa Geldes dargestreckt, die ich nicht allein bei mir und meinen Neffen, sondern auch bei anderen meinen guten Freunden mit großem Schaden aufgebracht … So hab ich auch hierin meinen eigenen Nutzen nicht angesehen. Dann wo ich von dem Hause Österreich abstehen und Frankreich fördern hätte wollen, würd ich groß Gut und Geld, wie mir dann angeboten worden, erlangt haben. Was aber Eurer Kaiserlichen Majestät und dem Hause Österreich für Nachteil daraus entstanden wäre, das haben Eure Majestät aus hohem Verstande wohl zu erwägen … So ist an Eure Kaiserliche Majestät mein untertäniges Bitten, die wolle solche meine getreuen, untertänigen Dienste … gnädiglich bedenken und verordnen, dass mir solch mein ausliegend Summa Gelds samt dem Interesse ohne längeren Verzug entrichtet und bezahlt werde.

Zit. nach Jakob Strieder, Augsburger Wirtschaftsleben und Wirtschaftsgeist im Zeitalter der Fugger, in: Heinz F. Deininger (Hg.), Das reiche Augsburg, München (Duncker & Humblot) 1938, S. 77 f.

M5 Einheitliche Preise für Lebensmittel?

Im 15. Jahrhundert gab es viele Stimmen, die eine Reform des Reiches für nötig hielten. Die Vorschläge wurden aber nur zu einem geringen Teil umgesetzt. 1439 entstand ein solches Reformprogramm. Darin hieß es unter anderem:

Im Interesse einer gleichmäßigen Beschickung der Märkte mit lebensnotwendigen Gütern, die durch preistreiberischen … Vorkauf gefährdet ist, sollen in allen Reichsstädten für Wein, Korn, Fleisch und Salz und andere wichtige Güter dieselben Preise gelten. Als Voraussetzung dieser generellen Preise … müssen in der ganzen Christenheit die Maße vereinheitlicht, die Zölle gesenkt werden und es muss ein einheitliches Zahlungsmittel in Form von drei Münzsorten, die in allen Ländern mit gleichem Wert kursieren, geschaffen werden. Dadurch würde eine Preisstabilität ohne Teuerung erreicht. Da dann keine Wuchersünden[1] mehr möglich sind, wird Gott die Menschen auch nicht mehr durch Ernteschäden bestrafen.

Reformatio Sigismundi (Handschrift P). Zit. nach Eberhard Isenmann, Die deutsche Stadt im Spätmittelalter, Stuttgart (Ulmer) 1988, S. 396.

1 wuchern = einen zu hohen Preis für etwas verlangen

9 Erläutere, welche Missstände die Verfasser von M5 anprangern. Überlege, welche Einstellung sie wohl zu den damaligen Handelsfirmen gehabt haben.

10 Heute spricht man von einem weltweiten (globalen) Wettbewerb. Wer könnten die Gewinner sein, wer die Verlierer? Diskutiert in der Klasse.

Frühkapitalismus

Bezeichnung für die vom 16. bis zum 18. Jahrhundert in Europa bestehende Wirtschaftsform. Einzelne Unternehmer oder Handelsgesellschaften besitzen alle notwendigen Mittel zur Herstellung und zum Verkauf von Waren: Geld, Gebäude, Werkzeuge, Kontakte. Den Personen, die die Waren produzieren bzw. verkaufen, werden diese Mittel zur Verfügung gestellt – zu Bedingungen, die der Unternehmer bzw. die Gesellschaft diktiert (z. B. Höhe des Lohns, Arbeitszeit, Verkaufspreis). Wie die Unternehmer ihren Gewinn nutzen, ist unterschiedlich: Manche lassen es sich gut gehen (konsumieren), manche kaufen neue Werkzeuge und Grundstücke (investieren), viele legen Gewinne in ländlichen Grundherrschaften an, manche wollen politischen Einfluss gewinnen und manche gehen bankrott.

Entdeckung und Eroberung

M1 **Die Landung des Kolumbus 1492,** kolorierter Kupferstich von Theodor de Bry, 1594. Die Spanier nehmen die Karibikinsel Guanahani „offiziell" in Besitz.

Die schnellste Route nach Asien – Richtung Westen?

Im Jahr 1486 sprach am spanischen Hof ein Seefahrer vor, der Christoph Kolumbus hieß und aus einer genuesischen Wollweberfamilie stammte. Er bat das spanische Königspaar Isabella von Kastilien und Ferdinand von Aragon, ihm eine kleine Flotte auszurüsten. Mit ihr wollte er Kurs nach Westen nehmen, um auf diesem Weg eine Route nach Indien und Ostasien zu finden, die kürzer wäre als die bisher bekannten. Kolumbus stützte sein Vorhaben auf eigene Berechnungen und auf Aussagen des Gelehrten Paolo dal Pozzo Toscanelli, den er Anfang der 1480er-Jahre kennen gelernt hatte. Toscanelli war überzeugt, dass eine Westfahrt nach Asien möglich und kürzer als die Ostroute wäre.

M2 **Kolumbus und die Folgen,** Karikatur, um 1996

Eine Fahrt nach Westen

Kolumbus und die Folgen

Bei Umfragen zu Christoph Kolumbus äußerten am Ende des 20. Jahrhunderts 12- bis 18-jährige Schülerinnen und Schüler:

- Ruhmsucht und Gier nach Gold haben Kolumbus angetrieben.
- Er hat die Weltraumfahrer angespornt.
- Mit Kolumbus begann die fast völlige Vernichtung der indianischen Völker und Kulturen.
- An der Ausbeutung der Kolonien in Amerika ist er mitschuldig.
- Die nicht weißen Völker wurden von Kolumbus und seinen Nachfolgern gering geachtet.

Wie verlief die Entdeckung und Eroberung der so genannten „Neuen Welt"? Welche Ziele und Motive standen dahinter? Wie lässt sich diese Zeit beurteilen?

M3 Brief des Toscanelli an Kolumbus

Der Gelehrte Paolo Toscanelli schrieb an Christoph Kolumbus (um 1480):

Unzweifelhaft ist die Reise ehrenvoll und vermag unberechenbaren Gewinn und höchsten Ruhm in der ganzen Christenheit zu bringen ... Eine derartige Reise führt zu mächtigen Königreichen, berühmten Städten und Provinzen, die alles im Überfluss besitzen, was wir benötigen, auch alle Arten von Gewürzen in reicher Fülle sowie Edelsteine in großer Menge aufweisen. Die Fürsten und Könige, zu denen man gelangt, dürften noch erfreuter als wir sein, dass sie mit Christen unsrer Länder in Verbindung kommen, da viele von ihnen Christen sind, und auch weil sie mit gelehrten, geistvollen Männern von hier über die Religion und Wissenschaft sich werden unterhalten können.

Zit. nach Eberhard Schmitt (Hg.), Dokumente zur Geschichte der europäischen Expansion, Bd. 2: Die großen Entdeckungen, München (Beck) 1984, S. 99.

M4

Schnitt durch die Santa Maria, das Schiff des Kolumbus, Rekonstruktionszeichnung, 1997

1 Admiralskajüte 2 Steuerruder 3 Kompass 4 Luke zum Schiffsladeraum 5 Entwässerungspumpe 6 Hebevorrichtung für Anker und Segel 7 Waffen- und Munitionskammer 8 geräucherte und getrocknete Fleischwaren 9 Schiffszwieback 10 Pökelfleisch in Fässern 11 Ölvorrat 12 Wasservorrat 13 Schiffsladeraum 14 Weinfässer 15 getrocknete Hülsenfrüchte in Säcken 16 Mehlfässer 17 Abstellkammer für Segel 18 Laderaum für Taue 19 Sammelraum für Kondenswasser 20 Steine als Ballast

Der Aufbruch ist an Bedingungen geknüpft

Kolumbus' Hoffnung, die spanischen Könige für seine Idee zu begeistern, erfüllte sich nicht: Ihr Interesse war es, die muslimischen Araber von der Iberischen Halbinsel zu vertreiben. So erhielt er eine Absage.
Erst 1492 änderte sich die Situation für Spanien und für Kolumbus: Nach dem Sieg über das arabische Granada rüsteten Isabella und Ferdinand eine Flotte von drei Schiffen aus. Auch hohe geistliche und weltliche Würdenträger gewährten nun kräftige finanzielle Unterstützung.
Kolumbus wollte auch seine eigene Position gesichert wissen. Nach dreimonatigen Verhandlungen hatte er seine Forderungen durchgesetzt: Neben einer zehnprozentigen Gewinnbeteiligung wurde ihm das erbliche Amt des Admirals auf Lebenszeit vertraglich zugesichert. Kolumbus wurde zum Vizekönig und zum Generalgouverneur über alle Gebiete ernannt, die er entdecken würde.
Als schwierig erwies sich, genügend Männer für die Fahrt zu werben. Aber am 3. August 1492 war es so weit: Die kleineren Karavellen „Nina“ und „Pinta“ und das größere Flaggschiff „Santa Maria“ mit Kolumbus als Kommandanten verließen den Hafen von Palos – an Bord waren 90 Mann Besatzung, zwei königliche Beamte und Vorräte für ein Jahr.

„Land in Sicht!“

Die Zahlen, die Kolumbus für die Entfernung zwischen Europa und Asien angegeben hatte, erwiesen sich als falsch. Die Fahrt dauerte länger als erwartet, was Unruhe und Auseinandersetzungen unter den Besatzungen auslöste. Endlich, am Morgen des 12. Oktober 1492, kam Land in Sicht. Kolumbus war sicher, dass sie Indien oder eine ihm vorgelagerte Insel erreicht hätten. Tatsächlich handelte es sich jedoch um eine der in der Karibik liegenden Bahamas-Inseln, die in der Sprache ihrer Bewohner Guanahani hieß. Kolumbus nannte sie zu Ehren Gottes San Salvador („Heiliger Erlöser“).
Er ließ sich zusammen mit einigen bewaffneten Seeleuten und den königlichen Beamten an den Strand bringen, die spanische Fahne hissen und nahm das Land im Namen der spanischen Könige in Besitz. Einige Einheimische – Kolumbus bezeichnete sie als „Indianer“ – waren an den Strand gekommen. Durch die Landnahme galten sie ab sofort als spanische Untertanen.

1 Nimm zu den Schüleräußerungen S. 194 Stellung. Ergänze sie um weitere Meinungen.

2 Beschreibe M1 und M2 und stelle eine Beziehung zwischen beiden Abbildungen her.

3 Erarbeite, welche Erwartungen Toscanelli in seinem Brief (M3) weckte.

4 Arbeite aus den Darstellungstexten S. 194/195 heraus, welche Motive Kolumbus für sein Unternehmen hatte.

M5 Die Begegnung der Einheimischen mit den Seeleuten

Über die ersten Begegnungen der Spanier mit den Einheimischen gibt es nur wenige schriftliche Quellen. Von der Landung der Spanier auf Guanahani 1492 wissen wir nur aus dem Bordtagebuch des Kolumbus, mit dem er seine Auftraggeber über die Expedition informieren sollte. Der Portugiese Pero Vaz de Caminha berichtete 1500 in einer Chronik über seine Ankunft in Amerika.

5A Kolumbus (1492): Sie nahmen einfach alles und gaben bereitwillig von allem, was sie besaßen. Aber mir schien es, als seien sie in jeder Hinsicht außerordentlich arme Leute. Sie gehen allesamt nackt herum ... Ich sah keinen, der älter als dreißig Jahr gewesen wäre: Sie waren sehr gut gebaut, von sehr schöner Gestalt und sehr angenehmen Gesichtszügen; ihre Haare waren fast so dick wie die von Pferdeschwänzen und recht kurz. Sie tragen sie vorn bis zu den Augenbrauen, hinten lassen sie einige Strähnen länger wachsen, die sie niemals abschneiden ... Sie tragen keine Waffen und kennen sie auch nicht, denn ich zeigte ihnen Schwerter und sie fassten sie an der Schneide und schnitten sich aus Unwissenheit ... Sie sind sicher hervorragende Arbeitskräfte; sie haben einen aufgeweckten Verstand, denn ich sehe, dass sie sehr schnell alles nachsagen können, was man ihnen vorspricht. Außerdem glaube ich, dass man sie leicht zum Christentum bekehren könnte, denn es scheint mir, dass sie noch keine Religion haben.

Zit. nach Eberhard Schmitt (Hg.), Dokumente zur Geschichte der europäischen Expansion, Bd. 2: Die großen Entdeckungen, München (Beck) 1984, S. 113 f.

5B Vaz de Caminha (1500): Der Kapitän saß, als sie kamen, auf einem Stuhl ... Aber sie machten keine Ehrerbietungen, sie sprachen weder zum Kapitän noch zu jemand anderem. Einer warf jedoch den Blick auf die Kette des Kapitäns und begann, mit der Hand zum Land zu weisen und dann zur Kette, als wollte er sagen, dass es dort Gold gäbe. Er blickte auch zu einem silbernen Leuchter und zeigte gleichermaßen zum Land und zum Leuchter, als ob es dort auch Silber gäbe.
Man zeigte ihnen einen grauen Papagei, den der Kapitän mit sich führte; sie nahmen ihn gleich in die Hand und winkten zum Land ... Man zeigte ihnen ein Schaf; sie kümmerten sich nicht darum. Man zeigte ihnen ein Huhn; sie hatten fast Angst davor: Sie wollten es nicht anfassen; später nahmen sie es und wirkten sehr erschreckt.

Zit. nach Emir Rodriguez Mondegal (Hg.), Die Neue Welt, Frankfurt/M. (Suhrkamp) 1982, S. 78 f.

M6 Spanische Eroberer betrachten eine Indianerin, Kupferstich von Theodor de Bry, 1595

Der Lohn der Entdeckung

Noch dreimal fuhr Kolumbus über den Atlantik, nahm für die spanische Krone weitere Inseln und sogar Gebiete auf dem Festland in Besitz, ohne allerdings zu den sagenhaften Reichtümern vorzustoßen. Und da dieser erwartete Erfolg ausblieb, fiel er in der Gunst der Könige. Zugleich erhielt die spanische Regierung aus der „Neuen Welt" immer häufiger Nachrichten von Auseinandersetzungen zwischen spanischen Siedlern und „Indianern". Die Regierung entzog Kolumbus deshalb die Stellung als Vizekönig und setzte Beamte zur Verwaltung ihrer Gebiete ein. Kolumbus starb verarmt und verbittert im Jahr 1506 in Spanien.

5 Fertige nach M5A eine Personenbeschreibung der Inselbewohner an. Überlege, warum Kolumbus bestimmte Eigenschaften hervorhob.

6 Beschreibe M6 und nimm zu der dargestellten Situation Stellung.

7 Versetze dich in die Person eines Eingeborenen, der die Ankunft der Fremden (nach M5A oder M5B) erlebt hat. Schreibe auf, was er davon seiner Familie erzählt.

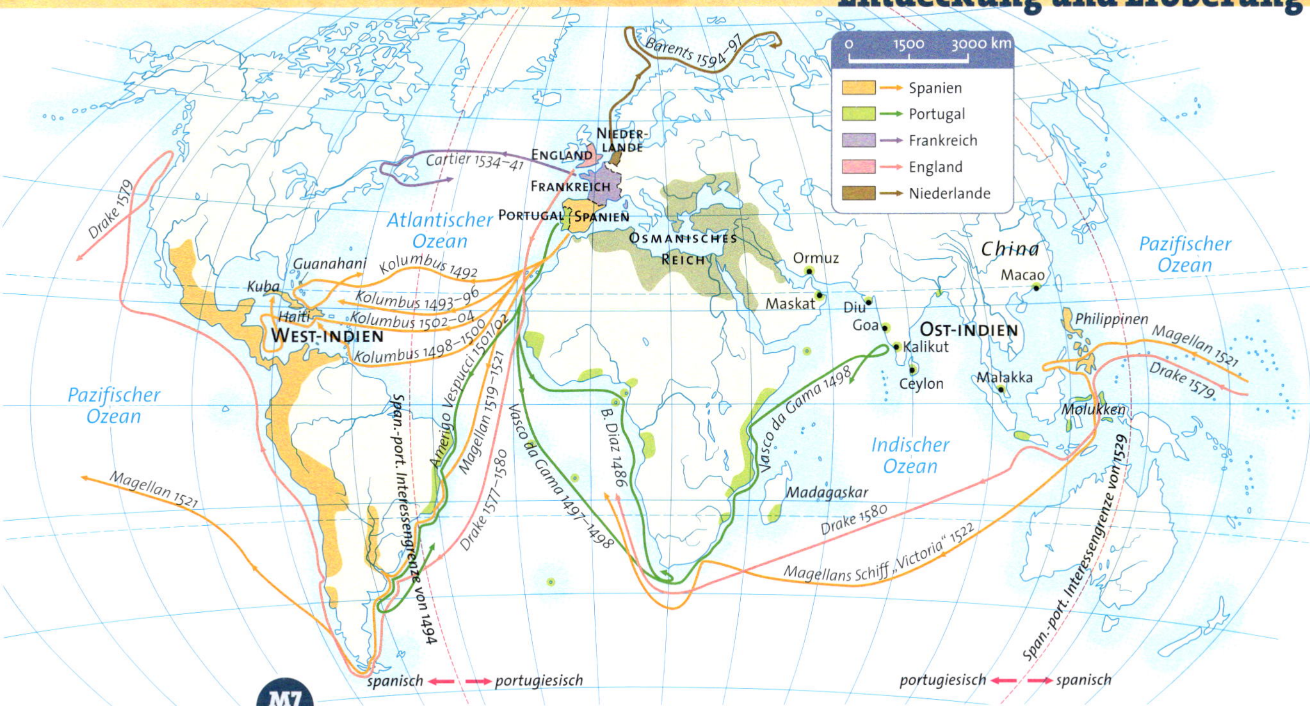

M7 Die Entdeckungsfahrten der Europäer im 15. und 16. Jahrhundert

Entdeckungen

Die Entdeckungen der Spanier und Portugiesen seit 1492 veränderten das Bild der Welt. Zahlreiche Seefahrer und Abenteurer erkundeten die Küstengebiete und Flussläufe des Landes, auf das Kolumbus gestoßen war. Der aus Florenz stammende Seefahrer Amerigo Vespucci, der an mehreren Fahrten ins Landesinnere teilnahm, äußerte bald die Vermutung, dass es sich bei dem entdeckten Land nicht um Asien handeln konnte. Als der Spanier Vasco Núnez de Balboa 1513 über eine Landenge von Mittelamerika den Pazifischen Ozean erreichte, wussten die Europäer es sicher: Kolumbus hatte einen bis dahin unbekannten Kontinent entdeckt, der zu Ehren von Amerigo Vespucci „Amerika" genannt wurde. Die Westroute nach Indien fand erst 1519 der Portugiese Ferdinand Magellan. Die Entdeckungen lockten nicht nur viele Europäer in die „Neue Welt", sondern sie führten auch zu politischen Spannungen zwischen Spanien und Portugal. Im Vertrag von Tordesillas (1494) wurde zwischen den beiden Mächten vereinbart und vom Papst bestätigt, die „Neue Welt" in einen spanischen und einen portugiesischen Einflussbereich zu teilen. Die Trennlinie verlief – von Pol zu Pol – 370 Meilen westwärts von den Kapverdischen Inseln. Alle bisherigen und künftigen Entdeckungen östlich dieser Linie sollten Portugal gehören, alle Gebiete westlich davon wurden Spanien zugeschrieben. Das heutige Brasilien kam deshalb unter portugiesische Herrschaft.

8 Finde aus M7 heraus, welche europäischen Länder sich an den Entdeckungsfahrten beteiligten. Suche Gründe dafür, dass die Fahrten in geringem Zeitabstand voneinander unternommen wurden.

9 Als der Vertrag von Tordesillas abgeschlossen wurde, plante der portugiesische König bereits ein Unternehmen, das Vasco da Gama 1498 erfolgreich zu Ende brachte: die Erschließung des östlichen Seewegs nach Indien. Inwiefern lässt sich in dem Vertrag dieser Plan erkennen?

10 Informiere dich darüber, ob es bis heute ähnliche „revolutionäre Entdeckungen" gab, die das Wissen der Menschen über die Welt verändert haben. Schlage in Lexika über „Forschungs- und Entdeckungsreisen" nach.

11 Als besondere Leistung Amerigo Vespuccis gilt, dass er seine Reiseberichte veröffentlicht und dadurch die „Neue Welt" in der „Alten Welt" bekannt gemacht hat. Welche neuen Medien konnte er dazu nutzen?

Historische Karten lesen und vergleichen

Das geografische Wissen vergangener Zeiten

In der Geschichtswissenschaft wird zwischen Geschichtskarten und historischen Karten unterschieden. Geschichtskarten zeigen aktuelle Ergebnisse der Geschichtswissenschaft (siehe S. 164). Historische Karten dagegen sind in der Vergangenheit entstanden. Sie sind heute nicht mehr aktuell, doch sie geben uns als Quellen Aufschluss über das geografische Wissen vergangener Zeiten, über die technischen Möglichkeiten der Vermessung und über die Absichten der Auftraggeber und Kartenzeichner („Kartografen"). Wie in der Zeit der Entdeckungen und Eroberungen allmählich ein genaueres Bild von der „Neuen Welt" entstand, lässt sich durch einen Vergleich von historischen Karten erarbeiten.

M1

Die „Neue Welt" (linke Hälfte der Weltkarte des Juan de la Cosa), Santa Maria/Cádiz, 1500. Das Material der Karte ist Ochsenhaut, gezeichnet wurde in Tinte- und Aquarelltechnik. Juan de la Cosa begleitete Kolumbus 1492 als Lotse und nahm später an drei weiteren Fahrten zur Nordküste Südamerikas teil. Er starb bei einer Auseinandersetzung mit Indianern. Unten: der entsprechende Ausschnitt aus einer modernen Karte.

1 Bearbeite die Karten M1 und M2 mithilfe der Arbeitsschritte.

2 Lies im Begriffskasten „Entdeckungen" (S. 197) nach und finde heraus, über welche geografischen Kenntnisse der Zeichner von M2 im Gegensatz zu Kolumbus verfügte.

3 Übe die Arbeit mit historischen Karten an der Karte S. 172 f.

Arbeitsschritte **Historische Karten lesen und vergleichen**

1. Schritt: Jede Karte einzeln erschließen

Untersuche jede Karte einzeln:
- Was ist das Thema der Karte (Inhalt, Raum und Zeit)?
- Welche Informationen gibt die Bildunterschrift?
- Ist die Karte genordet?
- Welches Gebiet ist dargestellt, wo ist z. B. Land oder Wasser?
- Welche Zeichen, Symbole, Farben sind zu erkennen? Was könnten sie bedeuten?
- Zu welchem Zweck könnte die Karte angefertigt worden sein; gab es z. B. Auftraggeber?
- Welche Gesamtaussage hat die Karte?
- Welche Fragen sind nur mithilfe weiterer Informationen zu beantworten?

2. Schritt: Gemeinsamkeiten und Unterschiede feststellen

Vergleiche die Einzelheiten der beiden Karten, z. B. die Datierung, die Art der Darstellung, das Land-Wasser-Verhältnis, die Küstenverläufe, die Lage von Inseln. Vergleiche dann die Gesamtaussage beider Karten.

3. Schritt: Ergebnisse auswerten
- Gibt es Veränderungen (z. B. im geografischen Kenntnisstand)?
- Was bedeuten die Veränderungen für das Weltbild in der damaligen Zeit?
- Welche Folgen hatte der veränderte Kenntnisstand (z. B. für die Politik, für die Seefahrt, für die Wirtschaft, die Wissenschaft)?
- Welche weiteren Informationen über die Karten hinaus sind noch vorhanden (z. B. in Begleittexten zu den Karten, in Sachbüchern)?

Nord- und Mittelamerika aus dem nautischen Atlas des Antonio Millo (Ausschnitt), 1586. Millo war für den Stadtstaat Venedig als Schifffahrtsbeauftragter im östlichen Mittelmeer tätig.

M2

Die Völker des altamerikanischen Kontinents

M1 Kulturformen auf dem amerikanischen Kontinent 1492

Alte Kulturen in der „Neuen Welt“

Die Spanier glaubten, dass sie die ersten Europäer wären, die auf dem amerikanischen Kontinent vor Anker gingen. Ausgrabungen beweisen jedoch: Bereits 1000 n. Chr. haben die Wikinger, Seefahrer aus Nordeuropa, Handelsfahrten an die Küste Neufundlands unternommen.
Auf Karten des 16. Jahrhunderts werden die entdeckten Gebiete als „Neue Welt“ bezeichnet. Für die Spanier und Portugiesen war es tatsächlich eine „Neue Welt“, die sie betraten und eroberten. Aber „neu“ war dieser Erdteil natürlich nicht – und er war auch nicht von Fabelwesen bewohnt, wie es zeitgenössische Darstellungen den Menschen in Europa vermittelten.
Während und nach der letzten Eiszeit waren Einwanderer aus Asien über die zugefrorene Behringstraße nach Amerika gekommen und in Gruppen von Norden nach Süden gezogen. Im Laufe der Jahrtausende war so auf dem amerikanischen Kontinent und den umliegenden Inseln eine Vielzahl von Völkern entstanden, die auf unterschiedliche Weise Alltag und Zusammenleben in ihren Gemeinschaften organisierten. Überlieferte Bilderhandschriften lassen erkennen, dass bei den Maya, Azteken und Inka die Pflichten und Tätigkeiten des Einzelnen genau festgelegt waren.

1 Auf der Karte findest du die Namen der Völker wieder, die im Text genannt sind. Notiere, welcher der drei Kulturformen sie zugewiesen werden.

2 Erkläre mithilfe der Karte, wie die Lebensweise der altamerikanischen Völker von den Bedingungen Klima, Pflanzenwelt und Landschaft abhing.

3 Bewerte den Begriff „Neue Welt“.

Vorschlag für eine Gruppenarbeit

Die Seiten 201–205 könnt ihr in fünf Gruppen bearbeiten. Jede Gruppe übernimmt eine Seite:
S. 201: Die Völker der Karibik,
S. 202 und 203: Die Azteken,
S. 204 und 205: Die Inka.

a) Fertigt mithilfe der Arbeitsaufträge einen Gruppenbericht an und stellt ihn der Klasse vor.
b) Jede Gruppe schreibt einen Bericht für eine Schülerzeitung: Bevor die Weißen kamen. Hochkulturen in Altamerika – das Beispiel …

Die Völker der Karibik

Im 15. Jahrhundert lebten auf den Karibischen Inseln die Ciboneys, Tainos und Caniba. Letztere gaben dem Gebiet seinen Namen, denn die Spanier nannten sie „Kariben". Die Inselbewohner lebten in kleinen Gemeinschaften zusammen, die von Häuptlingen, so genannten Kaziken, geführt wurden. Die Kaziken stammten aus der Führungsschicht, die bei politischen Entscheidungen mitbestimmte.
Über die Lebensweise der Insulaner ist wenig bekannt, da sie keine Schriftzeichen benutzten. So sind wir heute auf spanische Überlieferungen angewiesen. Sie berichten, dass die Einheimischen in kleinen Siedlungen wohnten, in Hütten mit Strohdächern und in Hängematten schliefen. Großen Einfluss muss die Religion gehabt haben, der Glaube an Geister und an das Leben nach dem Tod.
Die Menschen bauten Mais, Maniok, Früchte, Bohnen und Tabak an, sie ernährten sich außerdem von der Jagd und vom Fischfang und sie betrieben Handel.
Bis heute hat sich die Tradition erhalten, Einbaumkanus zu bauen und zu nutzen.

M3 **Herstellung von Maniokmehl,** Foto, 1990.
Um die Maniokwurzel genießbar zu machen, wird sie zerrieben, gestampft und ausgepresst. Auf den karibischen Inseln ist Maniok seit langem ein Hauptnahrungsmittel.

M2 Auf Dominica leben die letzten Kariben

Zwei Reiseführer von 1990 und 1994 informieren Touristen über „Sehenswürdigkeiten" der Karibikinsel Dominica:

2A **1990:** In diese unzulänglichen Gebirgsregionen flüchteten sich die kriegerischen Eingeborenen, als Spanier, Engländer und Franzosen die Insel besetzten. Nachfahren dieser Ureinwohner findet man noch heute im Dominican-Carib-Reserve beim Dorf Salybia. In diesem Reservat kann man den inzwischen friedfertigen Bewohnern beim Fischen, Bootbauen, Schnitzen und Korbflechten zuschauen und hübsche indianische Souvenirs erwerben.

2B **1994:** Überliefert ist … die Tapferkeit der Kariben, ihre Navigierkunst, der zähe blutige Widerstand, den sie 200 Jahre gegen die Weißen leisteten … Ende des 18. Jahrhunderts war der Schnelligkeit moderner Flinten nicht mehr beizukommen, auch nicht mit vergifteten Pfeilen. Die letzten 400 Kariben flohen in den Nordosten Dominicas, versteckten sich im Regenwald. Vergebens. Nun wurden sie überfallen von Missionaren. Sie resignierten und wurden katholisch. Ihr Stolz und ihre Kraft verdämmerten … 1903 spendierte das britische Weltreich den Kariben ein Almosen von 15 Quadratkilometern Land im Nordosten Dominicas für die letzten „reinrassigen" Überlebenden dieses Volkes. Bald ein Jahrhundert danach hat sich nicht viel geändert … Überall die Zeichen ihrer Niederlagen. Seit langem haben sie nirgendwo mehr gewonnen. Sie überleben. Mehr nicht. Sie steigen ab. Und das Bitterste: Sie wehren sich nicht mehr.

2A: Gerold Jung, Farbige Inselwelt Karibik, Köln (Horst Ziethen), 1990, S. 123. 2B: Andreas Altmann, Der Letzte der Kariben, in: GEO-Special Karibik 4/1994, S. 106ff.

4 Stelle zusammen, welche Informationen über die Lebens- und Arbeitsweise der Kariben auf dieser Seite gegeben werden.

5 Erarbeite, wie in M2A und M2B die Kariben beurteilt werden. Halte Übereinstimmungen und Unterschiede fest.

6 Entscheide auf der Grundlage von M2, ob du als Tourist einen Abstecher ins Dominican-Caribe-Reserve machen würdest. Diskutiert eure Entscheidungen in der Gruppe und begründet sie.

M4 **Aztekische Erziehung,** spanische Buchmalerei, 16. Jh. Zwei Priester stechen einen dritten mit Agavendornen, weil dieser, so lautet die Beischrift, „rebellisch, unverbesserlich und nachlässig in dem ihm Aufgegebenen war".

Die Herrschaft der Azteken

Auf dem Gebiet des heutigen Mexiko gab es nacheinander mehrere Hochkulturen. Zur Zeit der spanischen Eroberung hatten dort die Azteken die größte Macht. Doch nicht alle unterworfenen Völker akzeptierten die Herrschaft der Azteken; immer wieder versuchten sie sich mit Waffengewalt zu befreien.
Den Kern des Reiches bildete ein Dreistädtebund um die Hauptstadt Tenochtitlan. Die Azteken hatten Tenochtitlan – wahrscheinlich im Jahr 1325 – auf befestigten Laguneninseln des Texcoco-Sees gebaut, der im mexikanischen Hochland liegt. Damit, so berichtet die Überlieferung, folgten sie einer göttlichen Weisung: Sie sollten dort siedeln, wo ein Adler in einem See, auf einem Feigenkaktus sitzend, eine Schlange fraß.
Um den Städtebund gruppierten sich zahlreiche Provinzen, die genau berechnete Tribute entrichten mussten: Gold, Waren und Menschen – zur Verstärkung der Truppen und als Opfer für den Sonnen- und Kriegsgott Huitzilopochtli. Um ihre militärischen Erfolge zu sichern, glaubten die Azteken Huitzilopochtli milde stimmen zu müssen: Auf den Stufen ihrer pyramidenförmigen Tempel opferten sie unzählige Menschen, denn durch ihr Herz und Blut sollte der Gott neue Kraft bekommen. Die meisten der Getöteten waren Kriegsgefangene.

Die Gesellschaftsordnung

Gesichert werden sollte die Macht der Azteken auch durch die Gesellschaftsordnung, in der die einzelnen Schichten streng voneinander getrennt waren: An der Spitze jeder wichtigen Stadt stand der Tlatoani („Er, der spricht"); der mächtigste Tlatoani im Reich war der von Tenochtitlan. Die zweite Schicht bildeten die Tetecuhtin, die Herren. Sie hatten sich durch Verdienste in der Armee, als Kundschafter, Priester, in Politik oder Verwaltung ausgezeichnet und genossen viele Vorrechte. Ihnen folgte die große Gruppe der Macehualtin. Sie besaßen ein Stück Land, von dessen Ertrag sie lebten. Zu den Macehualtin zählten auch die (oft reichen) Händler und Kunsthandwerker. Wer kein Land besaß, musste als Lastträger oder auf fremdem Besitz arbeiten. Die unterste Schicht bildeten die Sklaven, die Tlatlacotin. Sie waren entweder durch Unglück und Not in diesen Stand geraten oder gehörten zu einem der unterworfenen Völker.

Aztekische Erziehung – eine harte Schule

Die Jungen der Azteken mussten zwei Jahre zur Schule gehen und wurden dort auch im Kämpfen unterrichtet. Die Söhne adliger Familien wurden mit 15 Jahren in Tempelschulen geschickt, um später Priester, Offizier oder Beamter zu werden. Die Mädchen gingen nicht zur Schule; sie lernten bei ihren Müttern kochen, weben und andere Hausarbeiten. Adlige Mädchen konnten allerdings Tempelschulen besuchen. Sie blieben dort, bis sie mit etwa 17 Jahren heirateten oder Priesterinnen wurden.

7 Fasse zusammen, wie die Azteken ihre Herrschaft errichteten und sicherten.
8 Untersuche, welche Rolle die Religion im Herrschaftssystem der Azteken spielte.
9 Zeichne ein Schaubild, das die Gesellschaftsordnung des Aztekenreiches zeigt. Kennzeichne durch Farben, wer Einfluss auf politische Entscheidungen nehmen konnte.
10 Erläutere mithilfe von M4 und des Darstellungstextes die aztekische Erziehung. Nimm Stellung.

Wirtschaft und Technik der Azteken

Die Grundlage der aztekischen Wirtschaft war der Feldanbau. Bohnen, Mais und Kürbis waren wichtige Anbauprodukte. Daneben war der Handel besonders bedeutend. So nahmen die Kaufleute im Staat eine bevorrechtigte Stellung ein. Sie betrieben den Fernhandel mit Luxuswaren und dienten dem Herrscher auf ihren Reisen als Spione. Die Handwerker arbeiteten in Berufen, die Schulung und Fachkenntnis voraussetzten. Ihre Produkte waren vor allem für die herrschenden Schichten bestimmt.
Das „gemeine Volk" erhielt von der Gemeinschaft familienweise Ländereien zugeteilt. Wenn die Familie ausstarb, fiel das Land wieder an die Gemeinschaft zurück. Die Überproduktion in der Landwirtschaft ermöglichte es, viele Menschen von der Landarbeit freizustellen und in gewerblichen Bereichen arbeiten zu lassen. Technische Geräte waren aus Holz oder Stein gefertigt, Eisen war ebenso unbekannt wie das Rad. Handwerk und Kunsthandwerk, zum Beispiel in der Kupfer- und Goldverarbeitung, in der Töpferei, der Steinschneidekunst und der Holzschnitzerei, waren jedoch hoch entwickelt.

M5 Der Markt von Tenochtitlan

Der spanische Hauptmann Bernal Díaz kam 1519 nach Tenochtitlan. Über den Markt der Stadt schrieb er:

Dort fanden wir eine unerwartet große Menge Menschen, zahlreiche Verkaufsstände und eine ausgezeichnete Ordnungspolizei … Jede Warengattung hatte ihre Plätze. Da gab es Gold- und Silberarbeiten, Juwelen, Stoffe aller Art, Federn, Baumwolle und Sklaven … Dann kamen die Stände mit einfacheren Waren, mit grobem Zeug, mit Zwirn und Kakao zum Beispiel. Ganz Neu-Spanien bot hier seine Erzeugnisse an … Da gab es Sisalstoffe, Seile und Strickschuhe … Es gab rohe und gegerbte Häute von Tigern, Löwen, Schakalen … In den Ständen der Töpfer fanden wir von großen irdenen Gefäßen bis zum kleinsten Nachttopf alles. Wir gingen an den Verkäufern von Honig, Honigkuchen und anderen Leckereien vorbei, an Möbel-, Holz- und Kohlehändlern … Ich [habe] das Papier, die Röhren mit dem flüssigen Eukalyptusöl und mit dem Tabak, die wohlriechenden Salben und die Hallen mit Heilkräutern gesehen … Es gab übrigens auch eine Art Marktgericht mit … drei Richtern und mehreren Gehilfen, die für die Warenschau verantwortlich waren.

Zit. nach Eberhard Schmitt (Hg.), Die großen Entdeckungen, Bd. 2, München (Beck) 1984, S. 328.

M6 Tenochtitlan, Wandgemälde des mexikanischen Künstlers Diego Rivera, 1945. Rivera hat die Stadt Tenochtitlan so gemalt, wie sie zu Beginn des 16. Jh. ausgesehen haben könnte. Sie war damals mit ca. 300 000 Einwohnern die größte Stadt des amerikanischen Kontinents. Als Vorlage für sein Bild dienten Rivera zeitgenössische spanische Berichte.

11 Erarbeite anhand der Materialien dieser Seite, welche wirtschaftlichen Tätigkeiten die Azteken ausübten.
12 Werte die Darstellungstexte S. 202 und 203 aus: Welche Rolle spielten Staat und Gemeinschaft?
13 Beurteile anhand von M6 den Stand der Technik im Aztekenreich zur Zeit der „Entdeckung".
14 Überprüfe die These, dass es sich beim Reich der Azteken um eine Hochkultur handelte.

Die Stadt Cuzco, Radierung, 1572 M7

Herrschaft und Gesellschaft der Inka

Auch im südlichen Teil des amerikanischen Doppelkontinents war es einer kleinen Stammesgruppe gelungen, im Verlauf von nur drei Generationen ein Gebiet zu erobern: Das Reich der Inka erstreckte sich zu Beginn des 16. Jahrhunderts an der Westküste entlang über eine Distanz von ca. 4000 km. Die Inka gaben ihm den Namen Tahuantsinuyu: „Reich der vier Weltgegenden". Schätzungsweise 14 Millionen Menschen lebten in ihm. Sie gehörten ganz verschiedenen Volksgruppen an, die alle ihre eigene Sprache, Religion und Lebensweise hatten. So unterschiedlich wie die Völker waren die Landschaften und Lebensbedingungen im Tahuantsinuyu. Dies machte es nach Ansicht der Inka notwendig, das Reich straff zu organisieren. Nur so konnten sie alles kontrollieren, was in ihrem Herrschaftsbereich geschah – selbst im entlegensten Winkel.

M8 **Quipu**, 15. Jh. Mit diesen Knotenschnüren wurden Nachrichten überbracht. Die Nachricht ergab sich aus der Länge der Hauptschnur, der Anordnung und Farbe einzelner Schnüre, der Art und Zahl der Knoten. Den „Code" kannte allerdings nur derjenige, der den Quipu geknüpft hatte, bzw. derjenige, der von ihm eingeweiht worden war.

Ein System von Straßen und Botschaftern

Die Inka bauten eine staatliche Verwaltung auf, die in ihrer Zeit einzigartig war. Durch ein dichtes Netz gepflasterter Straßen und Wege sorgten sie dafür, dass Nachrichten, Waren und Armeen in kürzester Zeit von einem Ort zum anderen gelangten. An den Hauptwegen wurden Provinzhauptstädte nach dem Plan der Hauptstadt Cuzco angelegt. Dort befanden sich die jeweilige Gebietsverwaltung und Lagerhäuser. Entlang der Straßen standen Raststätten, die von den Provinzbewohnern beliefert und instand gehalten werden mussten. Damit die Regierung über alle Ereignisse im Reich informiert war, liefen ständig Boten zwischen Cuzco und den Provinzstädten hin und her, durch das Andengebirge bis an die Küste. Sie transportierten Befehle, Berichte, Abrechnungen und Bedarfslisten als verschlüsselte Botschaften in Form von Knotenschnüren („Quipu").

15 Erarbeite mit den Darstellungstexten dieser Seite, wie die Herrschaft im Inkareich organisiert war.
16 Untersuche mithilfe von M8 und des Darstellungstextes, welche Bedeutung die Übermittlung von Informationen für die Herrschaft hatte.
17 Inwiefern lässt sich aus der Stadtanlage M7 erschließen, dass die Inka ihr Reich straff verwalteten?

Terrassenbau in Peru, Foto, 1998 M9

Wirtschaft und Technik der Inka

Die Verwaltung des Inkareiches war mit einer straff gelenkten Wirtschaftsform verbunden. Jede Arbeit war zentral organisiert: Alle Steuerzahler mussten beim Bau von Tempeln, Festungen und Städten helfen, in der Armee dienen, auf den Feldern und in den Bergbauminen des Herrschers arbeiten. Auch die Landwirtschaft unterstand staatlicher Kontrolle. Angebaut wurden hauptsächlich Getreide und Kartoffeln, in wärmeren Zonen Mais.

Das ganze Ackerland und dessen Ernte waren in drei Teile aufgeteilt: Ein Drittel gehörte dem Inkaherrscher, ein Drittel diente der Versorgung der Adligen und Priester und das letzte Drittel Land stand den Dorfgemeinden zur Verfügung. Jeder Familie und jeder Einzelperson wurde daraus so viel zugeteilt, dass sie davon leben konnten. Für Kranke und Alte sorgte ebenfalls die Gemeinde. Dieses Verteilungssystem sorgte zum einen dafür, dass niemand hungern musste, zum anderen stärkte es die Macht des Herrschers und der Adligen gegenüber der Masse der besitzlosen Bevölkerung.

Alle Flächen, auch die staatlichen Güter (Domänen) und das Land der Adligen und Priester, wurden von den bäuerlichen Gemeindemitgliedern bewirtschaftet. Die Landwirtschaft war mit Terrassenanlagen, künstlicher Bewässerung und Dünger, vor allem dem Guano, hoch entwickelt. Werkzeuge und Waffen wurden aus Kupfer und Bronze hergestellt, Eisen war unbekannt. Gold und Silber wurden zu Schmuck verarbeitet. Die Inka produzierten vielfältige und farbenreiche Textilstoffe. Zu ihren bedeutenden architektonischen Leistungen gehören die Tempelpyramiden.

18 Welche Rolle spielte bei den Inka der Besitz? Werte den Darstellungstext dieser Seite aus.

19 Erläutere an M9 den Zusammenhang zwischen landschaftlichen Bedingungen und Lebensverhältnissen der Menschen.

20 Erarbeite aus den Darstellungstexten S. 204 und 205, wo sich Merkmale einer „Hochkultur" finden lassen.

Kartoffelernte – ein Rollenspiel

Spielt in der Klasse folgende Szene: Ihr seid Untertanen des Inkaherrschers und Mitglieder des Dorfrates. Die Kartoffelernte steht bevor. Einige weigern sich zu tun, was die Regierung vorgeschrieben hat. Teilt euch in der Klasse in verschiedene Gruppen auf: Protestierende, Vertreter der Regierung, Unschlüssige, Alte, Beobachter. Überzeugt die anderen, dass eure Meinung die richtige ist (siehe Werkstatt S. 127).

M1 Die Conquistadoren ziehen nach Tenochtitlan, spanische Bilderhandschrift, 16. Jh.

Freund oder Feind? Die Ankunft der „weißen Götter"

Conquistadoren – hoch gerüstete Krieger ...

Sie wurden Conquistadoren, d.h. Eroberer genannt und standen unter der Führung des spanischen Kommandanten Hernan Cortés. Wer waren die Conquistadoren? Welche Ziele hatten sie? Warum nannten die Azteken sie „weiße Götter"?

1519 landete eine spanische Flotte in Mexiko, dem Land der Azteken. Ihr Kommandant Cortés hatte den Auftrag, das Gebiet zu erkunden und Handel zu treiben. Aber er hatte auch noch andere Motive: Er wollte das Reich der Azteken mit seinen unermesslichen Goldschätzen erobern. Etwa 500 Soldaten waren an Bord. Heimlich hatte Cortés auch Pferde und Kanonen mitgenommen. Auf dem Zug zur Hauptstadt Tenochtitlan besiegten die Spanier andere Indianerstämme. Einige schlossen sich ihnen an, um sich von der Herrschaft der Azteken zu befreien. Andere Stämme wurden gegen ihren Willen zu Hilfstruppen gemacht. Malinche, eine aztekische Fürstentochter, die Cortés als Geschenk erhalten hatte, übersetzte zwischen den Conquistadoren und den aztekischen Einwohnern.

oder „weiße Götter"?

Die Azteken, deren Herrschaft seit Jahrzehnten Angst und Schrecken unter den Völkern des mexikanischen Hochlandes verbreitete, zeigten sich bei dem Einmarsch der Fremden merkwürdig unentschlossen. Als Cortés' Truppen Tenochtitlan erreichten, empfing der aztekische Herrscher Moctezuma sie mit großen Ehren. Denn für ihn und sein Volk schien nun eine Voraussage in Erfüllung zu gehen: Die Götter, die nach alter aztekischer Überlieferung vor langer Zeit im Osten verschwunden waren, kehrten zurück. Tatsächlich hatten die spanischen Ankömmlinge Ähnlichkeit mit dem Bild, dass sich die Azteken von ihrem Gott Quetzalcoatl machten: Er hatte weiße Haut und trug einen Bart. Die Spanier erreichten Tenochtitlan genau zu dem Zeitpunkt, an dem nach aztekischem Kalender mit der Rückkehr der Götter zu rechnen war.

1 Beschreibe die Abbildung M1 und schildere, welchen Eindruck dir die abgebildeten Personen vermitteln.
2 Vergleiche M1 auf S. 194 mit der Abbildung dieser Seite.
3 Erläutere anhand des Darstellungstextes die Einstellung der spanischen Eroberer und die Erwartungen der Azteken.

Das Aztekenreich wird zerstört

Die Conquistadoren waren durch das mexikanische Hochland gewandert, um Reichtümer in ihren Besitz zu bringen. Als die Spanier begannen, Tempel zu plündern, Götterbilder umzustürzen, und dabei viele Azteken umbrachten, schlug die Stimmung unter den Einwohnern Tenochtitlans um. Wenige Tage nach seiner Ankunft ließ Cortés Moctezuma in dessen eigenem Palast als Geisel nehmen. Aber auch die aztekische Bevölkerung wandte sich gegen Moctezuma: Sie warf ihm Verrat an seinem eigenen Volk vor. Als er sich wenig später in der Öffentlichkeit zeigte, wurde er von seinen eigenen Leuten zu Tode gesteinigt.
Je länger die spanische Besetzung Tenochtitlans dauerte, desto größer wurden die Spannungen zwischen den Einwohnern und den spanischen Besatzern. Im Juni 1520 gelang es den Azteken, die Spanier für einige Monate zu vertreiben. Cortés verstärkte sein Heer durch Soldaten aus nahen spanischen Kolonien und durch Hilfstruppen der verbündeten Stämme. Fast drei Monate lang belagerte er Tenochtitlan. Dann ergaben sich die Azteken – geschwächt durch Krankheiten, die die Spanier eingeschleppt hatten, ausgehungert und verzweifelt. Tausende Männer, Frauen und Kinder wurden getötet. Die Spanier machten Tenochtitlan dem Erdboden gleich und bauten an gleicher Stelle Mexiko, die Hauptstadt von Neu-Spanien.

Conquista

(span. = Eroberung). Mit dem Begriff wird die Eroberung und Unterwerfung Mittel- und Südamerikas durch die Spanier bezeichnet. Die eroberten Gebiete der indianischen Hochkulturen wurden dem spanischen Königreich einverleibt und bildeten die Grundlage für die jahrhundertelange Herrschaft der Spanier in Mittel- und Südamerika. Die bekanntesten Anführer der Conquistadoren waren die spanischen Generäle Hernan Cortés und Francesco Pizarro.

M2 Der Empfang der Spanier in Tenochtitlan

Der spanische Geschichtsschreiber Peter Martyr von Anghiera berichtete 1530 vom ersten Zusammentreffen Moctezumas mit Cortés:

[Moctezuma sprach:] „Alle Reiche, die wir besitzen, gehören euch. Wer immer du auch sein magst, der du als Führer hierher geschickt worden bist, du sollst als Fürst über alle Reiche gebieten, die bislang mir untertan waren … Meine Schatzhäuser bergen goldenen Schmuck. Der gehört dir; gebrauche ihn im Namen jenes unseren großen Königs nach Belieben …" Als er geendet hatte, tröstete Cortés ihn und machte ihm Hoffnung auf einen guten Ausgang.
Hiernach verließ Moctezuma mit ziemlich heiterem Antlitz den Palast … Ob man gewaltsam aufgedrängte Gäste gerne aufnimmt, dazu mögen die etwas sagen, die darin Erfahrung haben … Unter Tränen, mit Schluchzen und Seufzen hatten sie [die Fürsten des Reiches] den Vorgang hingenommen und verharrten noch lange in Schweigen.

Zit. nach Eberhard Schmitt (Hg.), Dokumente zur Geschichte der europäischen Expansion, Bd. 2, München (Beck) 1984, S. 326 f.

M3 **Moctezuma und Cortés bei ihrer ersten Begegnung**, mexikanische Darstellung auf einem Teppich, 1590.

4 Beschreibe mithilfe von M3 die Situation beim Zusammentreffen von Moctezuma und Cortés. Achte darauf, welche Personen anwesend waren.
5 Erarbeite aus M2, welche Angebote Moctezuma Cortés macht. Erkläre, wie es dazu kommt.
6 Vergleiche M2 und M3: Welche Hinweise erhältst du über das Verhalten der Aztekenfürsten?
7 Untersuche, mit welcher Bemerkung der Verfasser von M2 zeigt, dass er den anwesenden Azteken nicht traut.

M4 **Aztekische Bilderhandschrift**, 15. Jh. Azteken und Inka schrieben ihre Geschichte in Form von Bildern auf mit Kalk bestrichene Baumrinde. Ein großer Teil dieser Handschriften (Amátes) wurde auf Anordnung des spanischen Bischofs Diego de Landa verbrannt.

M5 Quetzalcoatls Traum – ein Gedicht

Die 1948 in Nikaragua geborene Schriftstellerin Gioconda Belli beschäftigt sich in vielen ihrer Texte mit der Eroberung Lateinamerikas durch die Europäer. In einem Gedicht fragt sie nach den Folgen der Conquista für die Gegenwart:

Wer sind wir?
Wer sind diese Männer, diese Frauen ohne Sprache,
verspottet auf Grund ihrer Farbe,
ihrer Haut, ihrer Federn und ihres Schmuckes wegen?
Damit wir nur ihre Schriften lasen,
verbrannten sie die unseren auf hohen Scheiterhaufen.
Unsere Geschichte, unsere Dichtung,
die Annalen unserer Völker,
sie füllten mit Rauch uns die Höhlen der Augen,
sie füllten mit Tränen unsere Eingeweide.
Es brannten die Amátes, sorgsam von Schreibern bemalt.
Es brannten die Geschichten, die uns zu dem gemacht,
was wir waren.
Wie heulten die Alten auf den Plätzen,
als sie brennen sahen die Namen ihrer Väter im Feuer.
O lange Nacht, Noche Triste[1] der Asche.
Nacht, in der wir unsere Hände verloren,
unsere Sprache und unser Gedächtnis
verwandelt in Sklaven, nachtwandelnde Schatten.

Gioconda Belli, Wenn du mich lieben willst, Wuppertal (Peter Hammer Verlag), 1993, S. 13.

8 Beschreibe M4. Finde mithilfe des Darstellungstextes S. 202 heraus, was unten dargestellt ist.

9 Überlege, warum ein spanischer Geistlicher die Verbrennung der aztekischen Bilderhandschriften anordnete.

10 Fasse den Inhalt des Gedichts (M5) in eigenen Worten zusammen. Nimm Stellung.

11 Versetze dich in eine Person, die bei der Zerstörung Tenochtitlans anwesend gewesen sein könnte. Verfasse aus ihrer Sicht eine Tagebucheintragung über die Ereignisse.

12 Noch heute gibt es Stimmen, die der aztekischen Dolmetscherin Malinche vorwerfen, ihr Volk verraten zu haben. Sammelt in der Klasse Argumente, die den Vorwurf stützen, und Argumente zu Malinches Verteidigung.

1 Traurige Nacht

M1 **Im Innern des Silberbergs von Potosí,** Kupferstich, 18. Jh. Mehr als 200 Jahre lang versorgte der Silberberg von Potosí im heutigen Bolivien Europa mit riesigen Silbermengen. 1545 war hier, in den Anden, auf 4000 m Höhe Silber entdeckt worden. Die Spanier ließen eine Stadt errichten, in der zeitweise mehr als 150 000 Menschen lebten. Innerhalb weniger Jahrzehnte starben hier Millionen Menschen im Bergbau.

Die Kolonialherrschaft: Im Auftrag von Krone und Kreuz

Ausflug in die Silberstadt

Im Jahr 2000 ist Potosí das Ziel zahlreicher Touristen. Auch heute noch lässt sich der ehemals unermessliche Reichtum erahnen: Die prachtvolle Hauptstraße Rua Quijarro, die sich an weißen Häusern und Kirchen vorbeizieht, war früher angeblich mit purem Silber gepflastert. In einem der Gebäude befand sich die große Münzprägeanstalt, von der aus Silbermünzen nach Spanien, aber auch bis zu den Fuggern nach Augsburg geliefert wurden. Heute reihen sich in der Innenstadt die Souvenirstände aneinander. Die Einheimischen verkaufen selbst gefertigten Silberschmuck an die Besucher, die viel weniger dafür bezahlen müssen als in Europa.

Am Nachmittag steht der Cerro Rico auf dem Programm, der größte silberhaltige Berg der Erde. Die Einfahrt in den Berg erlebt die Reisegruppe wie eine Zeitreise: In fast allen Minen arbeiten die Bergleute unter extremen Bedingungen. Ihre Hilfsmittel stammen aus dem letzten Jahrhundert. Die Touristen haben Mitbringsel für die Bergleute mitgebracht: Zigaretten, Medikamente, Coca-Blätter.

1 Beschreibe M1 und überlege, was sich über die Arbeitsbedingungen der Indianer vermuten lässt. Ziehe die Bildunterschrift mit heran.

2 Informiere dich im Darstellungstext und vergleiche Potosí in der Kolonialzeit und heute.

Gold und Silber für die spanische Staatskasse

Wirtschaftlicher Gewinn war von Anfang an das Hauptziel der spanischen Eroberungen. Das sagenhafte Goldland („Eldorado“), von dem viele Spanier geträumt hatten, wurde zwar nicht gefunden, aber die Gewinne aus dem Metallbergbau füllten mit beträchtlichen Summen die spanische Staatskasse. Allein die Bergwerke von Potosí und Guanajuato (im heutigen Mexiko) lieferten innerhalb eines halben Jahrhunderts mehr Silber als gleichzeitig alle Bergwerke der „Alten Welt“ zusammen.

M2 **Potosí**, Foto, 1999

M3 **Encomendero, Curaca und Priester**, spanische Bilderhandschrift, 16. Jh. Die Szene ist einer Chronik von Peru entnommen.

Aus Conquistadoren werden Encomenderos

Die meisten Siedler, die nun jedes Jahr in der „Neuen Welt" eintrafen, erhofften sich schnellen Reichtum zu günstigen Bedingungen: Nachdem die Spanier Ländereien in Besitz genommen hatten, planten sie ihre Herrschaft so, wie sie es aus den ländlichen Gebieten Europas kannten: als System von Grundbesitz und Abgaben. Der Grundbesitzer (Encomendero*) übernahm den Schutz eines oder mehrerer Dörfer. Dafür mussten sich die Einwohner als Arbeitskräfte zur Verfügung stellen. In Peru gab es die Curacas, Stammeshäuptlinge, die kurz vor der spanischen Eroberung von den Inka unterworfen worden waren. Sie arbeiteten als Aufseher für die Encomenderos und vermittelten ihren Herren Einheimische als Arbeiter.

Die meisten Encomenderos zwangen die Indianer, ohne Lohn auf den Feldern zu arbeiten. Sie handelten dabei in dem Selbstverständnis, als Christen den heidnischen Ureinwohnern überlegen zu sein. Viele weigerten sich sogar, die Indianer überhaupt als Menschen anzuerkennen.

M4 Die Einführung des Encomienda-Systems

Die folgende Bestimmung erließ die spanische Königin Isabella 1503 nach Beschwerden darüber, dass die Eingeborenen der Insel Hispaniola die Arbeit und den Kontakt mit den Spaniern scheuten:

Weil Wir wünschen, dass die genannten Indianer sich zu Unserem heiligen katholischen Glauben bekehren und darin unterrichtet werden, dies sich aber besser tun lässt, wenn die Indianer mit auf der Insel wohnenden Christen in Berührung kommen ..., beide einander helfen und so die Insel kultiviert, bevölkert und ertragreich gemacht wird, auch Gold und Metalle gefördert werden und Meine Königreiche und deren Bewohner daraus Nutzen ziehen, so ... befehle [Ich] hiermit Euch, Unserem Gouverneur, dass Ihr ... jedem Kaziken[1] auferlegt, eine bestimmte Anzahl Indianer bereitzuhalten, um sie jeweils da, wo es nötig ist, zur Arbeit einsetzen zu können, und damit sie sich ... zusammenfinden, um an den dafür bestimmten Orten über die Dinge des Glaubens zu hören und darin unterrichtet zu werden, dass jeder Kazike die von Euch vorgeschriebene Zahl von Indianern beibringt und an die von Euch benannten Personen zur Arbeit überlässt, gemäß näherer Anweisung dieser Personen und gegen einen von Euch festzusetzenden Tagelohn. Die genannten Verpflichtungen sollen sie als freie Personen leisten, die sie ja sind, nicht als Sklaven.

Urs Bitterli (Hg.), Die Entdeckung und Eroberung der Welt, Bd. 1, München (Beck) 1980, S. 76 f.

1 Häuptling

3 Gib in eigenen Worten wieder, was die Königin in M4 anordnet und wie sie dies begründet.

4 Beschreibe M3 und erkläre, wie sich die Anordnungen der Königin (M4) darin wiederfinden.

5 Überlege, welche Einstellung der Zeichner der peruanischen Chronik (M3) zu den abgebildeten Personen hatte.

6 Vergleiche das Gesetz (M4) mit der im Darstellungstext beschriebenen Praxis.
a) Mit welchen Maßnahmen verstießen die Siedler gegen das Gesetz?
b) Überlege, warum die spanischen Siedler so handeln konnten.

M5 Umstritten: die „Indianerfrage“

In den spanischen Regierungskreisen gingen die Meinungen in der Frage des Umgangs mit den Indianern auseinander. Zu den Anführern der Auseinandersetzung im 16. Jahrhundert gehörten der Theologe und Jurist Juan Gines de Sepúlveda und der Bischof von Mexiko, Bartolomé de Las Casas:

5A **Sepúlveda (1544):** So behaupte ich, dass diese Barbaren nicht nur eingeladen, sondern auch zum Guten genötigt werden sollen, d.h. zur Gerechtigkeit und zur Religion, vor allem wenn das Unternehmen mit so geringem Aufwand und so geringen Verlusten auf beiden Seiten bewerkstelligt werden kann und diese Barbaren unterworfen werden können … [Ich] behaupte, dass die Barbaren nicht nur beherrscht werden müssen, damit sie den Predigern zuhören, sondern auch damit sich zu Lehre und Ratschlägen die Drohungen gesellen und ihnen Schrecken eingejagt werde, was der heilige Augustinus bestätigt.

5B **Las Casas (1551):** Ich bestehe darauf, dass die Spanier sich der Ausübung solcher Exzesse[1] gegen andere Völker, wenn diese auch barbarische Götzendiener und von allen Lastern befallen sein mögen, enthalten … Denn es gibt keinen Unterschied mehr zwischen Mann und Frau, „Griechen und Juden, Beschnittenem und Unbeschnittenem, Barbaren und Skythen, Sklaven und Freiem, weil Christus in allem ist“ (Kol 3,11)[2] … Da nun die Natur der Menschen in allen dieselbe ist und alle von Christus gerufen sind in derselben Weise und auch nicht auf verschiedene Weise berufen werden wollen, darf man die Indios nicht auf andere Weise zum Eintritt in die Kirche einladen als alle anderen Menschen auch.

Beide Quellen zit. nach Manuel Delgado (Hg.), Gott in Lateinamerika, Düsseldorf (Patmos) 1991, S. 104f., 109f.

1 Ausschreitungen
2 Bibelzitat

M6 **Die Behandlung der Indianer,** Kupferstich von Theodor de Bry, 1594. Der Künstler notierte in der Bildunterschrift: Petrus de Calyce, der Oberst der Kriegsleute … hat vier Tausend gefangene leibeigene Indianer mit sich gebracht, wo nicht ihrer zu viel durch Müdigkeit, Mangel an Nahrung und Bekümmernis großen Herzeleids auf dem Wege verschmachtet und gestorben, zum Teil von den Spaniern erstochen und umgebracht wären, als sie dem Haufen … nicht geschwind nachfolgen konnten.

7 Beschreibe M6 und überlege, was der Künstler mit Bild und Text vermutlich aussagen wollte. Erzähle aus der Sicht einer Indio-Frau, die den Marsch überlebt hat, über ihr Erlebnis.

8 Vergleiche M6 mit der Abbildung M6 auf S. 196.

9 Erarbeite die Positionen der beiden Autoren in M5 und vergleiche. Lies zu Las Casas auch auf S. 212 nach.

10 Stelle dir vor, du wärst Zeuge eines Gesprächs zwischen drei Encomenderos: Einer stimmt Las Casas zu, der zweite Sepúlveda, der dritte … Schreibe dieses Gespräch auf. Tragt einige Beispiele als szenisches Lesen vor und bewertet die Aussagen.

Die Lage der Indianer

Die harte Arbeit auf den Feldern und in den Bergwerken überforderte die Indianer, die durch Krankheiten wie Masern, Pocken und Grippe geschwächt waren. So starben 1545 allein in der Umgebung Mexikos 400 000 Indianer an den Pocken. Nach neuen Schätzungen lebten im Aztekenreich vor dem Einmarsch der Spanier ca. 25 Millionen Indianer, 1568 waren es nicht mehr als drei Millionen. Ähnlich verhielt es sich in den anderen eroberten Gebieten. Besonders unter den Missionaren wurde immer wieder Kritik an der Ausbeutung der einheimischen Bevölkerung laut. Der Dominikaner Bartolomé de Las Casas (1474–1566) – zunächst selbst ein Encomendero – richtete von 1514 an sein ganzes Wirken darauf, die Indianer zu schützen und für ihre Rechte zu kämpfen. Auch Kaiser Karl V. verbot 1542, dass Indianer zu Sklaven gemacht oder als solche gehalten würden. Als jedoch die Siedler protestierten, wurden die Bestimmungen zurückgenommen.

M7 **Die Bevölkerung der Karibischen Inseln 1991**
(ungefähre Angaben in %):

Insel	Schwarze	Mischlinge	Asiaten	Weiße
Jamaika	77	19	3	1
Haiti	90	10	–	0,03
Dominica	65	30	–	5[1]
Kuba	12	17	–	70[2]

1 darunter Indianer
2 meist spanische Abstammung

Zusammengestellt nach Deutscher Bücherbund/ADAC (Hg.), Das Bild unserer Welt, Bd.1: Amerika, München (ADAC) 1988, und Fischer Weltalmanach 92, Frankfurt/M. (Fischer) 1991.

M8 **Karikatur zum Kolumbusjahr**. Die Karikatur erschien 1992 in der Zeitschrift Pogrom, die von der Gesellschaft für bedrohte Völker herausgegeben wird.

Afrikaner in der „Neuen Welt"

Las Casas' Bemühen, die Lage der Indianer zu verbessern, war vergebens. Tatsächlich hatte sein Einsatz für die Indianer schreckliche Folgen für die Bewohner des afrikanischen Kontinents: Las Casas behauptete, dass Negersklaven widerstandsfähiger wären und damit für die Arbeit besser geeignet als Indianer. Diese Aussage trug gegen den Willen des Bischofs dazu bei, dass innerhalb der nächsten dreihundert Jahre mehr als 10 Millionen Sklaven von Afrika in die „Neue Welt" gebracht wurden. Sie mussten nicht nur die indianischen Arbeitskräfte ersetzen. Der steigende Bedarf an Arbeitskräften ergab sich aus der Einführung der Plantagenwirtschaft: Großgrundbesitzer ließen auf riesigen Flächen Pflanzen anbauen, deren Produkte in Europa großen Gewinn versprachen, z. B. Zucker, Tabak, Kaffee, Kakao.

Spurensuche auf den Karibischen Inseln

Informiere dich in Sachbüchern, Reiseführern und Reiseprospekten über Spuren, die die Zeit der Kolonialherrschaft auf den Inseln der Karibik hinterlassen hat. (Alltag der Menschen, Natur der Inseln, Stadtbild oder Kunst und Kultur). Teilt die Klasse in einzelne Expertengruppen auf, die für „ihre" Insel auf Spurensuche gehen. Die Ergebnisse werden auf Plakaten präsentiert. (Siehe Arbeitsschritte S. 240.)

11 Zeige anhand des Darstellungstextes dieser Seite, welche Folgen das Eintreten Las Casas für die Rechte der Indianer hatte.

12 Erläutere an M7, inwiefern die Geschichte des Sklavenhandels die Bevölkerungsstruktur der Karibischen Inseln heute noch prägt.

13 Untersuche mithilfe der Darstellungstexte dieser Seite, wie wirtschaftliche Überlegungen und die Unterdrückung von Menschen zusammenhängen.

14 Beschreibe an M9 die Handelsströme zwischen Europa, Amerika und Afrika. Lege eine Liste an.

15 Erarbeite mithilfe des Darstellungstextes S. 213, welche Veränderungen durch den Kolonialismus für die drei Kontinente eintraten.

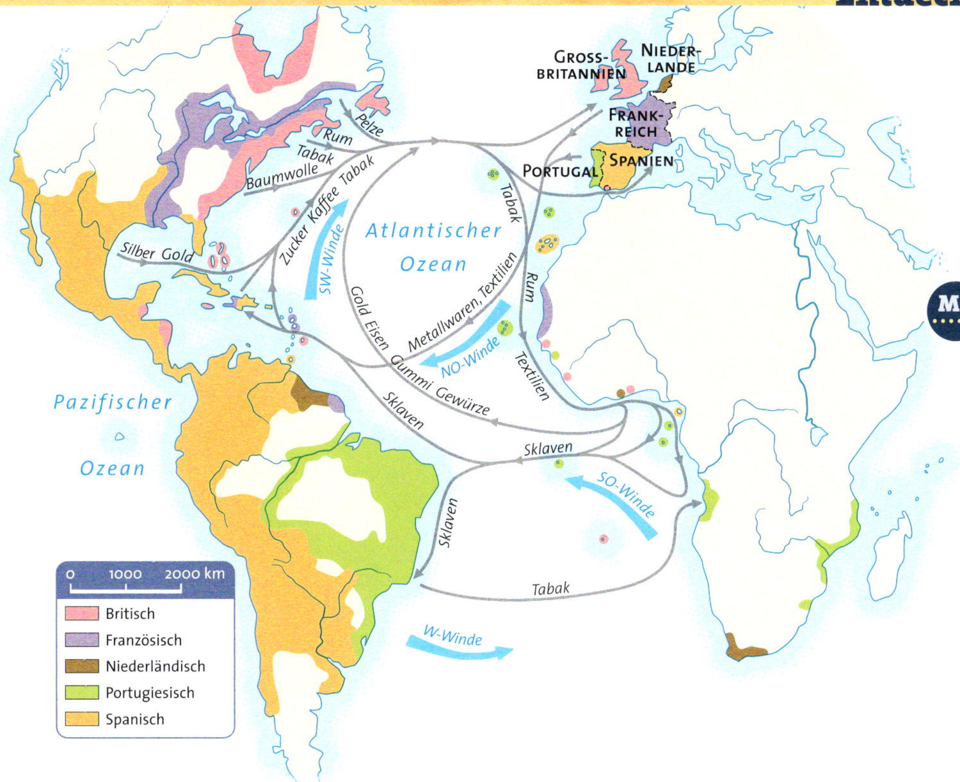

M9 Der Handel zwischen Europa, Afrika und Amerika im 17. und 18. Jahrhundert

Der Kolonialismus der Europäer

Spanier und Portugiesen waren die ersten Herren in der „Neuen Welt", sie waren aber nicht die letzten: Der Reichtum, der aus den überseeischen Kolonien* floss, verhalf Spanien eine Zeit lang zu gefüllten Staatskassen und militärischer Macht. Andere Länder wollten an diesem Reichtum teilhaben. Die europäischen Seemächte England, Frankreich und Holland versuchten selbst in der „Neuen Welt" Fuß zu fassen. In Südamerika gelang es ihnen nicht, deshalb verstärkten sie ihren Einsatz in Nordamerika und gründeten dort Kolonien oder demonstrierten ihre militärische Stärke, wo immer sich die Gelegenheit bot. Und während ihr Stern im Laufe des 17. Jahrhunderts stieg, sank der Spaniens.
Die Entdeckung und Eroberung der „Neuen Welt" stieß in Europa nicht nur das Kräftespiel der politischen Mächte an, sondern veränderte vor allem durch die Einfuhr von Edelmetallen, von Produkten wie Kaffee, Kakao, Tabak und von Nutzpflanzen wie Mais, Kartoffeln, Tomaten den Alltag und die Ernährungsgewohnheiten vieler Menschen.
Viel radikaler wirkte allerdings Europa auf die „Neue Welt" ein. Die Europäer zerstörten die traditionellen Kulturen und Werte der besiegten Völker und stülpten ihnen ihre eigenen über: durch ihre Sprache, Politik, Religion, Lebens- und Arbeitsweise. Sie verstanden sich als Herren und verhielten sich auch so.

16 Untersuche, welche Wertungen zur Kolonialpolitik der Europäer der Darstellungstext enthält. Weise das an bestimmten Begriffen nach.

17 a) Verfasse eine Begriffserklärung „Kolonialismus".
b) Zeige an M10, welche Merkmale des Kolonialismus das Bild erkennen lässt.

18 Beschreibe M8 und nimm Stellung.

M10 **Der Anbau von Zuckerrohr auf Antigua,** Aquarell, 1823. Seit dem 17. Jahrhundert sind die Karibischen Inseln der führende Zuckerlieferant der Welt.

Neues Denken, Neue Welt – ein Überblick

Humanismus und Renaissance verändern das Weltbild

Ein Künstler und Forscher wie Leonardo da Vinci steht stellvertretend für die Veränderungen um 1500: In der Renaissance wurde der einzelne Mensch als etwas Einmaliges betrachtet, der aufgefordert war, auf vielfältige Weise sich und seine Umgebung zu erforschen. Gelehrte wie Galilei oder Kopernikus gingen bei der Erforschung der Natur über bisherige von der Kirche verkündete Erklärungen hinaus. Bei der praktischen Umsetzung ihrer Naturbeobachtungen entwarfen einige von ihnen Maschinen, die uns heute noch sehr modern erscheinen. Ihre Forschungen waren wichtige Voraussetzungen für die Entdeckungsfahrten, z. B. die Amerikafahrt des Kolumbus.

Gewinner und Verlierer der wirtschaftlichen Veränderungen

Die Idee, seine eigenen Fähigkeiten und damit seine Grenzen zu testen, erfasste alle Lebensbereiche, vor allem auch die Wirtschaft: Geldverkehr, Fernhandel und die Nachfrage nach Luxuswaren führten dazu, dass Handel und Gewerbe in den Städten aufblühten. Große Handelsfirmen wie die der Fugger konnten nicht nur eine marktbeherrschende Stellung, sondern auch großen politischen Einfluss erringen. Zu den Verlierern in Europa gehörten die im Verlagssystem tätigen Weber, in den Kolonien waren es die Indianer und Negersklaven, die von den Encomenderos ausgebeutet wurden. An den Entdeckungen wird deutlich, dass die Neuerungen für viele Menschen mit negativen Folgen verbunden waren.

Viele bleiben beim Alten

Der Übergang vom Mittelalter zur Neuzeit ist nicht auf ein einzelnes Ereignis festzulegen wie z. B. die Erfindung des Buchdrucks durch Johann Gutenberg (1455) oder die Entdeckung Amerikas durch Christoph Kolumbus (1492). Diese Epoche muss vielmehr als ein Umbruchprozess vom 14. bis zum 16. Jahrhundert gesehen werden. Sie war nicht ohne Widersprüche: Während Gebildete in Europa versuchten, die Erscheinungen der Welt mit Vernunft zu erklären, lebten die meisten Menschen um 1500 überwiegend noch nach den alten Regeln.

In vielen Gegenden stieg die Zahl der Hexenprozesse gegen Frauen und Männer stark an. Warum es zu Beginn der Neuzeit zu einer Ausweitung der Hexenverfolgung kam, ist bis heute nicht eindeutig erwiesen.

Wir wiederholen zentrale Begriffe und Methoden

Renaissance S. 175

Humanismus S. 176

Fortschritt S. 184

Verlagssystem S. 189

Conquista S. 207

Frühkapitalismus S. 193

Entdeckungen S. 197

Monopol S. 191

Der Begriff Monopol kennzeichnet den Versuch eines einzelnen Unternehmers oder einer Handels- …

Bilder vergleichen S. 182 f.

Historische Karten lesen/vergleichen S. 198 f.

1. Schritt: Jede Karte einzeln erschließen
Untersuche jede Karte einzeln: …

„Klar zum Entern!“ – ein Wissensspiel

Die Karibik im ausgehenden 16. Jahrhundert: Silberflotten und schwer beladene Handelsschiffe sind von den Küsten der „Neuen Welt“ unterwegs in Richtung Europa – ein ideales Jagdrevier für Piraten! Das Spiel folgt dem Muster von „Schiffe versenken“. Jeweils zwei Personen oder Teams spielen gegeneinander.

Vorbereitung:
– Pro Team 2 gleiche Spielpläne auf ein kariertes Blatt zeichnen (Skizze entsprechend vergrößern).
– 16 Fragekarten herstellen: kleine Pappkärtchen mit den Ziffern 1 bis 16 auf der einen Seite und der entsprechenden Frage (siehe rechts) auf der anderen Seite. Jeder Spieler ist gleichzeitig Schiffseigner und Pirat. Er erhält verdeckt 8 Fragekarten, die seine Schiffe darstellen. Die Ziffern in Klammern geben ihre Größe (Kästchenzahl) und zugleich ihren Wert an. Sie werden auf einem der beiden Spielpläne eingetragen, und zwar so, dass der andere Spieler dies nicht sieht. Die Spielpläne bleiben von nun an verdeckt! Jedes Schiff trägt die Nummer der entsprechenden Frage.

Spielverlauf:
Abwechselnd nennen die Spieler eine Koordinate (z.B. A 7) und notieren sich das Ergebnis auf dem freien zweiten Spielplan. Befindet sich auf der genannten Koordinate ein Schiff bzw. der Teil eines Schiffs, kommt es zum Angriff: Der Eigentümer liest die Frage vor, die zu der Nummer gehört. Kann der Pirat sie beantworten, erhält er das Schiff, d.h. seinen Punktwert. Kann er sie nicht beantworten, geht die Frage an den Eigentümer. Weiß der die Antwort, bekommt er die Punkte, weiß er sie nicht, wird das Schiff versenkt, geht also für beide Spieler verloren. Das Spiel ist zu Ende, wenn einer der Piraten alle Schiffe des Gegners angegriffen hat. Gewinner ist derjenige, der die höchste Punktzahl erreicht hat.

1. Inwiefern hat der Humanismus das Menschenbild verändert? (4)
2. Welche geschichtliche Epoche war Vorbild in der Renaissance? (2)
3. Wie kam es, dass im 15. Jahrhundert Handelsunternehmen häufig gleichzeitig Banken waren? (6)
4. Welche Aktivitäten sicherten dem Handelshaus Fugger Reichtum und Macht? (4)
5. Was versteht man unter dem „Verlagssystem“? (4)
6. Welche technische Erfindung ermöglichte das Drucken von Büchern? (2)
7. Welche Erfindungen der frühen Neuzeit waren für die Seefahrt wichtig? (4)
8. Warum interessierten sich in der frühen Neuzeit mehr Menschen für Forschungen als im Mittelalter? (4)
9. Wie begründete die katholische Kirche ihr hartes Durchgreifen gegen Wissenschaftler und gegen angebliche Hexen oder Zauberer? (2)
10. Welche Folgen hatte der Vorwurf der Hexerei für die Betroffenen? (4)
11. Welche Motive trieben Kolumbus, welche die europäischen Siedler, in unbekannte Gebiete zu fahren?
12. Wie heißen die Reiche, die von den Conquistadoren zerstört wurden? (2)
13. Welche langfristigen Folgen hatte der Kolonialismus in Amerika für die einheimische Bevölkerung? (6)
14. Warum ist in Brasilien Portugiesisch, in allen anderen südamerikanischen Ländern Spanisch Amtssprache? (2)
15. Seit Mitte des 16. Jahrhunderts blühte der Dreieckshandel zwischen Afrika, Amerika und Europa: Womit wurde gehandelt? (2)
16. Inwiefern ist das moderne Lateinamerika noch von den Spuren seiner „Entdeckungsgeschichte“ geprägt? (6)

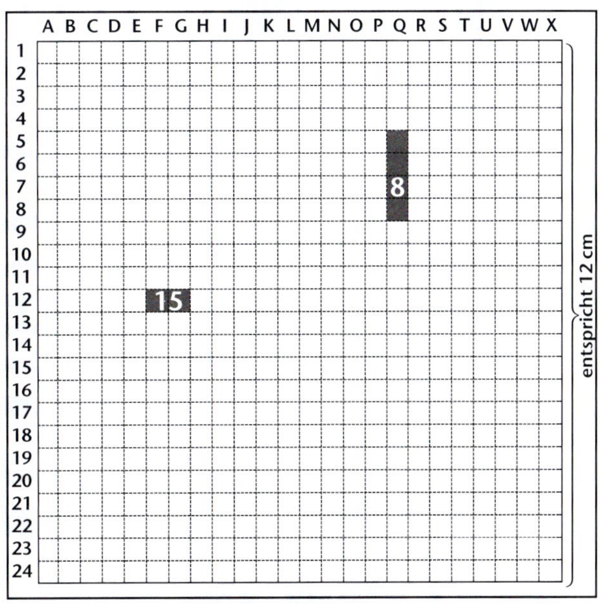

7. Mit Worten und Waffen – der Glaubensstreit in Europa

Mitten ins Chaos der Schlacht versetzt dich das Bild. Aber es ist nicht die historische Wirklichkeit, die du hier siehst, sondern das Werk des Künstlers Werner Tübke, der das Bild 1987 fertig gestellt hat. Das riesige Gemälde, im Original 14 Meter hoch und 123 Meter lang, soll die Schlacht von Frankenhausen nachzeichnen, in der sich 1525 der „Thüringer Bauernhaufen" und das Heer des Kaisers aus Rittern und Landsknechten gegenüberstanden. Welche dramatischen Szenen sich damals abgespielt haben, ist nicht überliefert. Doch über den Ausgang der Schlacht wissen wir, dass die Bauern besiegt und zu Tausenden getötet, gefangen und hingerichtet wurden. Heute streiten viele Betrachter darüber, ob es richtig war, fast 500 Jahre nach dem Ereignis dieses Bild zu malen. Die Darstellung scheint wirklichkeitsnah, aber dennoch handelt es sich um ein künstlerisches Fantasieprodukt, das ohne Geschichtskenntnisse gar nicht „richtig" zu verstehen ist.
Die Schlacht von 1525 war nur eine der vielen Auseinandersetzungen, die im 16. und 17. Jahrhundert in Europa stattfanden. Sie war das Glied einer Kette von Ereignissen, die mit einem Meinungsstreit begann: dem Streit über den richtigen christlichen Glauben, der später als Reformation (= Erneuerung) in die Geschichte eingegangen ist. Tübkes Bild zeigt einzelne Personen, die in dieser Zeit eine wichtige Rolle spielten: Am Brunnen steht der Reformator Martin Luther (1483–1546). Die dunkel gekleidete Gestalt in der Mitte ist der Pfarrer und Bauernführer Thomas Müntzer (um 1490–1525).

Oft wird diese Zeit als die Epoche der „Glaubenskriege" bezeichnet. Im Vordergrund stand tatsächlich die Erneuerung von Glauben und Kirche, dahinter aber drängten sich machtpolitische Interessen. Die wirtschaftlichen Veränderungen und der technische Fortschritt der „Neuen Zeit" hatten nämlich viele Kräfte in Bewegung gesetzt, die nun ihren Teil an der Macht in Europa forderten. Weniger als 100 Jahre nach dem Bauernaufstand entbrannte der Dreißigjährige Krieg – das letzte Glied in der Kette der Auseinandersetzungen, an dem nun fast alle Staaten Europas beteiligt waren. Die Ereignisse, um die es in diesem Kapitel geht, kannst du mithilfe folgender Fragen untersuchen:

– Welche Ursachen führten zur Reformation?
– Wie reagierten Fürsten, Könige und Kirche und wie die Bevölkerung auf den Streit um den Glauben in Europa?
– Warum trat die Frage nach dem richtigen Glauben während des Dreißigjährigen Krieges für die meisten Menschen in den Hintergrund?

1 Beschreibe möglichst viele Einzelheiten des Bildes.
2 Finde Hinweise dafür, dass der Künstler nicht das historische Ereignis dokumentieren wollte.
3 Nennt Beispiele für Kriege in heutiger Zeit, bei denen der unterschiedliche Glaube eine Rolle spielt.

1517
Martin Luther veröffentlicht Thesen gegen den Ablasshandel der Kirche

1524/25
Bauernaufstände

1618–1648
Dreißigjähriger Krieg

1400
1500
1600

Durch Ablass Erlösung im Jenseits?

M1 **Der Goldwäger und seine Frau**, Ausschnitt aus einem Gemälde von Quinten Massys, 1514

M2 **Die Seele zwischen Himmel und Hölle**, Ausschnitt aus dem Gemälde „Der Sterbende" von Lucas Cranach d. Ä., 1518

Aus Sorge um das Seelenheil

Einen Teil seines Vermögens für ein Spital der Stadt zu bestimmen oder zum Dank für Geschäftsgewinne kostbare Leuchter für die Kirche zu spenden, das war im Mittelalter ein üblicher Weg, um vor Gott für die begangenen Sünden Buße zu tun. Im ausgehenden 15. Jahrhundert nahmen diese Stiftungen allerdings ein bis dahin nicht gekanntes Ausmaß an. Viele Menschen versuchten durch ein besonders gottgefälliges Leben Sicherheit und Seelenheil zu erreichen. Während die Priester die Bevölkerung zur Buße aufriefen, waren die Missstände in der Kirche selbst allerdings unübersehbar. Besonders in Rom traten sie offen zutage. Der päpstliche Hof lebte im Prunk und wollte Rom durch prächtige Renaissancebauten über alle anderen Städte der Christenheit erheben. Das Geld für diese Vorhaben holten sich die Päpste nicht nur aus ihrem Kirchenstaat und dem Verkauf kirchlicher Ämter. Die Kirche wusste auch die Bußbereitschaft der Bevölkerung für ihre finanziellen Interessen zu nutzen. Denn während einst Gebete und Fasten begangene Sünden wieder gutmachen konnten, wurden sie im 15. Jahrhundert meistens durch Geld abgegolten. Und bald galt nicht mehr das freiwillig gegebene Almosen, sondern allein der Kauf eines so genannten Ablassbriefes als Voraussetzung dafür, dass Gott einer Person die Sündenstrafen erlassen würde. Die Kirche unterstützte diese Ablasspraxis, denn Päpste und Bischöfe schätzten das Geld. Das Gleiche galt aber auch für die Landesherren und die Städte, die einen Teil der Einnahmen aus dem Ablassgeschäft behalten durften. Kirchen und Spitäler, aber auch Straßen und Regierungsgebäude wurden unter anderem so finanziert. Durch das ganze Reich reisten Mönche oder Priester, die Ablassbriefe verkauften.

1 Erläutere anhand des Darstellungstextes, warum im 15. Jahrhundert das Geschäft mit der „Seelenrettung" blühte.

2 Erarbeite M2 mithilfe der Arbeitsschritte (S. 62). Finde Hinweise auf die Lebenseinstellung der Menschen im 16. Jahrhundert.

3 Beschreibe in M1 die Beziehung der Eheleute zu ihrer beruflichen Tätigkeit. Überlege, welche Rolle der Glaube für sie spielt.

Martin Luther lädt zu einem Streitgespräch ein

Im Mai 1518 schrieb der junge Augustinermönch Martin Luther an Papst Leo X.: „Die Ablassprediger … erdreisteten sich, öffentlich ganz gottlose und ketzerische Dinge zu lehren … Ich hielt ich es für das Beste, ihnen wenigstens ganz vorsichtig entgegenzuarbeiten und zu einer Disputation (= Streitgespräch) darüber aufzurufen. So gab ich einen Disputationszettel heraus und lud Gelehrte dazu ein, etwa mit mir darüber zu disputieren." Das Ereignis, von dem Luther in seinem Brief berichtete, wurde bis in die Gegenwart hinein als „Thesenanschlag" bezeichnet, denn angeblich hatte Luther seine Einladung zum Streitgespräch in Form von 95 Thesen (= Behauptungen) an die Schlosskirche von Wittenberg gehängt.

– Worüber wollte Martin Luther „disputieren"?
– Welche Folgen hatten seine Thesen für die Kirche und die Bevölkerung?

Vermutungen überprüfen

Schreibt die beiden Fragen am Ende des Darstellungstextes dieser Seite jeweils auf ein Plakat. Stellt Vermutungen über mögliche Antworten an („Hypothesen", siehe S. 43). Jeder Vorschlag wird in einem Satz auf das Plakat geschrieben. Sammelt mögliche Antworten, wertet sie nicht. Die Plakate bleiben hängen: Ihr überprüft in den nächsten Unterrichtsstunden, welche Hypothesen sich als richtig oder falsch erweisen.

Martin Luther

Martin Luther (1483–1546) wurde in Eisleben geboren. Sein Studium der Rechtswissenschaft brach er ab, nachdem er bei einem gefährlichen Unwetter das Gelübde abgelegt hatte, ins Kloster einzutreten. Er wurde Augustinermönch und lehrte seit 1508 Theologie an der Wittenberger Universität. Am 31. 10. 1517 veröffentlichte Luther 95 Thesen, in denen er den päpstlichen Ablasshandel kritisierte. Die Reaktion der Kirche folgte 1518: Im Auftrag von Papst Leo X. wurde Luther in Augsburg verhört. Er widerrief seine Meinung aber nicht. Daraufhin entband der Augustinerorden Luther vom Mönchsgelübde. 1519 behauptete Luther bei einem theologischen Streitgespräch, Papst und Konzilien könnten sich irren, allein das Wort der Bibel sei verbindlich. Luther galt nun als Ketzer. Wenig später drohte der Papst ihm den Kirchenbann an. Luther verbrannte die päpstliche Drohbulle öffentlich. Anfang 1521 wurde er gebannt und zum Reichstag nach Worms vorgeladen. Auch dort widerrief er seine Auffassung nicht und Kaiser Karl V. (1519–1556) stellte Luther nach seiner Abreise aus Worms unter die Reichsacht. Der Kurfürst Friedrich von Sachsen brachte ihn auf die Wartburg in Sicherheit. Hier übersetzte Luther das Neue Testament ins Deutsche. Nach seiner Rückkehr von der Wartburg heiratete Luther die frühere Nonne Katharina von Bora, mit der er sechs Kinder hatte.

M3 **Ablassurkunde**, Rom, 4. November 1476, mit folgendem Inhalt: Sechs römische Kardinäle gewähren den Personen einen 100-tägigen Ablass, die den Altar der Marienbruderschaft in der Stiftskirche zu Baden an katholischen Fastentagen besuchen und Kirchenschmuck spenden.

4 Erläutere anhand von M3 den Begriff „Ablass".
5 Gerade die einfachen Bürger und Bauern kritisierten die Ablasspraxis. Wie erklärst du dir das?
6 Erarbeite aus dem Personenkasten, wie Papst, Kaiser und Fürsten auf Luthers Handeln reagierten.
7 Auch heute werden wir immer wieder zu Spenden aufgerufen. Diskutiert, ob dies vergleichbar ist mit der Bußpraxis des Mittelalters.

Vom Glaubensstreit zum Machtkampf

M1 **„Ich bin der Papst"**, Karikatur, 1500. Die Karikatur zeigt Papst Alexander VI. (1492–1503) mit der Tiara (= dreifache Papstkrone für feierliche Anlässe).

M2 **„Luther, des Teufels Dudelsack"**, Karikatur von Eberhard Schoen, 1525

Martin Luther – ein Ketzer?

Die wichtigste Frage seiner 95 Thesen beschäftigte Luther schon seit Jahren: Wie konnte der Mensch die Vergebung seiner Sünden und die Gnade Gottes erhalten? Er fand eine Antwort: Nur durch seinen Glauben und nur durch die Gnade Gottes wurde dem Menschen dies gewährt. Den rechten Weg zu Gott und für ein christliches Leben wies allein das Wort der Bibel. Sogar den Unterschied zwischen Priestern und Gläubigen hob er auf, denn nach seiner Interpretation der Bibel weihte die Taufe alle Gläubigen zu Priestern. Mit diesen Schlussfolgerungen stellte Luther den Anspruch der Papstkirche in Frage, dass nur sie den Menschen den Weg zur Erlösung weisen könne. Auch für die Gottesdienste schlug Luther Neuerungen vor: Sie sollten nicht mehr in lateinischer Sprache, sondern auf Deutsch gefeiert werden. Luthers Vorwürfe und seine Reformvorschläge stellten alle bisherigen Lehren und Aufgaben der Kirche in Frage.

M3 Martin Luther verbrennt die Bannandrohung – Auszug aus einem Jugendbuch

Das Jugendbuch „Widerrufen kann ich nicht" (1983) von Arnulf Zitelmann beschreibt das Leben Martin Luthers. Zitelmann verwendet darin auch Zitate aus Briefen und Schriften Luthers:

Am 10. Dezember, einen Tag nach Ablauf der Widerrufsfrist, ruft ein Plakat die Wittenberger Studenten auf, sich außerhalb der Mauern zusammenzufinden. Zur angegebenen Zeit versammeln sich Doktoren, Magister, hunderte von Studenten auf dem Schindacker vor dem Elstertor. Holz liegt gestapelt, ein Magister steckt die Scheite in Brand. Martin kommt mit einem Stapel schwerer Bücher unterm Arm herbei. Darunter sind mehrere Ausgaben des Corpus iuris canonici, Sammlungen des römischen Kirchenrechts, das er nach dem Willen seines Vaters hätte studieren sollen. Er schiebt die Bände ins Feuer. Ein Jurist der Universität, der erst jetzt begreift, was geschieht, fährt auf: „Wessen erfrecht sich dieser räudige Mönch!" Aber die anderen Umstehenden jubeln.

Martin steckt die Bannandrohung mit ins Feuer, doch das bleibt eine eher persönliche Geste. Die Bulle richtet sich gegen seine Person; das päpstliche Recht dagegen drangsaliert die ganze Welt. „Willst du wissen mit kurzen Worten, was im kirchlichen Recht steht, es ist summa summarum: Der Papst ist ein Gott auf Erden über alles Himmlische, Irdische, Geistliche und Weltliche und alles ist sein Eigen, dem niemand darf sagen: Was machst du?" Nachdem die Magister und Doktoren das Feuer verlassen haben, machen die Studenten vor dem Tor weiter. „Einige sangen mit sehr erhabener Stimme ‚Herr Gott, dich loben wir', andere zelebrierten für die Rechtsbücher ein Totenamt. Danach rissen einige den Scheiterhaufen nieder und hoben die Blätter der Bücher mit der glühenden Asche in die Höhe. Andere schrien, das würden sie dem Papst und den Papisten schicken."

Arnulf Zitelmann, „Widerrufen kann ich nicht!", Weinheim (Beltz) 1983, S. 123 f.

Papst, Kaiser und Fürsten streiten über Martin Luther

Luthers Vorschläge zielten auf eine Erneuerung der Kirche. Als der Papst aber versuchte, den Theologen durch öffentliche Verhöre und Streitgespräche zum Einlenken zu bringen, verschärfte sich die Auseinandersetzung. Für Luther erreichte sie ihren Höhepunkt mit dem Kirchenbann und der Verhängung der Reichsacht durch Kaiser Karl V. im Wormser Edikt (1521).
Die Schriften Luthers, aber auch die Nachrichten über seinen Konflikt mit dem Papst wurden dank des neuen Buchdrucks schnell verbreitet. Warum aber wurde aus dem Reformvorschlag Luthers in wenigen Jahren eine Angelegenheit, die Kaiser und Papst, Städte und Fürsten des Reichs in Aufruhr versetzte? Die Glaubensfrage, die Luther stellte, entfachte den alten Streit zwischen Papst, Kaiser und Fürsten neu: Viele Reichsfürsten, allen voran Luthers Landesherr Kurfürst Friedrich der Weise von Sachsen, stellten sich vor den Theologen und damit offen gegen Papst Leo X. (1513–1521). Der Papst hatte sich selbst Fesseln angelegt, weil er in einer anderen Sache die Unterstützung Friedrichs des Weisen suchte: Als Kurfürst sollte Friedrich nämlich die Wahl des mächtigen Habsburgers Karl zum Kaiser des Heiligen Römischen Reiches verhindern. Erst 1519, als Karl V. (1519–1556) dennoch gewählt worden war, verhängte Leo den Kirchenbann über Luther.
Nach geltendem Recht hätte Karl V. das Vorgehen des Papstes unterstützen und dem Bann die Reichsacht folgen lassen müssen. Doch der „Fall Luther" erforderte diplomatisches Vorgehen, denn auch Karl V. war – zumal dem Reich gerade ein Krieg mit Frankreich drohte – auf einen Ausgleich mit den Fürsten angewiesen. Dass deren Macht größer war als seine, merkte Karl V. auf dem Reichstag in Speyer (1529): Die lutherischen Fürsten und die Reichsstädte lehnten es ab, dem Wormser Edikt Folge zu leisten. Weil sie sich in dieser Glaubensfrage nicht dem Mehrheitsbeschluss von Kaiser und katholischen Landesherren unterwarfen, wurden sie fortan Protestanten* genannt. Aus dem Streit um den Glauben war eine politisch-religiöse Spaltung des Reiches geworden.

Reformation
(von lat. reformatio = Umgestaltung, Erneuerung). Unter dem Begriff wird heute zumeist Luthers Kritik an der Kirche verstanden, ausgehend vom Ablasshandel der katholischen Kirche. Eigentlich ist damit die Wiederherstellung eines ursprünglichen Zustands gemeint. Die Reformation im 16. Jahrhundert hatte den Zweck, die ursprüngliche Reinheit des Glaubens und die Form der Kirche wiederherzustellen. Sie führte am Ende zu einer Spaltung der Kirche in Katholiken und Protestanten.

M4 **Auf dem Reichstag zu Worms**, kolorierter Holzschnitt, 1557. Das Bild zeigt Martin Luther vor Kaiser Karl V. und den Kurfürsten; der hintere Text auf dem Bild lautet: Intitulentur libri (= Die Bücher sollen mit ihren Titeln genannt werden); der vordere: Hier stehe ich, ich kann nicht anders, Gott helfe mir. Amen.

1 a) Beschreibe M1 und M2. Vergleiche die Aussagen und Wertungen, die sie enthalten.
b) Überlege, in welcher Absicht und von wem die Karikaturen jeweils eingesetzt wurden. Nutze dafür den Personenkasten (S. 219).

2 Erarbeite M3 nach den Arbeitsschritten von S. 98.

3 Stelle dir vor, du seist einer der Studenten, ein Bauer oder eine Bäuerin, die die in M3 geschilderte Szene erleben. Schreibe aus der Sicht einer dieser Personen auf, was sie darüber denkt.

4 Erschließe aus M4 und dem Darstellungstext dieser Seite, warum Luther in Worms nicht widerrief.

Die Lehre Luthers breitet sich aus

Luthers Schriften, die in deutscher Sprache geschrieben waren, stießen auf großes Interesse in der Bevölkerung. Nicht wenige verstanden sie auch als Aufforderung, die Personen, die die „alte" Lehre verkündeten, zu vertreiben: An vielen Orten kam es zu Gewalttätigkeiten, Priester wurden verjagt, Klöster gestürmt, Mönche und Nonnen vertrieben. Luther lehnte solches Handeln ab und sprach sich gegen Gewalt aus. Entsetzt zeigte er sich über das Vorgehen der Aufständischen im Bauernkrieg (siehe S. 227).

Neue Aufgaben für die Landesherren

Luther rief Landesherren, die die Reformation unterstützten, auf, sich um die evangelischen Gemeinden in ihren Territorien zu kümmern. Er wies ihnen die Stellung von „Notbischöfen" zu. Seit dieser Zeit entstanden in Deutschland evangelische Landeskirchen und Landesbischöfe. Die Landesherren folgten dem Vorbild vieler Stadtregierungen, die bereits selbstständig ihr Kirchenwesen reformiert hatten: Sie legten fest und kontrollierten, wie die reformatorische Lehre in ihrem Gebiet umgesetzt wurde. Sie mussten dafür sorgen, dass der Gottesdienst neu gestaltet wurde und dass in allen Gemeinden entsprechend ausgebildete Pfarrer wirkten, die Frau und Familie haben sollten. Das Vermögen, das den Landesherren aus den vormals kirchlichen Besitzungen zufloss, nutzten sie nicht nur, um den eigenen Besitz zu vergrößern. Sie setzten es auch dazu ein, die Armenversorgung und die Schulbildung in ihrem Land zu verbessern. Neben öffentlichen Schulen für die Grundbildung gründeten sie Schulen für die Vorbereitung zum Studium, eine Aufgabe, die zuvor oft von den Klöstern übernommen worden war.

Konfession
(von lat. confessio = Geständnis, Bekenntnis). Als Konfessionen werden heute die durch ein gemeinsames Glaubensbekenntnis geeinten Mitglieder verschiedener Kirchen bezeichnet. Meist wird hier grob zwischen katholisch und evangelisch getrennt. Es gibt jedoch zahlreiche weitere Untergruppen von Evangelischen, z. B. Lutheraner und Reformierte (Calvinisten, Zwinglianer).

M5 **Titelblatt der Bibelübersetzung von Martin Luther**, gedruckt von Hans Lufft in Wittenberg, 1541

M6 Tüchtige Knaben sollten studieren

Luther forderte, Eltern notfalls zu zwingen, ihre Kinder in die Schule zu schicken. 1530 äußerte er in einer Predigt:

Tüchtige Knaben sollte man zum Studium anhalten, besonders der armen Leute Kinder, denn dazu sind die Einnahmen und Zinsen von Stiftungen und Klöstern bestimmt; natürlich sollten auch die anderen Knaben, auch wenn sie nicht so sehr begabt sind, lernen, zumindest Latein zu verstehen, zu schreiben und zu lesen. Denn man braucht nicht nur gelehrte Doktoren und Magister der Schrift, man muss auch einfache Pfarrer haben, die das Evangelium und den Katechismus verbreiten beim jungen und ungebildeten Volk, taufen, Sakramente reichen usw.

Martin Luther, Sermon oder eine Predigt, dass man Kinder zur Schule halten solle. Zit. nach Horst Berndt: „… dass man Kinder zur Schule halten solle", in: Praxis Geschichte Heft 3/1990, S. 39.

5 Welche Ziele hatte die Erziehung nach der Vorstellung Luthers (M6)? Lies auch noch einmal über die Erziehungsziele der Humanisten auf S. 176 nach.

6 Zeige mithilfe des Darstellungstextes und M5, mit welchen Mitteln die Lehre Luthers im Reich durchgesetzt werden sollte.

Alternativmodell: Calvins Reformation in Genf

Es gab auch in anderen europäischen Staaten Reformatoren, die Luthers Kirchenkritik teilten und eine ähnliche Glaubensauffassung vertraten. Zu ihnen gehörte Jean Calvin (1509–1564). Er musste 1534 als Anhänger der Reformation das katholische Frankreich verlassen und floh in die Schweiz. Seine Glaubenslehre unterschied sich in zwei wesentlichen Punkten von der Luthers: Nach Calvin war das Schicksal jedes Einzelnen von Gott vorbestimmt. Nur wer sich um gute Werke bemühte, konnte hoffen, dass Gott ihn in den Kreis der Erwählten aufnahm. Wer aber gegen die Gebote verstieß, der konnte nicht auf Gottes Gnade hoffen und war für immer verdammt.
Besondere Bedeutung kam Calvins Lehre vom Widerstandsrecht zu. Danach war aktiver Widerstand von Amtsträgern gegen eine Obrigkeit Pflicht, wenn diese das Evangelium unterdrückte und calvinistische Christen verfolgte.
In Genf erhielt Calvin die Gelegenheit, eine neue Kirchenordnung einzuführen. Menschen aus ganz Europa kamen nach Genf und studierten Calvins Lehre. Viele gründeten in ihrer Heimat eigene Gemeinden: die „Reformierten Gemeinden".
In Frankreich gewannen die Calvinisten – dort hießen sie „Hugenotten" – viele Anhänger im Bürgertum und bei den Fürsten, die ihre Rechte gegen das mächtige katholische Königtum behaupten wollten. Aber erst nach blutigen Verfolgungen gestand der französische König Heinrich IV. 1598 den Hugenotten Gewissensfreiheit und beschränkte Religionsfreiheit zu (siehe S. 229).

M7 Der Genfer „Gottesstaat"

Jean Calvin (1509–1564) beschrieb 1560 in einem Brief einige Merkmale seiner Kirchenordnung:

Die Pfarrer werden von unserem Kollegium gewählt. Es wird den Kandidaten eine Schriftstelle gegeben; die Fähigkeit, sie auszulegen, müssen sie unter Beweis stellen. Findet ihre Ausbildung unsere Zustimmung, so schlagen wir sie dem Rat vor. Es steht in seiner Macht, sie abzulehnen. Werden sie angenommen (was bis jetzt stets geschah), dann werden ihre Namen veröffentlicht, sodass, wenn einer irgendein unbekanntes Vergehen auf dem Gewissen hat, dies innerhalb von acht Tagen angezeigt werden kann.
Zum heiligen Abendmahl Christi darf keiner kommen, der nicht seinen Glauben bekannt hat. Deshalb werden jährlich vier Prüfungen abgehalten, an denen die Kinder befragt und die Fortschritte des Einzelnen festgestellt werden. Was die Erwachsenen angeht, so wird jährlich eine Inspektion jeder Familie abgehalten. Die Sittenzucht wird folgendermaßen gehandhabt. Vor ein kirchliches Gericht (aus zwölf Ältesten) wird der vorgeladen, über wen dies einstimmig beschlossen wird. Es wird auch niemand vorgeladen, wenn er sich nicht einer persönlichen Mahnung ungehorsam erwiesen hat und der Gemeinde durch böses Beispiel Ärgernis gibt. So werden Flucher, Trunkenbolde, Hurer, Raufbolde,Tänzer und dergleichen Leute vorgeladen. Wer nur leicht gefehlt hat, wird mit freundlichen Worten zurechtgewiesen ... Bei schwereren Sünden werden sie vom Abendmahl ausgeschlossen, bis sie um Verzeihung bitten.

Zit. nach Karl Heinrich Peter (Hg.), Briefe zur Weltgeschichte, München (dtv) 1964, S. 59ff. Vereinf. d. Verf.

M8 Taufszene in einer calvinistischen Kirche in Lyon, Gemälde, 1564

7 Beschreibe möglichst genau die Szene in M8. Vergleiche den Raum mit Kirchen, die du kennst.
8 Im Genfer „Gottesstaat" wurden Calvins Glaubenssätze praktisch umgesetzt. Zeige das in M7.
9 Einwanderer calvinistischen Glaubens wurden von den Landesherren wegen ihrer Arbeitshaltung geschätzt, wegen ihrer politischen Haltung aber gefürchtet. Wie erklärst du dir das?

M1 **Voraussage für das Jahr 1524**, Kupferstich, 1523. 1523 sprachen viele Menschen vom bevorstehenden Weltuntergang. Die Gerüchte bezogen sich auf Berechnungen eines ungewöhnlichen Zusammentreffens der Planeten.

M2 **Vertreter der Bauern mit Bundschuhfahne**, Holzschnitt, 16. Jh.

Der Bauernkrieg – „eine große, ungehörte Empörung“

Der Bauernkrieg – ein Flächenbrand?

Bereits im ausgehenden 15. Jahrhundert hatte sich die Lage der ländlichen Bevölkerung verschlechtert. Die Landesherren und Grundherren schränkten die alten Sonderrechte der Bauern immer stärker ein und versuchten durch ihre Beamten zu verhindern, dass die Bauern die Angelegenheiten im Dorf selbst regelten. Einzelne Gemeinden lehnten sich gegen ihre Herrschaft auf. Die Unruhen konzentrierten sich anfänglich auf den süddeutschen Raum, erfassten seit Beginn des 16. Jahrhunderts aber auch andere Gebiete des Reiches. Die Aufständischen organisierten sich dabei in bewaffneten Gruppen, in so genannten „Haufen“. Einer dieser Haufen nannte sich „Bundschuh“.
Luthers Kritik an der Kirche gab der Unzufriedenheit neuen Nährboden: Beschwerden über unmäßige Fron und Klagen über Kirchenvertreter gingen nun einher mit der Forderung, den Pfarrer des Dorfes selbst wählen und entlohnen zu dürfen. Auf das Jahr 1524 datieren zeitgenössische Quellen den Beginn des „Bauernkriegs“. Im Juni desselben Jahres kam es im Schwarzwald zu Erhebungen, im Frühjahr 1525 weiteten sie sich am Oberrhein aus; von dort verbreitete sich der Aufruhr nach Norden bis Thüringen und erfasste auch zahlreiche Städte. Die Bezeichnung „Bauernkrieg“ wurde dabei von den Chronisten und Kanzleischreibern verwendet, jedoch nicht von den Aufständischen selbst. Sie ging im 19. Jahrhundert in den allgemeinen Sprachgebrauch über.

M3 Über den Bauernstand

Der Chronist Johannes Boemus schilderte 1520 die Situation der Bauern:

Sie wohnen abgesondert voneinander, demütig mit ihren Angehörigen und ihrem Viehstand. Hütten aus Lehm und Holz … sind ihre Häuser. Geringes Brot, Haferbrei oder gekochtes Gemüse ist ihre Speise … Ein Rock aus Leinen, ein Paar Stiefel, ein brauner Hut ist ihre Kleidung. Das Volk ist immer ohne Ruhe, arbeitsam, unsauber … Den Herren fronen sie oftmals im Jahre … Es gibt nichts, wozu ihnen dieses sklavische und elende Volk nicht verpflichtet wäre … Am härtesten ist es für die Leute, dass der größte Teil der Güter, die sie besitzen, nicht ihnen, sondern den Herren gehört, und dass sie sich durch einen bestimmten Teil der Ernte jedes Jahr von ihnen loskaufen müssen.

Zit. nach Günther Franz (Hg.), Quellen zur Geschichte des deutschen Bauernstandes in der Neuzeit, München (Oldenbourg) 1963, S. 3.

1 Beschreibe M1 möglichst genau nach den Arbeitsschritten S. 62.

2 In M1 werden die Voraussagen mit bestimmten Personengruppen verbunden. Überlege, was den Künstler dazu veranlasst haben könnte.

3 Erkläre mithilfe von M3, warum unter den Bauern Unzufriedenheit herrschte.

4 An Aufständen beteiligten sich auch wohlhabende Bauern. Suche in M3 mögliche Gründe.

M4 Überfall auf das Frauenkloster Heggbach

Im Winter 1524/25 gründeten Bauern in Baltringen den Baltringer Haufen. Sie wählten Ulrich Schmid als Abgesandten für Verhandlungen mit der Obrigkeit, nämlich den im Schwäbischen Bund vertretenen geistlichen und weltlichen Fürsten und den Reichsstädten. Im März vereinigten sich der Baltringer, der Allgäuer und der Bodenseer Haufen. Die Verhandlungen mit dem Schwäbischen Bund zogen sich in die Länge. Im März kam es zu bewaffneten Aktionen. Am 28. März überfielen Bauern das Kloster Heggbach. 1541 schrieb eine der Nonnen, wie sie die Ereignisse erlebte:

[Am 12. Februar] kamen der Hauptmann Ulrich Schmid [und andere] ... und baten, dass wir ihnen den Zehnt erlassen sollten, vor allem, dass sie weder Federvieh noch Eier abgeben müssten. Da sagte die Äbtissin, dass sie dies nicht tun könnte, da sie nicht dem Gotteshaus die Einnahmen mindern dürfte, dass sie auch erst wissen müsste, wie es andere Herrschaften mit ihren Untergebenen hielten ... Am Dienstag [28. März] kamen viele unserer Bauern, führten das Getreide weg und sagten, es gehöre ihnen ... Auch kamen böse Weiber und warfen unseren Frauen vor, sie hätten den Schwäbischen Bund gegen ihre Männer gerufen, und wenn man ihre Männer tötete, so würden sie ins Kloster kommen und ihnen die Augen auskratzen. Und sie [die Nonnen] müssten hinaus, die Kühe melken und schlechte Kleidung tragen und sie selbst kämen ins Kloster und würden deren Pelz tragen. Und man würde uns zusammentreiben und das Gewand über dem Kopf zusammenbinden und wir müssten auch Kinder haben und Wehen ertragen, so wie sie ... In der Nacht zogen sie vor das Kloster ... und schrien laut ... Da stand ... die Äbtissin auf, nahm ein Licht, leuchtete unter alle Betten und schaute, ob nicht ein Bauer darunter läge. Da lachten wir herzlich ... Ulrich sagte, ... die Bauern hörten nicht mehr auf ihn und hätten angefangen, gegen das Kloster zu ziehen. Ein Vertreter des Schwäbischen Bundes sagte, man sollte sie zum Umkehren überreden. Sie kehrten tatsächlich um und der Vertreter ritt zu dem Haufen und bat sie zusammen mit Ulrich Schmid aufzugeben ... Sie berieten sich und verkündeten, dies zu tun und unsere Brüder zu sein ... Als der Schwäbische Bund im April die Dörfer strafte, liehen wir ihnen Geld ... Sie hatten zuvor ein fröhliches Fasten und nun ein trauriges Ostern. Viele flohen. Ulrich Schmid zog mit seiner Familie in die Schweiz.

Zit. nach Günther Franz (Hg.), Quellen zur Geschichte des Bauernkrieges, München (Oldenbourg) 1963, S. 141 ff. Vereinf. d. Verf.

Die zwölf Artikel der Bauern

Im Februar/März 1525 legten Sebastian Lotzer, Kürschnergeselle und Laienprediger, und Christian Schappeler, Stadtpfarrer in Memmingen, die Beschwerden der aufständischen Bauern schriftlich nieder. Die zwölf Artikel dienten bei Verhandlungen und in den einzelnen Bauernaufständen als gemeinsames Programm. Sie wurden in großer Stückzahl gedruckt, schnell und weit verbreitet. Hier Auszüge:

Art. 1: Die Gemeinde soll sich ihren Pfarrer selbst wählen dürfen; die Predigt des Evangeliums soll erlaubt sein.

Art. 2: Der Kornzehnt soll für die Bezahlung des Pfarrers genutzt werden; der Viehzehnt wird nicht mehr gegeben.

Art. 3: Die Bauern wollen der Obrigkeit Gehorsam leisten, aber nur als freie Menschen, nicht als Leibeigene.

Art. 4: Die Gemeinde soll das Recht der Jagd und des Fischfangs zurückbekommen.

Art. 6: Die Frondienste sollen verringert werden auf das Maß, das für die Eltern galt.

Art. 7: Abgaben und Dienste, die über das festgelegte Maß hinausgehen, sollen von der Herrschaft bezahlt werden.

Art. 8: Der Pachtzins soll gerecht festgelegt werden.

Art. 12: Die Grundlage der bäuerlichen Forderungen ist das Evangelium.

Eine Quelle zum Rollenspiel gestalten

M4 zeigt an einem Beispiel die Auseinandersetzung zwischen Bauern und Grundherren bzw. Obrigkeit. Verwendet die Quelle als Grundlage für ein Rollenspiel (Beispiel für Rollenkarten S. 127).

5 Informiere dich mithilfe des Kastens über die Forderungen der Bauern.

6 Erschließe mithilfe des Darstellungstextes S. 224 und des Kastens die Verbindung zwischen Reformation und Bauernkrieg.

7 Überlege, warum die Bezeichnung „Bauernkrieg" von den Chronisten, aber nicht von den Aufständischen selbst verwendet wurde.

Reformation und Bauernkrieg

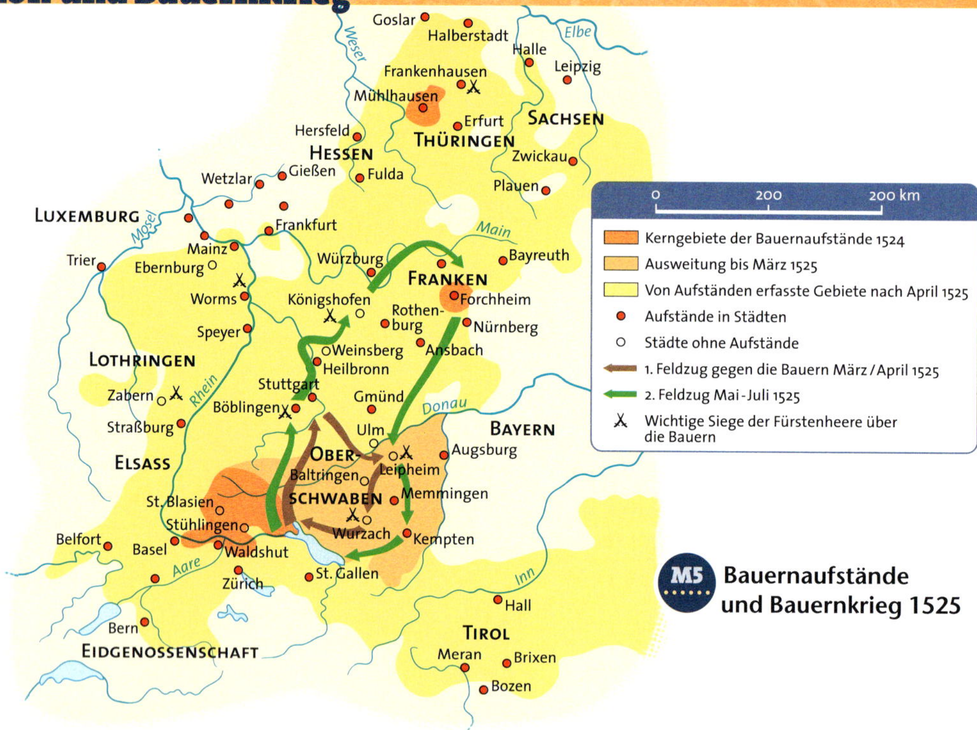

M5 Bauernaufstände und Bauernkrieg 1525

Thomas Müntzer, M6 kolorierter Kupferstich, 1609. Die Darstellung, die eine ältere Zeichnung als Vorlage hat, soll Müntzer als Pfarrer in Allstedt zeigen. Ein zeitgenössisches Bild von ihm gibt es nicht.

8 Zeige an M5 den Verlauf des Bauernkrieges.

9 Schau dir M6 genau an: Welche Details lassen eine Wertung des Verfassers erkennen?

10 Finde in M7 die Argumente, mit denen Müntzer seine frühere Gemeinde anspornen wollte.

11 Überlege, welche Menschen sich von dem Aufruf in M7 begeistern ließen.

„Lasset euer Schwert nit kalt werden!“: Der Bauernaufstand in Thüringen

Der Aufstand der Bauern in Thüringen zeigte zwei Besonderheiten. Zum einen wurden hier die Bauern von Bergknappen und Bergarbeitern, einer fast besitzlosen Bevölkerungsgruppe, unterstützt. Zum anderen wurden sie von einem radikalen Reformer angeführt: dem lutherischen Pfarrer Thomas Müntzer (um 1490–1525). Müntzer hatte schon in den Städten Allstedt und Mühlhausen durch seine Predigten vor allem einfache Menschen begeistert. Adlige, Fürsten, aber auch Luther und seine Anhänger waren jedoch empört, denn Müntzer wollte Gottes Willen auf Erden mit einem Reich durchsetzen, das sich durch Armut, Gleichheit und Gütergemeinschaft auszeichnete. Um für die „Errichtung von Gottes Reich auf Erden“ zu kämpfen, stellte er sich an die Spitze der aufständischen Bauern. Sie stürzten im März 1525 den Rat der Stadt Mühlhausen, setzten einen „Ewigen Rat“ ein und verteilten den gesamten Besitz der geistlichen Grundherren unter der Bevölkerung. Im ganzen Land bewaffneten sich Bauern und Bergleute. Zunächst trafen sie auf wenig Widerstand. Aber am 15. Mai 1525 sahen sich die schlecht ausgerüsteten Bauern in Frankenhausen der Armee mehrerer Landesherren gegenüber: Nach kurzem Gefecht waren sie besiegt. Müntzer wurde gefangen genommen, gefoltert und noch im Mai hingerichtet.

M7 Thomas Müntzer an die Allstedter

Am 26./27. April 1525 schrieb Thomas Müntzer (um 1490–1525) folgenden Brief an die Gemeinde von Allstedt:

Wie lange schlaft ihr? ... Wenn ihr nicht für Gottes Willen leiden wollt, müsst ihr Märtyrer des Teufels sein. Darum ... fangt an und kämpft den Kampf des Herrn! ... Das ganze deutsche, französische und italienische Land ist wach. Der Meister will das Spiel machen, die Bösewichter müssen dran ... Die Bauern im Klettgau und Hegau im Schwarzwald sind aufgestanden, dreimal Tausend stark, und der Haufen wird immer größer ... Dran, dran, während das Feuer heiß ist! Lasst euer Schwert nicht kalt werden, lasst es nicht lahm werden! Man kann euch von Gott nichts sagen, solange sie [die Herren] über euch regieren. Dran, dran, solange es hell ist, Gott geht euch voran, folgt, folgt!

Zit. nach Günther Franz (Hg.), Quellen zur Geschichte des Bauernkrieges, München (Oldenbourg) 1963, S. 502 f. Vereinf. d. Verf.

Luther und die Niederlage der Bauern

Hatten sich die Bauern in ihren Forderungen immer wieder auf die Schriften Luthers berufen, so mussten sie bald einsehen, dass von dessen Seite keine Unterstützung zu erwarten war: Nicht nur Müntzer und seine Predigten griff der Reformator an, auch den anderen Bauernführern warf er vor, seine Worte und das Evangelium missbraucht zu haben. Im Mai 1525, unter dem Eindruck einer Reise durch Thüringen und den Harz, veröffentliche er seine Schrift „Ermahnung zum Frieden auf die zwölf Artikel der Bauernschaft in Schwaben". Darin ging er scharf mit den Aufständischen ins Gericht. Luther bezeichnet es als eine Pflicht der Obrigkeit, gegen die Bauern vorzugehen und sie für den Missbrauch des Evangeliums zu strafen. Allerdings war, als die Schrift veröffentlicht wurde, die Niederlage der Bauern bereits absehbar: Die Truppen, die die Landesherren angeworben hatten, waren den Bauernhaufen weit überlegen. Die Aufständischen kämpften zwar mit Überzeugung für ihre Ziele, aber ohne militärische Ausrüstung und Taktik. Innerhalb weniger Wochen waren die Bauern besiegt und wurden zu Tausenden getötet. Genau so erging es allen Anführern und Anhängern der Bauernbewegung, wenn sie gefasst wurden. Nur wenige konnten ihr Leben retten, indem sie flohen, Hof und Familie zurückließen.

M8 Der Bauernkrieg: Sicht eines Zeitgenossen

Der Augsburger Geschäftsmann Jakob Fugger (1459–1525) schrieb am 16. Oktober 1525 an einen Geschäftsfreund in Krakau:

Es gibt dieses Mal keine neuen Nachrichten, da du ja bereits vernommen hast, wie die Bauern überall in Deutschland aufrührerisch waren und die Herren, die weltlichen und insbesondere die geistlichen, hätten befürchten müssen, vertrieben zu werden, wenn nicht der Schwäbische Bund gewesen wäre. Ich glaube, dass 50 000 Bauern erschlagen worden sind, und wenn oder wo die Haufen nicht erschlagen worden sind, da sind sie noch nicht gute Christen ... Merkwürdige Dinge geschehen – schuld daran sind die neuen Prediger, die lehren, man solle Geboten von Menschen nicht mehr folgen. Das wollten die Bauern: Sie wollten ihren Herren nicht mehr gehorchen. Dieser neue Glaube verbreitet sich an vielen Orten – ich weiß nicht, was daraus wird ... Der Schwäbische Bund zeigt [aber], dass er stark ist und die Macht hat.

Zit nach Günther Franz (Hg.), Quellen zur Geschichte des Bauernkrieges, München (Oldenbourg) 1963, S. 592 f. Vereinf. d. Verf.

M9 Der Bundschuh 1979, Foto, 1997. Unter diesem Namen protestierten Bauern aus der baden-württembergischen Stadt Boxberg gegen den Plan einer Autofirma, auf dem Bauernland eine Autoteststrecke zu bauen. Das Bundesverfassungsgericht entschied im Frühjahr 1987, dass die Firma den Bauern nicht gegen ihren Willen das Land abkaufen dürfe.

12 Gib M8 in eigenen Worten wieder. Welcher „Partei" ordnest du den Verfasser zu?

13 Diskutiert das Verhalten Luthers im Bauernkrieg.

14 Suche nach Gründen, warum sich unzufriedene Bauern 1979 auf die Bauern des Bundschuhs beriefen (M9).

Die katholische Kirche ergreift Gegenmaßnahmen

Ein Konzil gegen die Glaubensspaltung und ein Reichstagsbeschluss

Innerhalb von nur wenigen Jahrzehnten hatte die Reformation in Europa viele Erfolge errungen: Viele Gläubige wandten sich von der katholischen Kirche ab und wurden Mitglieder der evangelischen Landeskirchen. Der Papst berief deshalb 1545 ein Konzil* in die italienische Stadt Trient. Auf dieser Versammlung sollten die Bischöfe und andere hohe Würdenträger über die „Erneuerung der Kirche an Haupt und Gliedern" beraten.

Die Reichsfürsten der evangelischen Länder (die „Notbischöfe") lehnten die Teilnahme am Trienter Konzil jedoch ab. Bereits 1531 hatten sie sich mit den protestantischen Reichsstädten im Schmalkaldischen Bund zusammengeschlossen, um ihre Rechte als Landesherren und ihre Religionsfreiheit zur Not auch mit Waffen zu verteidigen. Nach ihrer Weigerung, am Trienter Konzil teilzunehmen, entschied sich Kaiser Karl V., militärisch gegen die Protestanten vorzugehen. 1546/47 besiegten seine Heere den Schmalkaldischen Bund. Aber die deutschen Fürsten und Reichsstädte warfen dem Kaiser vor, damit gegen die Verfassung* des Reiches verstoßen zu haben. Die sah nämlich vor, dass die Landesherren über alle Angelegenheiten ihres Territoriums unbeschränkt entscheiden durften. Auf dem Reichstag in Augsburg 1555 einigten sich die Fürsten schließlich gegen den Willen des Kaisers auf den so genannten Augsburger Religionsfrieden. Er besagte:

– Das katholische und das lutherische Glaubensbekenntnis sind gleichgestellt.
– Mit seinem Bekenntnis legt der Landesherr auch die Konfession seiner Untertanen fest (lat. cuius regio, eius religio = wessen Herrschaft, dessen Glauben).
– Untertanen, die nicht die Konfession ihres Landesherrn annehmen wollen, müssen auswandern.

Das Konzil von Trient

Kirchenversammlung, die unter der Leitung des Papstes von 1545 bis 1563 tagte. Beschlossen wurde:
– Grundlage des Glaubens ist nicht allein die Bibel, sondern auch die Überlieferung der Kirchenlehrer.
– Nur die Kirche hat das Recht, die Bibel auszulegen.
– Der Mensch verdient Gottes Gnade nicht nur durch den Glauben, sondern auch durch gute Werke.
– Der Missbrauch des Ablasses wird ebenso verboten wie der von Kirchenämtern.
– Priester sollen nach den Lehrsätzen des Konzils ausgebildet werden und leben.
– Latein soll Sprache der Liturgie und der Bibel sein.
– Nur der Papst ist berufen, die Kirche zu leiten.

M1 Staaten und Konfessionen in Europa um 1570

Das Licht ist auf den Leuchter gestellt, M2
holländischer Kupferstich, 1617.
Um den Tisch sitzen Reformatoren aus Europa: u. a. Jan Hus (A), Philipp Melanchthon (B), Martin Luther (C), Jean Calvin (D), Theodor Beza (E), John Wyclif (F) und (stehend) Huldreich Zwingli (G).
Im „Atem" der Figuren im Vordergrund steht: „Verkehrte Gelehrtheit" und „Lügengeist".

„Rechter Glaube" durch Bildung – und Gewalt

Die Beschlüsse des Konzils von Trient wurden vor allem von den Mönchen des Jesuitenordens getragen. Die Jesuiten nannten sich „Soldaten Christi" und gelobten dem Papst und der katholischen Kirche unbedingten Gehorsam. Gründer des Ordens war der spanische Adlige und Offizier Ignatius von Loyola (1491–1556). Durch Bildung sollten vor allem junge Menschen dem katholischen Glauben zugeführt und vor den Irrlehren von „Heiden" und „Ketzern", wie den Protestanten, geschützt werden. Deshalb gründeten die Jesuiten in der ganzen Welt Schulen und Universitäten, gerade auch in der Nähe von Fürstenhöfen.
Viele katholische Herrscher versuchten Untertanen, die sich einer reformatorischen Lehre zugewandt hatten, wieder an die katholische Kirche zu binden – auch mit Gewalt. Zu diesen Maßnahmen gehörte die Inquisition*: die Verfolgung, Folterung und Hinrichtung von Ketzern im Namen der Kirche. Ein besonders trauriges Beispiel ist die Verfolgung der Calvinisten, die in den von Spanien beherrschten Niederlanden zahlreiche Gemeinden gegründet hatten. Als 1566 zahlreiche katholische Kirchen verwüstet und geplündert wurden, schickte Philipp II., der Sohn Karls V., Truppen unter der Führung des Herzogs Alba in die Niederlande. Aus Protest gegen den König schlossen sich daraufhin fast alle Adligen und viele wohlhabende Bürger den aufständischen Calvinisten an. Dies löste einen langen Kampf aus, der schließlich 1588 zur Unabhängigkeit der nördlichen Provinzen von Spanien, der heutigen Niederlande, führte.
Auch in Frankreich wurden die Calvinisten („Hugenotten") Opfer blutiger Machtkämpfe: Obwohl König Heinrich II. (1547–1559) die Hugenotten entschieden bekämpfte, traten zahlreiche höchste Adlige zum calvinistischen Glauben über. Nach dem Tode Heinrichs II. kam es zu Auseinandersetzungen, da die katholische „Partei" befürchtete, dass Frankreich calvinistisch würde: Mehr als dreißig Jahre dauerte der Bürgerkrieg. Als 1593 der Calvinist Heinrich von Navarra als Heinrich IV. den Thron bestieg, trat er aus politischen Überlegungen zum katholischen Glauben über. Im „Edikt von Nantes" (1598) verfügte er, dass der Katholizismus Staatsreligion blieb. Aber gleichzeitig garantierte er den Hugenotten die freie Ausübung ihrer Religion .

1 Lies den Darstellungstext S. 228 und den Kasten: Gelang es auf dem Trienter Konzil, eine „Erneuerung an Haupt und Gliedern" der Kirche durchzusetzen? Nimm Stellung.
2 Untersuche anhand von M1, wo sich die Reformation in Europa durchsetzte.
3 Informiere dich im Darstellungstext S. 228. Vergleiche das Ergebnis des Augsburger Religionsfriedens mit den ursprünglichen Zielen der Reformation und bewerte es.
4 Erarbeite aus dem Darstellungstext dieser Seite die Maßnahmen der Papstkirche gegen die Reformation.
5 Untersuche das Bild M2 nach den Arbeitsschritten S. 62. Informiere dich in Lexika, Sachbüchern über Reformatoren, die du nicht kennst.
6 Historiker unserer Zeit behaupten, dass man nicht von einer Reformation, sondern von Reformationen sprechen müsse. Nimm Stellung.

Der Dreißigjährige Krieg

M1 **Gedenkstein** im Ort Breitenfeld bei Leipzig, erbaut 1831. Das Denkmal erinnert an eine Schlacht des Schwedenkönigs Gustav II. Adolf (1594–1632). Es trägt die Aufschrift:
Glaubensfreiheit für die Welt
Rettete bei Breitenfeld
Gustav Adolf, Christ und Held
Den 7. September 1631/1831

Der Dreißigjährige Krieg – ein europäischer Krieg?

Wie es zum Krieg kam

Der Augsburger Religionsfrieden hatte die konfessionellen Spannungen im Reich nicht beseitigt. Wie in den europäischen Nachbarländern schwelte der Konflikt weiter, denn Reichsfürsten und Kaiser stritten darüber, wie der Religionsfrieden ausgelegt werden sollte. Dabei ging es nicht nur um konfessionelle Spannungen, sondern auch um machtpolitische Fragen: Die protestantischen Fürsten wollten mit der Reformation ihre Unabhängigkeit gegenüber dem Kaiser aus dem Hause Habsburg sichern. So unterstützten besonders in Österreich und Böhmen viele Adlige aus Opposition gegen das katholische Herrscherhaus die Protestanten. Im Jahr 1608 schlossen sich die protestantischen Fürsten zu einem Bündnis, der „Union", zusammen. Die katholischen Fürsten reagierten 1609 mit einem eigenen Bündnis, der „Liga". Beide Bündnisse stellten ein Heer auf und suchten Verbindungen mit dem Ausland: Die Union mit dem Königreich Frankreich und den protestantischen Ständen in Österreich und Böhmen; die Liga unterstützten der Kaiser und das habsburgische Spanien. Der Funke, der den Krieg entfachte, entzündete sich an diesem „explosiven Gemisch" aus konfessionellen und machtpolitischen Spannungen in Europa. Als 1617/18 der Habsburger Ferdinand II. König von Böhmen wurde, nahm er die politischen und konfessionellen Freiheiten, die sein Vorgänger Rudolf II. den protestantischen Adligen in Böhmen eingeräumt hatte, wieder zurück. Die Folge war ein Krieg, der sich über 30 Jahre hinzog. Am Ende hatten sich nicht nur die politischen Machverhältnisse in Europa verändert, sondern es lagen auch unzählige Dörfer in Schutt und Asche, ganze Landstriche waren entvölkert.

M2 Der Generalstab der kaiserlichen Armee

Auszug aus der „Kriegsliste Nr. 20", einem Verzeichnis der Kriegsteilnehmer (1634):

Kriegsherr: Kaiser Ferdinand II.
Generalissimus: Matthias Reichsgraf Gallas v. Campo
Hofkriegsrat: Graf Heinrich IV. v. Schlick und Freiherr Hans Christof v. Löbl …
Generäle: Don Balthasar de Marradas y Viquez, Matthias Reichsgraf Gallas v. Campo, Ferdinand III. [Thronfolger]
Feldmarschälle: Graf Michael v. Althann, Johann Georg Arnimb oder Arnheim, Graf Heinrich IV. v. Schlick, Graf Wolfgang IV. v. Mannsveldt, Herzog v. Ponti und Quadagnolo, Graf Nicolaus Esterhaas v. Gallandt, Graf Hanns v. Nassau-Katzenellenbogen, Freiherr Rudolf v. Tiefenbach, Don Gonzalo Fernandez de Cordova y Figueroa, Graf Johann Aldringen, Fürst Octavius Piccolomini v. Arragonnae, Graf Philipp V. v. Mannsfedt, Wolfgang Rudolf v. Ossa.

Zit. nach Jürgen Pohl, Die Profiantirung der keyserlichen Armaden ahnbelangendt (= Mitteilungen des Österreichischen Staatsarchivs, Sonderband 1), Horn/Wien 1994, S. 43 ff.

Der Dreißigjährige Krieg im Überblick

Böhmisch-pfälzischer Krieg (1618–1623)

1618 Prager Fenstersturz: Aus Protest gegen die Aufhebung der Religionsfreiheit durch Ferdinand II. werfen protestantische Adlige zwei kaiserliche Räte aus der Prager Burg (Hradschin).

1619 Kaiserkrönung Ferdinands II.; böhmische Adlige wählen Friedrich V. von der Pfalz (Calvinist, Schwiegersohn des englischen Königs) zum Gegenkönig in Böhmen.

1620 Die kaiserlich-spanische Armee unter dem Kommando des Grafen Tilly besiegt in der Schlacht am Weißen Berg (8. Nov.) das Unionsheer; Friedrich V. (der „Winterkönig") wird aus Böhmen vertrieben; Ferdinand II. befiehlt die Rekatholisierung Böhmens.

Niedersächsisch-dänischer Krieg (1625–1629)

1625 Der dänische König Christian IV. übernimmt die Führung des protestantischen Heeres; England und die Niederlande unterstützen das Bündnis.

1626 Niederlage des protestantischen Heeres; Herzog Albrecht von Wallenstein führt den kaiserlichen Truppen ein eigenes Söldnerheer zu.

1628 Wallenstein wird Herzog von Mecklenburg.

1629 Friede zu Lübeck: Christian IV. zieht sich zurück.

1630 Die Reichsfürsten erzwingen vom Kaiser die Entlassung Wallensteins.

Schwedischer Krieg (1630–1635)

1630 Der Schwedenkönig Gustav II. Adolf (Lutheraner) landet mit Truppen in Vorpommern.

1631 Tilly erobert Magdeburg, dann erleidet er eine Niederlage gegen Gustav II. Adolf; Siegeszug der Schweden.

1632 Nach dem Tod Tillys wird Wallenstein wieder eingesetzt; der Schwedenkönig fällt in der Schlacht bei Lützen.

1634 Wallenstein wird abgesetzt und ermordet; Niederlage der Schweden bei Nördlingen.

1635 Friede zu Prag zwischen Kaiser Ferdinand II. und den protestantischen Ständen.

Schwedisch-französischer Krieg (1635–1648)

1635 Ferdinand II. erklärt dem katholischen König Frankreichs, der sich mit Schweden verbündet hat, den Krieg; seit 1637 werden parallel zum Kriegsgeschehen diplomatische Friedenslösungen gesucht.

1644 Beginn der Friedensverhandlungen zu Osnabrück (Kaiser-Schweden) und Münster (Kaiser-Frankreich).

1648 Der „Westfälische Frieden" wird unterzeichnet (24. Okt.).

1 Erarbeite aus M1 möglichst viele Informationen.

2 Verfolge den Verlauf des Krieges, indem du eine Tabelle mit drei Spalten anlegst:

Partei 1	Jahr/Ereignis	Partei 2

Übertrage die Angaben aus dem Kasten in die Tabelle. Notiere, welche Ziele die einzelnen Personen/Parteien deiner Ansicht nach verfolgten.

3 Der Dreißigjährige Krieg war ein europäischer Konflikt. Zeige das mithilfe der Materialien dieser Doppelseite.

4 Beschreibe M3. Wie beurteilt der Verfasser der Flugschrift den Krieg? Beachte das Datum.

5 Suche in deinem Wohn- bzw. Schulort nach „Zeugen" des Dreißigjährigen Krieges (z. B. Denkmäler, Wohnhäuser, Straßennamen).

M3 **Die Kriegsparteien,** Flugschrift, 1633. Die Bildunterschrift lautet: Groß Europäisch Kriegs-Balet/getantzet durch die Könige und Potentaten/Fürsten und Republicken/auff dem Saal der betrübten Christenheit.

Der Dreißigjährige Krieg

M1 **Ein Kommissar bei der Arbeit**, Gemälde von Pieter Codde (1599–1678) (Ausschnitt). Um die Finanzierung des bis zu 100 000 Mann starken kaiserlichen Heeres zu sichern, wurden Kommissare eingesetzt, die in den betreffenden Gebieten Kontributionen eintrieben.

Der Alltag des Krieges

Krieg und Elend überziehen das Land

Nicht durch alle Gebiete Europas bewegte sich der „Heerwurm" des Krieges, aber alle Menschen litten unter ihm. Verwüstete Felder, Ernteausfälle, Hungersnot, Seuchen – das waren die Schreckenszeichen jener Zeit. Hinzu kamen die Kriegssteuer („Kontribution") und im Winter die Einquartierung der Soldaten. Ob freiwillig oder gezwungen, die Bevölkerung der Gebiete, in denen Armeen lagen, leistete ihren Beitrag zu deren Unterhalt. Und nicht nur das: Wenn Sold und Verpflegung gekürzt wurden oder ganz ausblieben, „versorgten" die Soldaten sich selbst. Sie beraubten ihre Wirtsleute oder plünderten Dörfer und Städte. Quellenberichte, Gemälde, Flugschriften oder auch Gedichte und Lieder aus der damaligen Zeit berichten uns über den Kriegsverlauf und die Erfahrungen der Soldaten und der Bevölkerung. Sie zeichnen folgendes Bild:

– Krieg und Schlachten – das war nicht neu im 17. Jahrhundert. Aber der Dreißigjährige Krieg verließ die Grenzen früherer Schlachtfelder. Dies wurde bereits den Zeitgenossen bewusst.

– Der Dreißigjährige Krieg bedeutete für die Menschen über Jahrzehnte hinweg den täglichen Kampf ums Überleben. Das war eine Erfahrung, die der Bevölkerung in diesem Maß bis dahin unbekannt war.

Auf den nächsten Seiten findest du Materialien, mit denen du diese Aussagen kritisch überprüfen und zu einem eigenen Urteil kommen kannst.

Ein „namenloser" Söldner

Selbstzeugnisse „einfacher" Leute aus dem 17. Jahrhundert sind selten. Ein wichtiger Quellenfund war deshalb das Tagebuch eines unbekannten Soldaten, der sich als Söldner im Dreißigjährigen Krieg anwerben ließ (siehe M5, M7, M10). Aus den Aufzeichnungen ergibt sich folgende Biografie:
1625 Söldner im Dienste Venedigs gegen Spanien, im Herbst Abdankung und Überquerung der Alpen;
1627 Soldat im Regiment des kaiserlichen Generals Pappenheim, wo er bis zum Kriegsende blieb;
bis 1632 Gefreiter (= Rang über dem „Knecht");
1632 Beförderung zum Korporal;
1633/1634 zehn Monate lang von den Schweden zwangsweise in ihr Heer eingereiht; die Hoffnung, Unteroffizier bei den besser bezahlten Dragonern zu werden, wird zunichte gemacht; Rückkehr in sein Regiment als Korporal;
1636–39 Hauptmann;
seit 1641 für die Betreuung der Kranken und Verwundeten zuständig;
1649 dankte der Söldner in Memmingen als Gefreitenkorporal ab, damit blieb er weit unten in der militärischen Rangfolge. Der Krieg hatte den Söldner und seine Familie (er war zweimal verheiratet) zwischen Ostseeküste und Lombardei, Picardie und Pommern hin und her getrieben. Mit der Abdankung enden die Aufzeichnungen des Söldners.

Vorschlag für eine Gruppenarbeit

Prüft die beiden Aussagen aus dem Darstellungstext in Gruppen von jeweils 3 bis 5 Personen.
Gruppen A: S. 232 f., M1 bis M5 (erste Aussage).
Gruppen B: S. 234 f., M6 bis M10 (zweite Aussage).
Fertigt mithilfe der Arbeitsaufträge einen Gruppenbericht für die Klasse an. Ihr könnt dabei die Arbeitsschritte „Informationen präsentieren" (siehe S. 240 f.) nutzen.

M2 Einnahmen und Ausgaben der Armee

Die Truppenfinanzierung wurde im Frieden zu Prag (1635) geregelt. Jedoch blieben die Zahlungen an die Soldaten oft aus. Für die Zeit 1643–45 finden sich folgende Angaben:

a. Herkunft der Einnahmen:

Kontributionen:	96,3 %
Extraordinarii (= sonstige Zahlungen, z. B. von Verbündeten, „Spenden"):	2,4 %
Zölle, Kredite:	1,3 %

b. Verteilung der Ausgaben (geschätzt):

Regimenter:	89,9 %
Generalstab, Kommissariat:	4,9 %
Militärischer Bedarf:	1,4 %
Verschiedenes:	1,7 %
Sonstiges:	2,1 %

(davon: Proviant: 0,4 %; Werbung und Rekrutierung: 0,8 %; soziale Leistungen (Freikauf aus feindlicher Gefangenschaft, finanzielle Hilfe für Kriegsversehrte, Arztkosten usw.): 0,2 %; Postgebühr, Botenlohn, Transportkosten: 0,4 %; Kontributionsausfälle: 0,3 %)

Zusammengestellt nach Hubert Salm, Armeefinanzierung im Dreißigjährigen Krieg, Münster (Aschendorff) 1990, Abb. 12, 29.

M3 Der Sold der Armeeangehörigen

Wenn nicht genügend Geld in der Armeekasse war, wurde in allen Soldstufen bis zu 20 % gekürzt. Die folgenden Angaben beziehen sich auf das Jahr 1644:

Feldmarschall	1500 Reichstaler[1]/Monat
Hauptmann	65 Reichstaler/M.
Generalproviantmeister	60 Reichstaler/M.
Unteroffizier	6 Reichstaler/M.
Knecht (einfacher Soldat)	3 Reichstaler/M.

Zusammengestellt nach Hubert Salm, Armeefinanzierung im Dreißigjährigen Krieg, Münster (Aschendorff) 1990, S. 182 f.

1 Silbermünze (ca. 27 g), im 17./18. Jh. wichtigste Währung

M4 Krieg ernährt den Krieg

Der „namenlose Söldner" schilderte in zwei Ereignissen Freud und Leid seines Berufes (1634):

Sind gezogen nach Freising, über die Isar, nach Landshut. Das haben wir beschossen und mit stürmender Hand eingenommen. Hier sind wir 8 Tage stillgelegen, haben die Stadt ausgeplündert. Hier habe ich als meine Beute ein hübsches Mädelein bekommen und 12 Taler an Geld, Kleider und Weißzeug genug. Wie wir sind aufgebrochen, habe ich sie wieder nach Landshut geschickt ... Unterwegs ist mir mein Junge [der Reitbursche] krank in Aalen zurückgeblieben. Wie er wieder gesund ist und will zu mir, hat man ihm alles genommen. Denn er hat all mein Weißzeug, welches ich zu Landshut bekommen habe, bei sich gehabt. Es ist in der Nacht, wie wir haben schlafen wollen, weil wir alle in Bereitschaft stehen mussten, gestohlen worden, samt dem Passport und alles, was ich hatte.

Jan Peters (Hg.), Ein Söldnerleben im Dreißigjährigen Krieg, Berlin (Akademie Verlag) 1993, S. 145.

M5 Ein Jugendlicher lässt sich zum Heeresdienst anwerben, Radierung von Christian Richter, 17. Jh. Werber brauchten vom Kaiser, von Landes- oder Stadtregierungen ausgestellte „Patente". Darin war angegeben: Personenbedarf, Sold, Dienstzeit, Regimentzuweisung.

1. Die meisten Soldaten im Dreißigjährigen Krieg waren Söldner. Beschreibe anhand des Personenkastens die Kennzeichen dieses „Berufes".
2. Erarbeite aus M1 und M2, wie die Versorgung der Armee organisiert und durchgeführt wurde.
3. Finde mithilfe von M2 bis M5 heraus, wozu die Armee Geld brauchte.
4. Der Historiker Jürgen Pohl kommt für die Jahre 1634/35 zu dem Ergebnis, dass das kaiserliche Heer ausreichend versorgt wurde. Prüfe, ob M4 seine Aussage bestätigt.

Der Dreißigjährige Krieg

M6 **Lagerleben**, Radierung von Jaques Callot, 1624. Vorne links ist das „Stockhaus" (Gefängnis) zu sehen.

M7 Als Familienvater im Krieg

Der „namenlose Söldner" berichtete über sein Familienleben im Krieg:

Unser Regiment ist nach Regensburg in die Stadt verlegt worden ... Hier ist mein Weib wieder niederkommen mit einer jungen Tochter, mit Namen Barbara, im Jahr 1633.
Dieses Jahr ist nun die Armee wieder zusammengezogen bei Landshut ... Wir haben uns geteilt, etliche sind gegangen nach Landsberg im Allgäu hinauf, unser Regiment aber wieder zurück nach Freising.
Mein Weib aber, solches nicht gewusst, ist der Armee nach durch Landsberg am Lech. Sie ist krank gewesen, samt dem Kind.
Zu Freising bin ich samt meinem Hauptmann und 300 Mann kommandiert worden nach Straubing. Mein Weib aber, wie sie solches erfahren, ist dem Regiment nachgefolgt, welches sie zu München auch angetroffen hat. Das Kind ist ihr aber unterwegs gestorben und sie ist nach etlichen Tagen auch gestorben zu München im Spital ... So ist nun mein Weib mit ihren (vier) Kindern entschlafen ... Ich für meine Person bin nach Straubing an der Donau.

Jan Peters (Hg.), Ein Söldnerleben im Dreißigjährigen Krieg, Berlin (Akademie Verlag) 1993, S. 141 f.

M8 Ein Kinderschicksal

Der Magdeburger Daniel Friese berichtete in seiner Lebensbeschreibung von der Eroberung seiner Heimatstadt durch die kaiserliche Armee, bei der er als Kind mit seiner Mutter und den Geschwistern gefangen genommen wurde:

So gelangten wir endlich ins Lager zur Hütte des Soldaten, der eine Frau hatte, die Nürnbergerin war. Sie empfing uns nicht gar zu freundlich ... Der Mann besänftigte sie mit den Worten, er hätte die Kinder [Anm.: gemeint sind Daniel Friese und seine Geschwister] herausbringen müssen, Gott werde ihm [dafür] Beute schenken .... Am nächsten Tag, dem 21. Mai, ging der Soldat mit seiner Frau in die Stadt und holte Beute. Mutter [Friese] musste unterdessen das Kind des Soldaten hüten und das Essen besorgen, das tat sie auch willig und gern ... Gegen Abend kamen der Soldat und seine Frau wieder und brachten schöne Stücke von Schmuck und Gold und wertvollem Leinen. Der Soldat sagte, Gott hätte ihm solches beschert, weil er die Kinder herausgeführt hätte ... Er war nun sehr zufrieden mit dem Glück, das ihm geschenkt war, und dankte Gott; das ist bei Soldaten selten.

Die Zerstörung Magdeburgs von Otto von Guericke und andere Denkwürdigkeiten aus dem Dreißigjährigen Kriege, hg. v. Karl Lohmann, Berlin (Gutenberg) 1913, S. 210. Vereinf. d. Verf.

M9 **Söldner plündern einen Bauernhof**, Gemälde von Sebastian Vrancx, um 1620

5 Überprüfe anhand von M6 bis M8 die Behauptung, dass die Verpflegungsration eines Soldaten mindestens eine weitere Person ernähren musste.

6 Überlege, welche Aufgaben die Frauen im Heerlager hatten.

7 Erläutere mithilfe von M7 bis M10 den Begriff „Schrecken des Krieges".

8 Diskutiert in der Klasse, inwiefern die beiden Aussagen aus dem Darstellungstext S. 232 in einem Zusammenhang stehen.

Lesetipp

Tilman Röhrig, In 300 Jahren vielleicht, Würzburg (Arena TB) 1997

Aus der Sicht des 15-jährigen Jockel Markart wird erzählt, wie im Oktober 1641 das Dorf Eggebusch von Soldaten überfallen und niedergemacht wird.

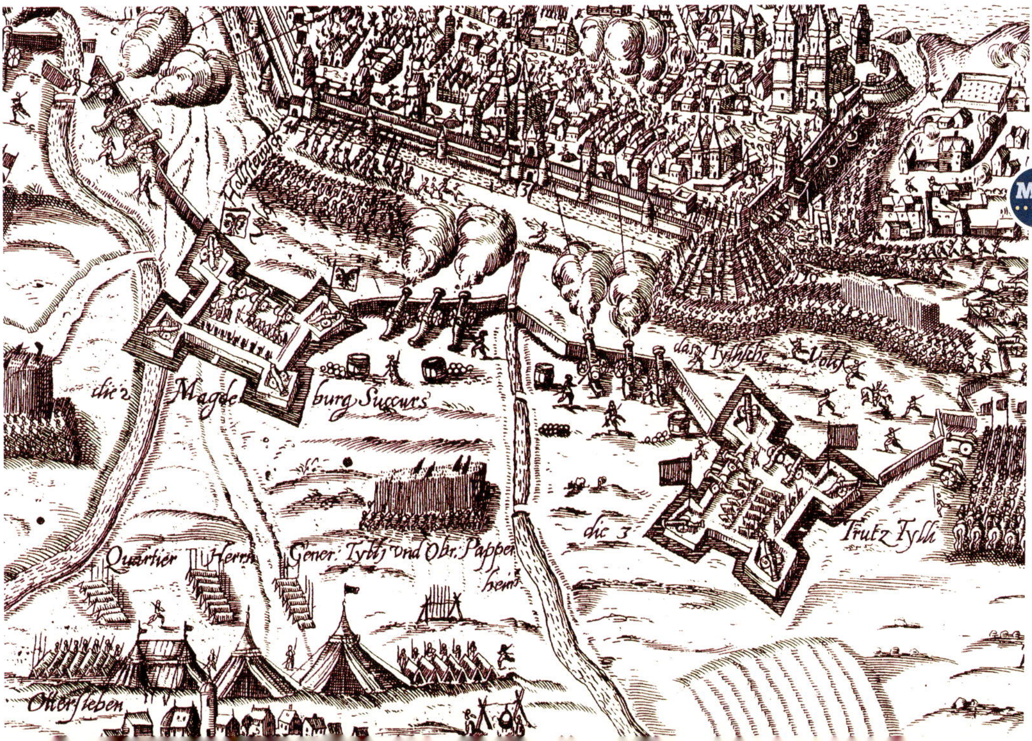

M10 **Die Einnahme Magdeburgs** durch die Truppen Pappenheims und Tillys, Ausschnitt aus einem Kupferstich, 17. Jh.

Der Dreißigjährige Krieg

Frieden – Ende des Schreckens?

„Das Feuer hat gestraft, es hat verzehrt, Gott war im Feuer!" Mit diesem Satz predigte der Pfarrer einer Schwarzwälder Gemeinde nach dem Friedensschluss über den Krieg. Doch nicht nur viele Geistliche sahen im dreißig Jahre dauernden Krieg das Strafgericht Gottes. Die meisten Menschen erklärten sich das, was sie erlebt und erlitten hatten, mit dem göttlichen Willen. Als 1648 der Krieg mit einem Friedensvertrag offiziell beendet wurde, war in vielen Gegenden des Reiches die Bevölkerungszahl um mehr als die Hälfte gesunken. Diejenigen, die überlebt hatten, mussten noch Jahrzehnte um ihre nackte Existenz kämpfen. Künstler versuchten in Worte und Bilder zu fassen, was eigentlich unfassbar, für viele aber Wirklichkeit war.

M11 Was tun, wenn die Waffen schweigen?

Der „namenlose Söldner" berichtete über das Kriegsende 1648:

Im Jahr 1648, den 16. November, ist das Freudenfest wegen des Friedens gehalten worden, als wenn es Ostern oder Pfingsten gewesen. In beiden Kirchen sind drei Predigten gehalten worden ... Den 7. Mai im Jahr 1649 bin ich von Memmingen nach Mindelheim, nach Landsberg, nach München, nach Wasserburg und nach Braunau und Altheim. Habe meinen Sohn Melchert Christoff wieder abgeholt ... Den 17. Mai bin ich wieder nach Memmingen gekommen ... Den 28. Juni habe ich einen Esel gekauft von Jakob Schmug für 9 Gulden 13 Kreuzer ... Den 25. September im Jahr 1649 ist unser Regiment zu Memmingen in Schwaben abgedankt worden. Ich ... bekam 3 Monate Sold ... Den 26. gezogen nach Babenhausen, den 27. nach Günzburg an der Donau, den 28. nach Gundelfingen, den 29. nach Nördlingen, den 30. nach Öttingen.

Jan Peters (Hg.), Ein Söldnerleben im Dreißigjährigen Krieg, Berlin (Akademie Verlag) 1993, S. 187 f.

M12 Bildhafte Darstellung der Armut, Gemälde von Adriaen van de Venne (1589–1662). Die Armut wird hier in einer menschlichen Gestalt verkörpert.

Friedensabkommen – ein Rollenspiel

Wenn ein Krieg endet, werden viele Menschen „arbeitslos". Setzt euch in einem Rollenspiel mit dieser Situation auseinander: Ein Kindersoldat, eine junge Soldatin, ein Kriegsinvalide, ein Gastwirt, der das Hauptquartier der besiegten Armee beherbergt hat, eine ungelernte Arbeiterin einer Munitionsfabrik und ein Transportunternehmer treffen auf Politiker und Generäle, die den Friedensvertrag feiern (siehe Werkstatt S. 127).

9 Schildere, wie der Verfasser von M11 das Kriegsende erlebt. Verfolge seine „Spur" auf einer Karte.

10 Erschließe M12 mithilfe der Arbeitsschritte „Eine Bildquelle entschlüsseln" (siehe S. 62).

11 Beschreibe die Folgen eines Krieges in heutiger Zeit. Vergleiche mit der Situation nach 1648.

Der Westfälische Frieden

Ein Friedensschluss verändert Europa

1644 nahmen Gesandte aus allen am Krieg beteiligten Ländern Verhandlungen über eine umfassende Friedenslösung auf. Als Ort der Gespräche wurden das katholische Münster und das evangelische Osnabrück ausgewählt, wo die Gesandten unter der Leitung und Vermittlung des päpstlichen Gesandten Fabio Chigi und des Venezianers Alvise Contarini mehrere Jahre immer wieder tagten. Erst 1648 konnte ein Friedensvertrag unterschrieben und beeidigt werden. Zwei weitere Jahre dauerte es, bis die Abdankung der noch vorhandenen Armeen vertraglich geregelt wurde.
Der Frieden hatte für das Reich und Europa tief greifende Folgen: Frankreich, Schweden und die deutschen Reichsfürsten konnten sich gegen die Habsburger durchsetzen. Die Niederlande und die Schweiz lösten sich aus dem Reichsverband und wurden nun auch formell selbstständige Staaten. In der konfessionellen Streitfrage fand sich ein Kompromiss: Der Augsburger Religionsfrieden wurde bestätigt und erweitert. Katholiken, Lutheraner und Calvinisten waren nun gleichberechtigt und die bisherige Regelung „Cuius regio, eius religio“ entschärfte man. Wenn der Landesherr die Konfession wechselte, musste die Bevölkerung ihm nicht folgen. Der Friedensschluss wurde in vielen europäischen Städten mit großem Jubel gefeiert.

Reichsstände

Zu den Reichsständen gehörten die Kurfürsten, die geistlichen und weltlichen Fürsten und die Reichsstädte, die dem Kaiser unmittelbar unterstellt waren. Die Reichsstände bildeten das politische Gegengewicht zum Kaiser. Sie waren verpflichtet, an Reichstagen persönlich oder durch Vertreter teilzunehmen, Truppen für das Reichsheer zu stellen und die vom Reichstag bewilligten Reichssteuern zu entrichten. Durch den Westfälischen Frieden gewannen die Reichsstände die völlige politische Selbstständigkeit in ihren Territorialstaaten. Der Reichstag, das Vertretungsorgan der Stände gegenüber dem Kaiser, tagte seit 1663 als Gesandtenkonferenz ständig. Erst mit der Auflösung des Heiligen Römischen Reichs 1806 verloren die Reichsstände ihre politische Funktion.

1 Beschreibe M1 genau. Erläutere, wie die Friedensverhandlungen abliefen und was die Verantwortlichen bei der Organisation bedenken mussten.
2 Informiere dich im Darstellungstext über die Gebietsveränderungen nach dem Dreißigjährigen Krieg. Erläutere die Veränderungen an der Karte M2, S. 238 (siehe Arbeitsschritte S. 164 f.).

M1 Gedenkblatt auf den Frieden von Münster, Kupferstich von Rombout van den Hoeye, 1648

Der Dreißigjährige Krieg

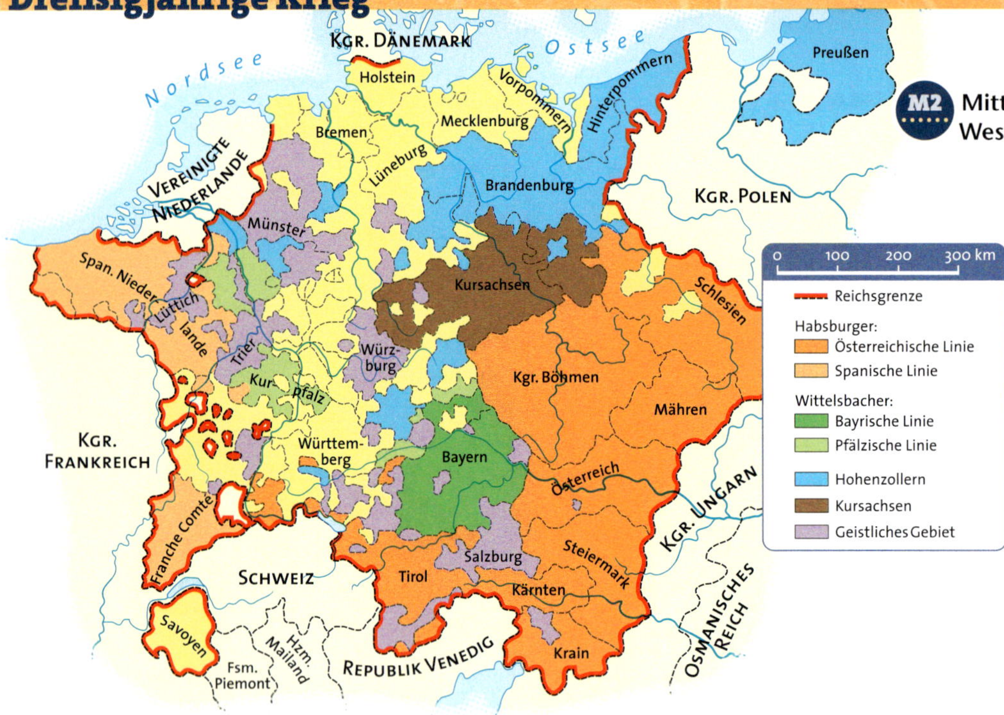

M2 Mitteleuropa nach dem Westfälischen Frieden

M3 Feuerwerk für den Frieden

Am 22. Februar 1649 veranstaltete die Stadt Münster anlässlich der Unterzeichnung des Friedensvertrags ein Fest mit Gottesdiensten, einer Prozession und stundenlangem Salutfeuer. Alle Bürger waren aufgefordert zu kommen. In den Akten der Stadt Münster findet sich folgender Bericht (1649):

Vor dem rathauß ein ziemblich groß gebäw[1] einem castel[2] gleich gesetzt worden, welches mit fewer auffgangen, darbey denn unterschiedliche ... raqueten und schwärmer, welche an einem seyl lauffend und in die lufft gestiegen, so den lufft und wasserkugeln mit untergemenget gesehen worden ... Von dem hohen Lamberts thurn[3] [ist] ein seyl biß ans castel gezogen, daran ein fewriger trach hat sollen herunder fliehen und das castel anzünden, ist aber im herunderfahren am seyl verhindert worden, also dass derselbige widerumb hinauff geschossen und auffm thurn vollends verbrandt. So hat man auch uberzwerch der gassen vom rathhauß auß eine linie gezogen, daran diese wort gehangen Vivat Pax[4] unnd zwischen selbige Wort der statt Münster wapen, ... so [ist] auch angezündet worden.

Zit. nach Varia Bd. 1: Stadtmünsterische Akten und Vermischtes = Serie III Abt. D der Acta pacis Westphalicae, hg. v. Max Braubach/Konrad Repgen, Münster (Aschendorff) 1964, Nr. 232.

1 äw, ew, aw = äu, eu, au
2 Schloss
3 Turm der Kirche St. Lamberti
4 Es lebe der Frieden!

M4 Aus dem Friedensvertrag

Der Artikel VIII, §§ 1–2 des Osnabrücker Vertrags legte fest:

§ 1 Damit ... keine Streitigkeiten entstehen, sollen alle und jede Kurfürsten, Fürsten und Stände des Römischen Reichs in ihren alten Rechten, Vorzügen, Freiheit, Privilegien und der freien Ausübung der Landeshoheit sowohl in geistlichen als auch in weltlichen Angelegenheiten, in ihren Gebieten, Religion und deren aller Besitz ... befestigt und bestätigt sein ...

§ 2 Ohne Widerspruch sollten sie das Stimmrecht in allen Beratungen über Reichsgeschäfte haben, vornehmlich, wenn Gesetze zu erlassen und auszulegen, Krieg zu beschließen, Steuern auszuschreiben, ... auch wo Frieden oder Bündnisse zu schließen ... sind; nichts dergleichen soll künftig jemals ohne die auf dem Reichstag abgegebene freie Zustimmung und Einwilligung aller Reichsstände geschehen ...

Vor allem aber soll das Recht, unter sich und mit dem Ausland Bündnisse ... abzuschließen, den einzelnen Ständen immerdar freistehen, jedoch unter der Bedingung, ... dass der Eid, durch den ein jeder dem Kaiser und Reich verpflichtet ist, in allen Ständen unverletzt bleibt.

Zit. nach Herbert Langer, 1648, der Westfälische Frieden, Berlin (Brandenburgisches Verlagshaus) 1994, S. 151.

M5 Die Bedeutung des Westfälischen Friedens

Der Historiker Franz-Josef Jakobi nennt 1998 als wichtigste Ergebnisse des Westfälischen Friedensschlusses:

1. Lösung der konfessionellen Konflikte

Der Westfälische Frieden bedeutete das Ende des Zeitalters der Glaubenskriege in Deutschland und schuf die Voraussetzungen für religiöse Toleranz[1].

2. Beilegung des deutschen Verfassungskonflikts

Das Verhältnis der deutschen Zentralgewalt (des Kaisers) zu den Partikulargewalten (der Territorialregierungen) wurde endgültig zugunsten der Letzteren geregelt. Dies verhinderte im Gegensatz zu Frankreich, Spanien und Schweden die Ausbildung des Reichs zu einem zentralistischen Einheitsstaat.

3. Neuregelung der europäischen Machtverhältnisse

Nach dem Westfälischen Frieden galt in Europa als Ordnungsprinzip nicht mehr die Einheit des christlichen Abendlandes mit Kaiser und Papst an der Spitze, sondern die auf Verträgen und Völkerrecht beruhende Ordnung prinzipiell gleichberechtigter Staaten. Das barg ständig neue Konflikte und Kriegsgefahren in sich, öffnete aber den Weg ... in das [18. Jahrhundert] und die Entfaltung einer ungeheuren Entwicklungskraft im Wettlauf der Mächte und Staaten.

Zit. nach Münster damals, hg. v. Stadtarchiv/Presse- und Informationsamt der Stadt Münster, März 1998, S. 14. Vereinf. d. Verf.

1 Duldung verschiedener Glaubensrichtungen

M6 **Frieden für Europa,** Flugschrift, 1648.
Der Bildtext lautete: Der Fried spricht: Lob Ehr und Preiß sey allermeist / Gott Vatter / Sohn / Heilligem Geist / der Drey Einigkeit / Alß Ewige wahre Gottheit. / Weil Er die Drey vereinigt hat / Als Keyserliche Mayestat / Unsern Allergnädigsten Herrn / In höchsten Keyserlichen Ehrn / Mit beyden Cronen ganz Lobreich / Franckreich und auch Schweden zugleich / Daß Sie gnädigst gewilligt ein / In deß Reichs FriedenSchluß ganz rein.

3 Du wohnst in einem durch den Krieg verarmten westfälischen Dorf. Deine Eltern schicken dich nach Münster, um bei einem Verwandten, der Bäcker ist, Mehl für deine Familie zu erbetteln. Du erlebst das in M3 geschilderte Freudenfest mit. Schreibe auf, was du nach der Rückkehr deiner Familie berichtest.

4 Bewerte aus der Sicht des Kaisers und der Fürsten die Regelungen des Westfälischen Friedens (M4).

5 Beschreibe M6 und erkläre den Bildtext.

6 Erläutere, wie der Verfasser von M5 den Westfälischen Frieden beurteilt.

Informationen präsentieren

Sehen und verstehen

Im Unterricht habt ihr sicher schon erlebt, dass ein Referat vorgetragen wurde. Oft ist es nicht leicht, die neuen Informationen zu verstehen und zu behalten. Das Verstehen fällt leichter, wenn die Vortragenden ihre Aussagen mit Bildern, Tabellen oder Grafiken visuell unterstützen. Sie können dafür z. B. die Tafel, einen Overheadprojektor oder sogar einen Computerbeamer einsetzen. Einen Vortrag oder ein Referat, bei dem Medien zur Veranschaulichung („Visualisierung“) verwendet werden, nennt man auch Präsentation.

M1 **Eine Schülerin setzt den Overheadprojektor ein,** Foto, 1996

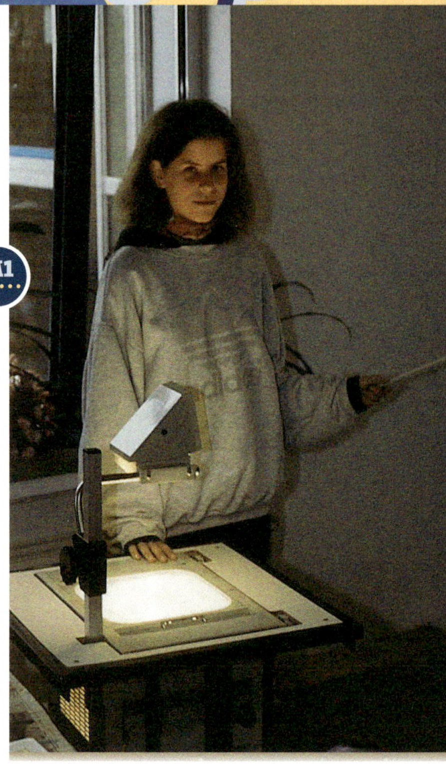

Arbeitsschritte Informationen präsentieren

1. Schritt: Thema, Ziel und Form des Vortrags klären
– Welches Ziel soll der Vortrag/das Referat haben?
– Für wen wird präsentiert?
– Welche Informationen/Inhalte sollen dargestellt werden?
– Welche Medien können/sollen benutzt werden?
– Welche Zeitvorgabe muss beachtet werden?

2. Schritt: Informationen sammeln und ordnen
– Sammle Material zum Thema (Schul-/Sachbücher, Lexika, Internet).
– Wähle die Informationen aus, die die Vorgaben von Schritt 1 erfüllen.
– Ordne die Informationen so, dass die Zuhörer sie leicht nachvollziehen und eigene Überlegungen anschließen können.
– Bilde Themenblöcke mit Behauptungen oder Fragen als Überschriften.

3. Schritt: Vortrag strukturieren
Jedes Referat, jede Präsentation hat eine Einleitung, einen Hauptteil und einen Schluss. Gliedere deine Präsentation nach den Vorgaben von M2.

4. Schritt: Aussagen und Zusammenhänge visualisieren
– Notiere die wichtigsten Aussagen deines Vortrags.
– Überlege, welches Medium sich anbietet, um die Aussagen den Zuhörern zu verdeutlichen (z. B. Wandtafel, Plakat, OHP-Folie, Beamer).
– Gestalte die Visualisierung so, dass der Inhalt schnell erfasst wird. Wichtige Tipps gibt dir die Abbildung M3.

5. Schritt: Entwurf überprüfen und Präsentation vorbereiten
Bevor du an die Öffentlichkeit trittst, solltest du die Präsentation üben.
– Schreibe für den freien Vortrag Stichwörter auf Merkzettel. Notiere auch, an welchen Stellen du etwas visualisieren möchtest.
– Überprüfe, ob Thema und Ziel deutlich werden, d. h. die Vorgaben von Schritt 3 und 4 beachtet sind.
– Suche dir eine andere Person, die deine Präsentation vorher ansieht und dir noch ein paar Tipps für die Durchführung gibt. Stoppe die Zeit.
– Plane genügend Zeit für Änderungen ein.
– Sorge dafür, dass alle Materialien und Geräte, die du für die Visualisierung brauchst, bereitstehen.

6. Schritt: Präsentation
– Prüfe, ob alle Medien und Materialien in der richtigen Ordnung sind.
– Trage deinen Vortrag möglichst ruhig vor und halte Blickkontakt mit den Zuhörern.
– Gib deinem Publikum nach dem Vortrag Zeit für Fragen oder für eine Diskussion.

1. Einleitung

- soll Aufmerksamkeit wecken
- soll Thema/Frage vorstellen, das/die geklärt werden soll
- soll deine Vorgehensweise zeigen

2. Hauptteil

- muss schlüssig sein und sich auf das Thema des Vortrags beziehen
- muss auf überzeugenden Aussagen und Beispielen aus den Quellen beruhen

3. Schlussteil

- fasst die wesentlichen Erkenntnisse zusammen
- nennt Fragen, die offen geblieben sind

M2 Der Aufbau der Präsentation

1 Erarbeite mithilfe der Arbeitsschritte eine Präsentation. Vorschläge für Themen:
- Die Reformation in Europa
- Katharina von Bora
- Bauernaufstand in Thüringen
- Der Westfälische Frieden und seine Folgen

2 Überlegt euch in Partnerarbeit verschiedene Möglichkeiten, wie ihr eure Merkzettel für die Präsentation gestalten könnt.

3 Ergänzt die Tipps für die Visualisierung (M3) mit eigenen Hinweisen (z. B. besondere Tipps für den Umgang mit dem Overheadprojektor oder mit der Wandtafel).

M3 Tipps für die Visualisierung

Der Glaubensstreit in Europa – ein Überblick

Die Reformation führt zur Glaubensspaltung

Im 15. Jahrhundert war es üblich geworden, begangene Sünden durch Stiftungen oder den Kauf von Ablassbriefen abzugelten. Kritik an dem päpstlichen Ablasshandel übte der Mönch Martin Luther (1483–1546) mit 95 Thesen, die er 1517 veröffentlichte. Luther wurde als Ketzer angeklagt und 1521 mit der Reichsacht belegt (Wormser Edikt). Viele Reichsfürsten und Reichsstädte jedoch traten zum lutherischen Glauben über. So wurde der Streit um die Erneuerung der Kirche (Reformation) zwischen Kaiser, Papst und Fürsten zu einem politischen Streit, der zur religiösen und politischen Spaltung des Reichs führte. Im Augsburger Religionsfrieden (1555) wurde schließlich vereinbart, dass das katholische und das lutherische Glaubensbekenntnis gleichgestellt waren. In den Territorien, in denen der Landesherr den lutherischen Glauben angenommen hatte, entstanden seit etwa 1530 evangelische Landeskirchen, die von den Landesherren geleitet wurden (Landesbischöfe).
Die katholische Kirche versuchte seit den Reformen des Konzils von Trient (1545–1563) Einfluss zurückzugewinnen, z. B. durch die Gründung katholischer Bildungseinrichtungen (Jesuitenschulen).

Die Bauern erheben sich

Luthers Kritik an der Kirche und seine Freiheitsgedanken stießen bei der ländlichen Bevölkerung auf Zustimmung. Denn die Hoffnung auf die Erneuerung des Glaubens und der Kirche war besonders bei den Bauern auch mit Hoffnungen auf die Lösung ihrer sozialen Probleme verbunden. 1524/25 kam es vor allem im Südwesten des Reichs zu gewaltsamen Aktionen der Bauern. Besonders klösterliche Grundherrschaften wurden überfallen und geplündert. Der lutherische Pfarrer Thomas Müntzer (1490–1525) unterstützte die Bauern, Luther dagegen lehnte den gewaltsamen Protest der Bauern ab und rief die Herrscher auf, unerbittlich gegen die Bauern vorzugehen. Die Bauernhaufen wurden 1525 von den landesherrlichen Truppen besiegt.

30 Jahre Krieg verändern Europa

Aus der engen Verbindung von konfessionellen und politischen Spannungen entbrannte 1618 der Dreißigjährige Krieg. Auslöser war der „Prager Fenstersturz", eine Protestaktion evangelischer Adliger in Böhmen gegen die Beschränkung ihrer Religionsfreiheit. Viele europäische Länder beteiligten sich am Krieg, bei dem weite Gebiete des Reiches schwer verwüstet wurden und die Bevölkerung an vielen Stellen um die Hälfte zurückging. Anders als in den Schlachten des Mittelalters wurden in diesem Krieg alle Bevölkerungsgruppen für die Unterstützung der Armeen herangezogen: Männer als Söldner und deren Angehörige zur Versorgung der Truppen. Auch die geografische Ausdehnung des Krieges über ganz Mitteleuropa war für die Menschen eine neue Erfahrung.

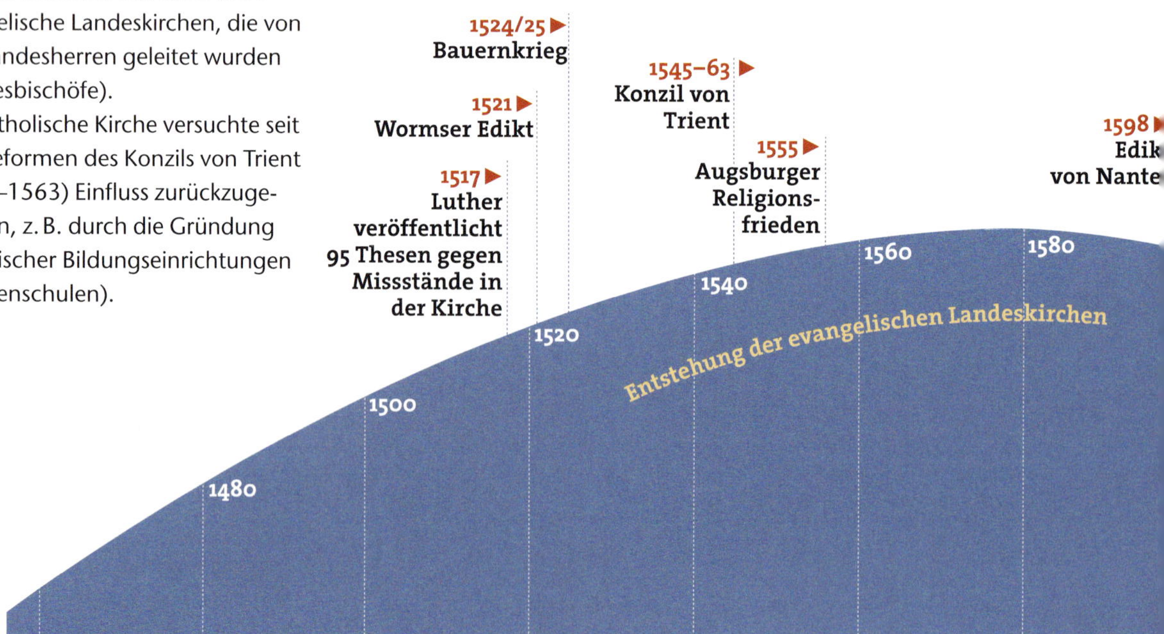

Der Frieden schafft neue Machtverhältnisse

Nachdem der Dreißigjährige Krieg 1648 nach langen Verhandlungen durch den Westfälischen Friedensvertrag beendet worden war, blieben viele Teile der Bevölkerung noch lange Jahre in großer Armut. Auf politischer Ebene wurde deutlich, dass sich die Machtverhältnisse in Europa verändert hatten. Neue Staaten waren entstanden (Schweiz, Niederlande) und auch die Landesherren hatten gegenüber dem Reich endgültig ihre weit gehende Unabhängigkeit gewonnen. War der Westfälische Frieden ein neuer Anfang?

Wir wiederholen zentrale Begriffe und Methoden

Reformation S. 221

Konfession S. 222

Reichsstände S. 237

Informationen präsentieren S. 240 f.

1. Schritt:
Thema, Ziel und Form des Vortrags klären

Reformationsdomino

Erstellt 30 bis 50 Dominokarten zu diesem Kapitel (aus Karton ausschneiden, beschriften oder bekleben). Auf jeder Dominokarte gibt es zwei Felder, in die jeweils eine Jahreszahl, ein Name, ein Ereignis, eine Erklärung, ein Begriff oder ein Bild eingetragen werden. Wichtig: Dinge, die zusammengehören, dürfen nicht auf derselben Karte stehen.
Die Dominokarten könnten z. B. so aussehen:

Alle Karten werden gemischt und ausgeteilt. Legt reihum passende Hälften aneinander. Es gibt auch Dominohälften, an die mehrere Karten angelegt werden können.

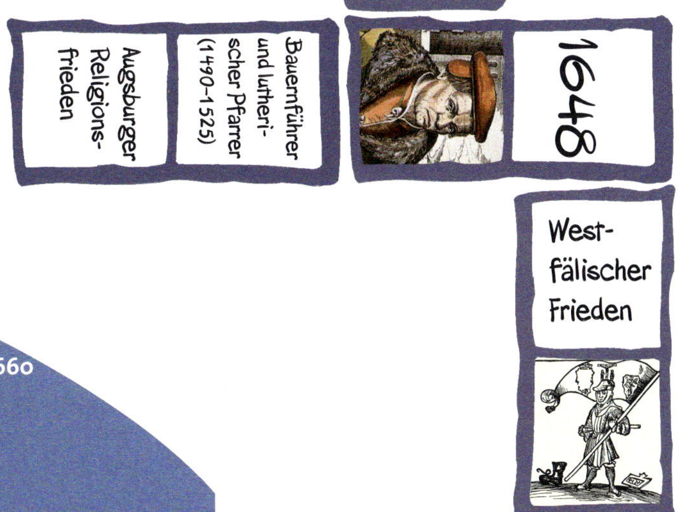

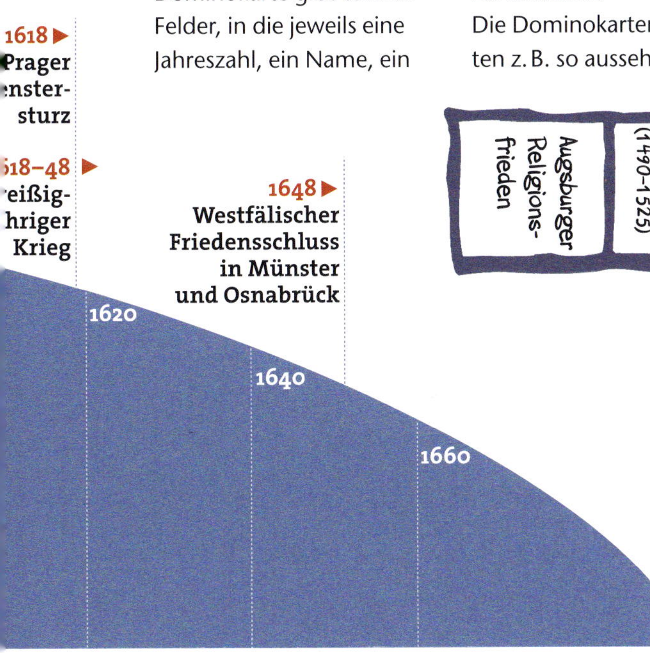

8. Wohnen unter einem Dach – ein Längsschnitt

Fast alle Menschen „wohnen". In den Anfängen der Geschichte wohnten Menschen, die als Nomaden umherzogen, in Zelten, Hütten oder vor Höhleneingängen. Andere Menschen wurden sesshaft und bauten sich feste Häuser. Weil alle Menschen sich vor Kälte und Nässe schützen müssen, wird Wohnen in der Wissenschaft zu den menschlichen Grundbedürfnissen gerechnet, wie Essen, Trinken und Schlafen. Das Zusammenleben unter einem Dach gestalteten die Menschen im Verlauf der Geschichte sehr unterschiedlich. Warum das so war, kannst du mit diesem Kapitel erarbeiten. Dabei wirst du einige „Stationen" der Entwicklung vom bäuerlichen Wohnen vor mehr als tausend Jahren bis zum heutigen Wohnen kennen lernen. Wenn ein geschichtliches Thema über einen längeren Zeitraum behandelt wird, so wird das als „historischer Längsschnitt" bezeichnet. Allmähliche Veränderungen im Alltagsleben der Menschen, zum Beispiel wie sie arbeiteten und wie sich die Technik entwickelte, werden im Längsschnitt besonders deutlich. Dabei kann aber die Entwicklung nicht lückenlos dargestellt werden. Der Längsschnitt in diesem Kapitel beleuchtet die Zeit um 800, 1600, 1900 und heute (siehe Zeitbogen). Das Wohnen wird größtenteils am Beispiel der Stadt Münster in Westfalen und seiner Umgebung dargestellt. Denn Münster kann in vielem als typisches Beispiel gelten. Materialien aus anderen Orten oder Regionen wurden – wenn es notwendig und sinnvoll war – dazugenommen.

1 Beschreibe die Abbildungen auf dieser Seite und ordne sie dem Zeitbogen unten zu.

2 Erläutere aufgrund deiner Ergebnisse aus Aufgabe 1 und dem Darstellungstext auf dieser Seite, was ein Längsschnitt ist.

3 Diskutiert, warum „Wohnen" ein Grundbedürfnis der Menschen war und ist. Bringt eure geschichtlichen Kenntnisse und eure eigene Wohnsituation mit ein.

400

600
800
1000
1200
1400
1600
1800
2000
2200

Ein Längsschnitt

M1 Der „Sachsenhof" in Greven bei Münster, Foto, 1995. Rekonstruktion nach Ausgrabungsfunden.

Leben im Bauernhaus um 800

Funde geben Auskunft

Wie haben die Menschen um 800 n. Chr. in Westfalen gewohnt? Eine Frage, die nicht ganz leicht zu beantworten ist. Denn Fotos, Gemälde und überlieferte Grundrisse aus der Zeit gibt es nicht. Wir wissen, dass im rheinischen Teil des Römischen Reiches die Franken lebten (siehe S. 63). Ab etwa 500 n. Chr. besiedelten die Sachsen das nördliche Westfalen. Sie kamen aus den Gegenden an Elbe und Weser. Ausgrabungsfunde vermitteln uns auch eine gewisse Vorstellung über ihren Wohnalltag. So sind mitten im Stadtzentrum und in der Umgebung von Münster Spuren von sächsischen Siedlungen entdeckt worden. Scherben von Tongefäßen auf einem Acker gaben erste Hinweise auf einen ehemaligen Siedlungsplatz. Unter der abgetragenen Schicht des Ackerbodens wurden die Pfostenlöcher eines längst verschwundenen Gebäudes als dunkle Verfärbungen im Boden sichtbar. Archäologinnen und Archäologen hatten nun eine erste Vorstellung davon, wie die Sachsen wohnten.

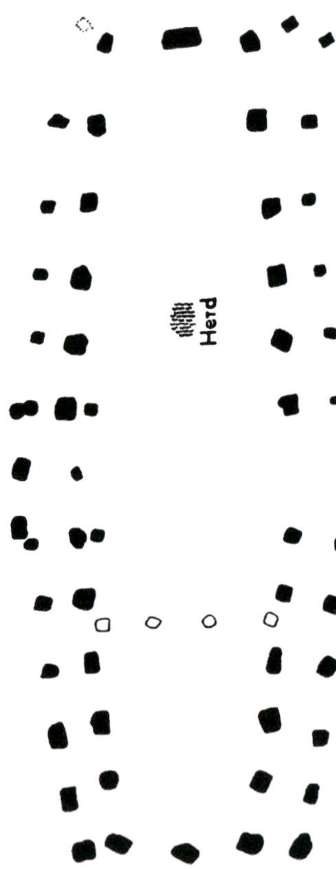

M2 Grundrisszeichnung einer sächsischen Hofanlage um 800

650 675 700 725 750 775 800 825 850

M3 Eine sächsische Siedlung bei Warendorf (Münsterland), Modell, 2000

Mensch und Tier unter einem Dach

Im frühmittelalterlichen Münsterland gab es keine Städte. Die westfälischen Sachsen siedelten in kleinen Gehöftgruppen. Jedes Gehöft bestand aus einem Haupthaus mit Nebengebäuden wie Scheune, Speicher und Grubenhaus. Das Haupthaus war ein „Wohnstallhaus", d.h., hier lebten Menschen und Tiere unter einem Dach. Chemische Untersuchungen zeigen, wo das Vieh gestanden hat. Dung und Jauche haben die tieferen Erdschichten bis heute verändert. An den Spuren im Erdreich lässt sich auch feststellen, dass alle Haupthäuser eine Feuerstelle hatten. Nicht alle Gehöfte hatten einen Brunnen.

Wie aber haben die Menschen in ihren Häusern gelebt und gearbeitet? Viele Gegenstände, die darüber Auskunft geben könnten, sind im Laufe der Jahre verloren gegangen. Die Siedlungsplätze wurden wieder aufgegeben und später als Ackerland genutzt. Dennoch gibt es Hinweise, die Schlüsse zulassen. Einige Nebenhäuser waren zum Beispiel bis zu einem Meter in das Erdreich eingetieft. Nur das Dach ragte hervor. Was hat das zu bedeuten? Auch darauf haben die Archäologen Antworten gefunden. Sie fanden bei ihren Ausgrabungen Webgewichte. Dazu passen in die Fußböden eingetiefte längliche Gruben, die offensichtlich als Hängeraum für die Webgewichte dienten. Auch Spinnwirtel – das sind Tonringe am unteren Spindelstab – belegen die Funktion des Grubenhauses: Es war Spinn- und Webwerkstatt, denn in der Grube war es feucht und kühl, ein günstiges Klima für die Herstellung von Textilien. Andere Funde wie Getreidereste, Bruchstücke einer steinernen Handmühle und Knochen von Gänsen, Schweinen und Rindern lassen Rückschlüsse auf Essgewohnheiten und die Zubereitung der Nahrungsmittel zu. Reste von Pfählen und Stangen sowie Weidenruten als Flechtwerk deuten auf Zäune hin, mit denen der Hofeigentümer sein Grundstück abgrenzte.

1 Beschreibe anhand von M1 bis M3 die Siedlungs- und Wohnform im Münsterland um 800 n. Chr.

2 Zeichne das Wohnhaus einer sächsischen Familie im Grundriss nach (M2) und trage ein, wie eine Aufteilung des Raumes ausgesehen haben könnte.

3 Liste die in den Darstellungstexten genannten Funde auf und schreibe jeweils dazu, welche Schlüsse sich auf die Versorgung eines sächsischen Hofes ziehen lassen. Ziehe auch die Funde auf S. 63 heran.

4 Im Eingangsbereich der Grubenhäuser und als Beigaben in Frauengräbern wurden Schlüssel gefunden. Überlege, was diese Funde über die Tätigkeiten von Frauen aussagen können.

5 Diskutiert die Vor- und Nachteile des Wohnens von Mensch und Tier unter einem Dach.

6 Bodenfunde sind nur ein Teil der Spuren aus der Vergangenheit. Liste auf, welche Fragen zum Wohnalltag einer sächsischen Bauernfamilie die Archäologie nicht beantworten kann.

M1 **Familie am offenen Kamin,** Januarbild am Kalender der Domuhr in Münster, um 1540.

Das Bürgerhaus um 1600

Münster – die „Hauptstadt Westfalens"

Münster, um 800 nur ein kleiner, durch Zaun und Wallgraben gesicherter Ort mit einer Bischofskirche, entwickelte sich ab 1150 zu einer ansehnlichen Stadt. Noch vor 1200 wurde Münster mit einer Stadtmauer umgeben. Die Lage der Stadt an der Straßenverbindung zwischen dem Wirtschaftszentrum Köln und den Seestädten Bremen, Hamburg und Lübeck führte dazu, dass viele Handwerker und Kaufleute mit ihren Familien in Münster sesshaft wurden. Sie verkauften ihre Waren in Münster und auf Märkten in anderen Orten. Fast 10 000 Menschen lebten im späten Mittelalter in Münster. Zum Vergleich: Köln, eine der bedeutendsten deutschen Städte, war viermal größer.
In Münster, der „Hauptstadt Westfalens", wie es um 1500 stolz genannt wurde, gab es ungefähr 2000 Häuser, große in der Mitte, kleine am Rand. Zahlreiche Kirchen und ein stattlicher Dom erinnern noch heute an den Wohlstand des mittelalterlichen Münster.

M2 Nachlass eines wohlhabenden Bürgers

Der münstersche Jurist und Ratsherr Johann Beyfang starb im Jahre 1620. Er hatte keine Kinder und hinterließ sein Vermögen seiner Witwe, dem Waisenhaus und seinen Verwandten. Sein Besitz wurde in einem 50-seitigen Verzeichnis von Raum zu Raum seines Hauses notiert:

Auf dem „Steinwerk"[1]: silberne Löffel und Gabeln, Becher, Kannen, Schalen und Schüsseln, zum Teil vergoldet; ein silberner Leibgürtel, vier Hüte, davon zwei mit Samt, ein Wams mit 41 Silberknöpfen, zwei lange Tische, die man aufschlagen kann, vier Stuhlkissen mit dem Wappen des Verstorbenen, zwei große Messingbrandroste mit Schaufel und Zange …
In einer Truhe mit dem Wappen des Verstorbenen: Gold- und Silbermünzen, Goldringe mit Edelsteinen …
In der Kleiderkiste: zwei Paar schwarze Seidenstrümpfe, ein Wams mit Wildkatzenfutter, Hosen, Jacken, Mäntel
In einer Truhe mit Zuglade: 40 Kaufurkunden und andere Dokumente …
In der Küche: zwei große Schinkenkessel von 14 und 17 Pfund, zahlreiche Kessel, Töpfe und Pfannen …
Auf der Diele: zwei Deckenleuchter aus Messing und Zinn, ein großer Papageienkorb, ein Mantelschrank, sechs Ledereimer (zur Brandbekämpfung) …
Auf der Bühne über der neuen Stube: drei Degen …
Auf der Kammer über dem Steinwerk: eine Bettstatt mit Bett, eine Decke und drei Gardinen, drei Männerstühle, ein Frauenstuhl, ein Papageienkorb …
Auf dem ersten Balken: fünf Säcke Roggenmehl, ein Wolfsrock, ein Fuchsrock …
Auf dem mittleren Balken: Roggen, Weizen, Gerste …
Auf dem oberen Balken: 36 Speckseiten, 30 Schinken, 19 Stücke Rindfleisch, 2 Stücke Schweinefleisch …
Auf der hintersten Kammer über dem Steinwerk: Stücke einer alten Rüstung, zwei alte Hellebarden[2] …
Im Hinterhaus: eine Milchkuh, eine Ziege …
Auf der hohen Stube: mehrere hundert Bücher

Stadtarchiv Münster, Waisenhaus, Nr. 189. Gek. d. Verf.

1 hinterer gemauerter Teil mancher Häuser (siehe S. 249)
2 mittelalterliche Hieb- und Stoßwaffe

Wohnen, arbeiten und repräsentieren

Viele Bürgerfamilien bewirtschafteten Gärten zum Teil direkt hinter ihren Häusern und Äcker, die vor der Stadt lagen. Viehhaltung war auch üblich. Die Ställe befanden sich hinter den Häusern. Auf den Dachböden lagerten Vorräte: das Getreide, aber auch die Waren der Kaufleute oder die Rohstoffe der Handwerker.
Ein Bürgerhaus hatte wie die Bauernhäuser eine zentrale Wohnhalle mit offenem Kamin. In diese „Diele" trat man von der Straße ein. Neben der Haustür waren vorn, zur Straße hin, auf einer oder auf beiden Seiten Vorderzimmer abgeteilt. Sie dienten den Kaufleuten und manchen Handwerkern als „Kontor" (Schreib- und Rechenstube) und als Verkaufsraum.
Das Feuer brannte im hinteren Teil der Diele. Hier befand sich die Küche – ein offener Bereich für die Zubereitung der Speisen, der zunächst noch nicht durch Wände abgeteilt war. Ganz hinten im Haus lagen die Schlafkammern. Die alten Eltern des Hausherrn bewohnten manchmal ein kleineres Nebenhaus. Das gesamte Gebäude wurde ursprünglich von einer Feuerstelle notdürftig erwärmt. Eine getrennte, durch einen Ofen beheizbare Wohnstube kam erst später auf. Auch ein zweites Wohnstockwerk mit Kammern und Stube hatten die Bürgerhäuser allgemein erst nach 1600. Im 17. Jahrhundert wurden die Häuser wohlhabender Bürger größer und mit kostbar ausgestatteten Sälen gebaut. Ein Bürgerhaus war zugleich Wohnhaus und Ort der Erwerbsarbeit.

M3 Familie im Garten hinter dem Haus, Aprilbild am Kalender der Domuhr in Münster, um 1540.

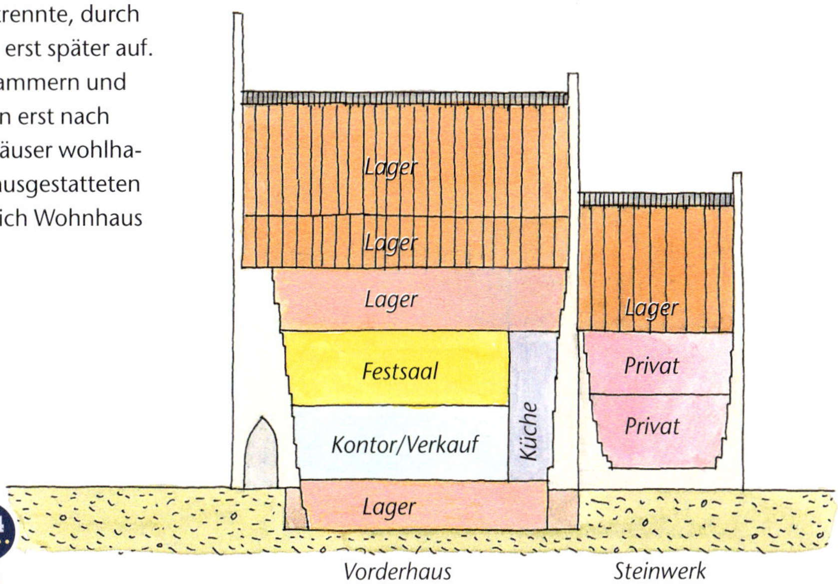

Aufriss des Hauses eines Großkaufmannes in Münster um 1500 M4

1 Schildere anhand der Abbildungen M1 und M3 den Eindruck, den Personen, Gegenstände und Umgebung auf dich machen.

2 Beschreibe M4 und erläutere die Funktion der Räume. Ziehe den Darstellungstext dieser Seite hinzu.

3 Beschreibe anhand dieser Doppelseite, wie bürgerliche Familien um 1600 in Münster wohnten.

4 Stelle aus den Materialien dieser Doppelseite zusammen, wo sich ein Zusammenhang zwischen bürgerlicher Wohnform und Erwerbstätigkeit nachweisen lässt.

M1 **Eine Arbeiterfamilie vor ihrem Haus am nördlichen Stadtrand von Münster,** Foto, um 1910

Arbeiterwohnungen um 1900

Industrialisierung – neue Schichten entstehen

Neben der bäuerlichen und der handwerklichen Lebensform bildete sich seit der zweiten Hälfte des 18. Jahrhunderts – zuerst in England – eine neue Lebensweise heraus. Technische Erfindungen, wie Spinn- und Webmaschinen und vor allem Dampfmaschinen veränderten die Arbeit. Neue Energiequellen wie Kohle und Erdöl lieferten die massenhaft benötigte Energie für die Maschinen. Unternehmer gründeten Fabriken mit neuen Arbeitsplätzen. Viele Menschen zogen vom Land in die Industriestädte. Es entstanden zwei neue gesellschaftliche Schichten: die Industriearbeiter und -arbeiterinnen und die Unternehmer, auch Fabrikanten genannt. Dieser technische und wirtschaftliche Wandel wird als Industrialisierung* bezeichnet. Sie veränderte die Lebens- und Arbeitsbedingungen sehr stark.
In welcher Weise sich die Wohnverhältnisse wandelten, kannst du auf den folgenden beiden Doppelseiten erarbeiten. Sie zeigen „zwei Gesichter" des Wohnens um 1900.

Wohnen auf engstem Raum

Wie wandelte sich durch die Industrialisierung das Wohnen? Befanden sich bei Bauern und Handwerkern Wohnung und Arbeitsplatz unter einem Dach, so änderte sich das mit der industriellen Produktionsweise sehr schnell. Sie brachte für immer mehr Menschen eine Trennung von Wohnen und Arbeiten. Auch die Angestellten, die in zunehmender Zahl in den Büros beschäftigt waren, mussten morgens ihre Wohnung verlassen.
Die Industrialisierung fand in Münster nur in abgeschwächter Form statt. Große Fabriken gab es hier nicht. Deshalb waren die meisten Arbeiter in Münster um 1900 noch dasselbe wie zuvor: Tagelöhner. Anders als Bauern und Bürger konnten sie nicht auf dem eigenen Hof oder im eigenen Haus tätig sein. Für die Industriearbeiter war in Münster ein einfaches Einfamilienhaus die verbreitete Wohnform. In den Großstädten wie Berlin dagegen lebten die Arbeiterfamilien um 1900 in Wohnblocks, den „Mietskasernen". Beengte, oft gesundheitsschädigende Wohnverhältnisse waren überall ein Problem. In der Wohnküche spielte sich das Gemeinschaftsleben ab und es wurden zusätzliche Heimarbeiten verrichtet, wie z. B. Zigarrenherstellung (siehe S. 245). Die Betten standen hier oder in winzigen Schlafkammern. Sie waren oft von zwei Personen belegt. Kinder schliefen auch zu dritt in einem Bett.

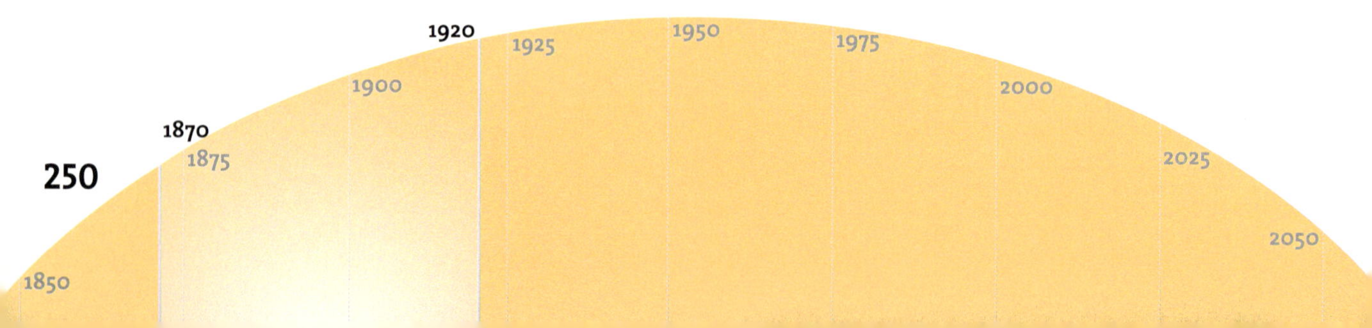

Alltag

Der Begriff Alltag ist nicht eindeutig zu bestimmen. Er umfasst im Unterschied zur Politik, zur Wirtschaft und zur Kultur das immer wiederkehrende alltägliche Bemühen der Menschen, ihr Leben zu bewältigen. Der Alltag zeigt, wie Menschen ihr tägliches Überleben durch Arbeit sichern, wie sie wohnen, wie sie miteinander leben, lernen, reden und wie sie feiern, aber auch, wie sie streiten und sich vertragen, wie sie beten und sterben.
Einzeln und für sich genommen haben die Tätigkeiten des Alltags keine geschichtliche Bedeutung. Welche Bauern oder Bäuerinnen mit ihrer Arbeit wie viele Stadtbewohner ernährt haben, welcher Händler wie viele kostbare Tuche verkauft hat oder welcher Industriearbeiter seine Maschine richtig bedient hat, wird erst dadurch wichtig, dass die große Mehrheit der Menschen solche alltäglichen Tätigkeiten verrichtet. Ob Frauen oder Männer diese Arbeit tun oder sich dabei abwechseln, ist eine geschichtlich wichtige Frage. Ebenso ist auch von Bedeutung, wie sich die Wohnformen der Menschen veränderten und ob sich bestimmte Wohnbedingungen schädlich auf die Gesundheit der Menschen auswirkten. Alltagsgeschichte dokumentiert das Leben der großen Mehrheit der Menschen über einen langen Zeitraum.

M2 **Wohnküche einer Berliner Arbeiterfamilie,** Foto, um 1910

M3 Wohnen kann krank machen

Im Jahr 1889 berichtete Stadtbaumeister Bender aus einem Arbeiterviertel in Münster, das noch um 1920 „Tuberkulosenest" genannt wurde. Viele der Bewohnerinnen und Bewohner starben hier jung. Zum Haus Petersiliengasse Nr. 11 schrieb Bender:

Im Erdgeschoss befindet sich ein Schlafzimmer, welches nur 1,75 m hoch ist. Unter demselben liegt der Keller, welcher nur durch die Fußbodendielen des Schlafzimmers abgedeckt ist, sodass der Dunst aus dem Keller, in dem Lumpen, altes schimmeliges Schuhzeug usw. lagern, in den Schlafraum dringt.

Stadtarchiv Münster, Stadtreg., Fach 132, Nr. 27.

M4 **Kinder vor einem Wohnhaus in einem Armenviertel in Münster,** Foto, um 1910

1 Beschreibe mithilfe von M1, M2 und M4 die Wohnbedingungen von Arbeiterfamilien und erarbeite Übereinstimmungen und Unterschiede.
2 Erläutere anhand von M2 und M3, wie sich die Wohnverhältnisse auf die Gesundheit auswirkten.
3 Informiere dich mithilfe eines Lexikons über die Krankheit „Tuberkulose".
4 Erkläre mithilfe des Darstellungstextes den Zusammenhang zwischen Industrialisierung und Wohnverhältnissen.
5 Erarbeite anhand des Begriffskastens, warum der Alltag der Menschen geschichtlich bedeutend ist.

Großbürgerliches Wohnen um 1900

M1 **Die Villa ten Hompel in Münster,** Foto, um 1930

Wohnen als Repräsentation

Im krassen Gegensatz zur Wohnsituation von Fabrikarbeiterinnen und Fabrikarbeitern entwickelte sich bei den Industriellen ein Wohnstil, der die soziale Stellung der (neu-)reichen Unternehmerschicht auch nach außen hin sichtbar machte. Die Fabrikantenvilla wurde zum „Markenzeichen" des Unternehmers, der damit auch an schlossähnliche Wohnformen des Adels anknüpfte. Behänge, Kissen,Tapeten und Decken – alles war stilvoll und kostbar gearbeitet. Wohnmöbel drückten ihren Geldwert aus. Sie waren nicht nur Gebrauchsgegenstände, sondern auch Symbole der Leistung und der eigenen gesellschaftlichen Stellung. Haus und Inneneinrichtung sollten solide und schön sein, d. h., sie sollten lange halten und zugleich den Kunstsinn der Eigentümer zeigen.

Ehefrauen von Unternehmern hatten selten einen eigenen Beruf. Sie organisierten den Haushalt, in dem oft mehrere Bedienstete arbeiteten. Daneben hatten sie Zeit, sich ihren geistigen, kulturellen und gesellschaftlichen Interessen zu widmen. Für die Kinder waren höhere Schulbildung und Studium selbstverständlich. Ein reicher Unternehmer in Münster war z. B. der Zementfabrikant Rudolf ten Hompel. Er besaß Zementwerke im Münsterland und in anderen Gegenden Deutschlands.

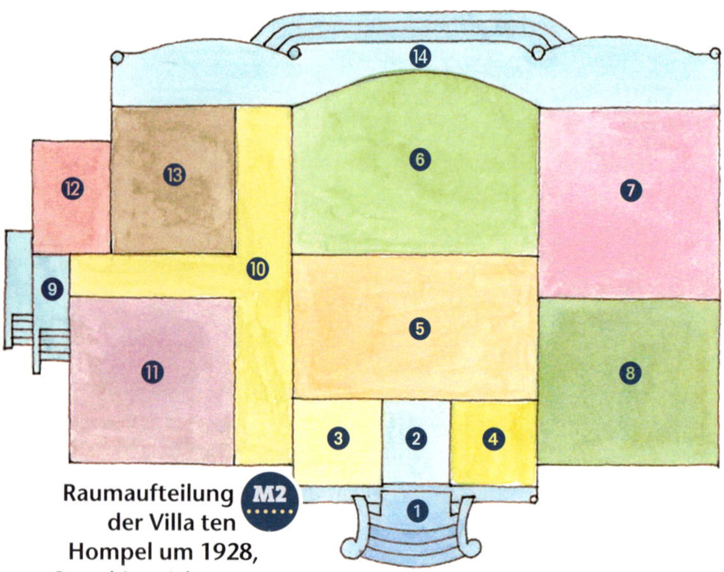

Raumaufteilung der Villa ten Hompel um 1928, M2 Grundrisszeichnung, 2000

1 Haupteingang mit Freitreppe
2 Flur
3 Garderobe
4 WC
5 Halle
6 Gartensalon
7 Damensalon
8 Herrensalon
9 Dienstboteneingang
10 Flur und Treppenhaus
11 Küche
12 Pförtner
13 Wirtschaftsraum
14 Terrasse

1850 1870 1875 1900 1920 1925 1950 1975 2000 2025 2050

M3 Ein perfektes Heim

Die Malerin Charlotte Berend-Corinth (1880–1967) erinnert sich an ihre Kindheit in einem großbürgerlichen Haushalt in Berlin:

Mama ging ganz auf im Hauswesen. Wir hatten für die große Wohnung ein perfektes Hausmädchen. Auch in der Küche war eine Perfekte. Friedrich kam jede Woche zum Bohnern, zum Teppichklopfen. Und dennoch hatte Mama den ganzen Tag „zu tun". Ich verstand es erst später, dass ich im soliden Luxus aufgewachsen war. Die Stühle waren für uns geschnitzt worden, ebenso das riesenhafte Büfett. Es barg Kostbarkeiten. Ich habe auch später selten so schöne Gläser gesehen wie unsere Sektschalen, Rotwein- und Rheinweingläser. Hauchdünn waren sie. Wassergläser, Süßweingläser, Glasteller, alles hatte denselben schönen, fremden Schliff. Die Damasttischtücher zeigten nie einen Fleck. Das Geschirr aus England hatte nie eine angestoßene Ecke. Auch der tägliche Tisch war schön hergerichtet. Niemals zeigte das Silber eine Trübung. Nie war eine Gabel an der Spitze angelaufen. „Nehmen Sie Salz zum Reinigen des Silbers, Marie." „Jawoll, gnädige Frau", sagte die Köchin.

Charlotte Berend-Corinth, Als ich ein Kind war, Hamburg-Bergedorf (Stromverlag) 1950, S. 101f.

M4 Die Kinder wohlhabender Eltern lernten früh musizieren, Foto, Münster um 1900

Modernisierung

Neben der industriellen Arbeiterschaft (siehe S. 250f.) entstand mit der Industrialisierung die gesellschaftliche Gruppe der industriellen Unternehmer. Sie werden auch als Industrielle oder Fabrikanten bezeichnet. Unternehmer wie Kaufleute oder Ingenieure trieben die wirtschaftliche und technische Entwicklung voran und trugen damit zur Veränderung der Gesellschaft bei.
Der schnelle Wandel durch die Industrialisierung der vergangenen 200 Jahre wird in der Geschichtswissenschaft „Modernisierung" genannt. Mit Eisenbahn, Glühbirne und Telefon begann es. Auto sowie Radio- und Fernsehgerät waren weitere Entwicklungsschritte der Modernisierung. Elektronisch gesteuerte Technik verändert unser Leben immer mehr, wie der Computer, das Handy, das Internet. Auch das Wohnen ist in die gegenwärtige Modernisierung einbezogen. Vor etwa 100 Jahren wurden Häuser und Wohnungen mit elektrischen Leitungen ausgestattet. Das war ein großer Modernisierungssprung, der vieles veränderte.
Im weiteren Sinne kann auch die Entwicklung des Wohnens von der Höhle der steinzeitlichen Menschen über das mittelalterliche Bauernhaus, das Bürgerhaus des 17. Jahrhunderts bis zum Wohnhochhaus in unserer Zeit als Modernisierung bezeichnet werden.

1 Beschreibe anhand von M1 und M2 die Wohnbedingungen der Fabrikantenfamilie ten Hompel.

2 Vergleiche die Wohnsituation einer großbürgerlichen Familie mit der einer Arbeiterfamilie um 1900 (siehe S. 250f.).

3 Vergleiche die Wohn- und Lebenssituation einer Fabrikantengattin (M3) mit der einer Arbeiterin (M2, S. 251).

4 Überlege – ausgehend von M4 –, wie die Wohnsituation mit den Bildungschancen der Kinder zusammenhängen könnte.

5 Ein Kind einer Fabrikantenfamilie und ein Kind einer Arbeiterfamilie schildern gegenseitig in Briefen ihre Wohnsituation. Fertige zwei Entwürfe an.

6 Erläutere: Wohnen als Repräsentation.

7 Beurteile am Beispiel des Wohnens: Modernisierung bedeutet Verbesserung.

M1 **Telearbeit**, Foto, 1997. Die Arbeit wird zu Hause geleistet.

Frauenemanzipation

Unter Emanzipation wird allgemein die Befreiung aus einer Abhängigkeit verstanden. In unserer Zeit bedeutet Emanzipation der Frauen so viel wie Gleichberechtigung, das heißt Gleichstellung der Frauen gegenüber den Männern.
Haushaltsführung und Kindererziehung waren bis vor etwa 30 Jahren traditionell Aufgabe der Frauen. In wohlhabenden Haushalten gab es für die Aufgaben im Haus Dienstpersonal. Männer gingen als „Ernährer" der Berufsarbeit nach. In Arbeiterfamilien trugen die Ehefrauen oft eine dreifache Belastung: Arbeit in der Fabrik, Haushaltsführung und Kindererziehung. Die Entscheidungsgewalt außerhalb des Hauses, zum Beispiel um einen Kaufvertrag abzuschließen, hatte der Ehemann als „Haushaltsvorstand" bis 1958! Zur Emanzipation der Frauen trugen im 20. Jahrhundert vor allem bessere Bildungschancen, Berufsausbildung und Berufsarbeit bei. In unserer Gesellschaft haben Mädchen und Frauen in Schule und Arbeitswelt dem Gesetz nach die gleichen Chancen wie Jungen und Männer. Entscheidet sich eine Frau für Familie und Beruf, bleibt ihr allerdings auch heute noch häufig eine Mehrbelastung gegenüber dem Mann.

Wohnen im „Computer-Zeitalter"

Wohnen und Arbeiten wieder zu Hause?

In unserer Gesellschaft gibt es eine Vielfalt an Wohnformen. Vorherrschend ist der Wohnungstyp der „Kleinfamilie", bestehend aus Eltern mit einem oder mehreren Kindern. Daran sind auch die Raumbedürfnisse ausgerichtet, ob in einer kleinen Etagenwohnung, in einem Einfamilienhaus oder in der traditionellen Villa des Unternehmers oder Managers. Daneben hat eine andere Wohnform in den letzten Jahrzehnten stark zugenommen: der Einpersonenhaushalt. Studentinnen und Studenten, junge Berufstätige und ältere Menschen leben häufig allein. Die Entfernungen zwischen Wohnung und Arbeitsplatz werden mit modernen Verkehrsmitteln überbrückt.

Die seit der Industrialisierung entstandene strikte Trennung von Wohnen und Arbeiten könnte durch eine andere Form der Arbeit wieder aufgehoben werden: die Telearbeit. Sie stützt sich auf die neuen Informations- und Kommunikationstechniken und wird ganz oder teilweise außerhalb des betrieblichen Arbeitsplatzes ausgeübt. Dabei werden die Arbeitsergebnisse auf elektronischem Wege (Datenaustausch) dem Betrieb übermittelt. Nach Schätzungen sind etwa 5 bis 10 Prozent aller gegenwärtigen Arbeitsplätze in Deutschland „telearbeitstauglich". Frauen und Männern bietet Telearbeit offenbar viele Vorteile, um Kindererziehung und Berufstätigkeit miteinander zu vereinbaren.

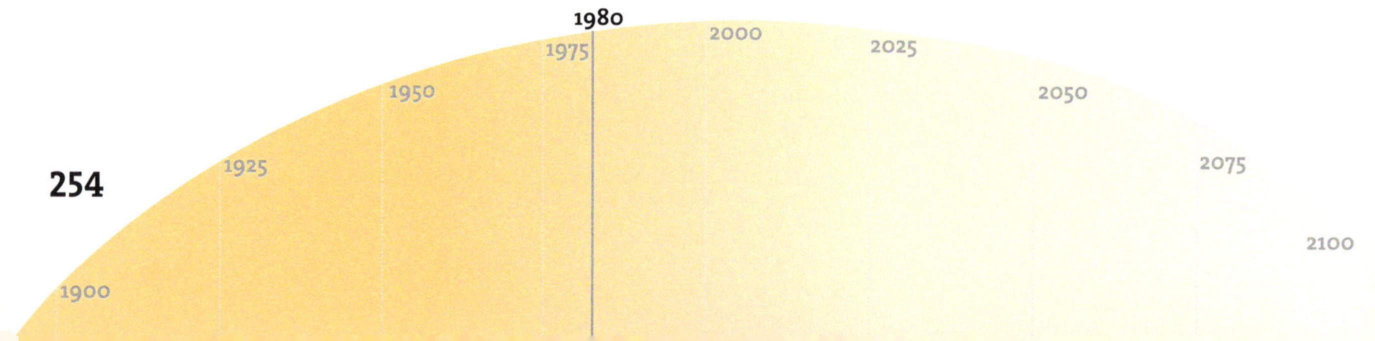

M2 Versicherungspflichtig Beschäftigte in Münster

	Frauen	Männer
1980	42 544	59 433
1990	52 398	62 754
1995	55 586	63 479
1997	56 289	63 629
1998	55 797	62 807

Quelle: Statistische Jahresberichte der Stadt Münster.

M3 Wie werden wir wohnen?

Der Journalist Christian Marquart schreibt im Jahre 2000 über das Wohnen im 21. Jahrhundert:

Es wird … weiter wie gewohnt gewohnt. Immerhin werden die großen Häuser der Zukunft, die auch Stadt und Vergnügungszentrum sein wollen, ein modernisiertes technisches Innenleben haben. „Intelligente Häuser" versprechen durch ausgefeilte Steuerungstechnik eine bessere Wirtschaftlichkeit, nicht zuletzt durch kontrollierten Energieverbrauch. Das intelligente Haus macht das Licht aus, wenn ein Mensch sein Zimmer verlässt, kontrolliert den Inhalt der Hausbar und sorgt für Nachbestellungen. Es signalisiert Defekte und repariert notfalls selbst – wie ein Satellit im All.

Christian Marquart, Die Magie der Metropolen; in: bild der wissenschaft, Heft 1, 2000, S. 86.

1 Erläutere mithilfe des Darstellungstextes, inwiefern sich die heutigen Wohnformen gegenüber früher verändert haben. Ziehe die Seiten 246 ff. hinzu.

2 Erläutere mithilfe des Darstellungstextes und M1 die Telearbeit.

3 Untersuche M2.
a) Was sagen die Zahlen über die Erwerbstätigkeit von Frauen und Männern aus?
b) Überlege, wie sich die gezeigte Entwicklung auf das Wohnen der Männer und Frauen ausgewirkt haben könnte.

4 Beurteile die Telearbeit unter dem Gesichtspunkt „Frauenemanzipation". Ziehe M1, den Darstellungstext und den Begriffskasten heran.

5 Erarbeite einen „Mini-Längsschnitt" über das Wohnen der vergangenen 70 Jahre. Befrage dazu Zeitzeugen (siehe Kasten) und ziehe Fotos heran.

Zeitzeugen befragen

Zeitzeugen sind Menschen, die eine Zeit bewusst erlebt haben und von den Ereignissen aus der eigenen Erfahrung berichten können. Über das Wohnen können z. B. deine Eltern und Großeltern oder Verwandte aus eigenem Erleben erzählen. Wenn ihr eine Befragung zum Thema „Wohnen" durchführen wollt, müsst ihr folgende Schritte beachten:

1. Das Ziel der Befragung bestimmen: Überlegt euch Fragen, z. B.: „Haben sich die Menschen 1960 in ihrer Neubauwohnung wohl gefühlt?" Ihr könnt auch Fragen zur Wohnungseinrichtung, zu Modernisierungen, zu Haushaltsgeräten, zur Hausarbeit usw. stellen.

2. Personen für die Befragung auswählen: Es wird euch nicht möglich sein, mehrere hundert Personen zu befragen, wie es die Meinungsforscher tun können. Deshalb solltet ihr anstreben, möglichst aussagekräftige Antworten zu erhalten. Listet Personen auf, von denen ihr glaubt, dass sie euch präzise Antworten auf eure Fragen geben können.

3. Einen Fragebogen erarbeiten: Sammelt zur Erstellung des Fragebogens alle Fragen, die mit dem vorher festgelegten Ziel der Befragung übereinstimmen. Notiert sie auf Zetteln und fasst sie zu Themengruppen zusammen. Lasst unter den Fragen genügend Platz für die Antworten.

4. Die Befragung durchführen: Informiert die Personen, die ihr befragen wollt, von eurem Vorhaben und bittet um einen Termin. Wenn ihr als Gruppe arbeitet, müsst ihr entscheiden, wer die Fragen stellt und wer die Antworten notiert. Ihr könnt auch mit einem Kassettenrekorder arbeiten.

5. Die Antworten auswerten: Wenn eure Befragung beendet ist, tragt alle Antworten zusammen und vergleicht sie. Das geht am besten, wenn ihr für jede Antwort einen Zettel schreibt und diese an einer Pinnwand sammelt. Ihr könnt so gleiche Antworten zusammenheften. Fasst eure Ergebnisse anschließend zusammen und tragt sie in der Klasse vor.

Wohnen hat Geschichte – ein Längsschnitt

800: Ein Gehöft auf dem Land

Bevor die Städte in Deutschland entstanden, wohnten die allermeisten Menschen in ländlichen Siedlungen. Die norddeutschen Sachsen lebten in Langhäusern, die zusammen mit Nebengebäuden als Gehöfte bezeichnet werden. Die Wohnhäuser hatten eine offene Feuerstelle, die das Haus beheizte und zur Zubereitung der Speisen diente. Eine Teilung des großen Innenraumes durch Zwischenwände gab es nicht. Der Stall für das Vieh befand sich entweder unter demselben Dach in Verlängerung des Wohnhauses oder in einem eigenen Gebäude. Zahlreiche Nebengebäude dienten der handwerklichen Produktion sowie der Lagerung der Vorräte.
Wer die lebensnotwendigen Arbeiten verrichtete, lässt sich nicht sicher sagen. Da alle Hände gebraucht wurden, kann man aber davon ausgehen, dass sich Männer, Frauen und Kinder gleichermaßen an der Feldarbeit und der Versorgung des Viehs beteiligten.

1600: Ein Haus in der Stadt

Städte im ausgehenden Mittelalter und am Beginn der Neuzeit waren eng. Hier stand Haus an Haus. Das typische Bürgerhaus der Kaufleute und Handwerker hatte wie das Bauernhaus einen großen Hauptraum im Innern, die „Diele". Auch hier brannte ein offenes Feuer.
Nach und nach wurden durch Zwischenwände einzelne Räume von der Diele abgetrennt. Zuerst entstanden im hintersten Teil des Hauses, hinter dem Feuer, die Schlafkammern; dann im vordersten Teil, neben der Haustür, zur Straße gelegen, manchmal ein Verkaufsraum und manchmal ein Kontor (Schreibstube, Büro); dann die Küche am Feuer; später seitlich eine Wohnstube mit Ofenheizung oder im zweiten Stockwerk weitere Kammern und Stuben.
Die Arbeit in einer Kaufmanns- oder Handwerkerfamilie war in der Regel klar verteilt: Den Haushalt hatte, von einer jungen Magd unterstützt, die „Hausfrau" zu führen, während der Mann mit Handelsgehilfen und Gesellen den Betrieb führte. Wenn die Frau den Handwerksbetrieb leitete, musste die Hausarbeit von den Töchtern und Mägden übernommen werden.

1900: Enge Wohnung oder Traumvilla

Arbeiterfamilien in den Städten bewohnten in der Zeit der Industrialisierung oft nur einen einzigen Raum, in dem gekocht, gegessen und geschlafen wurde. Neben Vater und Mutter arbeiteten häufig auch die Kinder außerhalb der Wohnung in einer Fabrik. Harte Arbeitsbedingungen und schlechte Wohnverhältnisse waren die Ursachen für schwere Krankheiten und einen frühen Tod.
Unternehmerfamilien ging es besser. Durch Erfolge in Handel oder Produktion war genügend Geld vorhanden, ein großes Haus mit vielen Räumen zu bauen. Stattliche Gebäude, prunkvolle Einrichtung und weitläufige Gartenanlagen dieser neuen Reichen erinnerten an die Lebensweise von Adelsfamilien früherer Zeiten.
Die Arbeit des Unternehmers bestand darin, seine Firma zu organisieren und alle Entscheidungen zu treffen, die die Angestellten und Arbeiter ausführten. Die Unternehmergattin war ohne Beruf und hatte die Aufgabe, mit Unterstützung von Dienstboten den Haushalt zu leiten und am gesellschaftlichen Leben des Ehemanns teilzunehmen. Die Kinder erhielten eine gute Schulbildung und hatten die Möglichkeit zu studieren.

Zeitmaschine

- Stellt euch vor, ihr geratet mit einer „Zeitmaschine"
  – als Bauernfamilie von 800 in ein Bürgerhaus um 1600,
  – als Unternehmerfamilie von 1900 in ein Bauernhaus um 800,
  – als Arbeiterfamilie um 1900 in eine Unternehmervilla,
  – als Bürgerfamilie von 1600 in eine Arbeiterwohnung um 1900.
  Entwerft Dialoge, die Wohnsituationen darstellen, und spielt sie durch. Versucht besonders das unterschiedliche „mitgebrachte Wohnbewusstsein" darzustellen und die damit erfüllten oder auch nicht erfüllten Erwartungen in der neuen Wohnung zu berücksichtigen.

- Stell dir vor, wie du in 30 Jahren wohnen möchtest. Schreibe deine Ideen auf. Nutze auch deine Erkenntnisse aus diesem Kapitel.

Wir wiederholen zentrale Begriffe und Methoden

2000: Wohnen im Computer-Zeitalter

Seit der Mitte des 20. Jahrhunderts begann zunächst eine deutliche Annäherung der verschiedenen Wohnformen. Vorherrschend ist heute der Wohntyp der Kleinfamilie mit Eltern(-teil) und Kind (Kindern). Einen immer größer werdenden Stellenwert nimmt in jüngster Zeit der Einpersonenhaushalt ein. Moderne Verkehrsmittel überbrücken die Entfernungen zwischen Wohnung und Arbeitsplatz. Allerdings zeigt die Telearbeit, dass der Arbeitsplatz heute wieder in die Wohnung zurückkehren kann.
Erwerbsarbeit auch von Frauen ist allgemein üblich geworden, wird aber für Kindererziehung und Hausarbeit häufig immer noch aufgegeben. Berufstätigkeiten wechseln stärker. Die Ortsbindung hat abgenommen. Deswegen sind feste Wohnformen nicht mehr so bestimmend wie früher.

Alltag S. 251

Modernisierung S. 253

Frauenemanzipation S. 254

Unter Emanzipation wird allgemein die Befreiung aus einer Abhängigkeit verstanden. In unserer Zeit bedeutet ...

1. Wohnhaus in Münster, Foto, 2000

2. Seniorenwohnheim in Münster, Foto, 2000

3. Wohnhaus in Münster, Foto, 2000

4. Wohnhaus in Münster, Foto, 2000

5. Höhlenwohnung bei Mauern (Bayern), Foto, 1991

1 Bringe die Abbildungen 1 bis 5 in eine zeitliche Reihenfolge. Welche Wohnungen sind älter, welche jünger? Begründe die Reihenfolge.

Im Lexikon werden Fremdwörter, historische Begriffe und Ereignisse erläutert, die in den Darstellungstexten dieses Buches vorkommen und mit einem * versehen sind. Die Begriffe, die auf den Themenseiten in Kästen erklärt sind, haben einen Verweis auf die entsprechende Seite.

Adel: siehe S. 32
Alltag: siehe S. 251
Annalen: siehe S. 57
Bettelorden. Mönchsorden, die im 12./13. Jahrhundert als Gegenbewegung zu den meist reichen Klöstern entstanden. Mitglieder von Bettelorden gelobten nicht nur die persönliche Armut, sondern auch die Besitzlosigkeit des ganzen Klosters. Zu den bekanntesten Bettelorden gehörten die Franziskaner und die Dominikaner. Sie errichteten einfache Klosterbauten in den Städten. Die Bettelmönche sahen in der Seelsorge ihre Hauptaufgabe. Sie sammelten Almosen für ihren Lebensunterhalt und gaben sie an die Armen der Stadt weiter.
Bischöfe. Ursprünglich die Vorsteher der christlichen Gemeinden. Seit dem 4. Jahrhundert verwaltete der Bischof als oberster Priester ein bestimmtes Gebiet (= Diözese). Im frühen Mittelalter wurden die Bischöfe von den Geistlichen gewählt, im Mittelalter ernannte sie der Papst. Mehrere Bischöfe unterstanden einem Erzbischof.
Bürger(recht): siehe S. 108
Christianisierung: siehe S. 55
Conquista(doren): siehe S. 207
Dreifelderwirtschaft. Bei dieser landwirtschaftlichen Nutzung des Bodens wird das Ackerland eines Dorfes dreigeteilt. Auf einem wird Wintergetreide und auf einem anderen Sommergetreide angebaut; der dritte Teil bleibt ungenutzt (Brache). Auf jedem Feld wechseln diese Anbauformen im festen Rhythmus; es kann sich also in jedem dritten Jahr erholen. In der frühen Neuzeit verzichtete man immer mehr auf die Brache und baute alle drei Jahre Futterpflanzen (Klee) oder Hackfrüchte (Kartoffeln, Rüben) an (Fruchtwechselwirtschaft).
Dschihad. Arab. Bezeichnung für „Heiliger Krieg". Nach muslimischem Glauben ist es die Pflicht der Gläubigen, für die Vergrößerung des Bereichs, in dem Allah als Gott anerkannt wird, zu kämpfen.
Encomendero. Span. Bezeichnung für Landbesitzer in den amerikanischen Kolonien, der sein Land von Hörigen bewirtschaften ließ.
Entdeckungen: siehe S. 197
Evangeliar ist ein Buch mit dem vollständigen Text der vier Evangelien der Bibel. Besonders aus dem frühen Mittelalter ist eine Reihe prachtvoll geschmückter Evangeliare erhalten.
Familie. Im Mittelalter hatte das Wort Familie eine andere Bedeutung als heute: Es bezeichnete die Gemeinschaft aller Menschen eines Fronhofes (vom Grundherrn bis zum → Hörigen); eine „familia" konnte also über 100 Menschen umfassen. In der Stadt sprach man vom „ganzen Haus" und meinte damit alle in einem Haushalt zusammenlebenden Menschen, z. B. den Handwerksmeister, seine Frau, seine Kinder, sein Gesinde, seine Gesellen und seine Lehrlinge. Die Familie bezeichnete also eine Gemeinschaft, die durch Leben und Arbeiten entstanden war. Für Familie in unserem heutigen Sinn gab es im Mittelalter keinen Begriff, sondern Umschreibungen (z. B. „Weib und Kind"). Der Adel und die reichen Bürger legten auf die Abstammung von einem bedeutenden Ahnherrn sowie auf die weiteren verwandtschaftlichen Beziehungen Wert, da sie für das Ansehen, die Geschäftsverbindungen und die Wahl des Heiratspartners entscheidend waren.
Fernhandel. Handel, der einen Warenaustausch über die Grenzen einer Stadt hinaus betreibt.
Feudalismus → Lehnswesen
Fortschritt: siehe S. 184
Frauenemanzipation: siehe S. 254
Frieden: siehe S. 35
Frondienste: siehe S. 23
Fronhof → Grundherrschaft
Frühkapitalismus: siehe S. 193
Geistliche → Klerus
Geldwirtschaft. Im frühen Mittelalter tauschten Menschen ihre Erzeugnisse gegenseitig aus (= Tausch- oder Naturalwirtschaft), sodass Geld kaum eine Rolle spielte. Seit dem 12. Jh. nahm mit dem Aufschwung der Städte und des Handels die Bezahlung mit Geld immer mehr zu. Am meisten verbreitet war der silberne Pfennig, von dem 12 einen Schilling ergaben: 20 Schillinge waren ein Pfund. Viele Städte und Fürsten besaßen das Recht, eigene Münzen zu prägen (Münzrecht); dadurch entstanden zahlreiche unterschiedliche Währungen, die den Handel erschwerten. Seit dem 13. und 14. Jh. erlangten der silberne Heller und der goldene Gulden allgemeine Gültigkeit im Deutschen Reich. Mit der Einführung des Talers versuchte das Reich im 16. Jh. eine Münzvereinheitlichung. Papiergeld gab es erst vom 18. Jh. an.
Genossenschaft. Wenn gleichberechtigte Personen sich freiwillig vereinigt haben, um gemeinsame Angelegenheiten zu regeln, so nennen wir das eine Genossenschaft. Im Mittelalter organisierten z. B. die Bauern eines Dorfes die Nutzung der gemeinsamen Wälder und Weiden.
Gerichtsbarkeit bedeutete das Recht, Gerichte zu halten. Sie war im Mittelalter häufig auf verschiedene Herren aufgeteilt. Die hohe Gerichtsbarkeit (Blutgerichtsbarkeit), die Totschlag, Brandstiftung, Raub und Notzucht

umfasste, wurde vom König, vom Herzog und Grafen ausgeübt. Sie ging im Laufe des Mittelalters an die → Landesherren und Reichsstädte über. Die niedere Gerichtsbarkeit (bei leichteren Vergehen) besaßen auch andere Herren (→ Grundherrschaft). Manche → Genossenschaften und → Stände hatten eine eigenständige Gerichtsbarkeit, so z. B. → Zünfte, Universitäten und der → Klerus. Letzterer unterstand nicht weltlichen, sondern kirchlichen Gerichten, die auch für Laien, z. B. in Ehesachen, wichtig waren.

Gilde: siehe S. 116

Goldene Bulle: siehe S. 146

Graf hieß im frühen Mittelalter der königliche Amtsträger, der in seinem Bereich (Grafschaft) die hohe → Gerichtsbarkeit ausübte, zur Heeresfolge aufrief und den Frieden im Inneren sicherte. Das Amt wurde im 9. Jh. erblich und vom örtlichen → Adel übernommen, der selbst neue Grafschaften gründete. Einige Grafen bauten ihre Herrschaftsbereiche seit dem 12. Jh. zu eigenständigen Gebieten aus und wurden damit zu → Landesherren. Vom 14. Jh. an wurde die Grafenwürde als bloßer Titel ohne Rechte vom Kaiser verliehen.

Grundherrschaft. Die Grundherrschaft bestimmte weitgehend die Wirtschaftsweise und das gesamte Leben der Bauern bis ins 19. Jh. Der Grundherr, z. B. ein Adliger oder ein Kloster, verfügte über das Obereigentum an Grund und Boden und gab ihn an abhängige, oft unfreie Untereigentümer (→ Hörige, → Leibeigene) zur Bewirtschaftung aus. Für den Schutz, den der Grundherr zu gewähren hatte, waren die Hörigen zu Abgaben und Diensten (→ Frondienste) verpflichtet. Der Fronhof war Haupthof und Mittelpunkt einer Grundherrschaft. Er umfasste das Herrenhaus, die Wirtschaftsgebäude sowie Äcker, Wiesen und Wälder. Auf dem Fronhof tagte das Hofgericht des Grundherrn, dem alle Angehörigen des Fronhofes unterworfen waren. Vom 12. Jh. an wurden die Fronhöfe meist aufgelöst und das Land an die Bauern verpachtet.

Handelsgesellschaft. Bezeichnung für ein Unternehmen in der Zeit des → Frühkapitalismus, das überregionale wirtschaftliche Bedeutung hatte. Meist verfügte es über das → Monopol in einem bestimmten Handelsbereich.

Hanse: siehe S. 123

Heerschildfähig. Personen, die in der Lage waren, für ihren Herrn ein Heeresaufgebot zu stellen, waren heerschildfähig und damit in der Lage, ein Lehen zu vergeben (aktive Lehnsfähigkeit) oder zu erhalten (passive Lehnsfähigkeit).

Heiliges Römisches Reich → Reich

Herrenland → Salland

Herzog(tum). Ursprünglich waren Herzöge Anführer ihres Stammes. Als im 9. Jh. die Herrschaft der fränkischen Könige schwächer wurde, entwickelten sich in den Gebieten der einzelnen Stämme (Bayern, Schwaben, Sachsen, Franken, Lothringen) Adelsfamilien zu mächtigen Anführern. Macht und Stellung dieser Stammesherzöge waren der des Königs vergleichbar: Sie waren oberste Richter (→ Gerichtsbarkeit), erließen Gesetze, riefen zur Heeresfolge auf und sicherten den Frieden ihres Stammes. Bis in die Zeit Kaiser Friedrichs I. (1152–1190) bildeten die Stammesherzogtümer eine wichtige Grundlage des Deutschen Reiches, dann wandelten sie sich durch Auflösung und Teilung zu Gebietsherzogtümern, zu denen zahlreiche Neugründungen hinzukamen. Die Herzöge herrschten jetzt über ein bestimmtes Gebiet unabhängig von der Stammeszugehörigkeit der Bewohner; vom 13. Jh. an wurden sie zu → Landesherren.

Hof ist der Haushalt und Regierungssitz eines Herrschers. Im frühen und hohen Mittelalter bildeten die Adligen, die den König auf seinen Reisen begleiteten, seinen Hof. Es entwickelten sich feste Hofämter (z. B. Mundschenk) heraus; besonders wichtig war der Kanzler, der für das „Büro" des Königs verantwortlich war. Seit dem Spätmittelalter wurde der Hof einerseits immer mehr zum Zentrum einer ausgedehnten, von Beamten getragenen → Verwaltung; andererseits wurde das Hofleben zum gesellschaftlichen Mittelpunkt für die adlige Oberschicht. Feste wurden häufig und prunkvoll gefeiert. Manche Höfe wurden zu Zentren der Kultur, an denen bedeutende Musiker und Dichter wirkten .

Hörige: siehe S. 23

Hufen(land). Mittelalterliche Bezeichnung für eine Ackerfläche, die zur Ernährung einer bäuerlichen Familie ausreichte. Die Bauern, die das Hufenland bewirtschafteten, waren im hohen Mittelalter meistens die → Hörigen des Grundherrn.

Humanismus: siehe S. 176

Industrialisierung. Ein tief greifender wirtschaftlicher und gesellschaftlicher Wandlungsprozess, der zuerst in England um 1770, dann auf dem europäischen Kontinent und noch später in anderen Weltteilen einsetzte und bis heute nicht abgeschlossen ist. Im Mittelpunkt stehen die Einführung und Fortentwicklung der industriellen Produktionsweise (neue Energiequellen, Maschinen, Fabrik, Arbeitsteilung, zunehmend auf wissenschaftlicher Grundlage, das Wachstum des Sozialprodukts) und die Umverteilung der Erwerbstätigkeit von der Landwirtschaft ins Gewerbe und in den Dienstleistungsbereich. Die erste Phase der Industrialisierung wird auch als Industrielle Revolution bezeichnet (in Deutschland von ca. 1840 bis 1873).

Inquisition. Lat. Bezeichung für eine gerichtliche Untersuchung. Im engeren Sinne versteht man unter Inquisition die Gerichte der katholischen Kirche, die seit dem 13. Jahrhundert die → Ketzer und später auch die „Hexen" verfolgten.

Insignien = Herrschaftszeichen (z. B. die Amtskette des Bürgermeisters). Der deutsche König besaß als Insignien die Krone, das Zepter, den Reichsapfel und das Schwert. Der Papst trägt die Tiara (weiße Haube mit drei Kronreifen), der Bischof ist an der Mitra (spitze weiße Haube) und dem Krummstab zu erkennen.

Investitur: siehe S. 137

Islam: siehe S. 90

Kaiser. Der höchste weltliche Herrschertitel in Europa entstand aus dem Namen Caesars. Mit der Kaiserkrönung Karls des Großen 800 lebte die römische Kaiseridee wieder auf. Seit 962 erhielten alle deutschen Könige auch den Kaisertitel. Das Krönungsrecht lag beim Papst, der damit auch auf den weltlichen Bereich Einfluss nahm.
Die mittelalterlichen deutschen Kaiser verbanden mit der Kaiserkrone den Herrschaftsanspruch über Italien und die Einflussnahme auf die Kirche (→ Reich).

Kathedrale: siehe S. 118

Ketzer: siehe S. 78

Kirchenbann. Begeht ein Mensch ein schweres Verbrechen oder weicht er von der rechten Lehre ab, so kann die Kirche als schärfste Strafe über ihn den Kirchenbann (= Exkommunikation) verhängen, so wie die weltliche Gewalt die → Reichsacht aussprechen kann. Damit wird er von den Sakramenten (z. B. Abendmahl) und aus der christlichen Gemeinschaft ausgeschlossen, d. h., kein Christ darf mit ihm sprechen, Geschäfte betreiben usw. Der Kirchenbann kann nach auferlegter Buße wieder aufgehoben werden. Vom Spätmittelalter an verlor er an Wirkung.

Kirchenzehnt war eine regelmäßige Abgabe an die Kirche, die ursprünglich ein Zehntel des landwirtschaftlichen Ertrages (Getreide, Vieh, Wein, Früchte) betrug. Der Zehnt wurde zwischen dem Bischof, dem Pfarrer und der Armenfürsorge aufgeteilt und außerdem für den Kirchenbau verwendet.

Klerus. Zum Klerus gehören alle Personen, die durch eine kirchliche Weihe in den Dienst der Kirche getreten sind (= Geistliche). Die Geistlichen besaßen als eigener → Stand bis ins 19. Jh. den Nichtklerikern (Laien) gegenüber Vorrechte (→ Privileg). Sie unterstanden eigenen Richtern (→ Gerichtsbarkeit), zahlten meist keine Steuern und erhielten den → Kirchenzehnt. An der Spitze des katholischen Klerus stehen der Papst mit weltweiter Amtsgewalt und die Bischöfe als Vorsteher eines begrenzten Amtsbezirks (= Diözese). Die Diözese ist aufgeteilt in einzelne Pfarrbezirke unter je einem Priester. Die hohen wie die niederen Kleriker nennt man Weltgeistliche, weil sie – im Gegensatz zu den zurückgezogen im Kloster lebenden Mönchen und Nonnen (→ Kloster) – in der Welt der Laien leben.

Kloster: siehe S. 81

Kolonie/Kolonialismus. Eine Kolonie ist ein abhängiges, in der Regel überseeisches Gebiet eines Staates, in dem sich dessen Angehörige niedergelassen und die eingesessene Bevölkerung unterworfen haben. Unter Kolonialismus versteht man eine Politik, die sich Rohstoffe, Absatzmärkte und Siedlungsgebiete durch Eroberung und Aneignung von Kolonien zu verschaffen sucht. Diese seit dem 15. Jh. von vielen europäischen Staaten verfolgte Politik diente in erster Linie dazu, die eigene Macht zu vergrößern.

Königswahl. Der deutsche König im Mittelalter wurde von den Fürsten und Bischöfen gewählt. Im Mittelalter entschied bei einer Wahl nicht die zahlenmäßige Mehrheit, sondern das Ansehen und der Rang der Wähler. So konnte sich z. B. eine Minderheit angesehener Männer bei einer Wahl durchsetzen; man ging davon aus, dass ihre Stimmen gewichtiger waren, weil sie den „besseren Teil" der Wähler darstellten. Es kam allerdings vielfach zu strittigen Wahlergebnissen. Durch festgelegte Verfahren und eingegrenzte Wählerschaft versuchte man dieses Problem zu lösen: So bestimmte die → Goldene Bulle (1356), dass nur die sieben Kurfürsten den deutschen König wählten. Im Papstwahldekret (1059) war festgelegt, dass nur die Kardinäle den Papst wählen durften.

Konfession: siehe S. 222

Konzil ist eine Versammlung von Bischöfen und anderen hohen Geistlichen (→ Klerus) zur Beratung und Entscheidung von Glaubensfragen und kirchlichen Angelegenheiten. Auch die Kaiser als oberste Schutzherren der Kirche beriefen Konzile ein. Seit dem Investiturstreit beanspruchten die Päpste diese Befugnis ausschließlich für sich. In der evangelischen Kirche werden Versammlungen von Geistlichen und Laien als Konzil bezeichnet.

Kurfürsten → Goldene Bulle

Landesherr ist ein Herr über ein fest umrissenes Gebiet (= Territorium) des Reiches. Seit dem 11. Jh. entstand im Deutschen Reich durch Zusammenfassung der verschiedenen Herrschaftsrechte die Herrschaft über ein Gebiet. Während sich vor dem Aufkommen der Landesherren Herrschaft in erster Linie auf Personen, unabhängig von deren Wohnsitz, richtete (→ Lehnswesen), sind nun die Bewohner eines Territoriums der Gewalt des Landesherrn unterworfen (→ Gerichtsbarkeit, → Verwaltung). Jeder Landesherr (z. B.

ein → Graf oder → Herzog) musste sich beim Ausbau seiner Herrschaft gegen benachbarte Herren durchsetzen, die dasselbe Ziel verfolgten. Vom 13. Jh. an gelang es großen Herren, sich wichtige Befugnisse vom König übertragen zu lassen oder an sich zu reißen.

Lehnswesen: siehe S. 65

Leibeigene waren persönlich abhängig von ihrem Herrn (Leibherrn). Die Leibeigenen konnten ohne Zustimmung des Herrn nicht heiraten; sie mussten an ihn eine jährliche Kopfsteuer (vielfach 1 Huhn) entrichten. Nach dem Tod hatten die Erben eine beträchtliche Vermögensabgabe zu leisten: das beste Stück Vieh oder das beste Kleidungsstück oder sogar die Hälfte der beweglichen Habe. In Deutschland begann die Abschaffung der Leibeigenschaft im 18. Jh.

Lepra: siehe S. 75

Markt: siehe S. 120

Ministerialen (= Dienstmannen) waren ursprüngl. Unfreie (→ Hörige, → Leibeigene). Seit dem 10. Jh. wurden sie von ihren Herren mit Verwaltungs- und Kriegsdiensten beauftragt. Sie waren für Könige, Fürsten, Bischöfe oder Äbte unentbehrlich. Seit dem 12. Jh. verbanden sie sich mit dem → Adel zum Ritterstand. Im Spätmittelalter verloren sie die Unfreiheit und gehörten zum niederen Adel.

Mission: siehe S. 55

Modernisierung: siehe S. 253

Monopol: siehe S. 191

Monotheismus. Nach den griechischen Wörtern monos (= einzig) und theos (= Gott) Bezeichnung für den Glauben an einen einzigen Gott. Nach dem Judentum entstanden zwei weitere monotheistische Religionen: das Christentum und der Islam. Der Gegensatz zum Monotheismus ist der Polytheismus (griech. polys = viel). Polytheistische Religionen wie die der alten Ägypter, Griechen oder der Hochkulturen der Inka und Azteken hatten viele Götter.

Ordens(regel). Ein Orden ist eine Gemeinschaft von Männern (Mönchen) oder Frauen (Nonnen), die sich in einem Gelübde feierlich verpflichten, ihr Leben in den Dienst Gottes zu stellen. Sie ziehen sich aus der Welt zurück und leben nach festen Regeln in einem → Kloster. Seit der Spätantike entstanden überall in Europa Klöster. Viele übernahmen die von Benedikt v. Nursia im 6. Jh. aufgestellte Ordensregel. Sie verpflichtete zu regelmäßigem Gebet und Gottesdienst und zum Gehorsam gegenüber dem Abt bzw. der Äbtissin. Noch enger war der Zusammenhalt bei den → Bettelorden oder dem Jesuitenorden (16. Jh.). Neben den Mönchsorden gab es → Ritterorden. Es gab eine Vielzahl ordensähnlicher Lebensformen, z. B. die Beginen, Frauengemeinschaften, die ihren Lebensunterhalt durch Krankenpflege und Handarbeit sicherten.

Papsttum: siehe S. 52

Parlament: siehe S. 167

Patrizier: siehe S. 109

Personenverbandsstaat: siehe S. 66

Pfalz. Von lat. palatium = Palast. Wohnsitz der mittelalterlichen Könige. Da die Könige nicht in einer Hauptstadt residierten, sondern umherreisten („Reisekönigtum"), gab es an mehreren Orten des Reiches Pfalzen. Der König hielt sich zeitweise dort auf, um Recht zu sprechen. Wichtige Pfalzen waren in Aachen, Ingelheim, Gelnhausen und Goslar.

Pogrom. Russ. Bezeichnung für gewalttätige Ausschreitungen und Verfolgungen gegen Menschen, die einer Minderheit angehören.

Privileg: siehe S. 107

Protestanten/Protestantismus. Auf dem Reichstag zu Speyer (1529) erhoben die evangelischen → Reichsstände und Anhänger Luthers Einspruch gegen den Beschluss, das Wormser Edikt und damit die Verfolgung Luthers als Ketzer durchzusetzen. Seit diesem Einspruch ist die Bezeichnung Protestanten für die Anhänger einer reformatorischen Lehre üblich.

Rationalismus. Von lat. ratio = Vernunft, Verstand. Seit Ende des 16. Jh. vertraten immer mehr Gelehrte in Europa die Auffassung, dass der Mensch sein Wissen durch eigenes Nachdenken und Forschen gewinnt. Dahinter stand die Überzeugung, dass die Welt von mathematischen Gesetzen bestimmt ist. Erfahrung und religiöser Glaube traten demgegenüber zurück.

Reconquista. Span. Bezeichnung für Rückeroberung. Mit Reconquista wird die christliche Eroberung der seit 711 von Muslimen beherrschten Iberischen Halbinsel bezeichnet.

Reformation: siehe S. 221

Reich war im Mittelalter das Herrschaftsgebiet eines Königs. Von anderen Reichen unterschied sich das Deutsche Reich dadurch, dass es den Anspruch erhob als Kaiserreich den europäischen Königreichen übergeordnet zu sein. Die Kaiser, die auch in besonderer Weise zum Schutz der Kirche verpflichtet waren, sahen sich als Nachfolger der römischen Kaiser, weswegen ihr Reich „Heiliges Römisches Reich" genannt wurde. Es ging weit über die heutigen Grenzen Deutschlands hinaus und umfasste z. B. auch Burgund und Oberitalien.

Reichsacht: siehe S. 144

Reichsfürst. Hoher Adliger im Mittelalter, der keinen Lehnsherren zwischen sich und dem König hatte.

Reichskirche: siehe S. 69

Reichsstände: siehe S. 237

Reichstag. Im Mittelalter rief der deutsche König die Vertreter der → Reichsstände (Reichsfürsten, Vertreter der

Reichs- und Bischofsstädte) zu Hoftagen zusammen. Diese in unregelmäßigen Abständen vom König einberufene Versammlung wurde seit 1495 Reichstag genannt. Seit 1663 trat der Reichstag als ständiger Kongress, als „Immer währender Reichstag" zusammen. Seine Kompetenzen waren nicht eindeutig festgelegt, er beschäftigte sich aber mit Reichsgesetzen und -steuern, Entscheidungen über Krieg und Frieden und dem Heereswesen.

Reisekönigtum → Pfalz

Renaissance: siehe S. 175

Ritter: siehe S. 40

Ritterorden: siehe S. 156

Salland gehörte zum Hof des Grundherrn (→ Grundherrschaft) und wurde von den →Leibeigenen des Grundherrn bewirtschaftet.

Staat ist ein Gebiet mit festgelegter Grenze, in dem die Ausübung von Gewalt ausschließlich der Regierung und Verwaltung übertragen ist und in dem der Träger der Souveränität Recht setzen kann. Im Mittelalter gab es noch keinen Staat in diesem Sinne, da noch keine klaren Grenzlinien vorhanden waren und bestimmte Bevölkerungsgruppen das Recht hatten, Unrecht selbst zu rächen (Fehde). Der moderne Staat entstand in Deutschland am Ende des Mittelalters mit der Stärkung der → Landesherren und mit der Aufhebung des Fehderechts.

Städtische Selbstverwaltung: siehe S. 126

Stand/Ständegesellschaft: siehe S. 36

Steuern sind einmalige oder regelmäßige Abgaben an die Obrigkeit. Im Mittelalter musste ein Fürst die Ausgaben aus eigenen Einnahmen (z. B. grundherrliche Abgaben, Zölle, Geldstrafen) bestreiten. Reichten diese nicht aus, z. B. im Kriegsfall, musste der Fürst seine Untertanen oder deren Vertreter (→ Stände, → Parlament) bitten, ihm Gelder zu bewilligen. Eigenmächtig durfte der Fürst nicht in das Vermögen seiner Untertanen eingreifen.

Territorium → Landesherr

Urkunde ist ein Schriftstück, das ein Gesetz, einen Vertrag oder ein → Privileg enthält. Im Mittelalter konnten nur wenige Menschen lesen und schreiben, deshalb wurden viele Vereinbarungen zwischen Menschen mündlich getroffen. Schriftlichkeit war besonders dann notwendig, wenn der Rechtsinhalt viele Menschen betraf oder über mehrere Generationen gültig sein sollte, so z. B. wenn ein König ein Gesetz erließ oder wenn ein Graf einem Kloster Land schenkte. Da im Mittelalter viele Urkunden gefälscht wurden, war der Beweis der Echtheit wichtig: Dazu wurden am Schluss der Urkunde Zeugen aufgeführt, ein Siegel angebracht und (im Spätmittelalter) Unterschriften hinzugefügt. Das Siegel wurde aus Wachs, manchmal aber auch aus Blei oder Gold gefertigt; nach dessen Schutzkapsel (lat. „bulla") wurde auch die ganze Urkunde als Bulle bezeichnet.

Verfassung. Eine Verfassung bestimmt die grundlegende Ordnung eines Staates, die Aufgaben und Rechte seiner Organe sowie die Rechte und Pflichten der Bürger. Seit dem 18. Jh. forderte man, dass die Regeln schriftlich niedergelegt würden. Auch bevor es eine Verfassung in diesem modernen Sinn gab, waren die Rechte und Zuständigkeiten von Herrschern und → Ständen durch Abstammung und Privilegien festgelegt. Die Herrscher konnten durch Erteilung neuer Rechte die Verfassung ändern. Eine Verfassung änderte sich auch durch Verträge zwischen Herrscher und Ständen, zum Beispiel durch die Magna Charta. Eine wichtige Verfassungsurkunde des Deutschen Reiches war die Goldene Bulle, welche die Königswahl regelte.

Verlagssystem: siehe S. 189

Verwaltung nennt man die Wahrnehmung der Aufgaben des → Staates durch Amtsträger. Im Mittelalter gab es Ansätze einer solchen Verwaltung erstmals im Sizilien der normannischen und staufischen Könige. Sie verließen sich nicht mehr bloß auf ihre Vasallen, sondern bevorzugten Amtsträger, die sie einsetzen, besolden und abberufen konnten. In Deutschland zogen die Kaiser → Ministerialen und Geistliche als Helfer heran. Eine Verwaltung im modernen Sinn entstand jedoch erst in den Fürstentümern des späten Mittelalters; vom → Landesherrn abhängige, juristisch gebildete und oft aus dem Bürgertum stammende Räte verdrängten den Adel als Ratgeber der Fürsten.

Völkerwanderung. Bezeichnung für eine Völkerbewegung, die ihre Ursache in Landmangel, Klimaverschlechterung oder Vertreibung durch andere Völker hat. Mit dem Begriff wird üblicherweise die germanische Völkerwanderung bezeichnet, die 375 mit dem Einfall der Hunnen in Europa ihren Höhepunkt hatte und um 500 endete. Aus der Verschmelzung der antiken römischen Kultur mit der Lebensweise der germanischen Völker und dem Christentum entstand die mittelalterliche Welt und mit ihr das Frankenreich.

Weistum. Schriftlich niedergelegte Aussage über das geltende Gewohnheitsrecht im Dorf.

Zunft: siehe S. 116

Informationen beschaffen

Eine Bibliothek benutzen (Bd. 1)

1. Schritt: Besuch vorbereiten
Erkundigt euch nach den Öffnungszeiten. Fragt nach Leseausweis und Leihgebühr.

2. Schritt: Titel suchen
Alle Bücher einer Bibliothek sind in einem „Katalog" verzeichnet. Der Katalog ist entweder in einem Schubladenschrank untergebracht oder über einen Computer zugänglich. Erkundigt euch bei eurem ersten Besuch, wie man die Kataloge benutzt. Der Katalog enthält Titel und Signatur (Buchstaben/Zahlenkombination), die nötig sind, um die Bücher im Regal zu finden. Häufig gibt es einen Extrakatalog für CD's, Videos und Kassetten.

3. Schritt: Verschiedene Kataloge benutzen
Es gibt immer einen Autoren- und einen Schlagwortkatalog. Der Autorenkatalog hilft, wenn euch der Autor des Buches oder der CD bekannt ist. Der Schlagwortkatalog erleichtert den Einstieg in ein Thema, z. B. Steinzeit, Ritter, Hexen. Wenn ihr die gewünschten Bücher oder anderen Medien im Katalog gefunden habt, notiert euch die Signaturen.

4. Schritt: Buch ausleihen
Entnehmt die Bücher oder andere Medien dem Regal, wo ihr häufig weitere Bücher/Medien zum selben Thema findet.

Tipp: Informationen festhalten
Bücher und andere Medien müsst ihr nach einer bestimmten Zeit zurückgeben. Notizen aus den Büchern, Fotokopien, Skizzen usw. solltet ihr deshalb nach Stichwörtern ordnen und z. B. in einem Hefter oder auf Karteikarten sammeln.

Das Internet nutzen (S. 119)

1. Schritt: Suchabsicht festlegen und Adressen bereitstellen
– Damit du nicht planlos im Internet surfst, solltest du vorher genau festlegen, worüber du Informationen finden möchtest (z. B. bestimmte Städte, Sehenswürdigkeiten).
– Notiere Adressen, von denen du weißt oder vermutest, dass sie dich weiterbringen können. Die Internet-Adressen von Städten sind meistens nach folgendem Muster aufgebaut, z. B.: www.koeln.de, www.speyer.de.

2. Schritt: Suche durchführen und Informationen auswählen
– Fast jede Homepage einer Stadt enthält verschiedene Links, sie heißen z. B „Stadtplan", „Panorama", „Stadtführung", „city-guide".
– Kläre, wie du die Informationen sicherst (herunterladen/speichern, sofort ausdrucken, handschriftliche Notizen).

3. Schritt: Ergebnisse ordnen
– Wenn du das Material gesammelt hast, musst du es sichten und ordnen. Wichtig ist, dass du überprüfst, welche Informationen doppelt, unwichtig, veraltet oder vermutlich fehlerhaft sind. Diesen „Infomüll" sortierst du aus.
– Überlege, welche Informationen sich für dein Vorhaben (Referat, Besichtigung o. Ä.) eignen.

4. Schritt: Ergebnisse bewerten
Abschließend solltest du dich z. B. mit der Klasse austauschen, ob die Internet-Suche erfolgreich war.
– Konntest du die Informationen finden, die du gesucht hast?
– Bist du mit den Informationen zufrieden?
– In welchem Verhältnis standen der Zeitaufwand und der Wert der Ergebnisse?

Orte erkunden

Eine Exkursion durchführen (Bd. 1)

1. Schritt: Informationen besorgen
Beschafft euch zunächst Übersichtspläne und Informationsmaterial von der Einrichtung, die ihr besuchen wollt.

2. Schritt: Organisation
Klärt, welcher Termin infrage kommt und ermittelt Fahrzeiten und Fahrpreise der günstigsten Verkehrsmittel. Stellt vor der endgültigen Entscheidung fest, was die Fahrt wohl insgesamt kosten wird.

3. Schritt: Themen in der Schule vorbereiten
Sichtet das Informationsmaterial, entscheidet über die Arbeitsschwerpunkte, teilt euch in Gruppen ein. Jede Gruppe bereitet ein Teilthema vor und bearbeitet es vor Ort. Formuliert Einzelfragen, die ihr bearbeiten wollt. Bleibt aber auch offen für Unbekanntes.

4. Schritt: Orientierung und Entdeckungen
Verschafft euch vor Ort gemeinsam bei einem Rundgang einen ersten Überblick. Die einzelnen Gruppen können als Experten schon Informationen geben.
Anschließend gehen die Gruppen an die Arbeit: Notizen, Skizzen, Fotos (Video?) anfertigen.

5. Schritt: Befunde auswerten und dokumentieren
Wertet eure Arbeitsergebnisse in der Schule aus. Jede Gruppe berichtet. Entscheidet, wie ihr eure Ergebnisse dokumentieren wollt. Einige Anregungen:
– ein Exkursionsbuch anlegen,
– eine Wandzeitung erstellen,
– Spielszenen/Hörspiel produzieren,
– eine Reportage für die Schülerzeitung erstellen.

Eine Erkundung durchführen (S. 31)

1. Schritt: Erkundung vorbereiten
– Anschriften ermitteln und telefonisch Kontakt aufnehmen.
– Terminabsprache mit dem Betrieb (Rücksicht z. B. auf Arbeitsbelastung, Wetter).
– Fragen zur Kleidung, zum Verhalten, zur Sicherheit klären.
– Arbeitsmittel zusammenstellen (Fotoapparat, Kassettenrekorder, Skizzenblock u. a.).
– Fragen sammeln, ordnen und einen Fragebogen zusammenstellen.
– Aufgaben verteilen.

2. Schritt: Erkundung durchführen
– Rundgang in der Gruppe durch den Betrieb.
– Alle notierten Fragen stellen.
– Antworten und weitere Beobachtungen notieren.
– Fotos machen; bei Bedarf Lageplan anfertigen.

3. Schritt: Antworten auswerten und Ergebnisse präsentieren
– Fragebogen in Gruppen auswerten.
– Ergebnisse dokumentieren, z. B. Antworten ordnen und, mit Fotos ergänzt, als Wandzeitung gestalten.
– Die Ergebnisse können mit weiteren Bildern, Grafiken und Texten ergänzt werden und zu einem Beitrag für die Schülerzeitung oder Lokalzeitung ausgearbeitet werden.
Tipp: Ein Exemplar an den besichtigten Betrieb schicken!

Ein Museum besuchen (S. 21)

1. Schritt: Museumsbesuch vorbereiten
Klärt zunächst die organisatorischen Fragen:
– Wann wollt ihr fahren, wie lange soll der Ausflug dauern (halber Tag, ganzer Tag, im Rahmen einer mehrtägigen Klassenfahrt)?
– Lasst euch vom Museum Informationsmaterial schicken und informiert euch über Verkehrsverbindungen, Öffnungszeiten, Eintrittspreise, Arbeitsräume, Verpflegungsmöglichkeiten, Übersichtspläne oder Arbeitsblätter des Museums. Gibt es Tage mit besonderen Vorführungen?

2. Schritt: Vorerfahrungen und Erwartungen aufschreiben
Schreibe deine Erwartungen an das Museum auf: Welche Museen hast du schon einmal besucht? Was hat dir dabei (nicht) gefallen? Was müsste ein Museum bieten, damit es dir gefällt?

3. Schritt: Themen festlegen und „Expertengruppen" einteilen
Sucht euch Themen, über die ihr euch im Museum informieren wollt (Vorschläge siehe unten). Teilt euch in Gruppen ein und bereitet euer Thema vor (Schulbuch, Lexika). Formuliert Fragen.

4. Schritt: Museumsbesuch durchführen
Verschafft euch einen Überblick über die Ausstellungsstücke (einzeln oder mit einer Führung). Bildet anschließend Gruppen und untersucht die Ausstellungsstücke nach Arbeitsschwerpunkten.

5. Schritt: Ergebnisse präsentieren
Eure Ergebnisse könnt ihr entweder mündlich im Museum (z. B. im Arbeitsraum) präsentieren oder anschließend in der Schule (kleine Ausstellung, Beitrag für die Schülerzeitung).

6. Schritt: Museumsbesuch in der Kritik
Diskutiert darüber, was euch der Museumsbesuch gebracht hat. War er geeignet, um neue Informationen zu sammeln, oder vielleicht eher, um Bekanntes zu veranschaulichen?

Interviews führen

Experten befragen (S. 86)

1. Schritt: Fragen sammeln
– Notiert alle Fragen, die euch einfallen.
– Stellt sie zu einem Fragenkatalog zusammen. Überlegt dabei, welche sich einem gemeinsamen Thema zuordnen lassen (z. B. Motive für den Klostereintritt, Tagesablauf, Zusammenleben im Kloster usw.).

2. Schritt: Kontakt aufnehmen
– Besprecht, wen und wie viele Personen ihr einladen wollt (z. B. Mönch oder Nonne, junges Ordensmitglied oder Äbtissin).
– Nehmt telefonisch oder brieflich Kontakt auf und übergebt euren Fragenkatalog, damit die Experten sich vorbereiten können.

3. Schritt: Befragung vorbereiten
– Einigt euch mit den Experten auf Termin und zeitlichen Rahmen des Treffens (eine Befragung sollte nicht länger als zwei Stunden dauern!).
– Legt vorher fest, wer die Gesprächsführung übernimmt (Schüler/-in oder Lehrkraft).
– Bereitet den Raum vor (Stuhlkreis, Anordnung der Tische in U-Form)

4. Schritt: Befragung durchführen
– Die Gesprächsleitung begrüßt die Gäste und stellt sie vor. Jeder von euch stellt ein Namensschild vor sich oder nennt seinen Namen, wenn er sich zum ersten Mal meldet.
– Die Gesprächsleitung achtet darauf, dass der Fragenkatalog beantwortet wird. Wenn etwas unklar bleibt, könnt ihr nachfragen.
– Am Ende dankt ihr dem Experten (evtl. mit einem kleinen Geschenk).
– Wenn der Gast einverstanden ist, könnt ihr das Gespräch auf Tonband oder Video aufzeichnen. Für

die Auswertung genügt es allerdings, wenn zwei von euch Protokoll führen.

5. Schritt: Antworten auswerten
Überprüft anhand des Fragenkatalogs, welche Antworten ihr erhalten habt. Sind Lücken geblieben? Warum? Diskutiert anschließend in der Klasse, ob sich der Expertenbesuch gelohnt hat.

Texte, Bilder, Karten, Kunstwerke untersuchen

Schriftliche Quellen interpretieren (S. 57)

1. Schritt: Fragen zum Verfasser
– Wann und von wem wurde der Text verfasst?
– Hat der Verfasser das Geschehene selbst erlebt oder später aufgeschrieben? Zu welchem Zweck wurde der Text geschrieben?
– Lässt sich ein bestimmter Standpunkt des Verfassers vermuten?

2. Schritt: Fragen zum Text
– Wie ist der Text aufgebaut?
– Gibt es „Schlüsselbegriffe"?
– Was ist die Hauptaussage?
– Sind die Aussagen in sich widersprüchlich oder glaubwürdig?

3. Schritt: Weitere Informationen heranziehen
– Gibt es Quellen und Darstellungen, die mit der vorliegenden übereinstimmen oder ihr widersprechen?

Textquellen vergleichen (S. 140 f.)

1. Schritt: Jede Quelle einzeln erschließen
Siehe „Schriftliche Quellen interpretieren", (Arbeitsschritt 2, S. 57).

2. Schritt: Glaubwürdigkeit der Texte überprüfen
Kläre folgende Fragen:
– Wann sind die Texte geschrieben worden? Wie groß ist der zeitliche Abstand zwischen Ereignis und Bericht? Waren die Autoren Augenzeugen? Wenn nicht: Wen geben sie als Informanten an?
– Ist eine Wertung (durch die Autoren oder deren Informanten) zu erkennen?

3. Schritt: Inhalte vergleichen
Stelle fest,
– welche Informationen übereinstimmen,
– ob es Einzelheiten gibt, die nicht in allen Texten erscheinen bzw. unterschiedlich genau oder ausführlich wiedergegeben werden,
– ob das, was berichtet wird, logisch ist oder Unstimmigkeiten enthält.

4. Schritt: Weitere Informationen sammeln
Um die Aussagen der Texte zu überprüfen bzw. Fragen zu klären, musst du weitere Quellen und wissenschaftliche Informationen (z. B. Lexika, Sachbücher) heranziehen.

5. Schritt: Ergebnisse formulieren
Vergleiche die Notizen aus den einzelnen Arbeitsschritten miteinander. Ergänze dann die Ergebnisse durch Sachinformationen. Nenne die Widersprüche und Unklarheiten, die du bei der Textarbeit festgestellt hast und nicht beseitigen konntest. Prüfe, ob sie für die Wertung der Ergebnisse von Bedeutung sind.

Texte aus Jugendbüchern erarbeiten (S. 98)

1. Schritt: Den Text inhaltlich erschließen
– Wovon handelt der Text?
– Wer sind die Hauptpersonen? Vertreten sie bestimmte Berufs- oder Bevölkerungsgruppen oder gesellschaftlich wichtige Ämter?
– Handeln die Personen selbstständig oder führen sie Anweisungen aus?
– Wird das Geschehen aus Sicht der Hauptpersonen dargestellt oder kommen andere Sichtweisen dazu?

2. Schritt: Den historischen Hintergrund prüfen
– Wird die Handlung mit geschichtlichen Daten, Plätzen, Personen oder Ereignissen verbunden?
– Wird die Handlung in größere geschichtliche Zusammenhänge oder Entwicklungen eingebunden?

3. Schritt: Die Darstellungsweise kritisch hinterfragen
– Wird deutlich, welche Vorgeschichte ein Ereignis hat, aus welchen Motiven eine Person handelt, welche Ziele sie verfolgt?
– Wie werden Lebensformen erklärt und gewertet, die in jener Zeit ungewöhnlich waren?
– Sind die Erklärungen für andere Lebensformen überzeugend, können sie (von dir) überprüft werden?

4. Schritt: Die Nähe zu eigenen Erfahrungen messen
– Lassen sich Verbindungen herstellen zwischen den geschilderten Ereignissen und Situationen, die du selbst erlebt hast?
– Kannst du dich in die Personen hineinversetzen und überlegen, wie du in der entsprechenden Situation handeln würdest?
– Fordert der Text dich auf, dein eigenes Denken und Handeln kritisch zu überprüfen?
– Gibt der Text Anlass, sich mit aktuellen Themen auseinander zu setzen?

Eine Bildquelle entschlüsseln (S. 62)

1. Schritt: Einzelne Bildelemente erfassen
– Welche Personen und Gegenstände sind dargestellt? Wie sind sie dargestellt (Gestaltung, Größe, Kleidung, Farben)?
– Wo befinden sich die Personen und Gegenstände?

2. Schritt: Bildelemente zusammenfügen
– Lassen sich die Bildelemente in einen sinnvollen Zusammenhang bringen?
– Welche erste Deutung ergibt sich beim Zusammenfügen der Elemente?
– Welche Fragen bleiben offen?

3. Schritt: Zusätzliche Informationen heranziehen
– Wo gibt es weitere Informationen (z. B. Bildunterschrift, weitere Abbildungen, schriftliche Quellen, wissenschaftliche Darstellungen)?
– Was lässt sich über den Künstler bzw. Auftraggeber und seine Absicht herausfinden?

4. Schritt: Gesamtdeutung des Bildes formulieren
– Formuliere mithilfe der Bildelemente und Zusatzinformationen eine zusammenfassende Aussage.
– Bleiben Fragen in der Gesamtdeutung offen?

Bilder vergleichen (S. 182 f.)

1. Schritt: Einzelheiten der Bilder erfassen
Sieh dir jedes Bild genau an und erarbeite seine Einzelheiten.
Beachte besonders
- die Darstellung von Personen, Gegenständen und Umgebung: Wirken sie „lebensecht"? Gibt es Merkmale, die den Charakter, bestimmte Eigenschaften, Beruf oder die Vermögensverhältnisse erschließen lassen?
- den Aufbau des Bildes: Wie wird der Blick des Betrachters auf das Bildzentrum gelenkt? Wie gestaltet der Künstler den Hintergrund des Bildes? Gibt es eine Verbindung zwischen Vorder- und Hintergrund, zwischen Mittelpunkt und Umgebung?

2. Schritt: Gemeinsamkeiten und Unterschiede erarbeiten
Notiere die Unterschiede, die du zwischen beiden Bildern gefunden hast (Tabelle).

3. Schritt: Die Aussage der Bilder erschließen
Um die unterschiedliche Aussage der Bilder zu verstehen, stellst du „Wer-, wann-, warum-, wozu-...?"-Fragen:
- Wer sind die Personen, die dargestellt sind? Waren sie z. B. arm, berühmt, mächtig oder reich?
- Wie zeigt sich die Einstellung des Künstlers zu den abgebildeten Personen?
- Lebten die abgebildeten Personen wirklich?
- Unter welchen Bedingungen sind die Bilder entstanden? Informationen über Künstler, Auftraggeber und Absicht findest du z. B. in der Bildlegende.

4. Schritt: Gesamtaussage vergleichen
Versuche mithilfe des ersten und dritten Arbeitsschrittes jeweils die Aussage der beiden Bilder wiederzugeben. Mache deutlich, was der Künstler jeweils ausdrücken wollte. Weise insbesondere auf Unterschiede zwischen beiden Bildern hin und finde eine Erklärung.

Symbole deuten (S. 67)

1. Schritt: Einzelne Elemente beschreiben
– Was ist dargestellt (Personen, Gegenstände)? Wie sind sie dargestellt?
– Wie lässt sich die Situation beschreiben?

2. Schritt: Zusätzliche Informationen heranziehen
– Welche Hinweise gibt die Bildunterschrift?
– Evtl. Symbollexikon heranziehen.

3. Schritt: Symbolische Bedeutung der Bildelemente klären
– Welche Gegenstände und Handlungen lassen sich symbolisch deuten? Was sollen sie bedeuten?

4. Schritt: Eine Gesamtdeutung formulieren
– Welche Gesamtaussage lässt sich formulieren? Gibt es mehrere Deutungen?

Eine Geschichtskarte lesen (S. 164 f.)

1. Schritt: Grundelemente erkennen
Orientiere dich über den dargestellten Raum und das Thema der Karte. Beachte den Maßstab!
Kläre mithilfe der Legende, welche Farben und Symbole verwendet werden und welche Bedeutung sie haben.

2. Schritt: Veränderungen untersuchen
Prüfe, welcher Zeitraum dargestellt und in welche Phasen er gegliedert ist. Werden Gründe für die Veränderung deutlich (z. B. Kriege, Katastrophen, Wanderungen, Stadtgründungen o. Ä.)?

3. Schritt: Glaubwürdigkeit prüfen
Wie Textquellen oder Bilder sind auch Karten mit einer bestimmten Absicht verfasst. Prüfe mithilfe

ergänzender Informationen, ob die verwendeten Symbole, Farben, Ortsbezeichnungen oder Begriffe geeignet sind, die geschichtliche Entwicklung deutlich zu machen.

4. Schritt: Ergänzende Informationen beschaffen

Sammle Informationen über die abgebildete Region (Lexika, Schul- und Sachbücher, Internet).

Du kannst dir auch eine moderne Karte von dem Gebiet beschaffen und z. B. Vermutungen anstellen, wie die Vergangenheit sich auf die Gegenwart auswirkt.

Historische Karten vergleichen (S. 198 f.)

1. Schritt: Jede Karte einzeln erschließen

Untersuche jede Karte einzeln:

- Was ist das Thema der Karte (Inhalt, Raum und Zeit)?
- Welche Informationen gibt die Bildunterschrift?
- Ist die Karte genordet?
- Welches Gebiet ist dargestellt, wo ist z. B. Land oder Wasser?
- Welche Zeichen, Symbole, Farben sind zu erkennen? Was könnten sie bedeuten?
- Zu welchem Zweck könnte die Karte angefertigt worden sein; gab es z. B. Auftraggeber?
- Welche Gesamtaussage hat die Karte?
- Welche Fragen sind nur mithilfe weiterer Informationen zu beantworten?

2. Schritt: Gemeinsamkeiten und Unterschiede feststellen

Vergleiche die Einzelheiten der beiden Karten, z. B. die Datierung, die Art der Darstellung, das Land-Wasser-Verhältnis, die Küstenverläufe, die Lage von Inseln.

Vergleiche dann die Gesamtaussage beider Karten.

3. Schritt: Ergebnisse auswerten

- Gibt es Veränderungen (z. B. im geografischen Kenntnisstand)?
- Was bedeuten die Veränderungen für das Weltbild in der damaligen Zeit?
- Welche Folgen hatte der veränderte Kenntnisstand (z. B. für die Politik, für die Seefahrt, für die Wirtschaft, die Wissenschaft)?
- Welche weiteren Informationen über die Karten hinaus sind noch vorhanden (z. B. in Begleittexten zu den Karten, in Sachbüchern)?

Kunstwerke entschlüsseln (Bd. 1)

1. Schritt: Künstlerische Auswertung

a) Was ist dargestellt? Aus welchem Material wurde es geschaffen?

b) Wie wirkt das Dargestellte auf dich? Warum gefällt es dir (nicht)? Was wirkt fremd, was kommt dir bekannt vor?

c) Wie bildet der Künstler die Natur ab? Achte auf Einzelheiten des menschlichen Körpers und der abgebildeten Gegenstände.

2. Schritt: Historische Auswertung

d) Wann, wo und für welchen Zweck ist das Kunstwerk entstanden? Beachte die Bildlegende.

e) Welche Informationen vermittelt das Dargestellte über den Allltag, die Wirtschaft oder die Politik der damaligen Zeit? Beachte die Kleidung, Frisur, Einrichtungsgegenstände, Waffen, Tiere usw.

f) In welcher Beziehung stehen die dargestellten Personen zueinander?

Informationen auswerten und darstellen

Informationen präsentieren (S. 240 f.)

1. Schritt: Thema, Ziel und Form des Vortrags klären

– Welches Ziel soll der Vortrag/das Referat haben?

– Für wen wird präsentiert?

– Welche Informationen/Inhalte sollen dargestellt werden?

– Welche Medien können/sollen benutzt werden?

– Welche Zeitvorgabe muss beachtet werden?

2. Schritt: Informationen sammeln und ordnen

– Sammle Material zum Thema (Schul-/Sachbücher, Lexika, Internet).

– Wähle die Informationen aus, die die Vorgaben von Schritt 1 erfüllen.

– Ordne die Informationen so, dass die Zuhörer sie leicht nachvollziehen und eigene Überlegungen anschließen können.

– Bilde Themenblöcke mit Behauptungen oder Fragen als Überschriften.

3. Schritt: Vortrag strukturieren

Jedes Referat, jede Präsentation hat eine Einleitung, einen Hauptteil und einen Schluss. Gliedere deine Präsentation in Einleitung, Hauptteil, Schluss.

4. Schritt: Aussagen und Zusammenhänge visualisieren

– Notiere die wichtigsten Aussagen deines Vortrags.

– Überlege, welches Medium sich anbietet, um die Aussagen den Zuhörern zu verdeutlichen (z. B. Wandtafel, Plakat, OHP-Folie, Beamer).

– Gestalte die Visualisierung so, dass der Inhalt schnell erfasst wird.

5. Schritt: Entwurf überprüfen und Präsentation vorbereiten
Bevor du an die Öffentlichkeit trittst, solltest du die Präsentation üben.
– Schreibe für den freien Vortrag Stichwörter auf Merkzettel. Notiere auch, an welchen Stellen du etwas visualisieren möchtest.
– Überprüfe, ob Thema und Ziel deutlich werden, d.h. die Vorgaben von Schritt 3 und 4 beachtet sind.
– Suche dir eine andere Person, die deine Präsentation vorher ansieht und dir noch ein paar Tipps für die Durchführung gibt. Stoppe die Zeit.
– Plane genügend Zeit für Änderungen ein.
– Sorge dafür, dass alle Materialien und Geräte, die du für die Visualisierung brauchst, bereitstehen.
6. Schritt: Präsentation
– Prüfe, ob alle Medien und Materialien in der richtigen Ordnung sind.
– Trage deinen Vortrag möglichst ruhig vor und halte Blickkontakt mit den Zuhörern.
– Gib deinem Publikum nach dem Vortrag Zeit für Fragen oder für eine Diskussion.

Sich mit anderen auseinandersetzen

Ein Rollenspiel organisieren (Bd. 1)

1. Schritt: Die Ausgangslage auf eine Situationskarte schreiben
Auf der Situationskarte wird festgehalten, welche Situation nachgespielt werden soll. Die Ausgangssituation wird kurz beschrieben. Welche Personen sind an dem Spiel beteiligt? Welche Probleme gibt es?
2. Schritt: Rollen verteilen
Auf den Rollenkarten werden die spielenden Personen beschrieben: Beruf, Eigenschaften, Verhalten und ihre Ziele. Diejenigen, die eine Rolle übernehmen, müssen sich an die Vorgaben ihrer Rollenkarten halten. Sie dürfen aber auch eigene Vorstellungen von der darzustellenden Person einbringen, sofern sie den Vorgaben nicht widersprechen.
3. Schritt: Spiel vorbereiten
Die Spielerinnen und Spieler hängen sich ein Schild mit ihrer Rollenkennzeichnung um. Sie besprechen die Situation (Situationskarte) und die Rollen (Rollenkarten) untereinander.
4. Schritt: Spiel beobachten und auswerten
Sinnvoll ist der Einsatz von Spielbeobachtern, die sich während des Spiels Notizen zu den einzelnen Rollen machen. Sie sollen das Spiel bewerten und ihre Meinung begründen. Wurden die Rollen glaubhaft gespielt? Welche Argumente wurden genannt? Passten sie in die Situation und die Zeit? Was war gut, was könnte verbessert werden?

Die mit → Lex. versehenen Begriffe werden im Lexikon näher erklärt.

Bildquellen

© Allen Memorial Art Museum, Oberlin College, Ohio. Mrs. F. F. Prentiss Fund, 1960: S. 236/M12; Alte Pinakothek München, Foto: Artothek Peissenberg: S. 120; © Archiv für Kunst und Geschichte: S. 4; 12/M1, M4, 16/M2, 20, 22/M3, 23, 29, 40 (Erich Lessing), 41, 43/M3, 45/M4, M5, 55, 64, 65, 68/M2, 83/M8, 111/M2, 112/M3, 118/M1, 123, 134, 138/M1 u. o.r., 142/M3, 145, 150, 163, 168/M4, 169, 171 l.u., 172/173, 174/M2, 177, 178/M4, 179, 182, 185, 188, 191, 194/M1, 195/M1, 204/M7, 208 (Veintimilla), 218/M1, 235/M9, 251/M2; Archivio Segreto Vaticano: S. 143/M4; Argus, Hamburg: S. 236/M13; Ars Wolfegg. Kunst und Kultur Schloß Wolfegg: S. 47/M3; Associated Press: S. 184/M11; Badisches Landesmuseum Karlsruhe: S. 13; Bavaria Bildagentur: S. 94, 184/M10; Bayerische Staatsbibliothek, München: S. 77/M3, 135/M2, 138 r.u.; Bayerische Staatsgemäldesammlungen, Alte Pinakothek München, Joachim Blauel - Artothek: S. 121/M2; Bayerisches Nationalmuseum, München: S. 125, 127/2; Klaus Becker, Frankfurt/M.: S. 128; Falko Behr, Erfurt: S. 106; Biblioteca Apostolica Vaticana: S. 84, 132/133; Bibliothek des Klosters El Escorial, Madrid: S. 155/M3; Bibliothèque Municipale, Dijon: S. 83/M9; Bibliothèque nationale de France, Paris: S. 15, 75, 151, 157, 162, 168/M5, 171 o.r.; Bildarchiv Foto Marburg: S. 118/M2, 136; © Bildarchiv Preußischer Kulturbesitz: S. 10/M1, 18/M2, 34, 51 o., r., 79, 111/M6, 115/M6, 146/M2, 152, 176/M6, 178 o., 196, 199 (Foto: Dietmar Katz, 1999), 206, 209/M1, 211/M6, 226/M6, 245/o.l. u. M.r.; Bodleian Library, Oxford: S. 202; Christiane Brehm: Paderborner Königsbote, Verlag Schöningh, Paderborn, 1999: S. 58/M1, M2; British Museum, London: S. 22/M1, 42, 140/M1; Bundesbildstelle Bonn: S. 51 u.; Burgerbibliothek Bern, Cod. 120.II, f. 1071: S. 156, 171 r.u.; © 1984 Calwer Verlag/Kösel-Verlag: S. 153; Cartoon Caricature Contor: S. 212 (© Gerhard Mester); William Clark, Ten Views in the Island of Antigua , 1832, Hamilton College Library, Beinecke Collection of the Lesser Antilles: S. 213/M10; Photo - Dom Giles Conacher OSB: S. 80/M2; Cornelsen-Archiv: S. 9/M5; Deutsche Bücherei, Leipzig: S. 35, 37/M5; Copyright by Deutsche Luftbild Hamburg: S. 38; Foto: dpa: S. 8/M2, 10/M2, 44, 90/M2, 135/M3; Deutsches Museum, München: S. 180/M1; Copyright Domkapitel Aachen (Foto Münchow): S. 50/51; © Domschatzkammer Osnabrück, Foto Strenger: S. 77/M5; Liesel Drexler (Heimatverein Greven): S. 246; © EMB - Service für Verleger, Luzern: S. 174/M1; Heinz Endler/LOOK: S. 86; Europa-Farbbildarchiv Waltraud Klammet: S. 80/M1; © Faksimile Verlag Luzern: S. 32; Focus: S. 175, 209/M2 (© S. Larrain/Magnum); Fratelli Alinari, Rom: S. 221; Friedrich Verlag Velber: S. 194/M2; Fürstlich und Gräflich Fuggersches Familien- und Stiftungs-Archiv: S. 183 (Privatbesitz); „Vorlage und Aufnahme: Generallandesarchiv Karlsruhe": S. 27/M3, 89, 219/M3 (Sign. 37/370); Bernd Gerken, Borken: S. 240; Glanz, Mörfelden-Walldorf: S. 9 u.; Josef Göllinger, Gars: S. 227; Focus, Hamburg: S. 155/M1; Fotoarchiv Essen: S. 31/M1; Franz Hafner, Berlin: S. 254; Hauptamt für Hochbauwesen der Stadt Nürnberg: S. 127/1; Haus-, Hof- und Staatsarchiv, Wien: S. 147/M1 (Fotostudio Otto); Herder-Institut Marburg, Bildarchiv: S. 165/M2, M3, 171 l.o.; © Herzog Anton Ulrich-Museum, Museumsfoto: Bernd-Peter Kaiser: S. 11/M1; Herzog August Bibliothek Wolfenbüttel: S. 33; Hessische Landes- und Hochschulbibliothek Darmstadt, Hs 1971 (Thesaurus pisturarum), Bd24, fol.5: S. 186; Maren Heyne, Düsseldorf: S. 113; Franz Hofmeier, Ingolstadt: S. 257/4; IFA-BILDER-TEAM: S. 141 (Aigner), 173 (IT/tpl); Impact Photos, London: S. 96/M2; © Institut für Realienkunde, Krems: S. 14/15; Volkmar E. Janicke, München: S. 205; V. Junker: S. 97; Karger-Decker/INTERFOTO: S. 175; Foto: Hans-Günther Kaufmann: S. 76; Keystone Pressedienst: S. 160/M2; Ralf Klötzer, Münster: S. 247, 257/1–3, 5; Kloster Medingen: S. 83/M10; KNA-Bild: S. 11/M3 (Oppitz); Herlinde Koelbl, Neuried/Münster: S. 93/M1, M2; Kunstsammlungen der Veste Coburg: S. 231, 233; Kupferstichkabinett. Staatliche Museen zu Berlin - Preußischer Kulturbesitz, Foto Jörg P. Anders: S. 137; Landesbibliothek Mecklenburg-Vorpommern, Schwerin: S. 222; Landeshauptarchiv Koblenz: S. 127/3; Lucca, Biblioteca Statale, su concessione del Ministero per i Beni e le Attivita Culturali: S. 85; Bruno Maier, Hirrlingen: S. 31/M3; Mauritius: S. 31/M2, 192; Karikatur: Johann Mayr: S. 30/M1; © Bertel Möller/OKAPIA: S. 26/M2; J. Morek/PAInterpress: S. 160/M1; Münzkabinett der Staatlichen Museen, Berlin: S. 59/M5; Gerhard Murza, Berlin: S. 216/217; Museo Naval, Madrid: S. 198; Museum der Bildenden Künste, Leipzig: S. 218/M2; Museum Kurhaus Kleve: S. 114/M1, 148/M2; Nationalmuseum, Prag: S. 37/M6; Nationalmuseum Stockholm: S. 219 o.; Österreichische Nationalbibliothek, Wien: S. 17, 18/M1, 109/M2, 110, 140/M2; Opera della Metropolitana, Foto Lensini, Archivio di Opere d'Arte: S. 176/M7; Passage-Verlag, Leipzig, Foto: Manfred Seidel: S. 230; Photographie Giraudon, Paris: S. 56, 108, 109/M3, 124/M2, 245 o.r.; Photothèque Hachette, Paris: S. 62; Picture Library: S. 95 (Robert Harding); Pressedienst Paul Glaser: S. 43 o.; Pressestelle Viersen: S. 21; Foto: Kai Reddig, Berlin: S. 181; Rheinisches Bildarchiv, Köln: S. 69; © Rijksmuseum – Stichting Amsterdam: S. 229; Römisch-Germanisches Zentralmuseum, Mainz: S. 26/M1; Rosgartenmuseum Konstanz: S. 78; SCALA, Florenz: Titelbild, S. 72/73, 74, 102/103, 121/M3, 139/M3, 189; Foto: Walter Schiesswohl, Hamburg: S. 8/M1; Michael Seifert, Hannover: S. 127 o.; Foto: Peter Sierigk, Braunschweig: S. 117; Spikkestad, Martin Schogen Sammlung: S. 111/M4; Staatliche Münzsammlung München: S. 59/M6; Staatliche Museen, Kassel: S. 63/M4; Staatsbibliothek Bamberg (MSC. Bibl. 59, fol.2v): S. 45/M3; Staats- und Universitätsbibliothek Bremen: S. 144; Stadtarchiv Münster: S. 245 M.l., 250, 251/M4, 252/M1, 253/M4; Stadtarchiv Soest: S. 11/M2; Stadtbibliothek Ulm Einblattdruck 281: S. 239; Stadt Köln/Netcologne: S. 119; © Holger Stamm/Okapia: S. 19/M3; Friederike Terpitz, Berlin: S. 54; The British Library, London: S. 116, 127/4; The Pierpont Morgan Library, New York: S. 16/M1; Topkapi Palace Museum, Istanbul: S. 90/M1; Universitätsbibliothek Heidelberg: S. 67, 161; Universitätsbibliothek Leipzig: S. 36; M. Vela (Besitz R. Klötzer): S. 245 u.; © WADA-GAMMA: S. 129/M5; Westfälisches Landesmuseum für Kunst und Kulturgeschichte, Münster: S. 115/M7 (Münzkabinett), 237 (Foto: WLMKuK, Nr. 88.3.67), 248 (Besitz: St. Paulus Dom, Münster), 249/M4 (Besitz: St. Paulus Dom, Münster); Westfälisches Museum für Archäologie, Amt für Bodendenkmalpflege, Münster: S. 3, 63/M1, M2 (Foto: Stefan Brentführer), M3, 244/245 (M. Esmyol); Foto: ZB/Wolfgang Thieme: S. 114/M2; Zeichenbüro Maßwerk Münster (Ulrich Haarlammert): S. 61/M9; aus: Kolumbus und das Zeitalter der Entdeckungen, vgs, Köln 1991, S. 178: S. 201; Meyers Illustrierte Weltgeschichte, Bd. 14, Bibliographisches Institut, Meyers Lexikonverlag 1980, S. 27: S. 210; Jan Peters, Ein Söldnerleben im Dreißigjährigen Krieg, Akademie Verlag, Berlin, S. 45: S. 234, 235/M10; P.M. Perspektive, Die Welt der Ritter, S. 81: S. 46; Manuel Salmoral, Amerika 1492, Südwest Verlag, München 1990, S. 85: S.203; F. Schiller, Geschichte des Dreißigjährigen Krieges, Gütersloh, S. 192: S. 232

Nicht in allen Fällen war es uns möglich den Rechteinhaber der Abbildungen ausfindig zu machen. Berechtigte Ansprüche werden selbstverständlich im Rahmen der üblichen Vereinbarungen abgegolten.